MAGICIANS of The GODS

諸神的魔法師

失落文明的智慧

GRAHAM HANCOCK

葛瑞姆·漢卡克——著　周健／潘恩典——譯

獻給我靈魂的伴侶

——桑莎（Santha）

與時推移下的眞知灼見

考古學與地質學、古生物學、歷史學的內涵，具有高度的同質性，即戮力重建已消失在時空之中的生命萬象。爲詮釋客觀的史實，必須建構顚撲不破的理論體系，基於此，自然會出現主流和非主流之爭。

青少年的次文化，有朝一日或許會蛻變爲成人的主文化。法國印象派的作品，被譏爲要瞇著眼睛才看得清楚，原在沙龍展中落選，後成文物拍賣市場中天價的藝術品。猶如中國先秦時代，諸子百家中的小說家，因其爲街談巷語而不入流，故稱九流十家。市場決定一切，被邊緣化的作品，可能也有翻身的契機。

漢卡克並非科班出身，然其著作成爲全球最暢銷的科普作品之一。學院派的文章好像法律條文，邏輯嚴謹，字字珠璣。但因毫無人性的溫度，具強烈的催眠效果，當可治療嚴重的失眠症。

在綿延不斷的歷史長河中，以上古史與近現代史的挑戰最大，文物的出土，使上古史一直面臨解構及重組的歷程，透過「昨是」而「今非」和「昨非」而「今是」交叉比對，可以捕捉歷史的眞相。而近現代史也因宗教、種族、政治、性別立場和意識型態的差異，而有了不同的觀點。

一九九二年，爲哥倫布「發現」「新」大陸五百周年，美洲某些國家舉辦慶祝活動。但印第安人頗有「異見」，歐洲白種人探險家、軍隊和傳教士的到來，給美洲土著帶來無窮盡的災難，不知有何值得紀念？

在正統派的眼中，一些唯恐天下不亂者的謬論和悖論不絕於口，如被附身的乩童，胡言亂語，不知所云。

因人性的多樣化，造成世界的多元化，政客及教會擅長操縱一言堂，常斲傷豐富的創造力，入世解與出世解可能均有知障（知識障）的蒙蔽。所謂異端邪說，與時推移或可能成爲眞知灼見。

人無法自視而明，醫師避諱替自己開藥方。神職人員亦有其固執的一面，半路出家者常有傑出的表現。

漢卡克上知天文學，下知地質學，不時流露出百科全書式淵博的知識。雖未言及地外（extraterrestrial）文明對地球演化的介入與影響，卻對據守在象牙塔中的書呆子提出批判，並仔細陳述在學術上有爭議的論點，更增添可讀性。

距今一萬兩千年前後，地球上曾發生翻天覆地的災難，以隕石撞擊的嫌疑最大，從全球奇特的地貌，拼湊出遠古原人榛狉未啓的場景，人類乃幸運的倖存者。洪水成爲共同的經歷和記憶。但係全球性或區域性的現象，迄今仍無定論，如台灣島上的先住民（目前已有十六族），彼等的族名大部分爲「人」的意涵，卻多提到洪水及巨人。

少子化和高齡化成爲已開發國家與開發中國家普遍的現象，老年（醫、病）學正夯。地球是否已步入耄耋之年？如果世界末日（doomsday）即將來臨，則一切的打拚有何意義？

人是大地之子，更是宇宙之子，懷舊情結不時浮現，思鄉病成爲揮之不去的夢魘。

摩西率領希伯來人出埃及的故事，幾乎家喻戶曉，而其「下（紅）海」及「出（紅）海」的精確地點，至今仍無頭緒。但並不保證未來在考古學上不會找到新證據。

遠古時代是人類文明各種面向的共同起源，從語言文字到風俗習慣，均有複雜的脈絡可循。人類從石器時代，躍昇至銅器、鐵器時代，而在更早可能還有木器時代，因其易於腐朽而痕跡鮮見，中石器時代之中，尚有細石器（microlith），並不爲普羅大衆所熟悉。

人體是宇宙的縮影，此種小宇宙與大宇宙互相對應，而天文學成爲最古老的自然科學。巨石文明遍佈全球，自採石、切割，至運輸、搭建，處處皆是問題，僅靠人力和獸力，似乎不足以完成此種震撼人心的建築與雕刻。更令人費解者，觀察各地許多遺址的鋪陳，均對應某些星座，在缺少天文觀測儀器的洪荒時期，其誤差甚低的精確度，令後人驚訝。

宗教信仰與政治主張，強調絕對眞理，不容懷疑，而學術研究堅持相對眞理，必須透過比對和批判，方能捕捉一二，是故，謙卑乃是最基本的素養。每個時代均各有其特色，勿藐視古人的智慧。往後不可能再出現歐洲文藝復興時期車載斗量的天才和全才，浪漫樂派的作曲家們亦成千古絕響。

時代的遞演，層創累積，並非全然進步，某些領域甚至出現退化的現象。今日資訊爆炸，取得容易，卻並未與創作等量齊觀。後現代主義（postmodernism），千禧年後論（postmillennialism），遠在天邊，近在眼前，「天威不可測」，吾人永遠活在「現代」，進而思考「現代的過去」和「現代的未來」。

面對歷史洪流，當思考區區小我遲早會與草木同朽，在廣袤的大地上究竟能留下多少痕跡？即使殫精竭慮，著作等身，仍難逃時間篩子最無情的過濾，只要有一則經典金句永垂不朽，即算萬幸。

漢卡克爲典型的「世界公民」，積澱深厚的英吉利文化底蘊。古早以前，曾和其夫人訪臺，草民與一些同道好友，陪伴他前往七星山，考察凱達格蘭族所建造的金字塔遺址，他使用「man-made」

一詞，而非「artificial」。帶有磁性的嗓音，當可成為ＢＢＣ的一級播音員，並言及全球最偉大的古蹟，首推柬埔寨的吳哥（Angkor）。

本書為漢卡克最新的作品，科普加史普，不僅耳目一新，更深化了解地球及人類的前世今生。凡對古文明主題有興趣者，必不可錯過。

周健
中國文化大學史學系兼任副教授／
國立台北大學歷史學系兼任副教授

根基不穩固的歷史觀

在沙子上建造的房屋，永遠處於倒塌的危險之中。

證據在於如何安裝。雖然許多後期的建築物擁有很高的品質，但我們過去的高樓，係由歷史學家和考古學家，根據有缺點及危險不穩固的基礎所建構的。我們的星球在一萬兩千八百年至一萬一千六百年之前，曾發生一場毀滅性的大洪水。此一災難影響全球，侵襲人類甚深。證明這場災難曾發生過的科學證據，曾在二〇〇七年提出過。但其涵意並未被歷史學家和考古學家完整記載，所以我們必須深思疇昔所受教，關於文明起源的一切可能是錯誤的。

尤其必須去思考一個合理的假設，即有關全球黃金時代的神話，結束於洪水與烈火之中是確有其事。人類歷史滅絕的整體插曲，發生在一萬兩千八百年至一萬一千六百年之前，當中一千兩百年的大洪水之中，並非只是粗野獵食者的一段插曲，而是存在著進步的文明。

這段時期的文明如果確實存在，且曾遺留痕跡，儘管變遷已發生無數次，今日我們還有可能去鑑定嗎？如果可以，是否會對我們喪失任何眞正的意義？

本書就是嘗試去解答這些問題。

目錄

第二部

彗星

第三部

賢者

第四部

復活

第五部

石頭

第六部

星星

第一部

異常

PART 1 ANOMALIES

第一章

神祕的哥貝克力石陣

哥貝克力石陣（Gobekli Tepe）是目前爲止全球任何地方所發現的雄偉建築之中，最古老的遺跡，或至少是考古學家所接受的最古老的遺跡。

它的體積非常龐大。令人畏懼的、壯麗的、神祕的和難以抗拒的……很不幸地，這些形容詞都不足以評斷它。在最後的幾個小時，我和發掘者克勞斯·許密特（Klaus Schmidt）教授圍繞著遺址漫步。但坦白說，我感到很困惑。

我問他：「做爲發現神廟並改寫歷史的人，感覺如何？」這位面色紅潤的德國考古學家，擁有寬大厚實的胸膛和灰色鬍鬚，他身穿褪色的牛仔褲、藍色斜紋粗棉布衫，袖子上有一些泥巴痕跡，光著腳穿著磨破的涼鞋。時值二〇一三年九月，正是在他六十歲生日前的三個月，出乎我們意外的是，不到一年他即將離世。

他一邊思索我的問題，一邊擦拭前額閃閃發光的汗滴。雖然是上午中段，但土耳其東南方的安那托利亞（Anatolia）地區，太陽高掛，天空晴朗，我們所站立的托魯斯（Taurus）山脈的山脊上，熱得像烤箱。那裡沒有微風，甚至連一點氣息也沒有，任何可遮蔭之處均付之闕如。在二〇一四年將建造頂蓋以覆蓋和保護遺址，但在二〇一三年此刻，這裡只有建好的地基。我們站在木造的步道上，在我們的腳下，是一系列半地下的環狀物，圍牆環繞著數十根巨大T形石柱。從德國考古研究所來的許密特及其團隊，使這片遺址重見光明。在他們開始工作之前，這片遺址呈現圓形山丘的外貌。事實上，「哥貝克力石陣」亦即「肚臍之丘」（Hill of the Navel），有時亦譯爲「大肚丘」（Potbelly Hill）。挖掘工作改變了許多原始的輪廓。

「嚴格來講，我們不能說哥貝克力石陣是一座神廟。」許密特終於回答，很明顯地用詞謹慎，「且讓我們稱呼它是一座山丘聖城。我不能說會改寫歷史，而是對現存的歷史增加一篇重要的章節。我們認爲從獵食採集者到農夫的變遷過程很緩慢，是一步一步地進展。但現在出乎意料的是，在這樣的時期，這令人興奮的遺跡被建造了出來。」

「令人興奮的不只是遺跡。」我立刻回應，「起初當地的居民是獵食採集者，那裡並無農業發展的跡象。」

「沒有。」許密特承認。他在這片環形立杆上豪爽地比劃著。「但那些來到哥貝克力石陣，並且做了這些

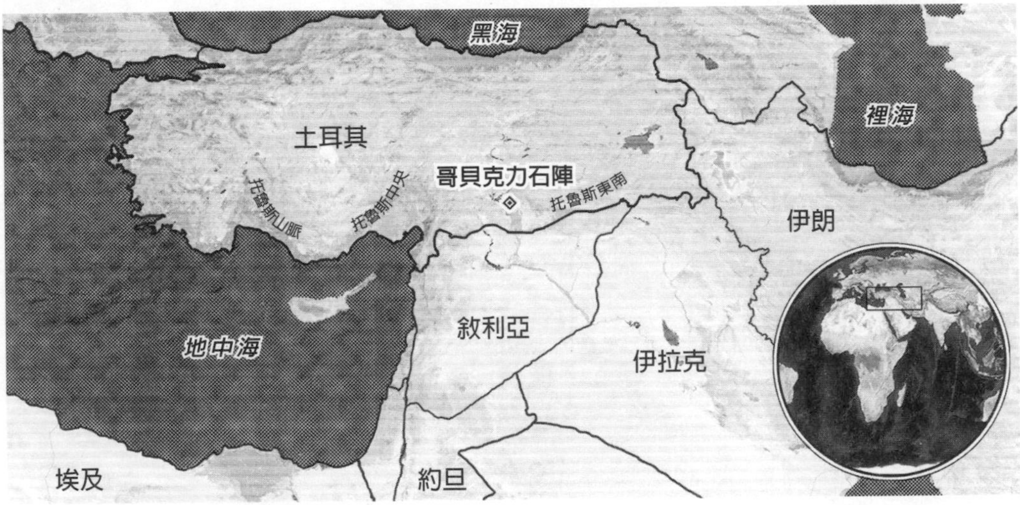

圖1

哥貝克力石陣及其周圍環境的位置。

工程的人，『發明』了農業！所以，我們目睹這裡所發生的一切，和後來依賴農業而出現的新石器時代社會之間的關聯。」

我豎起耳朵聆聽「發明」這個詞彙。我希望我能正確地解讀。我強調，「所以，你的意思是建造哥貝克力石陣的人，『發明』了農業嗎？」

「對。是的。」

「你能詳細說明嗎？」

「因為在這個區域早已馴養動物和種植植物，都是在這裡完成的。所以他們是同一群人。」

「所以在你看來，這是世界上最初，也是最古老的農業嗎？」

「對。是全世界最早的。」

我感覺針對此一觀點的探討方式，許密特已有些不耐煩。但我有我的理由。從哥貝克力石陣地區的挖掘看來，已知年代有一萬兩千年之久（根據正統的編年表），比任何地方的任何巨石建築都還早六千年，例如馬爾他（Malta）的詹蒂亞（Ggantija）①神廟和姆納德拉（Mnajdra）②神廟、英格蘭的巨石陣（Stonehenge）③和艾維柏瑞（Avebury）巨石圈④，或埃及吉薩（Giza）的金字塔群。這些遺址皆是屬於被考古學家稱為「新石器時代」人類文明的演化階段，當時農業與社會組織逐漸形成，階級組織亦有良好的進步，技術熟練的專家出現，不需要去生產本身所需的糧食，因為他們會從農夫多餘的生產得到支援。相反的，哥貝克力石陣屬於「舊石器時代」的晚期，當時我們的祖先還是遊牧的獵食採集者，過著小型遷徙的族群生活，無法從事長期的耕作、複雜的勞力分工和高層次的管理技巧。

許密特和我站在可俯視C圍場及D圍場步道的要衝上，從我的研究背景中，我注意到列柱之中有一根上面有著引人深思的雕像。我企圖得到這位考古學家的允許爬上D圍場，以便近距離觀察這個雕像，好掌握關於農業起源和巨石建築之間關係的觀點。四個主要的挖掘坑中，最大的在C圍場，由兩根巨大的中央立柱主導，但已破損。原來應高達六公尺（二十呎），重達二十公噸。此外，還被十多根沒入土牆的立柱圍繞。這些立柱稍微矮小，但仍然非常巨大。D圍場亦是如此，同樣有較小的立柱圍繞著兩根高聳的中央立柱，均完整無缺。頂端呈T形，角度稍微向前傾斜，此外並無特別之處，但卻讓人聯想到巨大的人頭，柱子上一些淡淡的輪廓加深了此一印象——側面有肘部彎曲的手臂，向下延伸至精心雕刻的人類手掌和細長手指。

我說：「所有這些巨石、人物肖像、遺址的總體概念和設計……老實說是個偉大的計畫，就像英格蘭的巨石陣，然而巨石陣非常年輕。你在哥貝克力石陣的發現，符合你對於獵食採集者社會的概念嗎？」

許密特同意道，「這裡的組織超乎我們的想像，我們在此所見的獵食採集者，很明顯地有勞力分配，因為巨石的工作乃專家所為，並非每個人都能做的事。他們還能搬運這些巨大的石頭，並將其豎立，這代表他們必須擁有某些工程方面的知識，

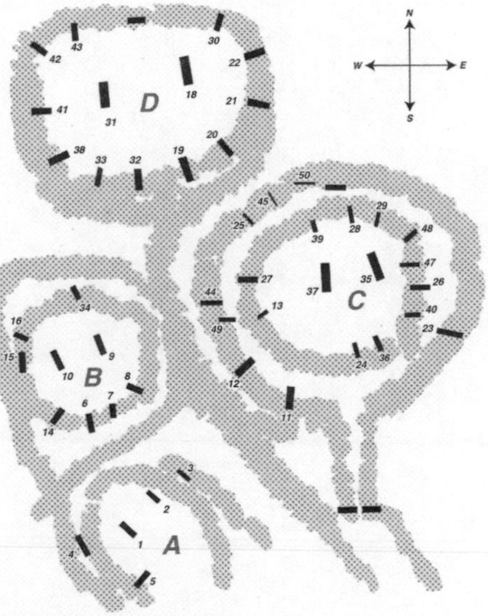

圖2
哥貝克力石陣挖掘圍場A、B、C、D的中心群柱。德國考古研究所將所有石柱編號，以方便查考。

我們不能期待這是獵食採集者能做到的。這眞的是最早的建築，而且有不朽的規模。」

「所以，如果我的理解沒錯，許密特教授，你的意思是我們所站的地方，不只有偉大的建築，農業也已發明。」

「對，沒錯。」

「然而你在此地並未目睹任何眞正的革命性變化？你看到的過程能置入現存的歷史架構中嗎？」

「是的，可以置入現存的歷史中。而且這段過程出乎意料地令人非常興奮。尤其是我們在哥貝克力石陣發現的東西，更多是屬於獵食採集者社會，而不是農業社會。這個時期是在獵食採集者的末期，但新石器時代尚未開始。」

「然而它是個變遷的時期，一個尖峰時刻。或許還不止於此？從我們的對話中，以及從你今天早上向我展示的遺址中，我得到一些想法，即哥貝克力石陣是一個先史時代的智囊團或創新中心，也許是居民當中的菁英分子在掌控。你同意此種看法嗎？」

「是的，是的。這是個聚會的場所。人們在此聚集，而且毫無疑問地，這是個傳佈知識和發明的舞台。」

「包括大規模石材加工的知識和農業的知識。你是否敢大膽揣測掌控這個場所和傳播這些思想的人是祭司？」

「不管他們是誰，他們不僅僅會施行簡單的薩滿教（Shamanism）⑤，更像是在遵循一種習俗。所以，是的，他們正朝著成爲神職人員的方向發展。」

「一千多年以來，人們一直在使用哥貝克力石陣，這是否會變成一種帶有自身習俗的持續性文化呢？掌握此一場所的人，也在此時期持有相同思想和相同的『祭司制度』？」

「沒錯。但奇怪的是，隨著幾個世紀的逝去，過去的努力有很明顯的衰退。眞正不朽的建築位在較古老的岩層；在年輕的岩層建築反而變得愈來愈小，品質上有很明顯地下滑。」

「所以，最古老的是最好的嗎？」

「是的，最古老的是最好的。」

「你不覺得這令人費解嗎？」

許密特看上去有些歉意。「我們希望最後能發現更古老的岩層，能看到期待卻尚未找到的微小起點。然後會看到不朽的階段，再來是再次衰敗的部分。」

我突然發覺，許密特教授剛才所說的話中，「希望」是最關鍵的詞句。我們習慣於從小而簡單的事物開始，然後進步，發展，成爲更複雜和更考究的事物，所以這自然是在考古遺跡中所預期能找到的。但當我們面對像哥貝克力石陣的例子——一開始時便非常完美，然後傳承緩慢，直到成爲早期自我衰弱的影子——這顚覆了我們精心建構的文明應該如何表現的概念，以及它們是如何成熟和發展的。我們並不反對文明退化的過程。文明會式微。看看羅馬帝國或大英帝國就知道了。

就像雅典娜從宙斯的額頭全副武裝且成熟地出生，哥貝克力石陣的問題在於，在遠古時突然出現，就已呈現出一種成熟的文明，在誕生之初，便「發明」了農業和紀念性的建築。

考古學無法進一步解釋，爲何古埃及最早的紀念碑、藝術、雕塑、象形文字、數學、醫學、天文學和建築在早期就很完美，並無從簡單到複雜的痕跡。我們可對哥貝克力石陣發出疑問，如同我的朋友約翰·安東尼·韋斯特（John Anthony West）這樣問古埃及：

一種複雜的文明是如何發展成熟的？看看一九〇五年的汽車，將它跟現代的汽車相比，「發展」的過程並沒有錯誤。但在埃及沒有相似之處，那裡的一切在一開始就很成熟。

此一奧祕的答案顯而易見。但是，因為當代主流思想排斥，所以不被考慮。即埃及文明並非是一種「發展」，而是遺產。

那麼在哥貝克力石陣，是否亦如此？

關於此一失落文明是所有後來已知文明起源的想法，許密特無暇思考。所以當我向他施壓時，他只是重複他的觀點，即哥貝克力石陣的許多遺址還未挖掘出來。「我說了，」他有些不耐煩地吼著，「等我們發掘出更早的遺址時，就能找到演化的證據了。」

他可能是正確的。哥貝克力石陣在很多方面讓人震驚，其中一點便是，當許密特在二〇一三年帶我參觀遺址時，人們已經持續十八年的挖掘工作，而大部分仍然埋藏在地下。

但到底有多大？

「很難說。」許密特告訴我，「我們進行地質探勘，透過透地雷達，從這裡能看到至少還有十六處尚未挖掘的大型圍場。」

我問，「大型圍場？」我指向D圍場中高聳的巨石，「像這個嗎？」

「是的，就像這個。至少有十六處。有些地區地質探勘無法提供完整的答案，我們也無法真正看清裡面，但預計會超過十六處。可能最後的實際數字會翻倍，甚至多達五十處。」

「五十處！」

「是的，五十處大型圍場，每個圍場有十四根或更多的石柱。但是，你知道，我們的目標並非挖出所有的東西，只要挖出一小部分就好。因爲挖掘就是破壞。我們想讓大部分的遺址原封不動。」

思考古人建造哥貝克力石陣的規模，是需要豐富的想像力。這裡不僅挖掘出排成環狀的巨石柱，比其他世界上任何地區已知的巨石遺址還古老六千年，我現在也瞭解到，哥貝克力石陣非常巨大，它所占的地區可能最後將被證明，是一處比其他大型遺址，例如巨石陣，還要大三十倍的範圍。

換句話說，我們面對的是一個廣大和令人費解的古蹟，規模龐大和不爲人知的目的，一切都是來源不明的未解之謎，沒有明顯的背景或鋪陳，完全籠罩在神祕之中。

巨人的圍場

我已經習慣當我出現在考古學家們的挖掘現場時，他們在背後鄙視我。但許密特的態度令人耳目一新，儘管他很清楚知道我的一切。他同意讓我和我的攝影師妻子桑莎．法伊亞一起爬下D圍場，並研究它。哥貝克力石陣已被挖掘的所有四個主圍場，在有人看管之下，嚴格禁止人們進入，但我需要近距離觀察D圍場中一根石柱上的一幅圖像，只在步道上是無法觀察的。我在步道上怎麼也無法看到，所以許密特的慷慨令人感激。

我們沿著一塊木板進入圍場，木板通往一個兩公尺高，尚未挖掘的碎石堆，碎石堆將兩根中央的立柱分隔，一在東一在西。立柱是從這個地區非常堅硬的結晶狀石灰石場採集得來，經過完美的拋光處理，巨大的立柱在陽光下發出柔和的金光。我從許密特教授那裡得知，那些立柱高約五點五公尺（十八呎），重量超過十五公噸。爬下圍場的地面時，我注意到立柱均立在約二十公分（八吋）高的石質基石上，這些基石是直接從原有的岩床上雕刻而成。在東側立柱的基石前緣，有一列七隻看起來不會飛的鳥，尾巴下垂，翅膀並不明顯的高處浮雕。

兩根巨大的立柱有極具風格的人形外觀，又被傾斜的T形「頭部」所強化，彷彿是一對雙胞胎巨人隱約俯視著我。雖然它們不是我最初的目標，我還是把握機會仔細地檢驗它們。

立柱的前面邊緣，呈現的是它們的胸膛和腹部，非常纖細，只有大約二十公分寬，它們腰部的前後距離超過一公尺（大約四呎）。正如我從步道上觀察到的，兩座石柱的雕刻，側面都有手臂的浮雕，肘部彎曲，末端有著細長的手指。這些手指環繞到立柱的前方，幾乎在「肚子」處相會。

在手的上方，有開襟袍子的痕跡覆蓋著「胸膛」。而在手的下面，兩座人像穿戴著寬腰帶，也是浮雕，裝飾著獨特的扣環。似乎是某種動物的皮。許密特認爲是狐狸從後腿到尾巴的毛皮，從扣環處懸掛下來以遮蔽生殖器官。

兩座人像均配戴項鍊。東邊的立柱上，項鍊裝飾著新月和盤形圖案，西邊的立柱上，則裝飾著一顆牛頭。

此外，兩根立柱以完全相同的獨特方式豎立在各自的底座上，但並非牢固地嵌在上面，而是不穩定地固定在僅僅十公分（四吋）深的溝槽裡。許密特及其團隊已使用木質的支柱使其穩固，我只能想像他們不得不像古人一樣，將石柱扶正。除非，在

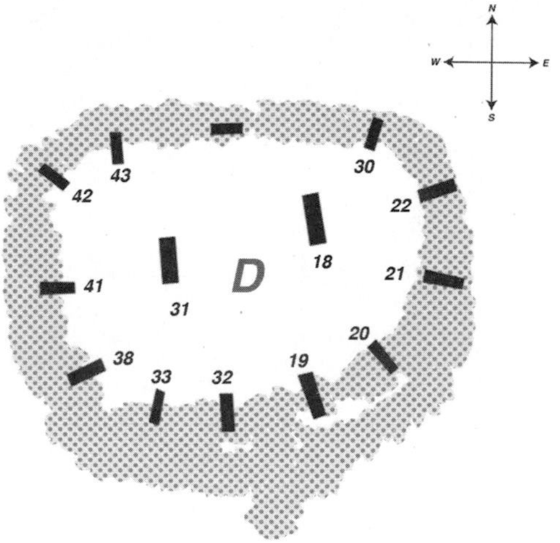

圖3
哥貝克力石陣D圍場石柱的分布圖，其中43號石柱最讓人感興趣。

圍場的上方有一個框架，石像的頭部才能放進去予以固定。以前哥貝克力石陣的建造者，很明顯地是建造、移動和放置巨大石陣的專家，他們不選擇雕刻出更深的溝槽讓柱子牢牢地站穩，這必然有某些目的，但我無法洞察。

兩根中央立柱的相似處就是這些，但也有一些差異。例如，在東邊石柱的右側，有一隻與實物大小一樣的高凸浮雕的狐狸，看似要從手肘的彎曲處躍向前方。然而，西邊石柱的腰帶除扣環之外，並無其他裝飾；東邊石柱的腰帶上有一些引人好奇的裝飾，包括一連串像羅馬字母「C」的圖形文字，其他的則像羅馬字母「H」。當我研究它們時聯想到，我們不可能知道這些符號對哥貝克力石陣的人有何意義，我們與他們相隔長達一萬一千多年的距離，難以想像他們擁有任何形式的書寫，更遑論我們現在所使用的字母！儘管這些符號的排列方式，奇特地具有現代性和目的性，對我們而言不僅僅是裝飾而已。在上古舊石器時代藝術的世界，沒有任何地方有跟其類似的存在，那些動物和鳥類的圖案亦如此。在這個早期的階段，巨石和複雜雕刻的結合是絕對獨特和前所未有。

我繼續研究D圍場邊緣挖掘出來的十幾根石柱，它們並非圍成正圓，而是更像一個橢圓，從西向東大約有二十公尺（六十五呎），從北向南正好為十四公尺（四十六呎）。周圍的石柱大約只有中央一對石柱一半的高度，大部分都無外在的支撐，而是以其本身的力量立起，但大都埋入圍場的土牆中。不是所有的石柱都是T形，大部分都裝飾著豐富的圖案，有鳥類、昆蟲和動物，好像挪亞方舟上的貨物都變成了石頭：狐狸、瞪羚、野豬、許多種類的鳥，包括腳下盤著蛇的鶴，以及更多單獨和成群的蛇、蜘蛛、野驢、野牛、一頭尾巴彎曲到脊椎上的獅子，還有許多其他的動物。

為使通行證發揮最大的作用，我善用時間。我到達想去看的位在圍場西北方的石柱。為便於識別，許密特和他的同僚們，將哥貝克力石陣所有的石柱都予以編號，我們要看的是「四十三號石柱」。我從先前的研究中知道，這根石柱的柱基上有一隻巨大的蠍子圖案浮雕；有人猜測是我們今天所說的黃道帶中的天蠍座圖案。然而，我非常失望，因爲圖案已模糊不清。許密特表示，考古學家們用碎石將其覆蓋，是爲了保護它避免損害。我告訴他，我的興趣在它可能與天文學有關，但他嗤之以鼻。「這裡沒有天文學的圖案；黃道星座是在巴比倫時代劃分的，而哥貝克力石陣卻早在巴比倫王國之前九千年就存在了。」他斷然拒絕我清理堆積如山的碎石。

我差點和他爭論起來。事實上有很好的證據證明在哥貝克力石陣出現之前，黃道帶已被整理出來。我注意到同一根柱子上，沒有被碎石掩埋的上方，還有另一組圖案。這些包括描繪精緻的禿鷹，其翅膀像人類的手臂一樣伸展，一個實心的圓盤懸在翅膀之上，猶如被翅膀支撐或保護著。另一隻擬人化的禿鷹，與其他我曾經見過的大自然中任何的鳥類都截然不同，它的「雙膝」向前彎曲，有著奇怪的伸長扁平的腳，有點類似古早的蝙蝠俠漫畫中，反派角色「企鵝人」的形象。換句話說，它是一個半人半獸的（therianthrope，來自希臘文 therion，亦即野獸；anthropos，亦即人）、混血的生物——半人半禿鷹。

在圖案之上，有更多的H形圖畫文字，排列在一系列垂直和顛倒的V形圖畫文字之中。我再度感覺那裡有某種不可言喻的訊息及溝通。最後，在石柱的頂端，出現三個巨大的手提袋圖案。總之，是有彎曲把手的矩形容器。將其分開的，是在每個容器把手前方的三個圖案。左邊的一隻鳥長著與人腿相似的長腿，幾乎可確定是另一個獸人，還有一隻尾巴在身體前拱起的四腳獸及一隻蠑螈。

整體圖案縈繞我心頭，揮之不去，我感覺並確定之前在別的地方曾經見過，或是跟它非常相似的東西。唯一的問題是我不記得在哪裡見過或它是什麼！我要求桑莎仔細地對石柱拍照，當她拍完以後，許密特建議我們陪他去幾百公尺外，在山脊的另一邊觀察不同的遺址，他和他的團隊正在那裡積極地進行挖掘。這只是他們用透地雷達測出還埋藏在地下的十幾個大型石柱圍場的其中之一，也是他們正在調查的第一處。

打破既有範例

我邊走邊問教授，他是如何和何時開始參與哥貝克力石陣的考古工作。諷刺的是，帶給他在建築發展上的定見並產生重大突破的原因，竟是因爲其他考古學家在相同主題上也有的定見！一九六四年，芝加哥大學和伊斯坦堡大學合組團隊，造訪此地，尋找和發現舊石器時代的遺址。然而當他們目睹從地面上聳立的巨大T形石柱，以及被當地農民犁地所產生的破碎石灰石柱子的碎片時，他們誤以爲哥貝克力石陣跟他們的研究無關，於是繼續前往其他地區。

原因何在？

美國人和土耳其人組成的團隊判斷，柱子的技藝如此完美、進步及複雜，不會是石器時代狩獵採集者所製造的。他們的看法是，雖然在石灰石的碎片旁邊有使用過的燧石，但哥貝克力石陣僅僅是一座廢棄的中世紀墳場，因此無任何先史時代研究的必要性。

他們的閃失造成許密特的收穫。一九八〇年代末和一九九〇年代初，他參與在土耳其的另一項計畫——挖掘一處稱爲涅瓦立寇瑞（Nevali Cori）的新石器時代早期的遺址，該遺址很快被阿塔圖克水壩（Ataturk Dam）的水淹沒。他和一個來自海德堡大學的考古學家團隊，在那裡發現並在淹水之前，搶救出許多精緻的T形石灰岩柱子，確定爲距離今天八千和九千年之前的時期。有些在側面有手臂和手掌的浮雕。「所以我們認知，這個地區存在著跟我們已知的此時期的遺址不同的文物。

從狩獵採集社會到早期農村社區的變遷中，存在著大規模的石灰岩雕刻，涅瓦立寇瑞是我們的第一條線索。」

不久之後，在一九九四年，許密特讀到一篇三十年前，由土耳其人和美國人撰寫的報告，剛好看到一個段落，當中提到哥貝克力石陣地表上，石灰岩柱子的碎片旁邊有使用過的燧石。「我當時還是個年輕的考古學者，」他解釋道，「我正在尋找自己的研究計劃，我立刻意識到這裡可能存在著有意義的東西，或許是像涅瓦立寇瑞一樣重要的另一個遺址。」

「這是你們前輩的疏失。因爲在考古學家的心中，燧石和建築的石柱通常不會被聯想在一起嗎？」

圖 4

D 圍場的 43 號石柱。當我造訪時，柱子下方被碎石覆蓋。但在此前的照片中已重建（參見彩圖 7）。

我希望他能理解我的暗示，因爲既有的範例，可能會忽視在哥貝克力石陣的某些東西。但他似乎有些健忘，並回答：「是的，確實如此。」

我向前望去。過去的這段時刻，我們邊走邊談，我們走到熱鬧異常的挖掘現場。從四個主要的圍場處向周圍看去，我一直沒意識到這個挖掘現場的存在，因爲它被山脊的最高處遮蔽，但現在我們向北翻越山脊線，下到另一側的挖掘處，是由許密特在哥貝克力石陣挖掘出的，命名爲H圍場。這裡有五、六位德國考古學家忙碌地工作著，有些正用泥刀層層地刮開土壤，有些將一桶桶的土壤和石頭倒在篩網上，其他人則指揮三十位土耳其勞工的團隊工作。焦點是個巨大的矩形坑，或許有半個足球場的大小，裡面被與膝蓋同高的土牆分成十二個或更小的區域。在地面上的幾個地方，在幾個點上，笨重的石灰岩柱子聳立著。大部分是T形，但我的眼睛被其中一根有著光滑彎曲頂端的石柱所吸引，只有一小處破損，雕刻著一隻特別精美的雄獅圖案。像D圍場的獅子一樣，它的長尾巴伸向前方，高懸在背部上方，這個技藝比我到今天爲止所看到的其他作品更卓越。

「那是根非常可觀的柱子。」我告訴許密特，「我們能看看嗎？」

他同意。我們在挖掘現場找尋穿越的道路，接著來到離那根有獅子雕像的石柱數公尺遠之處。這根石柱斜靠在殘餘的鵝卵石碎石堆和土堆上，在考古學家們來此工作之前，整個圍場顯然被這些石頭和土壤填滿。在挖掘現場的邊緣，可看見另一根石柱的頭部，在區塊的中間挖出一條較深的溝，我猜是爲了將獅子石柱的前三分之一露出來，這個溝的內壁也是同樣的石頭和土壤。

關於這些碎石堆，我詢問許密特，「那些鵝卵石怎麼會在這裡？看起來不像是自然沉澱所形成。」

「不是。」他回答。看起來還有些洋洋得意。「它是被人特地放進來的。」

「特地？」

「是的，是哥貝克力石陣的建造者所放的。在巨石建好之後，用了不知多長的時間，故意把每個圍場迅速地掩埋。例如，目前爲止所挖出來的最古老的C圍場，在建造它附近的D圍場之前，即已從上到下被完全封閉。這種故意的封閉行爲有利於考古學，因爲它能有效封存每個圍場，避免被後來的有機物侵蝕，而這些有機物能讓我們準確判斷它們的年代。」

我迅速思考許密特的談話。他關於年代判斷的觀點很有趣，至少有三個原因。

首先，這意味著全世界沒被「封存」的巨石遺址，可能會因後來有機物的侵蝕，造成考古學家們對年代的判斷有誤（順便一提，有機物是唯一可以進行碳年代測定的物質；因爲你無法用石頭這樣的無機物做碳年代測定）。理論上，這意味那些著名的，未被其建築者有意掩埋的巨石遺址（例如，馬爾他的神廟或梅諾卡島〔Menorca〕的T形石碑、英國的艾維柏瑞和巨石陣的石圈），均有可能比我們現在所知道的更古老。

第二，假如哥貝克力石陣大部分的年代，是從塡塞物中的有機物得知——這是我後來從許密特發表的論文中確定的事實——然後這只是告訴我們塡塞物的年代；巨石柱本身的年代至少跟它們一樣古老，也可能更古老，因爲它們是在建好「不知多久時間」以後才被塡滿。

第三，或許是最重要的一點——爲什麼要塡滿遺址？歷經千辛萬苦建立一系列壯觀的巨石圈之後，最終卻故意將其掩埋得如此徹底和如此高效率，等它們再被人發現需要一萬年之久，其動機何在？

我心中首先想到時間膠囊。建造哥貝克力石陣是爲了向未來傳達某種訊息，掩埋它以便在數千年中完整無缺和隱藏這些信息。這種想法多次纏繞著我。我繼續我的調查，經過整整一年才有了成果，這會在後面的章節中提到。同時，當我向許密特提出問題時，他爲故意掩埋的石柱圈提出完全不同的解釋。

「在我看來這是他們的規劃，」他說，「他們建造圍場就是要掩埋。」

我的好奇心被激起。「建造是爲了掩埋？」我等待他說「這是個時間膠囊」。但他回答：「例如，像在西歐的巨石墓地，巨大的建築，然後將土堆在頂部。」

「但是他們用來埋葬屍體。這裡有任何埋葬屍體的證據嗎？」

「我們沒有發現遺骸。我們在塡塞物中找到部分人類骨頭混雜動物骨頭的殘片，但是現在還沒有找到埋葬品。我們希望能盡快找到。」

「所以你相信哥貝克力石陣是個大型墳場嗎？」

「它有待證明。是的，但那是我的假設。」

「那麼在塡塞物中所發現的人類骨頭混雜著動物骨頭的殘片，你覺得從何而來？是祭品？還是食人肉？」

「我覺得並非如此。我猜想他們會將死者的遺體做某些特殊處理，那些骨頭就是證據，或許特別進行去除肌肉的作業。此種儀式在這個地區同時代已知的遺址中均存在。對我而言，這些塡塞物中的人類骨頭，增強了我們會在哥貝克力石陣的某些地區找到主要墓地的假設，這些墓地在被埋一段時間之後會被開挖，以便與死者進行一種非常特殊的儀式。」

「那這些石柱有何種功能呢？」

「這些T形石柱確實是擬人化的，然而上面往往刻著動物圖案，也許是想告訴我們與這些T形生物有關的故事。當然我們不能確定，但我想它們代表神明。」

「不是T形的石柱亦如此嗎？」我指著有獅子圖案的石柱。「像這一根？它上面也有動物的圖案。」

許密特聳聳肩，「我們不能確定。或許我們永遠都不會知道。這裡有太多奧祕。我們就是再挖個五十年也無法找到所有的答案，現在只是剛開始。」

「但是即便如此，你已找到一些答案。你很清楚一些概念。譬如這根有獅子圖案的石柱，你能說出它至少有多古老嗎？」

「老實說我們並不知道。我們希望在它下面發現一些有機物，能做碳年代測定。但直到現在並不能確定。」

「那你對它的風格有什麼看法？」

許密特又聳聳肩，勉強做出小小地讓步，「它跟C圍場中某些石柱看起來很相似。」

「都是最古老的？」

「是的，應該說是與它們同年代。」

「那它們的正確年代應該有多久？」

「經過校準，正好是公元前九千六百年，是我們所找到最古老者。」

隨著時間的流動，放射碳年代和曆法年代相差愈來愈遠，在不同的年代，大氣中和所有的生命，有機物中的放射性同位素碳十四的含量相異。很幸運地，科學家們已找到途徑修正如此的變動，過程稱為校準。所以當許密特說「經過校準，正好是公元前九千六百年」，他便給了我曆法的答案。

「經過校準，正好是公元前九千六百年」的意思是，在我跟他談話的二〇一三年此刻，距離那時已經有九千六百年，加上基督之後的二〇一三年，即是在一萬一千六百一十三年以前。我在二〇一四年十二月寫下這句話，而你可能要到二〇一六年才能讀到，到那時候，許密特所指的最早時間已經距今一萬一千六百一十六年。

——你會得到上述概念。

換句話說，用大概的數字簡言之，哥貝克力石陣被挖掘出來最古老的部分，已經有一萬一千六百年之久。而且，無論所有的原因和條件，許密特修飾過的觀點告訴我，眼前的獅子石柱極有可能，跟至今在哥貝克力石陣所挖掘的任何遺跡一樣的古老。

雖然他所言不多，且從各方面而言只有很少的證據，但是這根石柱更爲古老的可能性的確存在。畢竟，他已經承認，哥貝克力石陣最精美的作品就是最古老的。所以，這也是麻煩所在，儘管他表示希望更進一步的挖掘，能找到「期待卻尚未找到的微小起點」。不過事實上，更深入挖掘所得到的文物，並未發現如此的「微小起點」。反之，石柱揭開的是一個巨大的、宏偉的完工巨石柱，在精緻的高凸浮雕上，刻著一頭用後腳站立的獅子，至少在字面上，它非常古老。

或許，並沒有許密特所希望找到的「微小起點」。深入的挖掘只會發現更多相同的東西？

「我們知道何時結束，」教授堅定地告訴我。「哥貝克力石陣最年輕的地層可追溯至公元前八千兩百年，該遺址在那時被永遠遺棄。但我們仍然不知道何時開始興建。」

「你們從C圍場得知，除去公元前九千六百年，即一萬一千六百年以前是開始。至少到目前爲止，你們所能建立的時間是如此嗎？」

「是的，大規模建築階段的開始。」教授的眼睛閃爍了一下。「你知道，公元前九千六百年是個重要的日子。它不只是一個數字，它是冰河時代的結束，是全球的現象。既然兩者並存……」

許密特如此強調這一時間點，我心中突然響起警鐘，這讓我聯想到曾經做過的其他研究，於是不得不在此打個岔。

「公元前九千六百年！那不僅僅是冰河時代的結束，也是新仙女木期（Younger Dryas）⑥寒潮的終結，寒潮始於……公元前一萬零八百年嗎？」

「都結束於公元前九千六百二十年，」許密特繼續說，「根據格陵蘭冰核分析，在公元前九千六百年，當全球氣候突然轉好之際，大自然充滿了無限可能，哥貝克力石陣的大規模建築會是個意外嗎？」

我只能同意，這看起來根本不是意外。反之，我感覺兩者必有關聯。我們會在第二部分研究這個關聯，那個被地質學家稱爲新仙女木期神祕的劇變期，以及格陵蘭的冰核將告訴我們些什麼。

同時，回到二〇一三年，我用溢美之詞結束對許密特的採訪。二〇一四年十二月，當我坐在書桌前，回顧在哥貝克力石陣採訪時記錄下的手稿，得知許密特已經在二〇一四年七月二十日，死於一次劇烈突發性的心臟病，我很慶幸已做過這次訪問。「你是位非常謙卑的人，」我說。「事實上，你發現這個遺址，使我們再度思考對於過去的看法。這是一件了不起的事情，我相信你的名字會和哥貝克力石陣一樣留名青史。」

帶來文明的人

二〇一三年九月中旬，離開哥貝克力石陣之後，在我回家前，我進行一次大範圍旅遊土耳其全境。

獅子石柱深入我心，但特別讓我在意的是D圍場四十三號石柱上面的景象——有彎曲像人類雙膝的禿鷹，它的雙翼如此類似人的手臂，捧著實心的圓盤。

我下載桑莎的照片到電腦中，點出那幅圖像。它有許多値得注意的元素，包括那個圓盤。禿鷹的雙翼展現出來，我現在意識到，另一隻翅膀自身後伸了出來。在禿鷹的右邊有一條蛇，它有一顆三角形的頭部，與哥貝克力石陣所描繪的所有的蛇相同，身體盤繞成捲曲狀，尾巴朝下伸向一個「H」形壁畫。蛇緊密依偎著另一隻大鳥，但不是禿鷹，更像是一隻朱鷺，長著長而像鐮刀狀的喙。在它和禿鷹之間還有另一隻鳥，亦有勾狀的喙，但更小，看起來像是一隻雛鳥。

我將注意力轉向圓盤，我不知道它是做什麼用，但從它的形狀很明顯地可以猜測到它代表太陽。然而，還有其他東西讓我更感興趣，如果我能用手指碰觸它就好了。哥貝克力石陣古老石柱上的圖案，有一種揮之不去、喚起某些東西的熟悉感。桑莎從每個可能的角度拍攝了幾百張照片，我著迷地不斷翻閱這些照片，希望能找出一些線索，禿鷹、圓盤，以及禿鷹上另一個圖像、一排詭異的袋子，還有彎曲的把手……

袋子。

手提袋。

我突然想到了什麼。我走到圖書室的書架前，上面有我自己作品的樣書。我取出《上帝的指紋》（*Fingerprints of the Gods*），開始瀏覽照片部分。第一部分是關於南美洲，我要找的不在那裡。第二部分是墨西哥，我在第五十頁找到它。第三十三張照片，標題是「拉文塔」（La Venta）的奧爾梅克（Olmec）遺址——蛇中人。這是桑莎在一九九二或一九九三年所拍攝回來，是一幅寬一點二公尺（四呎），高一點五公尺（五呎），令人印象深刻，雕刻在堅固花崗岩石板上的浮雕。浮雕上的圖案據悉是早期對中美洲神明的描繪，馬雅人（比奧爾梅克較晚的文明）稱爲庫庫爾坎

（Kukulkan）或古庫瑪茲（Gucumatz），後來的阿茲特克人稱爲奎查爾寇透（Quetzalcoatl）。這三個名稱亦即「羽蛇」。這條蛇的頭上裝飾著華麗的羽毛，我們可在這張照片上看到。它強壯的身體捲曲盤繞在浮雕外圍，包圍著一個呈現坐姿的人像，此人伸出雙腳碰觸踏板。人像的右手握著我之前描述過的「一個小的像水桶的物體」。

我重新查看桑莎所拍攝的哥貝克力石陣D圍場的照片，馬上確認我的推測。石柱上的三個袋子，跟墨西哥拉文塔的「桶狀」物體非常相似。兩個雕像上均有相同的彎曲把手，「袋子」和「桶子」的側面，底部比上部寬，也非常相似。

如果只是這樣的話，這確定是個巧合。考古學家們認爲拉文塔的「蛇中人」浮雕年代，是在公元前十到六世紀之間，大概比哥貝克力石陣的圖案年輕九千年，兩者之間怎麼可能有連繫？

我想起在《上帝的指紋》中所複製的第二幅奇怪圖案。我在索引中尋找歐安尼斯（Oannes）的名字，然後翻到第十一章，找到另一幅有人拿著袋子或桶子的圖像。我從前並沒有注意到這幅圖像與「蛇中人」的相似處，但現在已很明顯。雖然並非絕對的確認。兩幅圖中的袋子都有相同的彎曲把手，與哥貝克力石陣柱子的描繪相同。我迅速瀏覽二十年前所寫的報告。歐安尼斯是一位被美索不達米亞所有古文化所尊崇的有教養的英雄。據說在遙遠的古代就已出現在那裡，並教化居民：

> 書寫、數學演算和各式各樣知識必要的技能：如何建造城市、修築神廟、制訂法律、劃定邊界和區分土地，以及如何播種，然後收穫水果及蔬菜。總之，（他）教導人們所有裨益文明生活的事情。

歐安尼斯最完整的記錄，是一位在巴比倫名爲貝羅索斯（Berossos）的祭司，於公元前三世紀所寫作品的現存殘片中發現。很幸運地，在我的圖書室中有一本關於所有貝羅索斯殘片的翻譯本，所以我把它拿出來，還找到其他幾本關於古代美索不達米亞神話和風俗的書籍。沒有多久我就發現，歐安尼斯並非獨自一人完成工作，推測是一個團體的領袖，有七位阿普卡魯（Seven Apkallu），以「七賢者」（Seven Sages）聞名，據說生活在「大洪水之前」（大洪水是全球的大洪水，在許多美索不達米亞的傳統，包括蘇美（Sumer）、阿卡德（Akkad）、亞述（Assyria）和巴比倫（Babylon），都有顯著的描繪）。與歐安尼斯比較，這些賢者被描繪成帶來文明的人，在非常古老的過去，帶給人類道德準則、藝術、工藝和農業，教導他們建築、建設和工程技術。

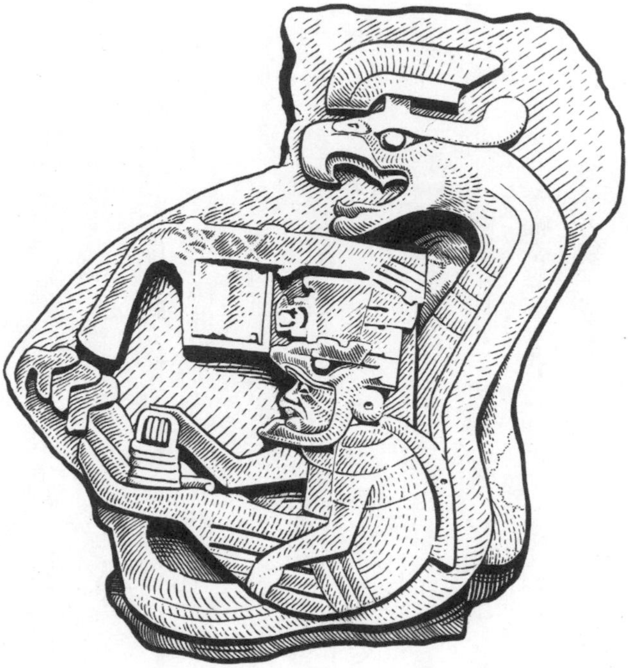

圖5

「蛇中人」的雕刻，最早的中美洲神明代表，後以奎查爾寇透聞名。

我不得不去思考這份名單，它包括在哥貝克力石陣所有可能「發明」的技藝！

我在電腦上調出一幅地圖，看見土耳其東南部和美索不達米亞，不僅在地理上毗鄰，這兩個地區的連繫甚至非常親密和直接。今日現代的伊拉克占有大部分地區。美索不達米亞這一古老的名字，在字面上意即「兩河之間的（土地）」。兩河是指底格里斯河（Tigris）和幼發拉底河（Euphrates），兩條河在波斯灣注入海洋，源流均發源於土耳其東南方的托魯斯山，即哥貝克力石陣的所在地。

我上網搜尋到一些七賢者的圖像。起初我並沒有找到許多，隨後我改變搜尋的字詞爲「賢者」和「七賢者」。我打開網路上所有龐大的圖片檔，其中許多是亞述的浮雕，這個文化在大約公元前兩千五百年至六百年，興盛於美索不達米亞。我添加「亞述賢者」到搜尋參數，螢幕上湧出更多的圖像。他們通常留著長長的鬍鬚，拿著袋子或桶子，跟哥貝克力石陣柱子和墨西哥「蛇中人」的圖像非常相似。不只是容器上彎曲的把手，或者是形狀，相似度超過我在《上帝的指紋》中原始的歐安尼斯浮雕。更令人震撼的是，在美索不達米亞和墨西哥的浮雕中，掌握容器的手有其獨特和鮮明的方式，均爲手指向內，大拇指朝前放在柄上。

其他地方亦有獨特之處。許多圖像顯示均非人類，而是半人半獸——長著勾喙的鳥人，跟哥貝克力石陣柱子上同樣有鳥喙的獸人相似。相似度更高者，是美索不達米亞浮雕中的鳥人，一手拿著容器，另一手拿著一個圓錐體。形狀有少許差異，但與哥貝克力石陣鳥人翅膀上環抱的圓盤相比，要說不像實在很難。

我還不能證明任何觀點。當然，這可能都是巧合，或者根本不存在，那些關聯只是我的想像。但這些存在於不同大陸和不同時間，卻彼此相似的容器，已經引發我的好奇心，所以我匆忙記下這一系列的問題，以做爲有待未來檢驗的寬鬆假設的框架。例如，這些容器（不論它們是袋子或桶子）

是一種代表遠行及古老的兄弟關係機構標誌，其根源可追溯至亙古的先史時代嗎？我感覺這種可能性異乎尋常，儘管可能只停留在事物的表面，卻值得深入研究。其獨特的手勢是否跟今日共濟會的握手功能一樣，馬上能確認誰是「自己人」和誰不是嗎？

此種兄弟關係可能有什麼目的？

更令人好奇的是，在墨西哥和美索不達米亞，其神話和傳統均和圖像及象徵性有關，毫無疑問地讓我們留下有何目的的疑問。簡言之，其目的是要教導、指引和傳播文明的益處。

畢竟，這是歐安尼斯和七賢者明確的作用，他們教導美索不達米亞的居民「如何播種，然後收

圖6
美索不達米亞所有的古文明均提到，在大洪水之前教化人類的英雄歐安尼斯。其服裝奇特，常以「魚形裝扮人物」的形象出現，在第八章有討論。

穫水果及蔬菜」。換言之即農業。他們也教導人類建築及工程技藝，特別是修築神廟。如果人類需要被教導這些事情，那麼在賢者蒞臨之前，他們必定對這些知識一無所知。換言之，他們必定是和土耳其東北部的居民一樣，是遊牧狩獵的採集者，直到突然令人驚訝地進入哥貝克力石陣的世界舞台。

同樣的事情亦發生在墨西哥。奎查爾寇透，即羽蛇，教導古代居民定居農業的益處和修築神廟必須的技藝。雖然這個神通常被描繪成一條蛇，他更經常以神的形象展現。蛇是他的象徵和改變的自我，他經常被描繪成「高大，蓄著一綹鬍鬚的白人」、「一位神祕的人物……體格壯碩的白人，前額寬闊，眼睛巨大和滿臉飄雅柔順的鬍鬚」。根據研究馬雅執牛耳者，希爾瓦納斯．格里斯沃爾德．莫利（Sylvanus Griswold Morley）的結論，奎查爾寇透的屬性和生命歷程是：

> 他如此類似人類，可能是一位真實的歷史人物也不無可能……在他死後，他的善行長存在人們心中，他的人格最後被神化。

圖7
哥貝克力石陣和美索不達米亞的底格里斯河、幼發拉底河源流關係的位置圖。

這些敘述也可用在歐安尼斯身上，而正如七賢者的領袖歐安尼斯（亦被描繪成擁有引人注目的鬍子），奎查爾寇透和他自己情同手足的賢者及巫師們一起遊歷。我們知道他們「未使用槳跨海而來」，奎查爾寇透被視為「城市的建立者，律法的組織者和曆法的教授者」。十六世紀西班牙編年史家伯納狄諾·迪·薩哈岡（Bernardion de Sahagun），精通阿茲特克語，非常嚴謹地準確記錄他們古老的傳統，他進一步告訴我們：

奎查爾寇透是一位偉大的文明傳播者，他帶領一隊陌生人進入墨西哥。他給這個國家帶來藝術，尤其是培養了農業……他修建寬敞和典雅的房屋，灌輸帶來和平的一種宗教。

簡言之，如同這些共享符號和圖像學所展現的複雜形態，奎查爾寇透和歐安尼斯肩負同樣傳播文明的使命，他們在被描述為極遙遠的時代——大洪水之前和非常古老的世界上不同的地區傳播文明。

這是否可以追溯到公元前九千六百年哥貝克力石陣的時代，在這裡發現許多相同的標誌，雖然沒有現存的傳奇，但突然出現的農業和紀念性建築物，傳播文明的跡象不是隨處可見嗎？

我能否證明這項假設的含意是驚人的尚不可知，不過至少它意味著，在一萬兩千年前，世界上曾存在過尚未被世人知曉的、身分未明的人，他們早已精通所有高等文明的技藝和特質，在最後冰河時代的最盛期，還派出使者到世界各地傳播知識的益處。這些神祕的影子使者是何許人也？這些賢者，這些「諸神的魔法師」，我已經開始去思索他們，何以會與引人注目的公元前九千六百年相關？

圖8
美索不達米亞藝術與雕刻中的歐安尼斯和阿普卡魯的肖像，通常描繪成魚人或鳥人的複合體。

許密特在太陽的烘烤下，帶我參觀托魯斯山脈的哥貝克力石陣時，就直接點出，公元前九千六百年無疑是「一個重要的日子」，其重要性不僅因爲它標誌冰河時代的結束，還有更令人吃驚的原因。

希臘的立法者梭倫（Solon）⑦曾在公元前六百年造訪埃及，在尼羅河三角洲的塞易斯（Sais）神廟，祭司們告訴他一個非常奇特的故事，這個故事後來傳給比他更爲著名的後裔柏拉圖（Plato）⑧，柏拉圖將這個故事寫進《對話錄》（*Dialogues*）中的〈蒂邁歐篇〉（Timaeus）和〈克里提亞斯篇〉（Critias）。

這個故事就是被稱爲亞特蘭提斯（Atlantis）的偉大失落文明，在一日一夜恐怖的洪水和地震中被吞沒，距離梭倫的時代還要早九千年。

也就是說，在我們曆法中的公元前九千六百年。

注釋

①位於地中海馬爾他戈佐島上的新石器時代巨石廟。
②位於馬爾他南部海岸峭壁上，約建於公元前三六〇〇～三〇〇〇年。
③位於英格蘭威爾特郡，是英國最著名的史前建築遺跡。
④位於英格蘭威爾特郡，是一個新石器時代墓葬群。
⑤被認為有控制天氣、預言、解夢、占星的能力。
⑥得名來自於歐洲北部仙女木屬植物，本生活在寒帶地區，卻於低緯度地區發現該物種的花粉，代表當時氣候寒冷，該物種大肆南侵。為距今一萬兩千八百年至一萬一千六百年，一段持續約一千兩百年左右的冰期，在此之前地球一直處在溫度逐漸升高的間冰期中，氣溫卻突然驟降。
⑦古代雅典的政治家、立法者、詩人，古希臘七賢之一。
⑧約公元前四二七年～公元前三四七年，是著名的古希臘哲學家。

第二章

光明之山

「我們一直被教導的，關於文明起源的一切可能是錯誤的。」擁有博士學位，印尼科學院地質技術研究中心的高級地質學家，丹尼・希爾曼・納塔維德亞亞（Danny Hilman Natawidjaja）如此說道。「那些關於先史時代亞特蘭提斯和其他偉大的失落文明的古老故事，長期以來被考古學家們視爲神話，看起來將被證明爲眞實存在。」

二〇一三年十二月，我們在位於印尼爪哇島萬隆市（Bandung）以西七十公里（四十三哩），海拔九百公尺（兩千九百五十呎）的展玉（Cianjur Regency）。我和納塔維德亞亞博士一起爬上高一百一十公尺（三百六十呎）台階式金字塔險峻的斜坡，其位在有著火山、高山和叢林的神奇景觀中，當中點綴著稻田和茶園。

一九一四年，由圓柱狀玄武岩建成的古代人工金字塔，首度在考古學家們面前亮相，它散布在那時還覆蓋著頂端的茂密樹林和灌木林裡。當地人尊奉此地爲聖地，稱它爲帕當山（Gunung Padang），今日仍使用這個名稱，但常誤譯爲「山場」，是因爲將此地區的巽他語（Sundanese）誤爲印尼語。帕當山亦即「光明之山」或「啓蒙之山」。所發現的結構有五個階地，占地約一百五十公尺（四百九十二呎）長，四十公尺（一百三十一呎）寬。來訪的考古學家們被告知，自遠古以來，階地一直被用來打坐和隱居，直到今天仍是如此。

然而無論是考古學家或當地人，很明顯地未將這座角錐體當作金字塔。它被認為是一座天然的山丘，因為人類的活動而有所改觀。直到二〇一一年，納塔維德亞亞和他的團隊，開始用透地雷達、電阻係數和地震斷層掃瞄攝影術進行地球物理調查。那時，塔頂已經被清理出來很久，階地上的結構被認為是巨石建築的作品。但是，放射碳的年代測定尚未完成，遺址的歸屬年代約公元前一千年，是根據猜測而非挖掘。

第一次的科學放射碳的年代測定是由納塔維德亞亞他自己完成，採用的樣本是位於地表或接近地表的巨石底層土壤中的有機物。測出的年代在公元前五百至一千五百年左右，與考古學上的猜測非常接近，故無爭議。但納塔維德亞亞和他團隊擴大他們的調查範圍，採用管狀的鑽孔器，取得地層中更深的樣本，結果蘊藏著令人驚訝的結果。

首先，所鑽的岩芯，即處理過的圓柱狀玄武岩碎片，證明地表下有更多的人造巨石結構。其次，

圖 9
畫家筆下古代的帕當山。（感謝 Pon S. Purajatnika）

所鑽岩芯之中的有機物開始被檢測出愈來愈古老的年代——公元前三千年至公元前五千年。然後，鑽得較深的，是公元前九千六百年，之後是公元前一萬一千年，再來是公元前一萬五千年。最後，在深達二十七點五公尺（九十呎）及以下，測出公元前兩萬年到公元前兩萬兩千年，甚至更早，如此令人吃驚的結果。

「這根本不是我的考古界同事們所期望或想要聽到的結果。」納塔維德亞亞如此說。像他這麼一位在美國加州理工學院獲得博士學位，世界知名的大型逆沖斷層地震地質學專家，顯而易見的，視考古學爲一門完全不科學的學科。

一個眞正的地殼劇變時期

問題是，那些追溯到公元前九千六百年之前的年代，帶著我們深入至冰河時代末期。當時的印尼並不像現在一樣是一系列島嶼，而是被地質學家稱爲「巽他古陸」（Sundaland）的東南亞大陸的一部分。

當時海平面比後來低一百二十二公尺（四百呎）。三點二公里（二哩）深的巨大冰蓋覆蓋大部分的歐洲和北美洲，直到冰蓋開始融化。然後，全部儲存在其中的水回到海洋，海平面上升，淹沒人類早先生活的許多地區。因此，在冰河時期（尚未有英吉利海峽或北海），英國與歐洲爲一體。同樣地沒有紅海，沒有波斯灣，斯里蘭卡併到南印度，西伯利亞與阿拉斯加連在一起，澳大利亞加入新幾內亞，諸如此類。而正是在這個海平面上升的紀元，有時緩慢和持續，有時迅速和劇變，冰河期的巽他古陸被淹沒，只有馬來西亞半島和印尼群島，如今日所見高到足以保持在水面上。

正如我們在上一章看到的，已確定的考古學觀點認爲，直到最後一個冰河時代末期，人類文明的狀態是：我們的祖先是原始的狩獵採集者，對農業一無所知，並無建造比帳篷和露營地更大的任何建築物的本領。

這就是何以土耳其東南部的哥貝克力石陣如此具有意義，因爲它打破範例，並呼籲大衆認眞考慮此前被認爲是瘋狂假設的可能性，即文明可能比我們所思考的更古老和更神祕。隨著哥貝克力石陣地基的年代，目前設定在公元前九千六百年（確實是公元前九千六百年，正如許密特煞費苦心地向我指出），亦要求我們重新開啓關於亞特蘭提斯冷門的個案，任何人敢說出被謾罵的「亞」字，都曾被考古學家們長期譏諷、輕蔑和嘲弄。

如上一章結尾提到的，希臘哲學家柏拉圖，他的〈蒂邁歐篇〉和〈克里提亞斯篇〉中，包含了現在最早提到的傳說中沉沒的王國。他把洪水和地震所引發的亞特蘭提斯災難性的毀滅和沉沒，其時間設定在梭倫時代之前九千年，恰好是在公元前

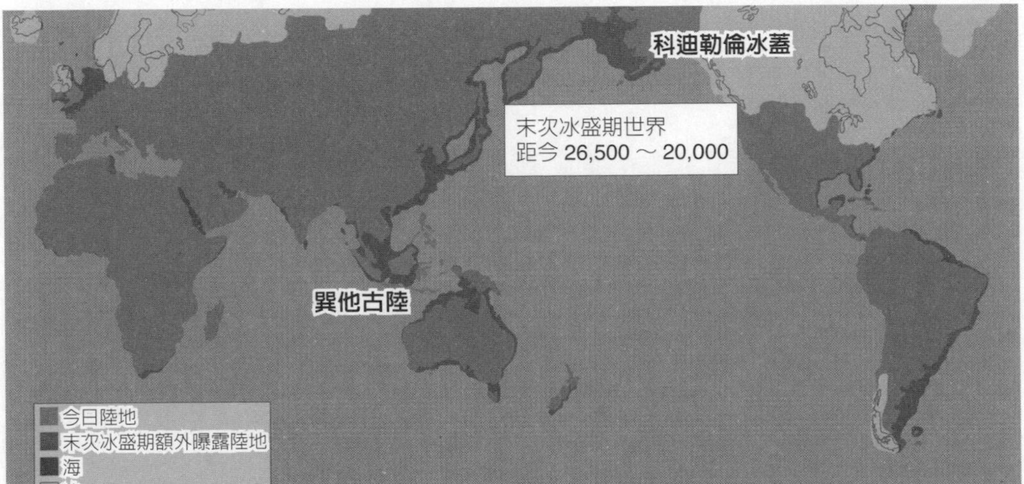

圖 10

九千六百年。而希臘人不可能知道哥貝克力石陣（更別說它正好是在亞特蘭提斯已經滅亡的時刻被神祕地建立起來）。

此外，他們不僅未接觸過冰河時代末期到公元前九千六百二十年（正好是哥貝克力石陣建立之前二十年）之間的格陵蘭島冰核，也沒有發生在這段時期海平面迅速上升的現代科學知識（隨著融化冰蓋的重量從大陸板塊上移除，常伴隨災變地震）。從整體考量來看，加上柏拉圖給予的年代，至少可說這是一個離奇的巧合。

就納塔維德亞亞的觀點來看，這並非全屬巧合。他對帕當山的研究使他確信，柏拉圖關於在冰河時代末期存在著高度文明的敘述是正確的，在公元前一萬零八百年和公元前九千六百年之間，全球非常不穩定的時期，這個文明無疑地被洪水和地震所毀滅。

而這個被地質學家稱爲「新仙女木期」的紀元，一直被認爲充滿了神祕和動盪。當它在公元前一萬零八百年開始時，地球從冰河時代浮現大致有

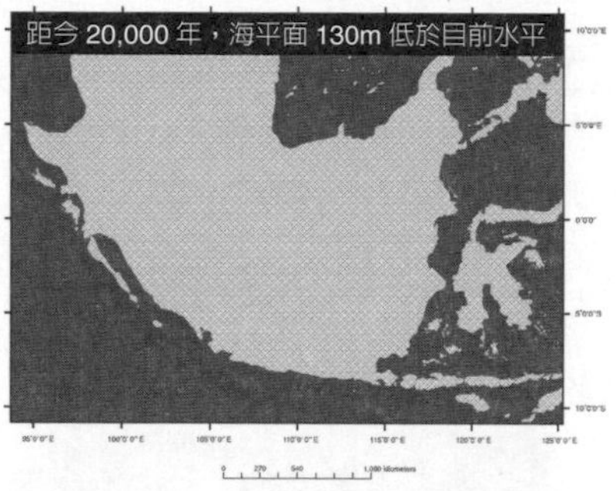

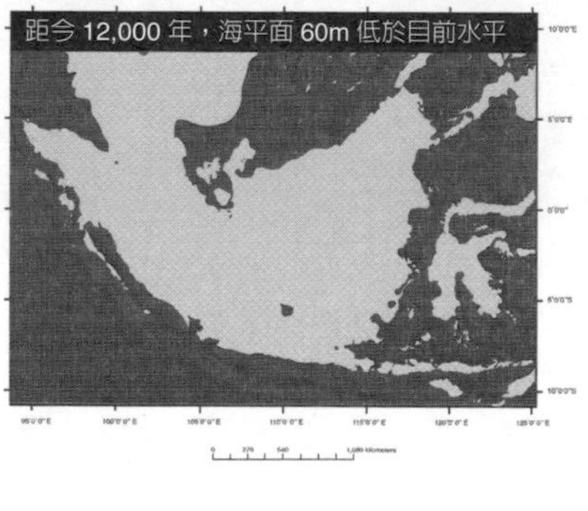

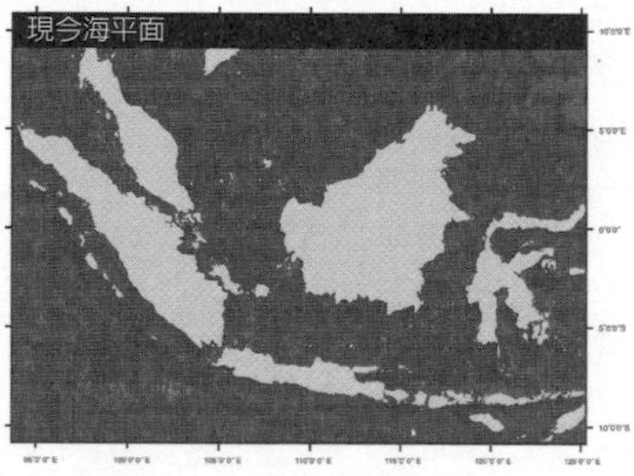

圖 11
最後一次冰河期末期巽他古陸的水患。

一萬年，全球氣溫穩定地上升，冰蓋正在融化。其後突然戲劇性地回到更寒冷的狀況中，幾乎和兩萬一千年以前冰河時代高峰期一樣的寒冷。這個短暫、深深刺骨的寒冷持續了一千兩百年，直到公元前九千六百年重新開始回暖，全球氣溫直線上升，殘存的冰蓋融化得非常突然，它們所含的水全部傾倒入海洋裡。

「它很困難，」納塔維德亞亞說，「對我們去想像在新仙女木期，地球上的生命是何等模樣。它是一個無窮盡的不穩天氣和既恐怖又眞實的災難性時期，全球的情況確實令人畏懼。許多大型動物，如猛獁，正好在這個時期滅絕，這並不令人訝異。當然，這對我們的祖先有巨大的影響，不僅僅是考古學家所說的『原始的』狩獵採集者。我也相信，新仙女木期的劇變，對從歷史記錄中消失的高度文明亦產生影響。」

一座有爭議的金字塔

使納塔維德亞亞產生這種激進觀點的，是他和他的團隊在帕當山發現的證據。他們鑽勘岩芯，在人工石塊之間的縫隙中，從黏土填充物裡的有機物質進行碳年代測定，測出非常古老的年代。他們擴大調查，使用地球物理的設備——透地雷達，運用地震斷層掃瞄攝影術和電阻係數，得到一張地下物體的圖片。

結果令人吃驚，圖片顯示巨大建築物的地層，採用的是與地面發現的圓柱狀玄武岩一樣的巨石材料，在這些建築物之下，尚有巨大的玄武岩石塊，通向延伸至地面以下三十公尺（一百呎），甚至更深的地方。在那些深度的碳年代測定顯示，那些巨石是在一萬兩千年前被放在該處，在某些情況下，可追溯到遠至兩萬四千年前。

圓柱狀的玄武岩是自然形成的，英國北愛爾蘭著名的巨人堤道即為一例。但在帕當山被用作建築材料，呈現出在自然界中從未被發現過的形狀。

「地球物理的證據是明確的，」納塔維德亞亞說，「帕當山並非自然形成的山丘，而是人造的金字塔，其建築的起源可追溯到最後冰河時代末期之前。由於該建築即使在最深的地層中也是規模龐大，見證過建造埃及金字塔或歐洲最大的巨石遺址的各種複雜的建築技巧後，我只能說，我們正在尋找的是失落文明中的一處建築成品，是相當先進的文明。」

「考古學家們不會喜歡聽這個。」我指出。

「他們是不喜歡！」納塔維德亞亞以悲哀的笑容同意我的說法。「我

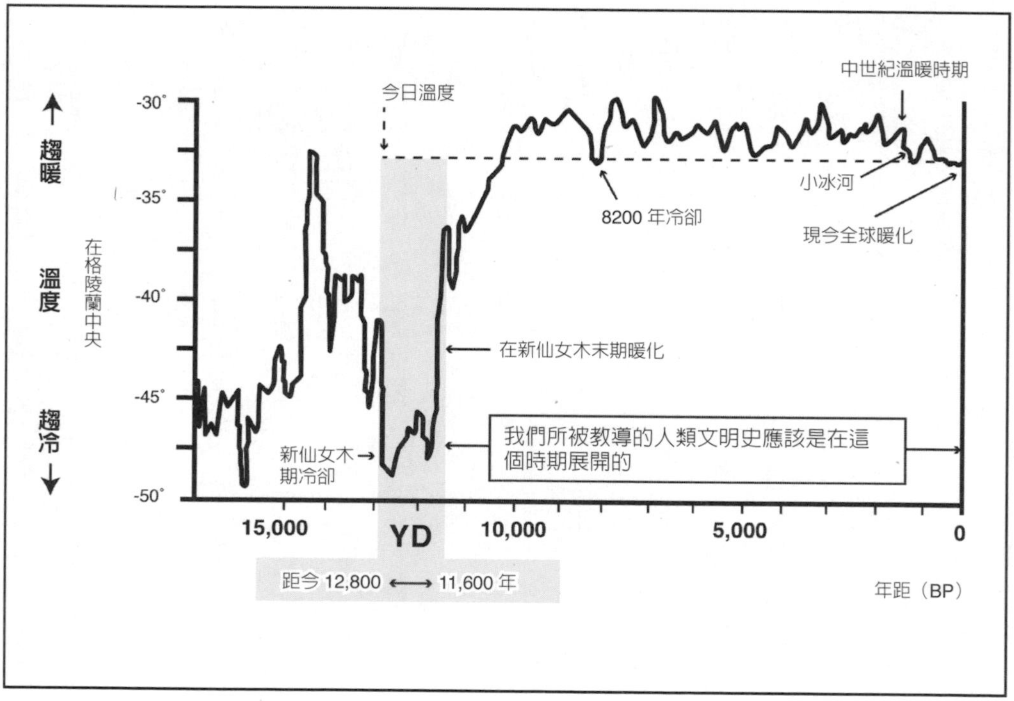

圖 12

我們所被教導關於新仙女木期的整體人類歷史——在公元前 10,800 年（約 12,800 年前）和公元前 9,600 年（約 11,600 年前）之間，為神祕的大洪水時期。

已經讓自己置身在一大鍋熱水中。我的個案是堅實的，奠基於良好的科學證據，它並不是件容易的事。而我反對冥頑不靈的信念。」

下一步將是全面的考古挖掘。「我們必須去挖掘，爲了調查遙測數據和碳年代測定結果，並對已經在這裡發現的東西確認或否定。」納塔維德亞亞說，「但不幸的是，在我們的道路上有許多障礙。」

當我問他所說的障礙是什麼意思時，他回答說一些印尼的資深考古學家，正在遊說雅加達的政府，阻止他在帕當山進行任何更進一步的工作，因爲他們「知道」該遺址不到三千年，沒有任何理由去打擾它。

「我不否認，地面上的巨石不到三千年，」納塔維德亞亞趕緊補充，「但我認爲，它們放置在這裡，是因爲自遠古以來，帕當山就被視爲是一個神聖的地方。在一萬兩千年和兩萬多年之間，結構的最深層次才最重要。它們對我們了解歷史具有潛在的革命性牽連，我認爲允許我們進行適當的調查非常重要。」

傳說中的亞特蘭提斯

令人高興的是，二〇一四年總統的介入產生決定性的影響。我現在可以報導，丹尼（今後我將以名字稱呼他，我們已經成爲朋友）被全權委託挖掘遺址。他和他的團隊從二〇一四年八月開始工作，在八月到十月之間完成。但在哥貝克力石陣的經驗顯示，不辭辛勞、精密的考古學是個緩慢的過程，他們並不期望在二〇一七年或二〇一八年之前就能抵達最深的地層。隨著第一季工作的結束，丹尼發給我一封更新的電子郵件：

研究進展得很順利。在過去幾週，我們已經在巨石遺址正上方進行三處開挖，發現更多地底結構的證據和細部資料。我們已經挖掘出更多石製工藝品。在巨石遺址下方顯然有個類金字塔狀的結構。只要能到現場看看，就算非專業人士也能看出這裡有個金字塔般的結構。我們發現在地底五到七公尺有個開放式的大廳。但我們還沒有進入主室。透地探測結果指出主室就在巨石遺址中央，我們目前正針對疑似主室的位置（基於地表下的地球物理學）鑽探。

地底結構？主室？啊，是的，我忘記提到那些。在後面的章節中，我們將更詳細地提到所有的牽連。簡言之，丹尼和他的團隊在二〇一一年和二〇一三年之間所進行的地球物理探勘工作，在電阻係數、地震斷層掃瞄攝影術、透地雷達和岩芯鑽勘中配備最新的技術，不僅在帕當山發現深埋在地下的巨大結構，和非常古老的碳年代測定，還發現另外三個尚未挖掘的房間，形狀如此線形，根本不可能是天然形成。其中最大的一個房間，深達二十一點三公尺和二十七點四公尺（七十至九十呎）之間，測量大約是五點五公尺（十八呎）高，十三點七公尺（四十五呎）長和九點一公尺（三十呎）寬。

它是否爲傳說中的亞特蘭提斯「記錄廳」①？丹尼已經將他無可挑剔的科學認定，擺在了這個具有爭議的可能眞實的傳言面前。他不僅拒絕嘲笑亞特蘭提斯的概念，還撰書爭論，印尼，或更確切地說，在冰河時代末期因海平面上升而淹沒的「異他古陸」的廣大地區，實際上可能就是亞特蘭提斯。

二〇一四年六月，丹尼和我在整個印尼群島周圍進行大規模的研究之旅，遍尋那些從未被考古學家們妥善研究過的人煙罕至的巨石遺址。在第十八章，我將敘說我們的發現，以及它們與帕當山之間謎樣的關係。但同時，我想在這裡報導波士頓大學地質學教授羅伯特・夏克博士（Dr Robert Schoch）的觀點。二〇一三年十二月，當我在帕當山首度邂逅丹尼時，羅伯特・夏克博士和我在一起。

羅伯特・夏克教授的觀點

夏克是一位著名人物，事實上是聲名狼藉，這源於他所做的研究個案。根據嚴格的地質證據，他認爲吉薩的大人面獅身像明顯的有被幾千年暴雨侵蝕過的痕跡。這意味著它必須早於公元前兩千五百年（正統的年代，埃及沒有得到比今日更多的雨量），並且最初的雕刻一定是在冰河時代結束前後，那時尼羅河流域遭遇一段漫長時期的強降雨。

這位高大、四肢瘦長、博學的人，長著滿臉鬍鬚和留著一頭蓬鬆的亂髮，在帕當山用其所長，和丹尼一起仔細詢問地球物理掃描的結果，蒐集樣本和詳細檢查遺址。後來，當他返回美國，有時間去分析這些數據，他寫道：

> 第一個重要的觀察是……帕當山可追溯到最後一個冰河時代末期之前，大約在公元前九千七百年。根據證據，我相信人類使用該遺址大概開始於公元前一萬四千七百年。最早使用遺址可能追溯到公元前兩萬兩千年，或甚至更早。
>
> 在我的評估裡，第三層，大約是在地面下四到十公尺（十三點一至三十二點八呎）左右，包括

最後一個冰河時代末期結束時期，大約是公元前一萬年至九千五百年，當時重大的氣候變遷正在發生，全球戲劇性的變暖，海平面上升，勢不可擋的降雨，不斷增多的地震和火山活動，廣泛的野火，以及橫跨地球表面所發生的災難……在第三層有倒塌的結構證據，可能是當時激烈狀況的結果。

造訪帕當山，仔細思索崩塌的年代和證據，以及在這裡可能發生的重建，我不由得想到另一個重要的遺址——代表非常古老的文明，貫穿最後一個冰河時期末期，即在土耳其東南方，名為哥貝克力石陣的地方。我也想到埃及和對大人面獅身像重新測定年代的工作。在原始的人面獅身像上，可見到極端風化和侵蝕痕跡（在王朝時代，頭部被重新雕刻過，紀念碑被重新使用過），是暴雨所造成的，應該是最後一個冰河時代末期極端氣候變化的結果。

將帕當山和來自哥貝克力石陣、埃及的人面獅身像和其他遺址，以及將世界各地的數據資料放在一起，我相信，我們正愈來愈接近了解最後一個冰河時代末期的災難性時代和事件。一個本質複雜的真實文明，存在於大約公元前九千七百年之前，它被一起將最後一個冰河時代帶向結束的事件所摧毀。

尋找確鑿的證據

比英國巨石陣的石頭圈早六千年或者更古老，哥貝克力石陣的巨石，像深埋在帕當山地下的巨石一樣，意味著在近百年來的大部分時間裡，我們在中學和大學裡被教導的歷史時間表，可能再也站不住腳。它正開始某種文明，正如我在我那本極具爭議性的一九九五年的暢銷書《上帝的指紋》中所證明，確實比我們所想的更爲古老和更爲神祕。

書中所提出的觀點是，在本質上，一個先進的文明已經在最後一個冰河時代末期，在全球的劇變中被清除和消失在歷史中。我提出有倖存者居住在世界不同的地區，試圖將他們優越的知識，包括農業和建築的知識，傳授給在劇變中倖存的狩獵採集人群。事實上，即使在今天，我們仍然有狩獵採集的人群在喀拉哈里沙漠（Kalahari Desert）②。例如在亞馬遜叢林，他們與我們先進的科技文化並存，因此我們不應該感到驚訝，過去同樣也有迥然不同水準的文明共存。

當我在撰寫《上帝的指紋》時，還沒有可用的數據，那時我還不能做的，就是確定曾經消滅我所假設的失落文明，那場大災難的確切性質。取而代之的，我思索一些可能的原因，特別是查爾斯・哈普古德（Charles Hapgood）教授激進的「地殼移位」理論，雖然該理論獲得艾伯特・愛因斯坦（Albert Einstein）③的認可，但後來並沒有得到地質學家們的好感。

缺少可信的「確鑿證據」，是我們受到考古學家們嚴厲批評的諸多因素之一。然而自二〇〇七年以來，一連串的科學證據眞相大白，也確認了我的確鑿證據。這一切更加耐人尋味，因爲它是一群令人印象深刻的，被認可的主流科學家們的工作成果，而且它並不排斥，在某些方面確實強化了我在《上帝的指紋》中，對大規模地殼的不穩定性所做的調查。

在隨後的章節中，我們將探索這個新的證據和其驚人的含意。

注釋

①傳說埃及人面獅身像右爪底下有一密室「記錄廳」（Hall of Records），收藏亞特蘭提斯時代留存下來的大量典籍。

②位於非洲南部，覆蓋波札那中南部、納米比亞和南非部分地區。

③一八七九年三月十四日～一九五五年四月十八日。猶太裔物理學家。一九一五年創立廣義相對論。

第二部

彗星

PART 2
COMET

第三章

全球性的洪水傳說

某些被學者們判定爲沒有歷史價值的遠古神話和傳統，事實上正準確地記錄一個時代的回憶。但當人們經歷一場難以抗拒、充滿劇變和混亂的危機後，將會導致我們忘記眞實的過去嗎？這段北美洲印第安奧吉布瓦人（Ojibwa）的故事提供我們一個思考：

這個帶著又長又寬的尾巴的星星，有天將再度接近，毀滅世界。它就是被稱為「長尾登天星」的彗星。它在幾千年前就曾從天而降。它的尾巴就和太陽一樣，散發出強光和高熱。

彗星把地面燒得寸草不留。在彗星來臨前，這片土地上曾住著一群印第安人。後來世風日下，很多人都不再注重靈性的修養。在彗星來臨前很久，聖靈就警告過他們，巫師很早之前就要大家做好準備。

自然受到破壞，接著彗星通過這裡。它拖著一條又長又寬的尾巴，燒毀一切。它飛得很低，長尾把大地燒焦，讓世界面目全非。它離開後，生活變得很困難。天氣變得更冷了。

人類學家托爾・康威（Thor Conway）的記錄中，在奧吉布瓦人當中流傳的這個神話的各種版本，還有其他有趣的細節。例如，這顆彗星殺死「巨大的動物……你可在現在的陸地上找到牠們的骨頭。據說，這顆彗星墜落時，其尾巴綿延數哩。」這件事情的發生通常被稱爲「陸地的第一次燃燒」。我們被告知，奧吉布瓦人「居住在接近冰凍之地的邊緣」。尚有記載，彗星災難發生不久之後，「陸地上第一次洪水」出現。

正如奧吉布瓦人傳說中的悲嘆，「世風日下，很多人都不再注重靈性的修養」，這暗示在隨後來到的災難時人類的行爲。拉科塔國（Lakota Nation）其中的一個部族，布魯爾人（Brule）也陳述了一個時代，「在這個時代之前的世界」，當「人類和動物都走向邪惡，忘記了他們與造物主的關係」。做爲回應，造物主決定「毀滅世界，重新開始」。祂首先警告少數好人逃到最高的山頂上，然後派出「凶猛的雷鳥向其他人類和巨大的動物發動一場大戰」（如同奧吉布瓦人的神話，布魯爾的記錄也提到體型龐大的動物）。

> 最後，在戰爭進行到最高峰時，雷鳥們突然投下牠們最強大的雷電。火焰陣風震撼整個世界。山脈動搖，森林沉沒和草原燃燒。火焰升騰至天空的所有方向，只有最高山峰上寥寥數人未受侵擾……甚至連岩石都閃爍紅光，巨大的動物和邪惡的人們都在原地被燒毀。

現在，造物主開始重新打造世界：

> 當造物主詠唱創造之歌時，開始下雨了。造物主唱得聲音愈大，雨下得愈大，直到河流淹過其堤岸，巨浪橫掃地表。最後，造物主踩踏地球，伴隨一場大地震，地球被劈開，送出大量的洪流蔓

> 延整個世界，只有少數山頂矗立在洪水之上，庇護少數活下來的人們……（洪水消退之後）當人們走出這片土地，他們發現巨大動物漂白的骨頭，埋在岩石和泥土中。今日，人們還能在達科塔荒地裡發現它們。

冰河時代末期，一種巨大的河狸在北美洲瀕臨滅絕，特別值得注意的是，帕薩馬科迪人（Passamaquoddy）、密克馬克人（Micmac）和麻里斯人（Malisee）的神話中，都提到格魯斯凱普（Glooscap），其被描繪爲「一位精靈、一位巫醫和一位術士」，他創造第一批動物，其中有第一隻河狸。這隻動物如此龐大，當牠建築水壩，「從地平線到地平線，洪水蔓延整個國家」。格魯斯凱普輕拍河狸的背部，才縮小到現在的體積。

這個故事中提到的洪水，是在美洲印第安人數百個神話之中的一個。許多神話與冰河時代末期北美洲的許多事情，都與新科學訊息有很大關聯，包含耐人尋味的細節，我們將在下文中探討。例如，加拿大不列顛哥倫比亞省（或譯卑詩省，British Columbia）考伊琴人（Cowichan）回憶起，在遙遠的過去，他們的預言家對一些預示毀滅的奇怪夢境感到極大的困擾。一個人說：「我夢到一件奇怪的事情。我夢到雨下得很大，我們都被淹死。」另一個人說，「我夢到河水上漲，淹沒這個地方，我們全被毀滅。」「我也做了同樣的夢，」另一個人插話，「我也是。」

預言家們不被群衆信任，儘管如此，還是決心建造由許多獨木舟連在一起的巨大木筏。木筏造好之後不久，就開始下雨。雨滴大得像冰雹，重得可以殺死小嬰兒。河水上漲，淹沒所有山谷。預言家們和少數相信他們的朋友們：

1、哥貝克力石陣概觀，前景為 D 圍場。

2、D 圍場，左側為神祕的 43 號石柱。

3、2013 年，作者和克勞斯 · 許密特教授（左）在哥貝克力石陣。後者已於 2014 年過世。

4、D 圍場，東側的中央石柱。

5、石柱的底座。

6、石柱西側腰帶圖案的細節。

7、哥貝克力石陣 D 圍場的 43 號石柱。這張早期的照片為挖掘者克勞斯 · 許密特所拍攝。石柱下方是之後重新被掩埋的蠍子。

8、哥貝克力石陣 B 圍場。

9、作者在哥貝克力石陣，與採石場中廢棄未完工的 T 形石柱合影。

10、作者和波士頓大學的地質學家羅伯特 · 夏克（左），以及丹尼 · 納塔維德亞亞（中），在印尼帕當山研究金字塔內部的掃描圖。

11、作者與丹尼 · 納塔維德亞亞在帕當山合影。

12-13、帕當山主要階地概觀。該遺跡以此一形式為考古學家所知，已有一個世紀之久。但只有在 2011 年，當地球物理探勘工作開始後，才了解在階地的底下，有隱祕的建築物及早期的結構層。

14、作者和藍達爾 · 卡爾森在乾瀑布合影。

15、瓦魯拉裂口「洪水的聚集地」，後面是疤地和「孿生姊妹」。

16、卡瑪斯草原上巨大的流痕，有些高過 50 呎。

17、華盛頓州的「圓石公園」。重達 10,000 公噸的圓石以及更多的巨石，在冰山中被冰河時期末期的大洪水帶到此處。

18、亞美尼亞的亞拉臘山，前方為日瓦爾諾茲大教堂遺跡。

19、土耳其代林庫尤的地下「城市」，入口處的通道及石門。

20、位於上埃及艾德福的荷魯斯神廟。

21、神祕的艾德福建築文本。文本明確告訴我們「遠古時代」的「諸神」是水手和航海家，據說他們在家園毀滅之後，乘船遍遊世界。

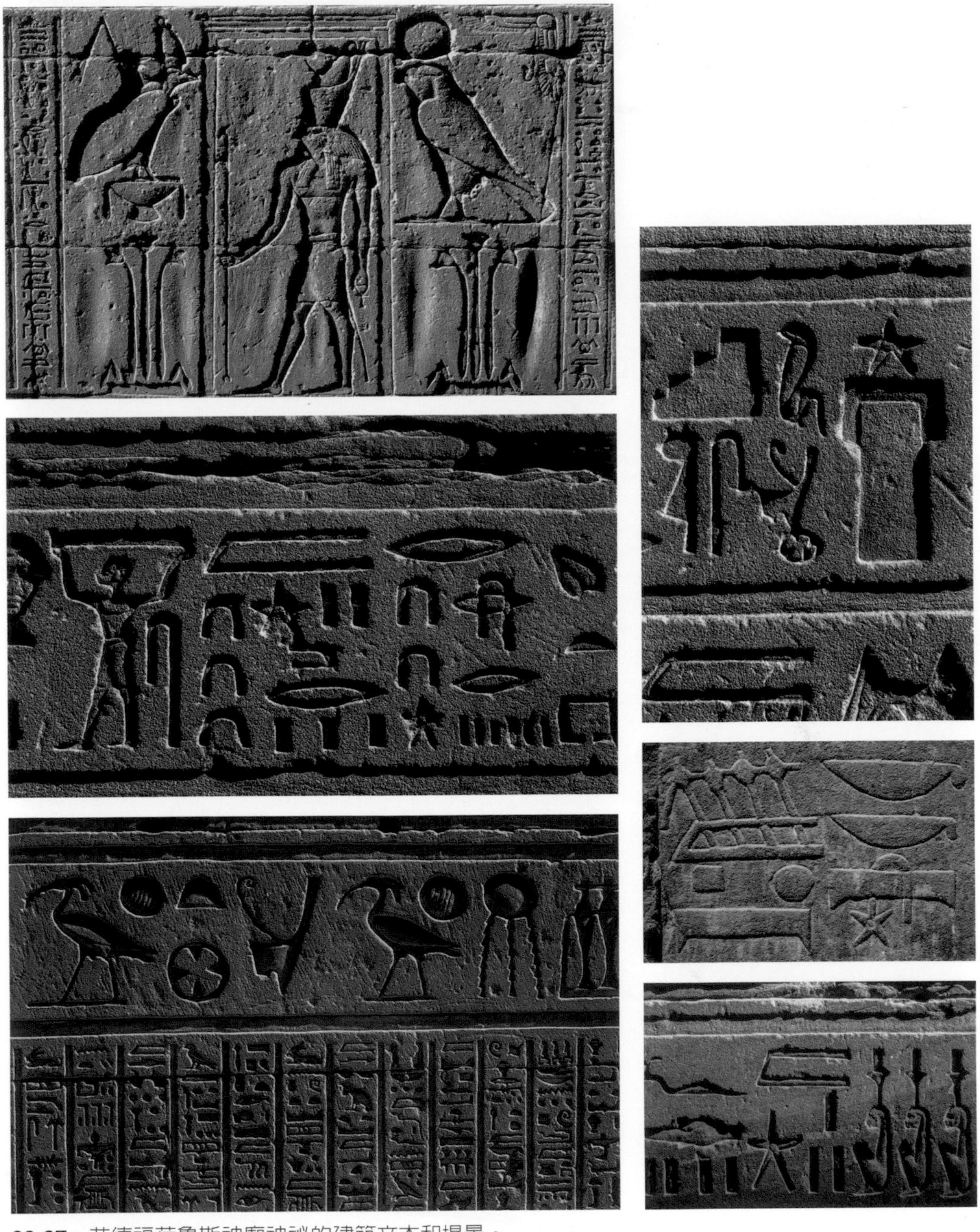

22-27、艾德福荷魯斯神廟神祕的建築文本和場景。

28、艾德福荷魯斯神廟的場景，荷魯斯和以河馬形式呈現的對手塞特戰鬥。

29、艾德福象形文字。

30、托特，眾神的書記官，記錄七賢者的言辭。

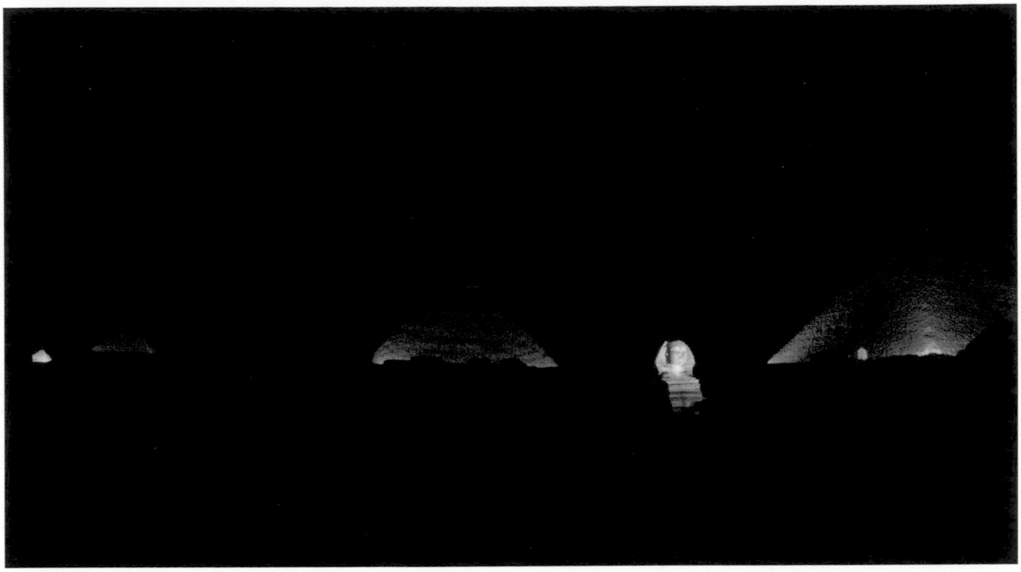

31-32、埃及吉薩高原上，與天體對應的建築。這會是一本「從天而降的書」嗎？

33、人面獅身像與其神廟的鳥瞰圖。

34、「河谷神廟」遠古的巨石石灰石核心，石材重達 100 公噸。

35、人面獅身像兩爪之間的「記夢碑」。

36、「河谷神廟」的花崗岩建築，係王朝時代被加蓋在已存在的石灰石結構上。

37、當人面獅身像建造時，「河谷神廟」巨大的石灰石石材開採自該像的核心主體周圍，因此是相同文化的工程。

帶領家人到木筏上，並帶著食物等待著。不久之後，木筏隨著河水逐漸上升……終於，雨停了，他們感覺到水位下降，而他們的木筏停在考伊琴山的山頂上……然後，他們看見陸地，但是他們眼前所見是何等荒蕪啊！他們心痛如絞，無法形容。

不尋常的大冰雹是在奎勒特（Quillayute）災難神話中的特點：

日復一日巨大的暴風雨來襲。雨和冰雹，然後是霰和雪壟罩大地。冰雹如此巨大，許多人喪命……（倖存者）因為飢餓變得瘦弱。冰雹打落蕨類植物、百合科植物和漿果。冰雪封鎖河流，以致人們無法捕魚。

皮馬人（Pima），或稱「河人」，目前居住在亞利桑那州（Arizona），遠古時代從更遠的北方遷徙過來。與考伊琴人一樣，他們的災難傳說以預言家為特點。在這個案例中，一隻巨大的老鷹警告預言家，洪水就要來了。這隻老鷹拜訪預言家四次，每一次預言家都忽略這個警告。

「你最好相信我告訴你的話，」老鷹說，「整個山谷將被淹沒，一切都將被摧毀。」

「你是個騙子。」先知說。

「你是一個什麼都看不到的先知。」老鷹說。

老鷹飛走了，剛一離開，就聽到可怕的雷鳴，是前所未有的巨大聲音……太陽仍然躲藏在烏雲後面，只有微光、灰色和朦朧。其後，大地在顫慄，傳來一陣某些巨大東西在移動的巨大呼嘯聲。

人們看見一面透明綠色的牆向他們接近，填滿山谷，從一邊到另外一邊。起初，他們並不知道是什麼，然後才意識到這是一面綠色的水牆。它看來像一隻巨獸，一隻綠色的怪獸，突襲他們，起浪，發出嘶嘶聲，在水霧中摧毀沿途的一切。它吞沒預言家的屋子，將先知和房子一起捲走，再也沒有人見到他。然後，大水沖向村莊，將家園、人們、田園和樹木全部捲走。洪水像一把掃帚將山谷一掃而空。其後它沖向山谷以外的地方到處肆虐。

阿拉斯加州的伊努伊特人（Inuit，昔稱愛斯基摩人）保留一場地震的傳說，伴隨可怕的洪水，迅速地席捲地球，只有少數人能逃到他們的獨木舟上，或在最高的山頂上避難。加利福尼亞州的盧伊塞諾人（Luiseno）亦記得那場淹沒群山和摧毀許多人類的洪水。當世界的其他地方被淹沒，只有那些逃到最高山頂上的少數人得以倖免。類似的洪水神話在休倫人（Huron）中也有記載。屬於阿爾岡昆（Algonquin）族的蒙塔格尼人（Montagnais，加拿大魁北克省北部），提到在大洪水之後，米恰包（Michabo）神如何重建世界：

有一天，米恰包帶著祂那一群訓練有素的狼，在打獵時目睹非常奇怪的景象：狼群跳進一個湖泊並消失。祂跟著狼群跳進水中找牠們，當祂這樣做的時候，整個世界都被淹沒。接著，米恰包放出一隻烏鴉去尋找一些泥土，以製造一個新的陸地，但烏鴉未能成功完成任務，後來返回。然後，米恰包派出一隻水獺做同樣的事情，但徒勞無功。最後，祂派出麝鼠，牠帶回足夠的泥土，使祂開始重建世界。

羅伯特·林德（Robert Lynd）在十九世紀撰寫的《達科塔州歷史》（*History of the Dakotas*）書中，保留許多將會失去的原住民傳統。這些包括一個易洛魁人（Iroquois）的神話，「有一段時間海水和各種水破壞陸地，以致所有人類的生命都被毀滅。」奇克索人（Chickasaws）斷言，世界已經被水毀滅，「但有一個家庭和每種動物的兩隻存活。」拉科塔人（達科塔人）也談到沒有乾燥的陸地，當所有人類都消失的一段時期。

神話證明科學

多年以來，學者對於美洲印第安人一直進行嚴厲的辯論。到底誰才是眞正的美洲人？他們在什麼時候第一次來到新世界？透過什麼路線？

每當一種決議開始看似可能，每當某種共識即將出現，一方或另一方又呈現新的訊息，要求重新思考。然而，從未引起爭論的是，今日美洲原住民的祖先在一萬兩千八百年以前就已經在北美洲生存。當時，地質學家們稱爲新仙女木時期神祕的寒冷事件開始發生，他們見證並獵捕冰河時代非常繁榮的動物群，包括體型龐大的哥倫比亞猛獁，比較小的長毛猛獁、巨水獺、短面熊、巨型樹獺、兩種貘、數種西貒（產於美州的一種野豬），以及可怕的美洲獅。

因此，前面神話中所提到的巨大動物並不是幻想，在新仙女木時期開始之前，存在於北美洲許多種類的大型哺乳類動物，皆保留目擊的記錄，但這些動物在一千兩百年後滅絕。同樣適用於神話所描述的洪水，地質學家們同意，北美洲在最後一個冰河時代的一千年發生災難性的洪水。然而，過去十年的嶄新研究已提出質疑，姑且不管那些洪水其規模及延伸程度，更重要的是，我們對那些洪水的原因是否有正確的了解。自一九六〇年代以來，主流觀點豐富的呈現，並在出版的書籍和期刊上不斷地重複，但都未出現強有力的兩者擇其一的觀點，以及對既定理論提出嚴肅的挑戰。我和災變研究員藍達爾・卡爾森（Randall Carlson）在二〇一四年九月和十月，在北美洲進行了廣泛的田野考察。

藍達爾不是J・哈倫・布瑞茲（J Harlen Bretz）的轉世，因J・哈倫・布瑞茲（他的名字是J，他痛恨校對人員將它當作姓名的首字母）已在一九八一年二月三日過世，當時藍達爾已經三十多歲。然而，他對實地田野工作的熱情——寧願漫步小路，而不只是閱讀文獻，以及在對冰河時代末期，將北美洲切割成四分五裂的災難性洪水，他頑強地提倡激進的地質上的假說。藍達爾在各方面來說，他又是一位J・哈倫・布瑞茲。我將敘說我和藍達爾的旅行，並在後面的章節中，敘述他向我呈現的強有力的證據。但首先，你可能會納悶，誰是J・哈倫・布瑞茲？

認識J・哈倫・布瑞茲

這是布瑞茲在一九二八年，對美國太平洋西北地區的華盛頓州進行田野考察之後，所寫下的文字：

留心地形的人在白天穿越華盛頓州東部的時候，對「疤地」（scabland）不會視而不見，會留下深刻的印象。那好像是傷害高原美麗表面的巨大疤痕。那裡幾乎光禿，黑色岩石蝕刻的伸長疤痕，成為孤峰和峽谷的迷宮。高原上的每個人都知道疤地。它中斷種植小麥的土地，將不到四十英畝的地方分佈在範圍超過四十平方哩的山丘上。如果不穿過這片分歧的疤地，人們無法到達種植小麥的田地。除提供一點點的牧草之外，疤地幾乎沒有價值。這個流行的名字是一個意義深長的隱喻。疤地受到傷害，僅有部分痊癒，大自然用土壤表皮的大傷口保護下面的岩石。

在目測只距離地面數英尺的狀況下，在觀測者能形成一個任何接近完整的畫面之前，他必須反覆地來回行走，用心智、照相、草圖和地圖來記錄。然而早在記載這些文字的紙張泛黃之前，觀測者只須從空中俯瞰，便可以看清這裡的畫面，是將幾個月七拼八湊的地面觀察工作結合在一起的成果。這個地區獨一無二，即便讓觀測者一早飛到地球上最遠的地方去探索，他也無法發現與這片地區相似的地方。

一九二八年，布瑞茲是一位經驗豐富和高度被認可的野外地質學家。他生於一八八二年，從西雅圖的一所高中任生物學老師開始他的生涯，但耗費大部分的業餘時間探索普吉特海灣（Puget Sound）的地質。雖然當時他沒有地質學的學位，但已成功地在科學期刊上發表數篇關於他調查的文章。一九一一年，他被芝加哥大學錄取，攻讀地質學博士學位。一九一三年，他以最優等成績畢業，隨後回到西雅圖，接受華盛頓大學地質學助理教授的職位。他和其他教師態度截然不同（他後來形容他們是「頑固守舊」）。一九一四年，他回到芝加哥大學，最初是位講師，但不久之後成爲助理教授。

布瑞茲在一九二二年至華盛頓州東部的疤地，進行首次的田野考察。在這一點上，由於早期工作的結果，他充分了解冰河時代的所有面向，更比許多地質學家意識到，深達兩英里的巨大冰蓋，在十萬年中的大部分時間覆蓋北美洲，直到一萬五千年和一萬一千年之前的某一段時間，冰蓋戲劇性的融解。因此，他見到數量龐大的漂礫（被古代冰河所搬運的岩石），巨大的圓石本來不屬於這個地區，很顯然地是從其他地方被帶來這裡。他傾向於接受，這些巨大石塊可能是隨著某些龐大的冰川洪水所攜帶的冰山帶來這裡。當他探索大古力（Grand Coulee）古河床和摩西乾河谷（Moses Coulee）深鑿在大地的巨大圓形河床，這一印象更是強烈；當參訪大古力南部末端的昆西盆地（Quincy Basin），他發現整整六百平方哩，凹陷的地方填滿深達四百呎的玄武岩碎屑的小顆粒。他感到困惑，「所有的碎屑來自何處？何時來到？」同樣地，呈現在他面前的答案又是洪水。

一九二三年，布瑞茲回到疤地進行爲期三個月的探勘，似乎正是在這次的田野考察期間，他後來的觀點眞正開始成形——「一些驚人的水文事件在此地發生，然後突然停止。」

在一九二三年發行的《地質學雜誌》（*Journal of Geology*）十一月/十二月雙月刊上，布瑞茲發表一篇論文概述他的發現。爲了解這篇論文某些防禦性的論調，我們得先認識當時已有的主流地質學理論：一爲「均變論」（Uniformitarianism），這個臆測認爲過去的地質作用方式如同現在，了解現在便足以闡明所有地質上的變化；與其並行的推測是漸變論（Gradualism），即現在是過去的鑰匙，今日所觀察到的變化率，是過去所盛行變化率的一個正確指導。

這些理論在布瑞茲的時代已獲得不容挑戰的眞理地位，它們推翻創造論（Creationism）這個古老的宗教信仰，以及上帝以不可預料的姿態介入地球歷史，並號令《聖經》中的大洪水引起大變動這種概念。均變論公平地反對這種超自然的創造和毀滅思想，看似是一種深奧的理性回應，將一切視爲是數百萬，甚至數十億年的期間，大自然的力量在地球上運作的結果。

山不會在一夜之間形成，而是在感覺不到的時間中緩慢堆積而成。奇異的地質特徵同樣如此。

例如，大峽谷就是經過數百萬年河流的侵蝕而形成。（摘自約翰・蘇尼契森所著《布瑞茲的洪水》〔*Bretz's Flood*〕）

布瑞茲是一位非常理性的人，絕非一位宗教獨斷論者。但是，正如他的傳記作者約翰・蘇尼契森（John Soennichsen）指出，「當徒步走過炎熱、乾燥、參差不齊的疤地，他所看到的一切所指向的，均非隨著時間所發生的緩慢、均勻的變化，而是指向一場災難，突然釋放的大量洪水迅速沖走黃土的表層土壤，然後很深地蝕刻底下的玄武岩。」

問題是，這所有的水來自何處？人們很清楚，一定是北美洲邊緣的冰蓋有一部分融化，猶如今日所見到所有冰河的邊緣一樣。但此種融化很難解釋該地區見到的侵蝕性變化的大小。正如布瑞茲在他一九二三年的論文中指出：

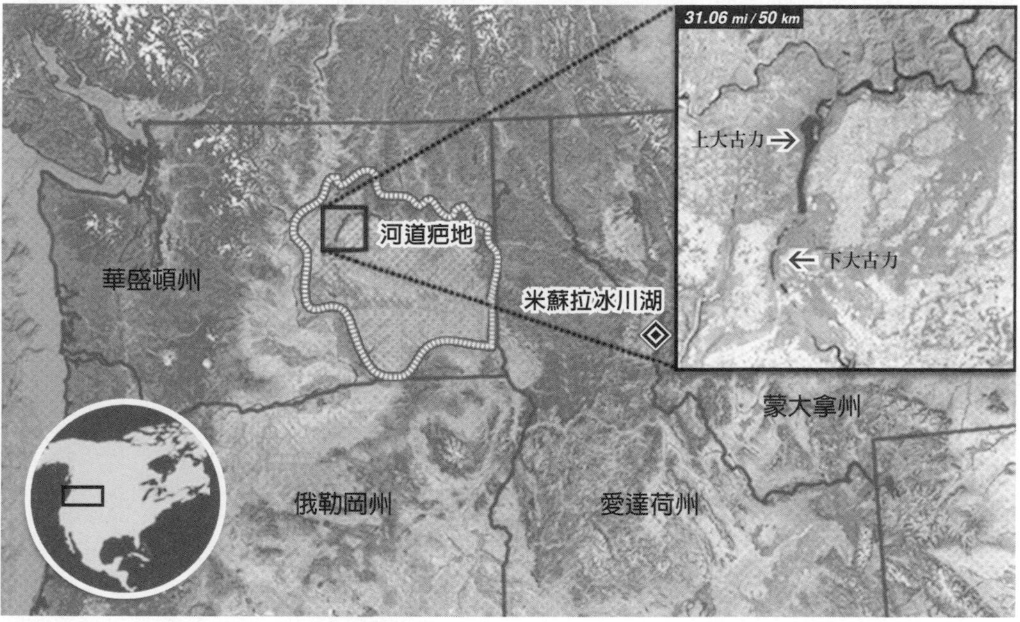

圖 13

筆者承認，對該地區進行十週的研究期間，每一片新檢查過的疤地，都會重新喚起一種驚訝的感覺。如此龐大的水流竟起源於冰蓋這麼小的邊緣地帶，不論是大量的侵蝕或高傾斜度，都是這些水流在短時間內造成的結果。無論是華倫河（River Warren）、芝加哥河口、莫霍克（Mowhawk）峽谷，甚至連尼加拉大瀑布（Niagara Falls）和峽谷本身，也並未達到這些疤地及其峽谷的比例。單看其中一個峽谷（上大古力）十立方哩的玄武岩，被其本身冰川所侵蝕的結果就可得知。

論文所作的結論，朝向極度的異端和反均變論思想，這種論調很快地給他帶來極大的麻煩。一次災難性的大洪水在很短的時間內被釋放出來，是他目睹所有毀滅的原因。布瑞茲寫道：

> 整整三千平方哩的哥倫比亞高原被冰川洪水席捲，黃土和淤泥蓋被沖走。超過兩千平方哩的區域成為一片光禿。被侵蝕的岩石切割的河床，即現在的疤地，有接近一千平方哩帶著被侵蝕的玄武岩所產生的沙礫沉澱物。它是席捲哥倫比亞高原的大洪水。

換言之，正如布瑞茲的傳記作者所做的總結，這位地質學家現在相信，他所記錄的特點是「只能由超乎想像的洪水所造成，可能是全球歷史上最大的洪水。」

對此，地質界的反應是不知所措，令人尷尬的沉默。如此偏離均變論的理論，只意味著布瑞茲一定是瘋了。蒙大拿大學地質學名譽教授大衛．阿爾特（David Alt），描繪布瑞茲的一次講座，言及他在一九二三年論文中所闡述的思想：

地質學家們受到驚嚇，就好像滿滿一屋子的物理學家，聽到一位同事解釋他是如何用陳舊的冰棒棍製造出永動機。物理學家們很早就知道想製造永動機是徒勞無功的，而沒有一位受過良好教育的地質學家，會接受曾有過大災難的發生。

阿爾特提到一位老教授，當時布瑞茲正在朗讀他一九二三年的論文，他是坐在台下的大學生。老教授興致勃勃地扮演布瑞茲，「用拳頭敲講台、用腳跺地板，他使用生動的語言和手勢，向他受驚的觀眾表達他對大洪水的看法。」

姑且不提他戲劇化的言行，老教授描述地質學家們聽到布瑞茲的論調感到十分震驚：

> 一個突然來臨的災難，可以解釋華盛頓州東部的疤地。在他們看來，這是回到一百二十五年前那種不科學的思維。時至今日，許多地質學家們依舊認為，用災難來解釋地質事件不亞於異端邪說。是故，當布瑞茲提出大洪水侵蝕疤地，便是脫離了主流……（這使）他成為地質學家中的下等民，是個從社會有教養的領域中被逐出的人。

然而，這個被逐出的人並沒有放棄。反之，他固執地繼續他的研究，平息比以往更多落在他頭上的爭議。他相信，事實最終會證明他是對的。

一九二七年一月十二日危機發生了。布瑞茲應邀來到華盛頓特區宇宙俱樂部的華盛頓地質學會發表演說，在那兒遭遇到他同事們如同暴徒動用私刑般的伏擊。布瑞茲現在稱呼「他」的洪水是「斯波坎洪水」（Spokane Flood，根據斯波坎鎮命名），並反覆提到導致洪水氾濫的冰蓋，稱爲「斯波坎冰蓋」（兩個術語至今均未被採用。但布瑞茲所說的斯波坎冰蓋，實際上是現在所知的科迪勒倫冰蓋的更新世晚期南部的一部分）。他相信，大部分的冰蓋必定是以特別的速度融化，因為「水量非常大，幾乎是難以置信的大……就算高傾斜度放掉這些水，先前存在的山谷皆無法承載這些不適當的大水，洪水以複雜交匯的路線廣泛地蔓延。」

W．C．奧爾登（W.C. Alden），後來是非常保守的美國地質測量局裡更新世地質學的主管，他反對「所有的河道必須在很短的時間內被同時開發的概念」，嚴厲攻擊布瑞茲所主張的「大量的水」。奧爾登抗議，「依我看來，在任何狀況下，巨大冰蓋的這個部分，會沿著哥倫比亞高原排水，在如此短的時間產生如此多的水是不可能的。」他承認從未造訪過疤地，但他確信均變論的解釋是必須的：「假如較長的時間和反覆的洪水能夠解釋這個現象，問題會變得容易些。」

詹姆士．吉魯利（James Gilluly）是眾所周知地質漸變論的倡導者，他使用「十分荒謬」、「無力」和「完全不適當」這些字眼，駁斥單一災難性洪水的想法。他在布瑞茲的證據中，找不到可以排除他自己首選解決方案的證據，亦即涉及許多小型的洪水，這些洪水的規模和目前哥倫比亞洪水的規模差不多，甚至在短期大上好幾倍。

同樣地，G．R．曼斯菲爾德（G.R. Mansfield）也質疑，「在如此短的時間內，要在玄武岩上造成許多疤地，在我看來，最好的解釋為邊際的冰川水持續蓄積和溢出，在一個較長的時期內，不斷地改變它們的位置和出口。」

O．E．邁因策爾（O.E. Meinzer）不得不承認，「該地區侵蝕的特色是巨大和離奇。」但他也支持漸變論者的解釋：「在需要看似不可能的大量的水這種理論完全被接受之前，應盡一切努力去解釋現有的特點，而非採用如此大膽的推測……我相信現有的特點，可以透過研究古老的哥倫比亞河的普通河流得到解釋。」

總之，沒有一個聲音支持布瑞茲，衆人非常傲慢地無視他那個單一大洪水的「離譜假設」。尤其是地質學家們將矛頭對準他們認爲的，一場突然和壓倒性的災難是明顯且致命的瑕疵，因爲布瑞茲未能替他所說的溢水提出一個令人信服的證據。

布瑞茲的反應是，他認爲這樣說並無道理，就算洪水缺乏有紀錄的來源，也不足以證明那裡沒有發生過洪水。爲此，他爭辯道，「我相信我對於河道疤地的解釋是基於疤地現象的本身。」他說他和其他人一樣，對相反的批評很敏感，而且「無意僅提出極端新穎的觀點來引起關注。」此外，他多次被質疑「斯波坎洪水的眞實性」。只能被迫「重新考慮田野的證據，再度使用龐大量的概念……哥倫比亞高原、蛇河和哥倫比亞河山谷的流水，這些引人注目的記錄，並不能依據平常的河川活動和河谷發展來解釋……從存在的紀錄來看，龐大水量只存在於非常短的時間。」

正是這些積累的強大田野證據，布瑞茲要求大衆以「科學方法的既定原則」去思考，而非出自情感、直覺、參考公認的智慧。他後來寫道：

> 通常，有秩序的世界概念受到一個史無先例的概念挑戰時，人們心中會感到震驚。一個認真捍衛的假設產生了可能混亂提倡者觀點的情緒反應。但假如這樣的假設違反普遍思維模式，對手的觀點也可能會變得不清晰。
>
> 另一方面，地質學有難以對付的荒謬概念，來自於錯誤的觀察和誤解。它們比「離譜的假設」更糟糕，因為它們毫無出路。我的斯波坎洪水假設可能屬於後一類，但它不能被定位，除非在觀察及直接推理上被證明有錯誤。

這些就是華盛頓集會前後，對布瑞茲所有的批評。地質學家們不喜歡他所說的話，面對漸變主義者的參考框架，他們認爲「必須要溫和但果斷地踩碎異端邪說」。然而，歸根究柢，他們無法反駁他，只能表示不贊成，因爲它是個與衆不同的東西。

問題的核心仍然是布瑞茲的斷言——冰蓋急劇地融化。但他無法提出導致如此融化的機制。如前所述，他自己並不認爲這是一個顯著的絆腳石，但批評他的人認爲如此。因此，多年以來，爲試圖平息他們，他勉強地數度提出兩個可能的答案：一是某種極端、短暫的氣候變化，另一方面，可能是冰蓋下面火山活動的插曲。然而，他承認前者「這樣的氣候變化在其他地方並無記錄，迅速地融化似乎不可能。」關於後者，他觀察到「在文獻中並未發現這個地區在更新世有火山活動，導致在哥倫比亞高原排水。」

有趣的是，布瑞茲在華盛頓面對他那些有敵意的同儕時，他不予理會，仍舊對災難性的洪水進行解釋，後來才被地質學的機構所接納，爲今日普遍接受的證據打開大門。他在一九二七年一月準備的大綱中寫道：「奧爾登先生和帕迪先生（Mr Pardee）都曾建議我考慮冰川湖的突然排水以解釋洪水。帕迪先生（一九二五年寫給布瑞茲的信中）指定米蘇拉湖（Lake Missoula），該湖是這個地區所有大小湖泊之中，唯一可能發揮作用的湖泊。」

最後，在一九四〇年代，布瑞茲接受了米蘇拉冰川湖突然排水，是他所說大洪水的來源。但他何以未在一九二七年提出這個原因很重要，正如我們將要看到，在冰河時代末期北美洲到底發生何種變化，對相關的辯論有極大的關聯。在一九二七年布瑞茲的簡短觀點，如同他的傳記作者的解釋，米蘇拉湖的容積「可能不足以形成疤地，（該湖只能氾濫兩週）布瑞茲在他大綱部分手寫評論道。」

在一九三〇年三月，布瑞茲在《美國地質學會會刊》上發表一篇簡短的摘要。該摘要的題目是「米蘇拉湖與斯波坎洪水」。布瑞茲在文中寫道，這個湖首度被地質學家J．T．帕迪命名和描述（布瑞茲在一九二五年收到關於該主題的來信），該湖海拔超過四千呎，深度至少兩千一百呎，其他細節並未深入。他指出該湖已被一個冰壩所固定，「距離西南方七十哩，沿著波賽爾溝（Purcell Trench）和斯波坎山谷的西翼前行，是疤地通道最東邊的源頭。假如大壩發生破裂，湖水只能沿著這七十哩流出去。」

至一九三二年，布瑞茲更熱衷於這個想法，米蘇拉湖可能是他所說洪水的元凶，雖然他覺得關於假設的冰壩及其災難性的破壞仍然有待解決。然而，在他生命的這一刻，他似乎準備繼續前

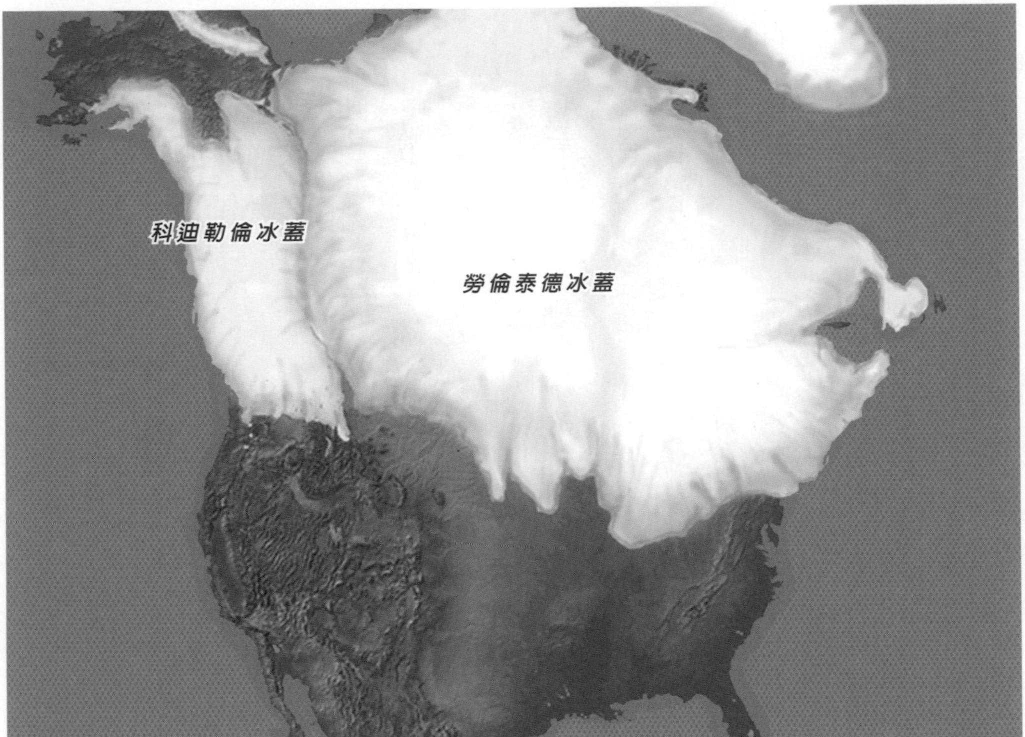

圖14
冰河時期的北美洲。

進，將下一個十年大部分的時間，投入其他完全不同的地質難題上。後來在一九四〇年，他應邀去西雅圖，在美國科學促進協會所召開的會議上宣讀他的疤地理論。但他謝絕這個邀請，說他的觀點和證據已經出版，結論是一個開創性的事件。J．T．帕迪出席，並提供關於米蘇拉冰川湖的論文，首次公開他長期持有的結論，這座冰壩曾發生一次破壞，「整個湖水戲劇化且災難性地流乾。」

奇怪的是，帕迪從未把他對米蘇拉冰川湖的發現，與布瑞茲長年累月和眾所周知的，關於疤地是由災難性的大洪水所創造的案例相連繫。但很久以後，布瑞茲寫道：「至少在刊物上，他並未提到任何關於這個強有力的排放。然而，我真的相信，他很慷慨地將這個問題留給我。」

布瑞茲最大限度地運用帕迪留給他的發現，放棄他那單一災難性大洪水的理論，讓他的對手更容易接受。他最終寫下（在一九五九年），「那裡有好幾次洪水，這個理論有足夠的彈性讓人接受。」同年，布瑞茲獲得尼爾．米爾那獎（Neil Milner Award），以表彰他在地球科學上傑出的貢獻。

數年之後，在一九六五年，布瑞茲似乎成功翻身。國際第四紀研究聯合會（International Union for Quaternary Research）針對許多之前對災難性洪水理論的批評，組織去哥倫比亞高原的實地考察。這個團體橫跨整個大古力水壩、昆西盆地的一部分，以及許多帕魯斯地區／蛇河（Palouse-Snake）疤地的分水嶺。在考察結束時，參與者對他們所見非常謙卑，且滿意米蘇拉冰川湖的洪災是疤地源頭的說法，紛紛發出表達問候和致敬的電報給布瑞茲。電報的結語是：「我們現在都是災變論者。」

後來布瑞茲寫道：「請放心，三十年以後，會有自我防衛的三十篇論文和三十多個人堅決否定我的理論，他們像良藥般對我的心臟有好處。」

最後的榮耀在一九七九年來臨，當時布瑞茲九十六歲，獲得美國地質學會最高榮譽——潘羅斯獎（Penrose Medal）。獲獎之後，他告訴他的兒子：「我所有的敵人已經往生，所以我已沒有人好幸災樂禍。」

一九八一年二月三日，布瑞茲年九十八歲，投入他下一個偉大的冒險。

漸變論使布瑞茲的大洪水失寵

一切看來似乎都很好。一塊陸地受到災難性洪水沖刷的證據是不容否認的。時間已被確定，但或許並不精確，至少是在冰河時代，距今一萬五千年和一萬一千年之間，最後一千年的某個時間點。洪水的源頭已被追蹤至米蘇拉冰川湖，在關鍵時刻正好有一場巨大洪水發生。布瑞茲做爲一位受過磨練的田野地質學家，早先的提議已經讓步，如同他漸變論同事喜歡的多次洪水理論，現在他的理論有彈性，允許「幾次」洪水的說法。

在布瑞茲後來發表的論文中可清晰見到，他願意接受發生過多達八次洪水的說法。這無疑地是對漸變論的讓步。在幾千年的時期，八次小型的洪水逐漸蔓延，要比一次突然發生、造成大規模破壞的單一巨大事件，並在三個月左右的時間結束的洪水，還容易讓均變論者滿意。儘管如此，布瑞茲在內心仍然是個災變論者。亞利桑那大學水文學與水資源學系的維克多・R・貝克（Victor R. Baker），在他研究斯波坎洪水爭論中指出，布瑞茲的確全面修改了他最初的假設。

> 但還是有一種揮之不去的懷疑，即不尋常地違背一般的規則。布瑞茲本人曾宣稱：「河道疤地的獨特地形組合……記錄更新世歷史上一個獨特的插曲……特殊的原因似乎已被清楚地指出。」

換言之，不管有什麼讓步，這裡所指的仍然特殊到足以被描繪成是災變造成的，這些原因並沒有削弱結論，即「是一場席捲哥倫比亞高原的大洪水」。在布瑞茲最後發表的作品中，他表明自己在一九七九年接受潘羅斯獎最高榮譽時，曾將這個觀點說清楚。他寫道：「或許，我被視爲是復興和揭開傳奇災變論的神祕性，同時向嚴格的均變論挑戰的人。」

布瑞茲是災變論者和均變論的挑戰者，他可能還不知道，一旦他邀請漸變論這個吸血鬼入門，它便不會滿足於布瑞茲試圖抨擊的折中理論。只要是涉及此種觀念，即河道疤地所發生的一切皆歸因於任何形式的「大洪水」，皆會被無情地吸乾血液。隨著時光流逝，新一代的漸變論學者已經在世界各地的大學任職，八次洪水說法被允許修改，去解釋布瑞茲的單一大洪水，數字上穩定地成長，變成十二次，後來超過二十次、三十五次，再來是「大約四十次」。最後，在最近的論文中多達九十次或更多！維克多・R・貝克總結，「最新的觀點是，大約有八十次洪水在兩千五百年期間內發生（大約在一萬五千年和一萬兩千年前），而且可能是有規律的間隔中。」

兩千五百年之內發生八十次洪水，即大約每三十一年發生一次洪水。排除任何需要單一大洪水的可能，這說明河道疤地令人毛骨悚然的雜亂，本質上是由一系列相當規律、可預測的漸變事件所產生的累積效應所致。更妙的是，從均變論的觀點來看，冰川湖冰壩潰決的洪水在今日依然發生。例如，它們定期出現在冰島，被稱爲冰川洪水（jökulhlaups），此一術語已經在全球被採用，我也會繼續在這裡使用。冰川洪水的其他地點，還包括喜馬拉雅山脈、南極洲、瑞典北部和北美洲。正如地質學教授大衛・阿爾特所指出，阿拉斯加州和不列顛哥倫比亞省北部幾個冰川堰塞湖，容易發生非常快的排水。這些情況通常發生「在夏天當快速融化的積雪迅速提高湖泊的水位時。米蘇拉冰川湖的冰壩基於同樣原因，在夏季會漂浮和斷裂。」

這樣的均變論學說，「現在是過去的鑰匙」，認爲今天所觀察到的變化率，對於過去盛行的變化率而言是個正確的指導，布瑞茲令人不安的洪水證據被巧妙地解釋。學者們也非常聰明地想魚與熊掌兩者兼得，給布瑞茲一枚獎章，宣稱他們「現在都是災變論者」。另外，布瑞茲的災變論悄然蛻變成爲人們在阿拉斯加州和不列顛哥倫比亞省每個夏天的日常所見。

這一切都令人安心。但假設布瑞茲最初的看法是正確的，即在冰河時代末期，北美洲發生突然的災難性洪水，造成某些毫無先例和無與倫比的地貌。

假如眞的是一場大洪水呢？

回到布瑞茲

藍達爾・卡爾森相當肯定，這確實是一場以一種幾乎難以置信的規模展開的大洪水。他花費近二十年的時間沿著河道疤地來回跋涉，詢問當地地質學家一些困難的問題，但似乎沒有人考慮建立一個特殊的案例。

我猜測，假如布瑞茲仍然健在，處在他職權的巔峰，

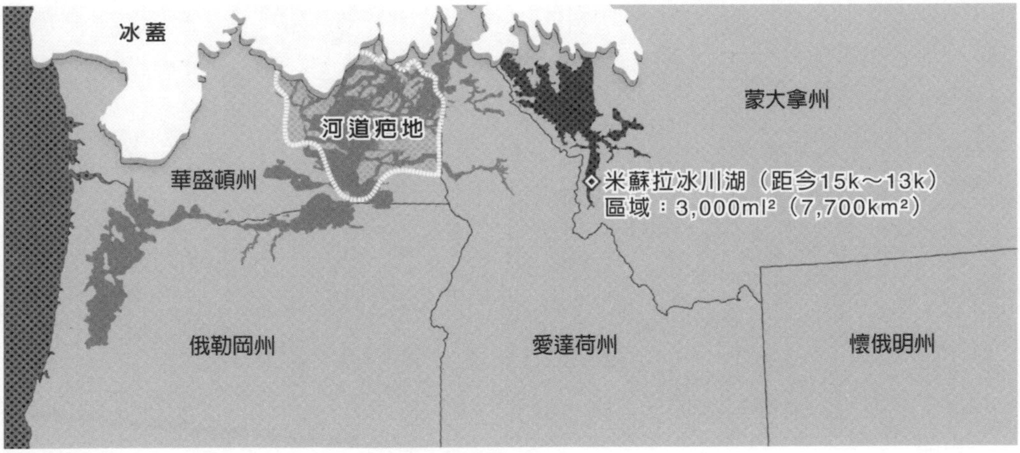

圖 15

他一定會建立這類的案例。

我第一次遇到藍達爾是在二〇〇六年。北美洲冰河時代的洪水是我們討論的主題之一，我驚訝的發現，他完全不接受冰壩理論，他認爲米蘇拉冰川湖是一個大轉向，一個簡單的解決方案，迎合均變論的偏見，使地質學家們遠離眞理。在後來的數年裡，我們經常保持通信，偶爾在會議的場合碰面。我對他知識的深度、田野的經驗，以及引人入勝的見解留下深刻的印象，他的研究似乎走向是一起神祕事件將冰河時代帶向結束。我對新仙女木期產生特別和與日俱增的興趣，全冰河狀態突然開始於一萬兩千八百年以前，正好當時的世界似乎正要溫暖起來，一千兩百年之後，同樣突然結束。

在這一特殊插曲期間，某些石器時代的狩獵採集民族，如北美洲的「克洛維斯」（Clovis）文化，從考古記錄中消失，那裡有動物物種大量的滅絕。所以顯然地，某些不尋常的事情正在發生，然而均變論或漸變論都未曾對此提出解釋。此外，雖然我在一九九五年的作品《上帝的指紋》中並未調查這一點，但後來我了解新仙女木期的時間跨度是從一萬兩千八百年前至一萬一千六百年前，恰好與「緩衝期」吻合。我曾論辯這個時期的先史古代的先進文明，已經從地球表面抹去，並從人類的記憶中消失。

我在二〇〇〇年出版的《上帝的魔島》（*Underworld*）中，非常留意新仙女木期的問題。我寫道：

> 大約在一萬三千年前，世界經歷很長一段未曾中斷的升溫時期（根據一些研究，在一萬五千年前至一萬三千年前）。古氣候學家所說的「新仙女木期」所造成的全球寒冷事件，使升溫突然停止，各地皆是如此。這在許多方面皆是神祕和無解的，是一種幾乎令人難以置信的快速氣候逆轉。從一

萬三千年前比現在還要溫暖和潮濕的狀況，僅僅在數百年以後，在最後的冰河期高峰，出現更冷和更乾燥的狀況。從那個時刻起，大約一萬兩千八百年前，冰好像被施了魔法般支配大地。在許多接近末端融化的區域，自末次冰盛期（Last Glacial Maximum, LGM）①（大約兩萬一千年前）以來，全冰河狀態以驚人的速度復原，「溫度下降攝氏八至十五度……這種殘酷的下降有一半在十年中可能發生。北大西洋的極峰（Polar Front）下降至西班牙西北部菲尼斯特雷角（Cabo Finisterre）的水平，冰河再度進入叢山峻嶺之中。關於溫度，全冰河狀態的復發接近完成。」

對於當時的人類而言，除了非常意外受到青睞的許多區域之外，突然和令人費解的陷入嚴寒和乾旱的氣候，一定具有毀滅性。

神祕感、對人類具有致命的危險……新仙女木期持續激起我的好奇心，鼓勵我對它進行研究，試圖更加地了解它。我記得在二〇〇六年之後，和藍達爾針對這個主題進行交談和電子郵件的往來。它對我而言愈來愈明顯，新仙女木期這個術語在每一個意義上來說，都是一場全球性的災難。然而，直到二〇一三年，當藍達爾告訴我，北美洲，尤其是河道疤地就位在那場災難的中心，我決定是去該地尋找證據的時候了。我心血來潮邀請他和我一起去實地考察。費時一年多才找到我們雙方都適合的時間，最後在二〇一四年九月，我在俄勒岡州波特蘭與藍達爾見面，我們飛向東北部，進入鄰近的華盛頓州，租用一輛很大的紅色四輪驅動車，去探索疤地。

注釋

①指最後一次冰期中氣候最為寒冷、冰川規模達到最大的時期。

第四章

北美洲疤地之旅

我們正行進在從俄勒岡州波特蘭到明尼蘇達州明尼亞波里斯，兩千五百哩（四千公里）行程的旅途中。

假如我們走直達的道路，行程會縮短許多。但我們停止直行並轉向乾河谷和河谷，圍繞著孤峰和山脈的兩側，直接穿越河道疤地，也就是曾經覆蓋北美洲大部分地區的遼闊的科迪勒倫（Cordilleran）和勞倫泰德（Laurentide）冰蓋的南部。我的目標是盡可能充分了解曾經發生在這裡的事情。到第四天，當我們到達大古力疤地最明顯之處，位於其中央的乾瀑布（Dry Falls）時，畫面開始變得清晰起來。

我們腳下的土地是古老的黑色玄武岩，覆蓋著一層薄薄的地表土。這些玄武岩是因爲一千七百萬年和六百萬年前之間的火山爆發而被擠出地面，覆蓋哥倫比亞高原大部分的地區，某些地方的岩層厚達兩千公尺（六千六百呎）。

布瑞茲曾描述他的洪水：不是在大古力，因爲這裡好像有某種反覆無常的力量，或許甚至是出自上帝之手，抓住一把巨大的鑿子，刀刃有一哩寬，猛然刺入大地，鑿出一個數百呎深，六十哩（九十六公里）長的兩壁陡峭的裂縫。然而，這把「鑿子」不是用鋼鐵製造的，而是挾著各種碎片，只持續幾個星期的湍急狂躁的洪水。關於「大古力」，他寫道：

> 這個就是由冰川溪流切割而成的最大實例，它不僅說明哥倫比亞高原，還包括全世界……最小寬度為三哩的冰川河向南方流動，淹沒這裡的分水嶺，沖向下一個陡峭的單斜坡……溪流以大約十度的夾角下降幾乎一千呎……此種情況前所未有，即使在這片布滿巨大的突發性高傾斜度河流的地區……至少有十立方哩的玄武岩被挖掘和轉移。

布瑞茲在這裡所指的只是大古力的北部或上部。但隨著「冰川溪流」的奔流而下，同樣數量的玄武岩在從大古力下部被挖掘出來。今天我們經過這裡，在大古力南端以南的伊弗拉塔漂礫扇形地（Ephrata Erratics Fan）停下腳步，目睹這個被洪水傾倒所挖掘出來都是玄武岩的地方。這是一片渾沌、亂七八糟、不穩定的景象，那麼的令人不安，因爲視野所見到的大草原所有方向上，散落著數以千計，甚至可能數以百萬計崎嶇而破

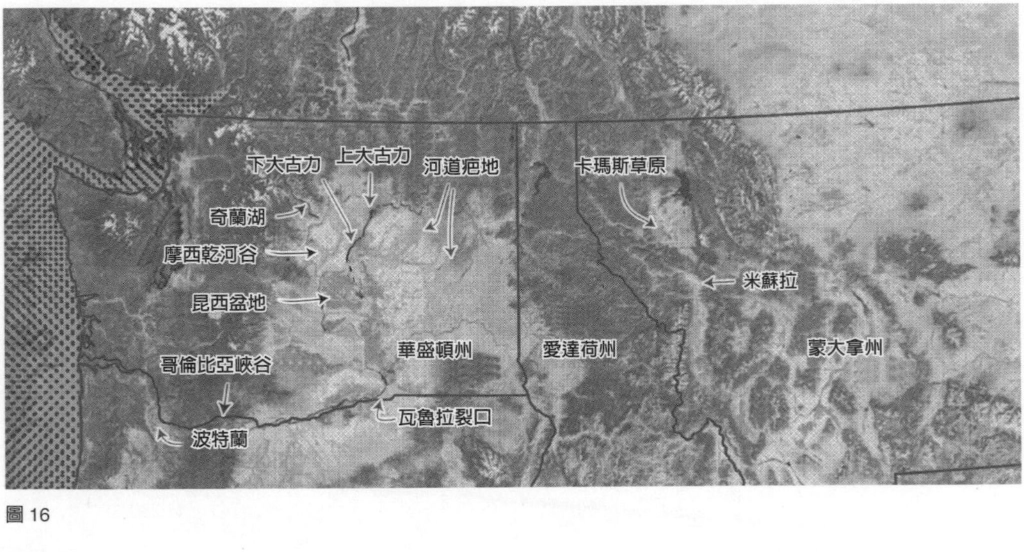

圖 16

碎的玄武岩漂礫。有些像家用轎車一樣大，有些較小，小到像一顆足球，還有很多更大的。

「一切都被分解成碎石，」當我們站在扇形地的中間，藍達爾·卡爾森向我解釋，「那些就是你所看到的，這些碎石是遠古世界的一部分。」

「遠古世界？」

「是的，大洪水以前的世界。躺在這個地面上的是被洪水沖出大古力的一些碎片。碎石落向深處，有數百呎深。」

從伊弗拉塔扇形地，我們沿著華盛頓州十七號公路駕車北上，進入下大古力，兩邊矗立著陡峭而險峻的玄武岩絕壁，灰色的雨雲，昏暗地倒映在一連串的鹼性湖泊上——皂湖（Soap Lake）、勒諾湖（Lenore Lake）、藍湖（Blue Lake）和公園湖（Park Lake）——就好像是地板上的池塘。現在我們已經到達下大古力前方的乾瀑布，我們剛下車，藍達爾提醒我的妻子桑莎帶著她的相機：「妳會在這裡看到一些災難性的東西。」他調皮地露齒微笑宣布。

認識藍達爾·卡爾森

你可能還太年輕，不記得一九七七年的電視劇《灰熊亞當斯的一生》（*The Life and Times of Grizzly Adams*），如果你沒有看過，可用谷歌搜尋一下。

主角亞當斯由演員丹·哈格帝（Dan Haggerty）扮演，滿臉鬍子、個子高大而坦率，是個強健的樵夫；而藍達爾·卡爾森濃密的鬍鬚、樸實的形象和粗獷的個人風格，讓我想起這名主角的許多事情。藍達爾現在住在喬治亞州亞特蘭大。但他大部分的年少時光是在明尼蘇達州的農村度過，他的口音仍然帶有斯堪地那維亞和德國的古怪音調，能聽得出明尼蘇達州的口音。

他在舒密特湖（Schmidt Lake）畔長大。數以萬計的小型冰川融水湖，分布在明尼蘇達州和威斯康辛州，當他還是個小男孩時就經常去那裡釣魚，在一塊大的圓石頭上休息，他後來知道那是一塊冰川漂礫。「這塊圓石或許是被來自數百哩以外，前進中的冰川從岩床裡挖掘出來並搬走，然後沉積在一個遠離其發源地的地方。」

今天，離年少時光已過去半個世紀，他說，中西部的景觀在他年幼的心靈留下不可磨滅的印記：

> 從這些早期的經驗，我走進一種與大地的對話中，持續至今，熱情不減。這種對話包括成千上萬個小時花費在現場考察上，在各種景觀穿梭來回地研究，還用數千個小時研究與我的目標相關的各種科學，一切都是為了瞭解這顆不尋常的行星，我們正不斷進行著人類體驗……它是個可怕的動態星球，已經發生深刻的變化，變化的規模遠超過近期內的任何東西。事實上我現在了解，我們所認為的歷史，僅僅是從最近一次巨大的行星災難以來，發生過的人類事件的紀錄。我也明白，在我們周圍都能找到這些災難的印記，幾乎是在所有的環境裡，我們才剛開始有能力去感知和解釋這個證據。

藍達爾以建築師和營造者維生，但他最熱愛的是地質學。災難地質學。

聽過他講課的人都可以證明，他所知道的比你所能遇到的任何人都多得多。他一點一滴地蒐集知識，廣泛地閱讀科學文獻，正如他前面所說，來自數千個小時的現場考察。對我來說，這種對現場的詳細了解，在荒野走過漫長的路程，以及在圖書館裡潛心研究的歲月，意味著遠勝過任何大學的學位。藍達爾並非地質學家，也稱不上是地質學家，但他對主題的掌握抵得過一打的博士學位。

而現在，我們正站在一個高達腰部的柵欄所圍繞的混凝土土墩上，懸掛在乾瀑布向下的馬蹄形露天劇場上。這是九月下旬的一天，一陣寒風吹過，藍達爾即將給我上一堂地質學課程。

幅員遼闊的乾瀑布

「以前去過尼加拉瀑布嗎？」藍達爾問道。

我承認我沒有。

「但你看過照片吧？對那個地方有點認知吧？」

「我想應該有……」

「好，那就猜一下……哪個更大？」他指著前方的遠景。「是乾瀑布大？還是尼加拉大？」

我想這是一道陷阱題。藍達爾是明尼蘇達州人，當然問得迂迴。我朝天然的露天劇場望去，是一個看下去很低、望過去很遠的地方。幾個由雨水匯集而成的長滿蘆葦的圓形湖泊，裝飾著高聳在我對面陡峭絕壁上的馬蹄形地基，很明顯地，地基上一定曾有大量的水流過。

我沒有到過高五十一公尺的尼加拉大瀑布，但我確實曾在非洲南部，高一百零八公尺的維多利亞瀑布（Victoria Falls）度過驚奇的一天。你在所有的圖片中看到的尼加拉經典的馬蹄形瀑布，也重現在維多利亞瀑布。而在美國華盛頓州，這裡有同樣的馬蹄形狀，被保存在一個遠古大瀑布的乾化石上。

「乾瀑布比尼加拉大。」我非常自信地說。

「好，不錯。但大多少？」

「大一倍。」我大膽地猜測。

「還不錯。」藍達爾說。「但實際上乾瀑布的高度接近尼加拉三倍，寬度超過六倍。」他指出。「看見那些懸崖如何成爲扇形沒有？」

我看見了。乾瀑布的馬蹄實際上是兩個併排的馬蹄，一個向東，一個向西。

「好，尼加拉剛好可以輕易地放入東邊馬蹄的一半，它的邊緣會在乾瀑布邊緣下方大約兩百五十呎的地方。另外，看那裡……」藍達爾將我的注意力引到馬蹄的東側，那裡有一個缺口，然後是向南延伸的懸崖上的一個又高又窄的鰭狀物。「那是阿瑪提拉岩（Umatilla Rock），」他指著那個鰭狀物說。「在洪峰時，它應該是某種島嶼，一個水下的島嶼。」

「水下？」

「是的。當洪水經過這裡時，水深超過五百呎。應該曾經淹沒阿瑪提拉岩和乾瀑布，就在我們站立的位置。哦，有一百，可能一百五十呎深。」

「所以，如果那時我站在這裡……」

「你就不會……」

「我知道，我已被洪水沖走。但這只是做爲討論，假如我能夠站在這裡，我想我不會看見那一大片透明的水在瀑布的邊緣噴出，向下跌落數百呎嗎？」

「不會，因爲是發生在水下很深的地方。在這個地點，你看到的不是一個眞正的瀑布，而更像是一個在旋轉、攪拌的激流裡的斜坡，有某種突然的碰撞或傾斜度。但是，瀑布在岩石上的作用仍持續進行中，在水面下……」

「你所說的在岩石上的作用是什麼意思？」

「經過這裡的洪水水量龐大，速度驚人，根據估計最快可達每小時七十哩，而且你要了解，它不只是水，它更像是黏稠的泥漿，整個森林被連根拔起，滾動著，上面漂浮著到處衝撞的冰山群，底下是發出隆隆聲的岩石碎片，以及像我們看到的傾倒在伊弗拉塔扇形地的圓石，這一堆雜亂的東西在所到之處沖刷著、翻滾著和拔蝕著……」

「拔蝕著？」

「是的，那是形容它最好的方式。就像巨人的手指拔蝕玄武岩岩床的岩石，將它們撕裂，緩慢地拖進急流並把它們沖走，那就是侵蝕作用如何完成的。」藍達爾再度指向扁貝狀的馬蹄懸崖。「但我們在這裡所看到的不到畫面的一半。假如從飛機上俯瞰，我們會看到東邊另外一組比這個更大的馬蹄，從遠處圓圓的包裹著阿瑪提拉岩。」

「因此，把所有那些都算在一起，乾瀑布的總寬度是多少？」

「大約三點五英里……那是當洪水結束時它必須到達的寬度。如果洪水再持續幾個星期，只有上帝知道曾經的它現在會像什麼模樣，或者說今天的它會在哪裡。」

「我不明白。」

「有跡象顯示洪水只持續幾個星期，而在這段時間裡，瀑布在不斷地向北方遷移……」

「遷移？」

「是的，所有的瀑布都在以不同的速度遷移，取決於流過的洪水水量和力量。它們拔蝕岩床，不斷地將岩床從上游吞噬並帶走。例如，就拿尼加拉來說，在過去的一萬兩千年中，它後退七哩，但跟這裡所發生的事情比起來微不足道，這裡後退約三十哩，是下大古力的總長度，而且在不到一個月裡。」

「所以，侵蝕的速度快得令人難以置信嗎？」

「是的！比尼加拉快數千倍，因爲這裡的洪水水量和力量大得不可思議。乾瀑布是這個地球上曾經存在過的最大瀑布。」

「所有的水都應該來自米蘇拉冰川湖嗎？」

「這個嘛，」藍達爾說。他的鬍鬚堅硬的立起來。「那是個理論。」

探索漂礫

藍達爾並不認同漸進論，即米蘇拉湖藉由冰壩的多次破壞、再造和再破壞，進行各式各樣的排空，可以解釋當地的跡象。他並不反對冰川湖的存在，或者來自冰川湖的洪水爆發，但他不認爲冰川湖的洪水大到足以解釋河道疤地所有災難性的特徵。像一九二〇年代的布瑞茲一樣，他相信一場突然、短暫、完全意外的巨大洪水，才是眞正的元凶。

在另外一天，藍達爾帶我去「探索漂礫」，並向我解釋爲什麼。我們離開九十七號州際公路，來到瓦特維爾高原（Waterville Plateau）上，駛過崎嶇不平的鄉間，偶爾有綠色和黃色的田地混雜在這片因極度貧瘠而無法耕種的荒野上。

很快，我們開始看見一大堆、一大團、各式各樣成群的，不祥的黑色玄武岩巨大圓石，跟這裡的景色完全格格不入，我現在已能認出它們是什麼。冰蓋移動並蔓延，它們抓住、裹住和搬運巨大的岩石，然後將它們鎖在裡面，直到冰蓋融化，留下這些沉重的包袱。在這裡發生的，是同一個過程不同面向的事。事實上，這個地方稱爲「圓石公園」，是一個公認的國家自然地標。「當冰河時代的洪水傾瀉而下，淹沒瓦特維爾高原時，」藍達爾解釋說：

> 它帶著數千座冰山，冰山大得像郵輪，裡面凍結著像房子大小的圓石。當它們碰撞山坡時（他指向遠處的山脊，巨大的圓石隊伍越過山脊並散落四處），冰山沉入水底並卡在那裡。最終，洪水消退之後，冰山融化，圓石被留在原地直到今天，它們四處散落在遠離山脊的高原頂部，向北鋪滿二十哩的山坡。

「但是，山脊一定比我們高八百，或許九百呎。」我觀察到。

「沒錯！它告訴我們，這裡的水至少有那麼深。或者說，不是簡單的水，而是汙泥漿，當洪水開始消退時，泥漿隨著沉積物的增加變得濃稠，直到洪水最終從谷底消退，整個谷底覆蓋著數百呎厚的沉積物，填滿並嵌入圓石。我再說一次，我們正目睹遠古世界的廢墟和殘骸。」

我們又回到九十七號州際公路，沿著雄偉的哥倫比亞河西岸向南方前進，然後經過九十七號交流道向西轉往奇蘭湖（Lake Chelan）。五十哩長，絕不會超過一哩半的寬度，躺在草木叢生的陡峭山谷谷底，高聳的山脈遮蔽著山谷，奇蘭湖看上去有壯麗的蘇格蘭湖泊的感覺。因此，奇蘭湖也有一個湖怪的傳說。根據美洲印第安人的傳說，有一條龍，牠吞噬所有的獵物，讓人們飢餓。偉大的神靈震怒，決定介入。祂從天而降：

用巨大的石刀重擊陸地，整個世界都被祂的打擊所撼動。平原的上空出現大片的雲朵。當雲朵飄走之後，人們看見這片土地已經改變。四面八方升起高聳的山峰，山峰之間有峽谷。一條很深的峽谷從西北向東南延伸，需要兩天的行程才能走完。偉大的神靈將怪物的身體扔進深長的峽谷。然後，祂把很多水倒入峽谷，便形成湖泊。很久以後，印第安人稱它為奇蘭。

奇蘭在當地印第安薩利希族（Salish）語裡是「深水」之意，奇蘭湖確實有一千四百六十八呎（四百五十三公尺）深，是美國第三深的湖泊，世界第二十六深湖泊。我順便提一下，這個神話的某些面向，喚起地球在冰河時代末期的變化。曾經隱藏在冰蓋底下，不爲世人所見的崇山峻嶺，確實在冰蓋融化之後顯露出來。峽谷也確實被布瑞茲湍急的洪水水流刻造出來，貫穿整個哥倫比亞高原。我們在下一章中將會看到更多，無論是那把對大地施以沉重打擊，而使「世界撼動」的從天而降的巨大石刀，還是那片籠罩在大地的不祥雲彩的描述。同樣地，奇蘭北岸的曼松（Manson）鎮上，有一個巨大的冰山漂礫存在，表明「很多水」曾被倒進湖中的概念。換句話說，就是經過此地的洪水，可能根植自人們對眞實事件的記憶。

途經更多散佈在奇蘭湖最南端四周的漂礫後，我們返回九十七號州際公路，從畢比橋（Beebe Bridge）穿越到哥倫比亞河東岸，然後北上到麥克尼爾峽谷（McNeil Canyon）的出入口，還有很多散佈在荒野的圓石在等待著我們。這裡的漂礫數以千計，因爲它們獨特的外觀，被當地人稱爲「乾草堆圓石」。但它們從遠處顯現出的圓形輪廓，走近一看，其實是一堆參差不齊和四分五裂的黑色玄武岩。其中很多的重量都超過一萬公噸，當藍達爾和我檢視它們的時候，其異常的高度和質量使我膽顫心驚，而把它們帶到這裡的洪水力量和能量更使我驚訝不已。

我們再度回到九十七號州際公路，向南行駛四十哩，抵達韋納奇（Wenatchee）和哥倫比亞河的交匯處，位於喀斯開山脈（Cascade Mountains）山丘的東部附近。在這裡，藍達爾最後要給我看一個巨型漂礫，估計重量有一萬八千公噸。它高高地矗立在一條寬大深邃的山谷一側，隱約浮現在一處現代房地產開發工地的上方，比河流與韋納奇鎮的匯合處高出數百呎。

我們爬上這塊漂礫頂部，這樣就可以俯瞰遠方底下波光粼粼的河流。「顯然地，」藍達爾解釋說，「洪水一定從山腳到山頂灌滿整個山谷，所以當冰山在水中漂流時，正好在此地擱淺，冰山融解之後，留下這塊石頭坐在山脊上。」

「那麼洪水呢？接下來它去了哪

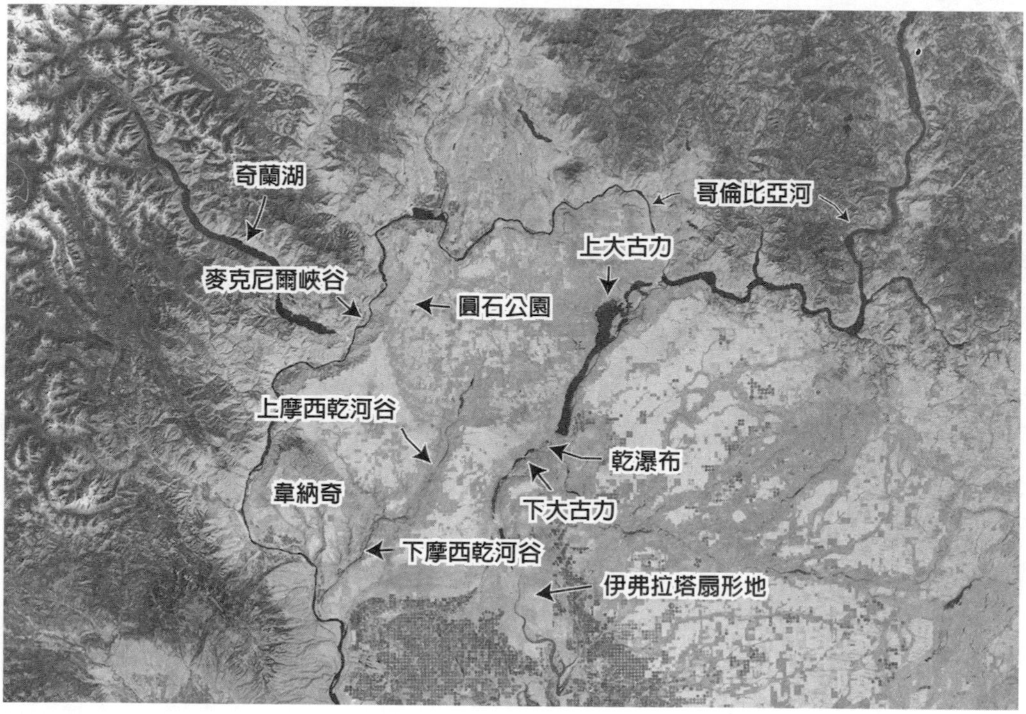

圖 17

裡？」

「流經這裡的洪水與大古力和摩西乾河谷等其他許多疤地河谷流出的洪水匯合，一起向下流到帕斯科盆地（Pasco Basin）和瓦魯拉裂口（Wallula Gap）。」

遮天蔽日的黑雨

第二天，我們在一個高聳的絕壁頂部俯瞰瓦魯拉裂口。「所以，這裡的洪水暴漲到大約海拔一千兩百呎，」藍達爾說。他查看衛星定位，「我們現在所站的地方是海拔一千一百五十呎，所以洪水應該在我們頭上五十呎。」

「洪水從哪個方向來的？」

藍達爾指向北方：「它從河道疤地呼嘯而出。大量來自不同地方的洪流在這裡匯合，然後通過這裡，流向哥倫比亞河。因此，這裡是洪水的聚集地。在這裡，所有龐大的洪流匯集在一起。」

我俯瞰底下的場景，那眞是一場大地、天空和洪水的大戲。

天空灰濛濛的，雷雨一直伴隨著我們的行程。起初，大地的成分是被非常厚且柔軟，稱爲黃土的暗褐色灰塵層，鋪滿我們腳下的絕壁頂部。但接著絕壁陡峭歪斜地刺入哥倫比亞河，形成水的一部分。越過一條有一哩多寬的河流，地勢朝東方隆起，並沒有我們所站的西側那麼陡峭，仍然覆蓋著一層同樣厚的粉狀黃土，並以獨特的疤地地勢爲標誌。懸崖刺入河谷，一系列被古代洪水雕刻出來的副產品中，最顯眼的是被稱爲「孿生姊妹」的兩根孤立的玄武岩石柱，矗立在我們正對面。

藍達爾解釋，「那對孿生姊妹是一處遺跡……看那邊，緊挨著姊妹左邊那裡，你可以看到一座岩架。那個東西應該是連續的……我相信這是洪水之前的谷底……依據孿生姊妹現在河流的深度和高度來看，當洪水沖擊，將這裡撕裂，谷底下降大約兩百呎。洪水再持續一個星期之久，孿生姊妹會被沖走……它們將會在水下大約八百呎。眞的，如果你看過去，就在那裡，遠遠高於孿生姊妹，你會看到最上面露出的玄武岩，大致在我們的高度。洪峰來臨時，那裡將是高水位，一切都在水下。所以你在那裡所看到的環繞孿生姊妹的疤地中，是洪水對玄武岩的壯觀侵蝕，洪水以六十或七十哩的時速沖刷這裡，因爲背壓（back pressure）①是如此巨大。」

「眞是可怕和凶猛的流動。」我斗膽地說。

「老天啊，是的！就像是一個內陸海，不同處在於它的移動方式……」

「既洶湧又異常憤怒……」

「當洪水沖到瓦魯拉裂口時受到擠壓，其湍急程度急遽增加。但當你看到這個山谷的容量，鐵定是有極大量的洪水從北方傾瀉過來。米蘇拉湖外圍的山谷沒有這個山谷大，且在這裡以北兩百哩處，洪水怎麼可能從米蘇拉湖傾瀉出來，再流經兩百哩抵達此處後，還沒有減弱到只是通過裂口，形成積水的程度呢？從高水位可以看出，它的確規模很大且深入地發展，而那個對我來說，正是無可爭辯的證據，湧進這裡的水，比起以往任何時候從米蘇拉湖傾瀉而出的水要大得多。」

「所以，」我總結說，「一千兩百呎深的洪水湍流過這裡……」

「非常洶湧……」

「後來，那麼深的洪水在那裡停留多久？」

「根據估計，可能有一到三個星期，然後就開始退潮。他們稱這個是液壓積水。這實際上是一個液壓壩，意思是水本身被迫通過一個狹窄如瓦魯拉裂口的地方，成爲一種壩，特別是洪水中塞滿龐大的冰山。在洪水所到之處布滿被冰山所帶來的漂礫，一路下滑至俄勒岡州尤金市（Eugene）。你可以想像一下那個場景，會得到數以千計的冰山所阻塞的移動中的海洋……」

我可以想像這個場景。「那是個狂暴的場景。」我說。

「狂暴的場景。」藍達爾同意。「所有這些冰山互相衝撞，在裂口裡變得擁擠。那時要做的就是使水位進一步上升，直到壓力增加，足以將這堆冰山推下裂口。然後水位下降，直到出現下一次擁擠。所以我想，我們看見的是一幅脈動水位圖，每次水壓上升時，洪水回流到上游的山谷，然後水位下降，之後水壓再度上升。」

我擺在藍達爾面前的第二個重點，跟他剛剛用魔法召喚的洪水氾濫世界緊密相關，也涉及我希望在本章其餘部分去探討的核心之謎。但我還沒有呈現在讀者面前。它關係著正在成長的證據實體——一萬兩千八百年之前，一顆巨大的彗星沿著內太陽系的軌道飛行時，分裂成許多碎塊，有很多直徑超過一哩（二點四公里）的碎塊撞擊到地球。人們相信，北美洲是造成大洪水的震央，北美洲冰蓋上的幾次巨大的撞擊，引發洪水和海嘯，以及遮天蔽日的廣大塵雲，到達大氣層上面的塵雲，使太陽的光線無法照到地面，從而引發突然而神祕的全球性深度凍結，地質學家稱爲新仙女木事件。

在接下來的篇章中，我們將爲這一切尋找證據，以及它如何與「布瑞茲的洪水」相關聯。畢竟，它可能不是從米蘇拉湖冒出。但現在，請容許我寫完與藍達爾在瓦魯拉裂口其餘的談話。

「曾經有過一次彗星撞擊，」我說，「所以我們估計當時的天空是非常糟糕的……」

「喔，那是必須的……」

「暗無天日……」我想了一下，然後補充：「由於那次撞擊，很多東西漂浮到那裡。」

「東西！」藍達爾用他的登山鞋鞋尖在柔軟的塵土裡踢出一道溝渠。「那就是我所想的六呎厚的黃土層。在所有的洪水地區，你都可以看到這種六、七、八呎厚的黃土層，很明顯地，它就是從大氣層裡落下來的。」

「很像康-提基．維拉柯查（Kon–Tiki Viracocha）的傳說。」我說出南美洲開化的英雄，他長著在第一章描述的奎查爾寇透和賢者阿普卡魯一樣的白皮膚和鬍鬚，據說在過去數千年的那個恐怖時期中，「大地被洪水淹沒，因太陽消失而陷入黑暗」，他已經來到安地斯山脈（正如墨西哥的奎查爾寇透和美索不達米亞的賢者阿普卡魯一樣，安地斯山脈的維拉柯查的教化使命，是將法律和道德標準帶給災難的倖存者，並教他們農業、建築和工程技能）。

「是啊，」藍達爾若有所思地說。「維拉柯查的傳說中，不是也有一些關於黑雨的說法嗎？」

「有啊，絕對有。濃厚的黑雨。在我研究過的洪水神話中，它幾乎到處都有……」

藍達爾又踢了一下黃土。「這些東西令人費解，它有一種垂直的結構。許多理論認爲它是風所造成的，但垂直的結構與其不一致。我正在醞釀一個想法，它實際上是水和風所造成的，因爲我想彗星撞上冰蓋後最後的降雨，實質上是一種泥雨水。過熱的水大規模地注入同溫層，骯髒而含微粒子的水，然後像核爆的碎片雲一樣蔓延，最終的結果無疑是非常密集和曠日持久的降雨。」

但在一萬兩千八百年之前眞有一顆彗星撞擊地球嗎？

我們將在下一章中看到，由高度被認可的科學家組成的國際小組蒐集的證據，正在席捲舒適的漸進論與均變論的地質學世界。

注釋

①後端的壓力。

第五章

不朽的奈米鑽石

離開華盛頓州，駕車穿過愛達荷州的狹長延伸地帶之後，我們繼續向東穿越美國北部各州，藍達爾特意向我展示蒙大拿州西部卡瑪斯草原一些壯麗的景色。乍看上去，位於洛磯山脈中間長十二哩和寬十哩的橢圓形盆地裡，彷彿有一座座巨大的沙丘，在平坦的黃色地板上浩浩蕩蕩地穿越前進。但仔細一看，「沙丘」根本不是沙丘，取而代之的是巨大的流痕，有些超過五十呎高和三百呎長，形成於冰河時代結束時期。當時卡瑪斯草原是米蘇拉冰川湖湖底的一部分，躺在水下約一千四百呎深的地方。地質學家們一致認爲，這些流痕是湖泊在災難性的排水時，被強大的水流沖刷而成。

「我並不反對它。」當我們站在大草原的制高點時，藍達爾這樣說。一條寬大荒廢的高速公路穿越古盆地，但現在出現一輛車子，與流痕對比，我看見那輛車子變得像火柴盒一樣小。

「所以，」我問道，「你並不反對米蘇拉湖如此這般的存在嗎？或者它是災難性的排水的概念？」

「不，完全不反對。我毫不懷疑米蘇拉湖有數十次冰川洪水，有幾次洪水還相當大。不過，我的觀點是它們都不夠大，不足以導致我們曾在河道疤地看到的那種壯觀的洪水破壞。那種破壞是由某次重大事件所造成，洪水數量超過米蘇拉湖可提供的全部湖水。所以，正如漸進主義所主張，這個湖泊在克拉克・福克（Clark Fork）山谷被冰壩攔截，這幾千年，也就是說，從一萬五千年前到大約一萬三千年前，那些冰壩曾多次被沖毀。但在這些週期性的洪水釋放期間，水量很小，與最後的事件相比，根本是小巫見大巫。當然，米蘇拉湖也在其中，但它絕對不是主要的元凶。」

「那所謂最後的事件與我們的彗星撞擊有關嗎？」（我稱呼它「我們的」，但通常它是指科學文獻中的「克洛維斯彗星」或「新仙女木彗星」。）

「當然啦，」藍達爾回答說。「但不只是一次撞擊，而是多次撞擊。我猜想有多達四個碎塊，每個碎塊可能橫跨半哩，或許還更大，擊中了科迪勒倫和勞倫泰德冰蓋，產生一種霰彈槍效應，造成大面積的瞬間融化。融水無所不在，數量龐大。其中自然有一部分串連進入米蘇拉湖，瞬間將其灌滿，並導致冰壩崩壞，從而將湖水及其內容物加入到已經從北方沖下的大洪水中。」

「所以米蘇拉湖真的是一個無辜的旁觀者，而不是元凶。」

藍達爾笑著說：「是的，沒錯。這個湖泊是個礙手礙

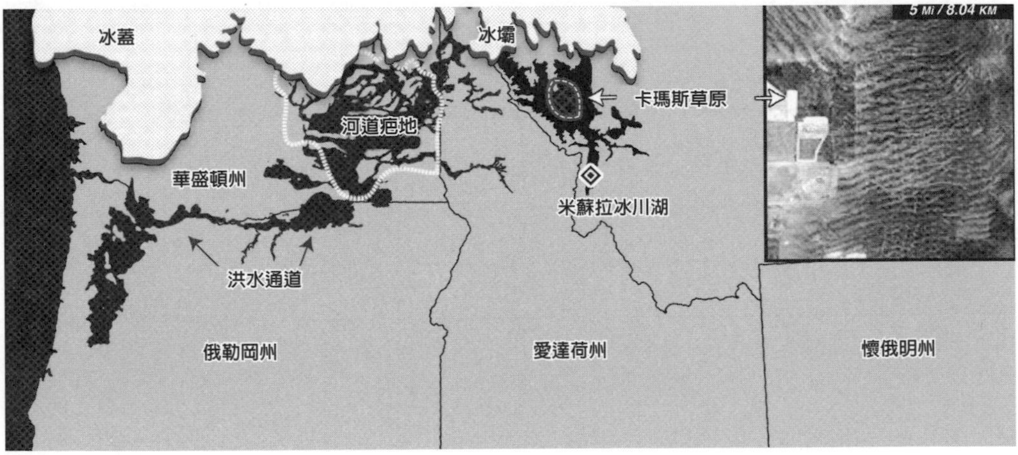

圖 18

腳的旁觀者，後來還被指控犯罪。但彗星才是元凶。」

陰謀的角落

我並不是陰謀論者，但我有一種偷偷摸摸的感覺。僅此而已。那有點像是一個陰謀正在科學中發揮作用，以便阻止人們對災變論概念的適當關心和廣泛的公眾吸收。我在第三章裡提到了J・哈倫・布瑞茲的例子。最初，人們對他的調查結果回以冷淡態度且不愉快的接受；往後，他在學術領域的地獄中耗費時日；再者，一群學者的糾纏不休，企圖徹底消滅或者擊敗他的全部證據，以便用漸進主義的方式進行解釋；最終，多年以後，當他們所做的一切都宣告失敗，並且米蘇拉冰川湖洪水爆發的這個概念給出了一個解釋方案，他終於如願以償，他的想法始終都是正確的。可是，不完全對，在任何情況下不對，在任何想像的宇宙中不對，單單憑他的本能意識到的災難性「大洪水」這個問題上，他做得不全對！如果J・哈倫・布瑞茲想要做得對，那麼他有必要以某種正確的政治手腕去做。換句話說，就是以均變論導向者熟練的斷章取義手法，在編輯時刪掉有關潛伏的宇宙災難的任何線索！

圖 19
勞倫泰德冰蓋與科迪勒倫冰蓋融水排放路線。
由藍達爾・卡爾森提供

事實上，在如此一個陰謀的幻想中（我衷心希望那是一個幻想！），冰川洪水的概念是其中特別有用的一個。首先，在對疤地的災難性地質特徵做出的所有解釋中，這個想法是理性而健康的，因爲它是根據布瑞茲在疤地的目擊。其次，冰川洪水今日在全球許多地方每年都會發生，因此這個想法沒有違反現有的規矩，這個規矩就是，必須堅持現有的流程以解釋一切地質的變化。第三，目前的相關性可以被指定。冰河時代的洪水不一定只是單純的學術興趣，在現今二十一世紀，冰川洪水仍然在發生，可用科學去預測並改進它們的影響。

但如果事實眞的是一場災難，在冰河時代末期確實發生了一場獨立的、巨大的災難……那麼這一切看起來，也許就像是在確保讓人偏離事實的眞相。

而且還可能再一次重演。

換言之，如果奧吉布瓦人的預言是眞的，那將會如何？

如果這顆尾巴又長又寬的星星，「將再度接近，毀滅世界」，那將會如何？

那些人知道與他人分享這些知識會從中受益嗎？還是他們認爲，對整件事保持沉默，才能滿足他們的利益？

我們將在第十九章回到這些問題上來。相較起來，我們首先要提出並且回答的問題要簡單的多。那就是始於一萬兩千八百年前，如此突然且神祕的新仙女木降溫事件，是一顆巨大的彗星撞擊地球所帶來的結果嗎？

彗星的證據

「新仙女木撞擊假說」的支持者，在二〇一四年九月的《地質學雜誌》上的一篇專題論文中重申，「一萬兩千八百年前，有一次天體撞擊事件，發生在新仙女木邊界的地層（YDB）。」我們將看到，該論文提出了大量證據支持此一假說，尤其是在許多國家所採集到的新仙女木邊界地層樣本中，均含有豐富的奈米鑽石，這大大地擴展並確認了早期的證據。奈米鑽石是極微小的鑽石，是在高衝擊、高壓和高溫等極爲罕見的條件下所形成，並被當作特徵性的指紋之一，也就是科學術語中所指的「代表物」（proxies），那是由彗星或小行星的強烈撞擊所造成。

在二〇一四年，當《地質學雜誌》發表這篇論文時，關於彗星的撞擊是否牽涉新仙女木事件的爭論已經持續七年之久。吸引我注意的是二〇〇七年五月二十二日的《新科學家》（*New Scientist*）雜誌上的第一個大標題，挑釁地問道：

一顆彗星真的消滅先史時代的美洲人嗎？

二〇〇七年時，我正從失落文明的神祕中稍作休息，做爲我這麼多書的主題，長期以來已消耗我大量的精力。然而《新科學家》雜誌的這篇文章還是激起我的好奇心，因爲它指的正是我在書中所關注的年代。文章沒有提到失落的文明，而是從一開始就提到北美洲所謂的「克洛維斯」文化，正如我們在第三章所見，那個從距今一萬兩千八百年和一萬一千六百年之間，在新仙女木事件的考古紀錄中消失的文化。文章中指出：

> 克洛維斯人繁榮在大約一萬三千年前，石製武器的掌握，使他們在對抗大型肉食動物，如美洲

> 獅和巨型短面熊的不斷威脅時具有優勢。然而，他們想不到死亡威脅將會來自天空。
>
> 本週在墨西哥亞加普科（Acapulco）舉行的美國地球物理聯盟（American Geophysical Union）會議上，由二十五位研究員組成的團隊所提供的結果顯示，天空就是毀滅克洛維斯人的來源。該團隊引用一些證據並提出，一顆難以捉摸的彗星在一萬兩千九百年前衝進地球的大氣層（注意，該日期之後將下調一百年至一萬兩千八百年前），解體成碎塊，並在巨大的火球裡爆炸。碎塊似乎遠至歐洲。

當我繼續讀下去，我才知道文章所指的團隊，是由高度認可和備受推崇的主流科學家們所組成：

> 詹姆士．肯尼特（James Kennett），加州大學聖塔芭芭拉（Santa Barbara）分校的海洋學家，是團隊中三個主要的研究者之一，宣稱在巨變餘波中，大規模的野火燒焦了北美洲，殺死大量的哺乳動物，克洛維斯文化也因此突然結束。「整個大陸陷入一片火海。」他說。
>
> 團隊的領導是理查．費爾斯通（Richard Firestone），加州勞倫斯柏克萊國家實驗室（Lawrence Berkeley National Laboratory）的核子分析化學家，說證據在有一萬兩千九百年歷史的狹窄的富含碳沉積層，在八個確定為克洛維斯時期的遺址、橫跨北美的沉積物岩芯，以及比利時的一處遺址上均發現這種沉積物。

在探討何以沒有找到與假想的一萬兩千九百年前的撞擊相吻合的隕石坑時，第三位成員，亞利桑那州的地球物理學家亞倫・韋斯特（Allen West）指出，彗星中較小、低密度的部分在大氣層中發生爆炸，而較大的碎塊可能已撞擊當時覆蓋北美洲兩哩深的冰蓋。「那種隕石坑，」韋斯特指出，「或許被冰壁包圍，在最後一次冰河時代末期，隨冰雪的融化基本上消失了。」只留下一點痕跡。

文章接著解釋說，團隊的證據聚焦在幾種沉積物的樣本，包括數種不同類型的碎片，這些碎片只能來自地球以外的星球，如彗星或小行星。除了奈米鑽石，這些碎片還包括微小的碳粒，那是熔化液滴在空氣中迅速冷卻所形成的，以及含有罕見的氦-3同位素的微小碳粒，這種稀有元素在宇宙中的含量遠比地球豐富。

> 「你可能會為這些找到其他的解釋，」費爾斯通說，「但總括來說，很清楚地曾經有過一次撞擊發生。」該團隊說，毀滅的來源可能是一顆彗星，因為關鍵的沉積物地層缺乏小行星撞擊特有的鎳和銥的高含量。

最後但並非最不重要的是，《新科學家》的文章確認，所有指向北美洲做爲災難中心的證據：

> 例如，來自地球以外碎片的鎳和銥的含量，在密西根州的蓋尼（Gainey）考古遺址的含量最高，該遺址遠在一萬兩千九百年前北美洲主要冰蓋的南部。此外，從蓋尼往外走，含量逐漸減少，表示彗星主要是在加拿大上空發生爆炸……

換句話說，主要是冰河時代覆蓋北美洲北部的冰蓋上，也就是所有融水的源頭，產生了「布瑞茲的洪水」所指的，將華盛頓州的疤地沖蝕得傷痕累累的融水（無法判斷融水是否全部來自米蘇拉湖，或是從其他比米蘇拉湖的水量大得多的地方湧出）。正如我們所看到的，布瑞茲本人也被迫放棄自己強烈的直覺，那就是曾經有過一次獨立的、大規模的融水洪水，轉而支持數千年來，米蘇拉湖重複發生多次融水溢出的這個概念。

然而，他接受這個理論的主要理由，並非是他已經變成漸進主義者，而是他一直無法解釋，足以提供他所說洪水所需的水量，應該是一個面積足夠大的冰蓋，但它怎麼可能突然間融化？他提出兩種可能性：全球一夜之間戲劇性地變暖，或者是冰蓋之下的火山活動。但是，讀者應該還記得，他很快承認兩者都沒有證據。布瑞茲沒有想到，也不可能會去想到，支持的證據在他去世二十五年之後才開始出現，這種可能性就是——冰蓋災難性的融化，是一顆彗星撞擊的結果。

如果布瑞茲知道……

文章發表在《新科學家》數月之後，「克洛維斯彗星」團隊發表一篇關於他們調查發現的詳細論文。該文刊登在二〇〇七年十月九日出版，頗負聲望的《美國國家科學院院刊》（*Proceedings of the National Academy of Sciences, PNAS*）上。儘管背景嚴肅，標題卻極為聳動：

造成巨型動物滅絕和新仙女木降溫事件的
一萬兩千九百年前的地外撞擊證據

該團隊的結論是，一個富含碳的地層：

年代測定為一萬兩千九百年前左右，已在北美洲克洛維斯年代的遺址上做出鑑定，並與突發的新仙女木降溫事件同時出現。在原地已滅絕的更新世（Pleistocene）巨型動物的骨骸，以及克洛維斯工具組，出現在這個黑色地層的下方，卻不在該地層的內部或上方。其滅絕的原因、新仙女木的降溫和克洛維斯文化的結束，長期以來爭論不休。在本文中，我們為近一萬兩千九百年前的地外撞擊事件提供證據，我們假設是它造成新仙女木降溫的環境變化、主要生態的重組、大規模滅絕，以及克洛維斯時期結束時人類行為的改變。

在北美洲克洛維斯時代遺址上，覆蓋著一層很薄的離散層，均含有不同峰值豐度的物質：（1）含銥的磁性顆粒，（2）磁性微球體，（3）木炭，（4）煤煙，（5）碳粒，（6）含玻璃碳的奈米鑽石，以及（7）含外星氦的富勒烯，這些均為地外撞擊的證據，並且與大約一萬兩千九百年前的生物體燃燒有關……我們提出，一個或多個巨大的低密度地外物體在北美洲北部上空爆炸，局部撼動了勞倫泰德冰蓋，並引發新仙女木降溫事件。衝擊波、熱脈衝和相關的環境影響（例如，大規模的生物燃燒和食物受限），造成巨型動物的滅絕……

不只是猛獁、乳齒象、地懶、馬、駱駝、巨水獺和其他的大型動物，更特別的是，在一萬兩千九百年和一萬一千六百年前，精確地說，是在神祕的新仙女木降溫事件期間，共有不少於三十五屬（genera）的哺乳動物（每一屬有若干物種）在北美洲滅絕。因此，對突發的新仙女木事件本身及伴隨而來的大滅絕的解釋現正浮現，或許還有其他很多事件，包括在華盛頓州的河道疤地留下痕跡的災難性洪水。

費爾斯通、肯尼特和韋斯特對彗星的結論是，它是撞擊的聚集物，其中一塊的直徑可能達到四公里（二點五哩）。當我知道這一結論時，這一切看起來更加合理。此外，那塊仍在軌道上的四公里物體，本身只是早期分解的許多碎塊之一，來自一顆直徑長達一百公里的巨型彗星。彗星母體的許多碎塊（包括我們將在第十九章看到其中一些體型巨大的）仍然留在軌道上。那些在新仙女木事件發生之初撞擊地球的碎塊，經歷更進一步的爆炸（伴隨威力強大的空中爆炸，對碎塊本身也產生災難性的影響），然後在加拿大上空進入大氣層。

儘管如此，他們（論文作者）認爲，一些直徑長達兩公里的大型撞擊物，在與冰蓋互撞之前可能還是完整的。正如韋斯特早期在《新科學家》上所說，任何的隕石坑皆是短暫的，在冰雪融化後，幾乎沒有在地面上留下永久性的痕跡。「永久的證據，」《美國國家科學院院刊》的論文補充說，「可能僅限於加拿大地盾中的神祕窪地或變動，例如，在大湖區（Great Lakes）或哈德遜灣（Hudson Bay）的下面。」

將這些破壞匯集起來，他們設想：

一場可怕的、極端高壓的高溫衝擊波，隨後是負壓引發的強烈風暴，伴隨著強大的衝擊產生的旋渦，以每小時數百公里的速度橫掃北美洲。此外，無論是一個或數個物體撞擊地球，一顆滾燙的火球在撞擊附近區域蔓延開來……在更遠處，過熱的噴出物再次高速進入地面，引發極端的野火，摧毀森林和草原，破壞草食性動物的食物供應，產生木炭、煤煙、有毒氣體和灰燼。

這一切何以導致新仙女木事件戲劇性地降溫呢？他們提出許多運行的機制，其中最爲顯著的是，來自被拋入大氣層上部的融化冰蓋，其巨大羽流狀的水蒸氣，加上大量「由撞擊物、冰蓋碎屑和底層地殼組成」的灰塵和殘屑，以及遍佈大陸的野火和煙塵。總而言之，這很容易理解，正如他們所提出的，這麼多揚起的殘屑是如何「因阻擋陽光而導致降溫」；同時，水蒸氣、煙霧、煤煙和冰促進「雲量和夜光雲持續生長，導致陽光減少和地表降溫……（從而降低）高緯度地區的太陽輻射，增加積雪，並導致反饋迴路進一步冷卻。」

這些因素本身已足夠嚴重和具毀滅性，但與假設的冰蓋撞擊的後果比起來，簡直是微不足道：

> 最大的潛在影響可能是與撞擊相關的局部不穩定和／或冰蓋融化。在短期內，這將突然釋放融水和冰筏進入北大西洋和北冰洋，降低海水的鹽度，導致洋面冷卻。而北大西洋溫鹽環流的削弱，將產生長期的降溫效應，維持新仙女木降溫一千年（以上），直到反饋機制重新修復海洋環流。

與撞擊相關的局部不穩定和／或冰蓋融化，其規模竟能擾亂全球海洋的循環一千多年！溫鹽環流是一個需要解釋的重點，我們將會再談到它。但在前面引述的段落中最讓我震撼的是，他們只考慮了大量的冰山和融水，注入所提出的彗星撞擊中心的北部和東部海洋，卻沒有考慮到這個巨大的冰冷洪水對南部冰封的土地的影響。這當然不會倖免。

我不禁再一次想到，若是J・哈倫・布瑞茲生前知道關於一次可能的彗星撞擊的訊息後，他會有什麼反應。當然，我不能證明這一點。但我想他可能就不會被米蘇拉湖的漸進論所吸引，而是緊握他手中的災變論之槍，因爲一個可信的熱源已被提供。在由費爾斯通、韋斯特、肯尼特和與他們一起工作的大型科學家團隊所做的案例下，一場獨立的、大規模的、直接從冰蓋流下來，沖刷疤地的災難性融水洪水，開始看起來非常可行。

同時，我自己的關於曾經有一個進步的先史文明，在新仙女木「窗口」期間從地球上徹底被毀滅的假設，也因爲他們的工作而得到加強。如果他們的計算正確，新仙女木彗星的爆炸威力是一千萬兆噸級。這使得它的威力比前蘇聯的沙皇炸彈，也就是有史以來經過測試的最大核武，還高出兩百萬倍，而且比今日全世界所有儲藏核武估計的爆炸威力（一萬兆噸）高出一千倍。這種等級的全球性災難正是發生於我在《上帝的指紋》中所提出的時間裡，雖然不能證明冰河時代有失落的文明，但至少提供了足夠的機制，即如果這樣的文明確實存在，這場爆炸足以將它從人類的記憶中完全抹去。

持續增加的證據

新仙女木彗星撞擊的理論，對於我們自以爲了解的關於地球的宇宙環境安全，以及過往我們所知道的所有事情，都有如此重要的影響。因此，探究它的可靠性也就合乎常理。該假說自二〇〇七年首度被提出以來，它是如何面對科學的精密檢查，又有何新證據來支持它呢？

答案是，它經得起時間的考驗和同行們嚴格的檢驗，同時新的證據正以適當的方式在科學文獻裡累積。但在這裡沒有空間，也不需要深入探究這些文獻，只需提供一些概論。我將列出幾篇重要的論文標題、發表年份和簡短的結論供參考：

二〇〇八年：加州北部海峽群島的阿勒羅德（Allerod），新仙女木邊界的野火和突然的生態系統破壞

一萬三千年至一萬兩千九百年前，這些沿海島嶼的生態系統受到破壞的證據，與新仙女木邊界的天體撞擊假說是一致的。

二〇〇九年：新仙女木邊界沉積物的衝擊合成六方金剛石

在新仙女木邊界沉積物裡，與煤煙和其他野火指標相關的衝擊合成六方金剛石和其他的奈米級鑽石，與一萬兩千九百年前的一次天體撞擊相符，並且與一個假說相符：地球與一群彗星或含碳的球粒隕石的路徑發生交叉，產生的空中爆炸和／或地面撞擊，造成北美洲生態系統的突然崩潰和巨型動物的滅絕。

二〇一〇年：在格陵蘭冰蓋發現富含奈米鑽石地層

格陵蘭冰蓋中的圓形奈米鑽石和藍絲黛爾石（lonsdaleite），顯示曾有過一次天體大撞擊發生……這一地層的存在……呈現出與一次主要撞擊事件發生的一致性，和北美洲在一萬兩千九百年前的新仙女木富含奈米鑽石地層相關聯。

二〇一〇年：舊石器時代的滅絕和金牛座流星雨

地球與舊石器時代晚期的短期大型（五十～一百公里）彗星碎塊交集，為天體起源的災難假說提出了滿意的解釋。那場災難被假設發生在一萬兩千九百年前左右，並預示回到約一千三百年的冰

河時代的條件。金牛座流星雨似乎就是這顆彗星的碎片，它包括大約十九顆最亮的近地物體。（注意：這是天文學家比爾・納皮爾〔Bill Napier〕為英國威爾斯加地夫大學〔University of Cardiff〕的宇宙生物學中心，所撰寫的一篇重要論文內容，我們將在第十九章進行更詳細的探討。）

二〇一〇年：安地斯山脈西北部被燒灼過的冰河床的宇宙起源證據：與加熱實驗的石英和長石之關聯

位於委內瑞拉西北部的安地斯山脈被燒灼過的沉積岩層，經過分析，被認為與一萬兩千九百年前的「黑墊」（Black Mat）撞擊相符。「黑墊」可能是來自曾發生在勞倫泰德冰蓋，恩克（Encke）彗星在上空爆炸的輻射塵，其衝擊造成的噴出物覆蓋北美洲和歐洲的大部分地區，成為具相當規模的半球性事件……含碳外層中存在的獨居石，被認為是射入地層的噴出物的一部分，因為它並不是在當地岩石中常見的指標礦物……含碳的「黑墊」物質與熱分裂的石英和長石，以及一層一百～四百奈米厚，像是「焊接」而成的銅綠，只能在攝氏九百度的溫度下生成，該事件被解釋為宇宙的起源。

二〇一一年：球叢狀氧化鐵：來自亞利桑那州莫瑞・斯普林斯（Murray Springs）黑墊的球粒狀隕石物質

在更新世末期，一個新仙女木「黑墊」沉積在北美洲多處的更新世沉積物頂部。一項研究亞利桑那州莫瑞・斯普林斯黑墊基礎部分中的磁性成分顯示，在玻璃質的鐵－矽岩體中，存在著無定形氧化鐵微球粒。（我們的）數據顯示，所觀察到的紋理……歸因於……一次撞擊事件，它使這些微粒產生分裂和無定形化……因此，我們主張這些微粒是一次高速撞擊事件的產物。

二〇一二年：來自墨西哥中部的證據，支持新仙女木地外撞擊的假說

我們呈報在墨西哥中部奎采奧湖（Lake Cuitzeo）中，富含碳值的黑色湖層裡的發現。該地層含有奈米鑽石、微球粒和其他不尋常的物質，屬於新仙女木的早期……我們……發現這些證據無法從任何已知的陸地機制予以解釋。然而，它和新仙女木邊界撞擊假說一致，該假說主張在一萬兩千九百年前曾發生過一次重大的地外撞擊，並涉及多次的空中爆炸和/或地面撞擊。

二〇一二年：超高溫撞擊的融化物，做為一萬兩千九百年前太空爆炸和撞擊的證據

我們研究來自三個大陸中，十八個新仙女木邊界地點的沉積物序列……所有地點顯示，在新仙女木邊界富含微球粒，在上方和下方卻沒有或很少。此外，有三個地點……顯示有氣孔、高溫的矽質礦渣樣物體，與地球化學上的微球粒符合……我們的觀察指出，新仙女木邊界的物體類似核爆、撞擊坑羽流和太空爆炸所產生的物質，並強烈支持一萬兩千九百年前的多次太空爆炸/撞擊的假說。這裡所提供的數據，要求來自空氣衝擊的熱輻射，需使溫度達到或超過石英的沸點（攝氏兩千兩百度），從而導致表層的沉積物熔化。

二〇一三年：格陵蘭冰核大量的鉑異常，指出新仙女木初始時的一場災難

對新仙女木急劇降溫的一種解釋是，在新仙女木邊界發生的天體撞擊或空中爆炸，引發了降溫並導致其他災害。我們分析了格陵蘭冰蓋項目二（GISP 二），其跨越包林-阿勒羅德（Bolling-

Allerod）／新仙女木邊界冰核的樣本，尋找主要和微量元素，以驗證新仙女木撞擊假說。我們在新仙女木邊界發現大量的鉑異常……間接的證據暗示一個地球以外的來源……（或許是）一個含有不尋常成分的金屬撞擊物……

二〇一三年：來自安地斯山脈北部黑墊遺址的新證據，支持一萬兩千八百年前的天體撞擊

來自委內瑞拉的微球粒，在形態和組成上，與其他地方有文獻紀錄的新仙女木邊界微球粒相同……在北美洲、歐洲和亞洲三個大陸上，皆證實先前的研究人員對新仙女木邊界磁性微球粒的研究結果。從它們的微觀結構紋理來看，是由熔化和快速的焠火所形成……因此，微球粒最可能的來源似乎是一萬兩千八百年前，影響半球的天體撞擊／空中爆炸。委內瑞拉以及祕魯這兩處遺址，是目前已知顯示新仙女木邊界撞擊事件證據的兩個最南方地點，這些地點代表第一個證據，即撞擊事件的影響延伸到南美洲，甚至到南半球。

二〇一四年：三個大陸的富含奈米鑽石層，與一萬兩千八百年前的天體撞擊一致

發生在距今一萬兩千八百年（前後一百五十年）前的新仙女木降溫事件之初，一次天體大撞擊事件已被提出，在四個大陸多達五千萬平方公里的土地上，形成分散式的新仙女木邊界地層，並在北半球十個國家的二十四個已確定年代的地層剖面中，新仙女木邊界地層含有明確的奈米鑽石數量高峰，這是一個重大的天體撞擊代表物……大量關於新仙女木邊界奈米鑽石的證據體，與大約一萬兩千八百年前的天體撞擊來源具有強烈的一致性，其與從陸地的自然變化形成的新仙女木邊界奈米鑽石地層不一致，這些自然變化包括野火、人類起源和／或宇宙塵埃的湧入。（注意：這篇論文及

其重要的含義將在本章後面進行更詳細的討論。）

與教條主義均變論者的較量

人們會想，累積了這些令人印象深刻的證據，新仙女木撞擊理論現在應該已被完全接受，研究人員將會更加廣泛地思考，這樣一個最近發生和迄今未受到質疑的全球性大災難，於我們對地球歷史和人類物種的啓示。然而，從J・哈倫・布瑞茲的例子中，我們已經看到，那些執著於均變論和漸變論的科學家們，是如何給予災變論極度強烈的否定。

布瑞茲並不是一個例外。首先提出大陸漂移概念（板塊構造地質學）的阿爾弗雷德・韋格納（Alfred Wegener），也同樣成爲笑柄。其後是路易斯・阿爾瓦雷茲（Luis Alvarez）和瓦爾特・阿爾瓦雷茲（Walter Alvarez）（希克蘇魯伯〔Chicxulub〕①，「K–T」撞擊說）、史蒂芬・J・古爾德（Steven J. Gould）（間斷平衡說）、維克多・克魯伯（Victor Clube）和比爾・納皮爾（連貫的激變說），以及詹姆士・洛夫洛克（James Lovelock）、薛伍德・羅蘭（Sherwood Rowland）、馬利歐・莫里納（Mario Molina）和琳・馬古利斯（Lynn Margulis）等人，他們對地球生理學和蓋亞理論（Gaia Theory）②的貢獻。上述這些人尚且如此了，理查・費爾斯通、亞倫・韋斯特、詹姆士・肯尼特等人隨著證據的引導，堅定地提出彗星撞擊引發新仙女木事件，並因此遭受持續而激烈的攻擊，也就一點也不令人意外了。

的確，從過去幾年多次的學術氛圍來看，批判者們顯然相信他們已打敗費爾斯通、韋斯特和肯尼特這些災變論的異端邪說，並勝利的得意忘形。每一次，你幾乎可以聽到他們集體鬆口氣，好像在說：「感謝上帝，我們終於收拾那些混蛋了！」但幾個月以後，令人難以容忍和絕對可信的反駁來臨，迫使批判者們又得另起爐灶。這也是何以八年以來，持續的攻擊都只是用來證明，一次又一次地，新仙女木彗星理論背後的科學是個好東西。

回顧文獻，顯而易見的，學者們形成了幫派聚眾。在「反新仙女木／彗星」的陣營中，時常在批判文章頂端出現的名字包括：桑迪亞國家實驗室（Sandia National Laboratories）的物理學家馬克・博斯羅夫（Mark Boslough）、南伊利諾大學地質學系教授尼古拉斯・品特（Nicholas Pinter）。在二〇一二年，他們和其他十幾位科學家合作發表題目爲「反對新仙女木撞擊事件的證據和論辯」。而就在一年以前，品特和一些參與過二〇一二年論文攻擊的作者聯合寫過一篇論文，傲慢的題目爲「新仙女木撞擊假說：一首安魂曲」。

用馬克・吐溫（Mark Twain）③的話來說，這篇彗星死亡理論的報告過於誇大。

例如：在他們二〇一二年的文章中，博斯羅夫等人的關鍵批判之一是：

> 由撞擊論支持者發表的富含磁性微球粒含量結果，沒有再次出現在其他的研究人員報告中。從蘇羅維爾等人（二〇〇九年）對相同的新仙女木地點的地層分析結果，與費爾斯通等人（二〇〇七年）所發表的分析結果來看，對兩個撞擊標示物的觀察結果相異。蘇羅維爾等人（二〇〇九年）的研究沒有發現在新仙女木期間內獨特的豐度峰值。

但後來撞擊論的支持者證明，博斯羅夫和他的合著者「忽略引用在兩個大陸上展開的，單獨針對微球粒的九次研究，這些研究報告發現特別豐富的新仙女木邊界的微球粒含量。」然而，使批評者更加頭痛的是，其他的科學家們重複蘇羅維爾等人的分析後，他們的發現無疑地支持一次撞擊說。科學家們得出的結論是：

> 蘇羅維爾等人未能找到新仙女木邊界微球粒的峰值，是因為不遵守規定的引用協議。例如，蘇羅維爾等人並未使用掃描式電子顯微鏡進行任何分析，而這是費爾斯通等人特別說明過的一個必要步驟。

由馬爾康姆・勒孔普特（Malcolm LeCompte）等人所做的一個單一獨立研究指出，蘇羅維爾等人「從七個新仙女木邊界地點蒐集和分析樣本，據他們所說，運用了與費爾斯通相同的分析規則，但在兩個之前報導過的新仙女木邊界地點的沉積物中，連一顆微球粒都沒有發現。」勒孔普特等人著手研究這個差異。他們對所有證據進行徹底的調查，其結果爲蘇羅維爾等人的工作蒙上一層更深的陰影：

> 我們在兩個雙方共有的地點展開一次獨立的盲目調查，第三個地點只有蘇羅維爾等人調查過。我們在所有三個互相遠離的地點，皆發現豐富的新仙女木邊界的微球粒，和費爾斯通等人的結果一致。由此我們得出結論，蘇羅維爾等人使用的分析規則，嚴重偏離費爾斯通等人的規則。對新仙女木邊界微球粒的形態和地球化學上的分析表明……是由地面物質突然的熔化和淬火形成……與先前提出的一萬兩千九百年前的天體撞擊……一致……

不出所料，在這之後，品特為新仙女木撞擊假說所寫的「安魂曲」，變得言之過早：

品特等人聲稱，做為三項研究的一部分，曾在一個與肯尼特等人報導的位置「相同或幾乎相同」的地點，取出新仙女木邊界地層的樣本，但均未發現新仙女木邊界的微球粒或奈米鑽石。然而，已發行的通用橫軸麥卡托投影座標（Universal Transverse Mercator）顯示，他們聲稱的連續序列，實際上有四個不連續的部分。這些地點在距離肯尼特等人的調查地點七千公尺、一千六百公尺、一百六十五公尺和三十公尺範圍以內，清楚顯示他們並沒有在肯尼特等人的新仙女木邊界的地點取樣。此外，這次取樣的策略，引起人們對品特等人是否真的對新仙女木邊界進行取樣產生懷疑，這也許可以解釋何以他們無法找到新仙女木邊界的磁性微球粒、碳球粒或奈米鑽石的含量峰值。

在二〇一二年至二〇一三年，為盡量減少引用不良的或有誤導性的科學知識，彷彿那是在對他們工作的不信任，其實沒有這回事，詹姆士・肯尼特、理查・費爾斯通、亞倫・韋斯特和一個傑出的親撞擊論科學家團隊，推動「一次前所未有的，最全面的微球粒調查」。調查集中在十八個地點，橫跨北美洲、歐洲和中東（後者以敘利亞的阿布・胡賴拉〔Abu Hureyra〕為代表），他們針對微球粒進行七百多項分析，使用X光能量散佈分析儀進行化學分析，並使用掃描式電子顯微鏡對其表面的微觀結構進行特徵描述。

發表在二〇一三年六月四日的《美國國家科學院院刊》上的研究結果，運用放射性碳的最新技術，修正了在一萬兩千九百年至一萬兩千八百年前之間的新仙女木撞擊日期，並為繪製一張更詳細的新仙女木邊界地區的地圖提供了協助。其涵蓋範圍在北美洲、中美洲和南美洲，以及大西洋的大部分地區、歐洲大部分地區、北非及中東，占地近五千萬平方公里。計算顯示，這次撞擊在廣闊的散布區沉澱約一千萬噸的微球粒。問題的核心就是一次撞擊，這一點在研究人員的心中沒有任何懷疑：

> 這篇論文提出對七百七十一個新仙女木邊界樣本的分析，強烈地支持一萬兩千八百年前的一次重大天體撞擊……微球粒是……（1）廣泛分布於四個大陸的十八個地點；（2）僅在一萬兩千八百年前的新仙女木開始時，顯示巨大的豐度峰值；（3）在新仙女木邊界上方或下方很少發現，顯示是次罕見事件；（4）在大約五千萬平方公里的幾個大陸上，估計儲存量有一千萬公噸，因此排除一次小型的地方性事件的可能。

儘管新仙女木彗星不厭其煩地證明它自己，而且使它的支持者持續駁斥所有的攻擊，二〇一一年的「安魂曲」論文的第一作者尼古拉斯．品特，在二〇一三年九月再度接受美國國家廣播公司（NBC）新聞採訪時，仍然試圖將這個假說打入科學的邊緣。「我唯一的評論是，」他說，「從這一點來說，贊成撞擊論的文獻是一個雜誌促銷的邊緣科學。」

許多沒有定見的觀察者都被這個見解所迷惑。首先，猶如《國家地理》的通訊記者羅伯特．孔齊格（Robert Kunzig）指出，從品特的立場來看，這意味著有點一廂情願，甚至絕望。「某些假說的反對者，」孔齊格寫道，「希望它遠離一點，所以企圖宣布它告終。」其次，品特所指控的促銷邊緣科學的雜誌，不是別的，正是受人尊敬的、完全主流的，受到廣大同行審核過的《美國國家科學院院刊》。第三，雖然肯尼特、韋斯特、費爾斯通和他們的團隊所寫的一些文章已經出現在院刊上，但就此得出院刊在促銷他們的事業，這並非事實。反之，當品特將他的抗議向美國國家廣播公司脫口而出時，新仙女木彗星假說的批判者們已經在院刊上發表十次論文，然而假說的支持者只發表過八次。同樣的，品特宣稱彗星假說只被刊登在單一的期刊上，更是錯誤百出。截至二〇一三年九月，除了院刊上的八篇論文以外，撞擊論的支持者在十三種其他的期刊上發表不下十五篇論文。

有關新仙女木撞擊假說的學術爭論還沒有結束。在寫這篇文章的時候，假說的批判者們最近一起發出名為：「敘利亞北部更新世和全新世（Holocene）考古遺址的矽質礦渣液滴的人為起源」的回應。這是由P・賽（P. Thy）、G・威爾考克斯（G. Willcox）、G・H・巴爾福德（G.H. Barfod）和D・Q・富勒（D.Q. Fuller）所聯合撰寫，於二〇一四年十二月十六日在網路上發表，並於二〇一五年一月發表在《考古學科學期刊》（*Journal of Archaeological Science*）上。這篇論文爭論的本質是來自敘利亞的阿布・胡賴拉矽質礦渣液滴（主要是由玻璃基質、氣泡和部分熔化的礦物顆粒組成）——是由贊成撞擊的科學家們做為他們的案例中的證據。該回應表示，那是古建築群被房屋大火燒毀的產物，與彗星毫無關係：

> 因此，我們的結論是，當火災達到適當溫度時，古代聚落的建築泥土可能發生熔化。並無證據顯示，矽質礦渣液滴係產於極高溫度條件下的土壤熔化和宇宙事件的結果。

「對於敘利亞遺址而言，撞擊理論已經出局了。」主要的作者P・賽，在名為「對殺死猛獁的天體撞擊產生質疑的研究」的新聞專訪中如此自誇。但再一次的，這種咆哮是不成熟的。亞倫・韋斯特身為新仙女木撞擊研究團隊所發表的大部分學術性論文的對應窗口。所以，我在二〇一五年三月十八日發了一封電子郵件，詢問他和他的同事們，對來自P．賽等人的批評是否有任何回應。韋斯特回覆如下：

我們同意P．賽等人所說的，棚屋火災是可能產生玻璃，但不能由此推斷，就像他們所得到的結論，所有的玻璃都是來自棚屋的火災。我們已經分析該研究的作者之一所提供的天然玻璃，以及來自敘利亞有一萬兩千八百年歷史的玻璃，兩者只有在表面上類似。反之，它符合已知的天體撞擊玻璃，同時也符合高溫原子彈玻璃的特徵。

最重要的是，這些作者並沒有討論或尋找在我們早先的論文中，所出現過的豐富的高溫礦物的證據。它存在於兩個大陸的三個地點（賓夕法尼亞州、南卡羅來納州和敘利亞），我們發現熔點約為攝氏兩千三百度的矽三鐵礦，以及熔點約為攝氏一千八百度的剛玉。現在，我們已經有來自敘利亞遺址的更強有力的證據，並正在準備一篇將在今年出版的新論文。在一萬兩千八百年古老歷史的敘利亞玻璃中，含有一系列在極度高溫下熔化的礦物質。請看下表，出自我們的新論文：

上述溫度足以熔化鋼鐵。此外，在敘利亞遺址的同一富含玻璃層中，含有奈米鑽石、鎳和鉑的高峰值。沒有任何建築的火災可複

熔化的礦物質	分子式	估計熔化溫度（℃）
鉻鐵礦	（Fe）Cr_2O_4	≈2265
石英	SiO_2	≈1720
燧石	不純的 SiO_2	≈1720
磁鐵礦	Fe_3O_4	≈1550
本地鐵	Fe	≈1530
氯磷灰石	$Ca_5(PO_4)_3Cl$	≈1530

製出那種範圍裡的證據。這種火災不可能產生奈米鑽石或濃縮的鉑。所有證據皆駁斥P·賽等人所提出的，這種玻璃是在低溫的建築火災中產生的假說。

韋斯特和他同事的新論文隨後將在二〇一五年出版（在本書出版之後）。那將有效地反駁P·賽等人的論點，對此我毫不懷疑，一如先前所有的攻訐皆被成功地反擊。但我也毫不懷疑，不論是出自什麼原因，其他人將會從哲學上反對一次發生在一萬兩千八百年前的災難的概念，並在將來爲新仙女木撞擊假說發表更多所謂的「安魂曲」。即使新的證據不斷的發現，也就是說它正在持續的蓬勃發展。正如我們在本書裡所看到的災變論思想，無論有多麼徹底的紀錄，無論有多麼堅定的主張和呈現，都會例行和定期的，被均變論機構從地毯下取出來刷淨。所以，雖然他並不缺乏鍥而不捨和史實的完整性，J·哈倫·布瑞茲在面對多年的沮喪之後，他的想法才受到科學界主流的歡迎。

當詹姆士·肯尼特、理查·費爾斯通、亞倫·韋斯特和他們的同僚，帶著值得贊揚的堅持和對文獻的掌握，爲新仙女木彗星撞擊進行災變情況的論辯時，他們也同時面對排斥和敵意。然而，這兩件事情的情況有些不同。首先，這是二十一世紀，我們有網際網路，可以快速地進行思想交流和擴散。而布瑞茲開始他的孤軍奮戰時，情況並非如此。其次，比起布瑞茲，肯尼特、費爾斯通和韋斯特對科學的政治性似乎有更好的理解，他們動員許多同事壯大聲勢，極大的強化手中的籌碼。對著像布瑞茲這樣一匹孤狼吼叫並讓他閉嘴，這是一回事，面對來自不同學科和大學中被高度認可的科學家們的大型團隊吼叫，並想讓他們安靜下來，這又是另外一回事。

撞擊說的團隊持續成長。當我在二〇一五年三月完成這一章的時候，在我的辦公桌上放著由費爾斯通、肯尼特和韋斯特所發表的最新論文。這是刊登在二〇一四年九月發行的《地質學期刊》上，論文標題是「與一萬兩千八百年前重大天體撞擊相符的，跨越三個大陸的富含奈米鑽石層」。主要作者是芝加哥德保羅大學（DePaul University）化學系的卡爾斯・R・坎齊（Carles R. Kinzie）。合著者包括費爾斯通、肯尼特和韋斯特，以及其他二十二位來自世界各地聲名卓越的大學和研究機構的傑出科學家。這篇論文及其作者和發表期刊的份量，連同所包含的對先前批判者更詳細的反駁，使得尼古拉斯・品特宣稱新仙女木彗星假說是「邊緣科學」的說法成爲笑柄。

的確，事實恰恰相反。正在清楚發生的是，一個非凡的假設一次又一次地滿足了對非凡證據的支持，並開始強行通過主流科學家們防禦堅固的大門。這不會是一場容易的鬥爭，永遠也不會是。在前進的道路上總會遭遇挫折。但是，二〇一三年的一篇關於微球粒和二〇一四年的一篇關於奈米鑽石的論文，包含了豐富的證據，即使是最頑固的漸進論者，也會發現很難將其徹底打發。正如華萊士・布羅伊克（Wallace Broecker），哥倫比亞大學的拉蒙特-多赫提地球觀測站（Lamont-Doherty Earth Observatory）的地球化學和氣候科學家，最近勉爲其難的承認：「多數人都試圖反駁這一點。現在，他們將不得不了解到它是有某些道理。」

但是，不可能只是「某些」道理。新仙女木彗星假說要嘛是正確，要嘛是錯誤。在對論文仔細研究七年多，以及自二〇〇七年以來假說首次公開，詳細閱讀每一次的攻訐和反駁後，我自己的評估是，撞擊是一件非常有力的案例，而且每一天都變得更加強大和更有說服力。我可以舉出更多的實例，多年以來，假說的支持者爲捍衛他們的想法付出了哪些成功的努力。但與其這麼做，我還不如給對這有興趣的讀者指出注釋的出處。

同時，二〇一四年九月的論文總結提出的證據，結論是：

新仙女木降溫事件開端的天體撞擊事件，是唯一能解釋含有豐度峰值的多種物質，同時跨越四個大陸（接近五千萬平方公里）並沉積的假說。這些物質包括奈米鑽石、磁性和玻璃狀的微球體、熔融玻璃、鉑和／或其他代表物。這個證據強烈支持一萬兩千八百年前的一場天體撞擊。

詹姆士．肯尼特特別補充說，新仙女木邊界地層的玻璃狀和金屬物質，只可能形成於攝氏兩千兩百度以上，因此除了是大規模的彗星撞擊造成，不可能有其他的替代方案。

這一撞擊的確切規模仍有待進一步研究解決。在此之前，肯尼特說，「對於目前已經覆蓋地球百分之十以上的新仙女木邊界的散布區來說，還沒有已知的範圍限制，顯示新仙女木邊界事件是一次重大的天體撞擊……在這項研究中公認的奈米鑽石數據，爲科學家們提供一個所謂等時線的快照。」

在至今爲止的全球範圍內，科學家們知道只有兩個沉積地層「遼闊地分布在幾個大陸，並呈現全面的天體

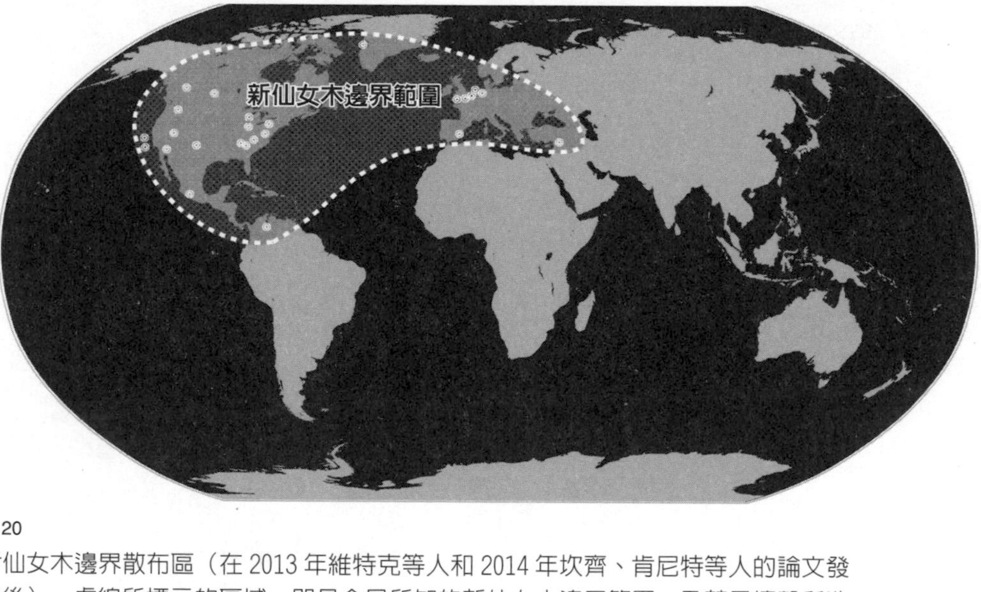

圖 20

新仙女木邊界散布區（在 2013 年維特克等人和 2014 年坎齊、肯尼特等人的論文發表後）。虛線所標示的區域，即是今日所知的新仙女木邊界範圍，乃彗星撞擊所造成，廣達五千萬平方公里。

撞擊標示物在同期的豐度峰值，包括奈米鑽石、高溫淬火微球粒、高溫熔化的玻璃、碳球粒、銥和葡萄狀的碳。」這些地層被發現在一萬兩千八百年前新仙女木邊界的地層，以及六千五百萬年前的白堊紀－第三紀（Cretaceous-Tertiary）邊界地層。人們早已公認，六千五百萬年前，在墨西哥灣曾有一次巨大的天體撞擊（在那次事件中，撞擊物被認定是一顆直徑約爲十公里的小行星），從而導致恐龍的大滅絕。

「我們提出的證據，解決了關於大量的新仙女木邊界奈米鑽石存在的爭論，」肯尼特說，「我們的假設挑戰了某些學科中一些現存的規範，包括撞擊動力學、考古學、古生物學和古海洋學／古氣候學，它們都受到這種相對較新的天體撞擊影響。」

肯尼特所提出的觀點，對於研究和瞭解我們的過去具有重要的意義。考古學家常習慣性地認爲，天體撞擊是好幾百萬年才會發生一次的事件。既然現代人的出現也只不過是近二十萬年的事，因此天體撞擊絕不可能影響人類歷史。我們一直以爲上一場重大撞擊，是六千五百萬年前造成恐龍滅絕的事件，這些數千萬年才會遇上一次的重大撞擊，和只有數十萬年歷史的人類絕不可能有關聯。但肯尼特的研究證實了這個非常現實的可能性，那是一次規模龐大、驚天動地、滅絕等級的事件，正好發生在一萬兩千八百年前，就在我們歷史的後院，它改變了一切。

注釋

①一個位在墨西哥猶加敦半島的撞擊隕石坑，取名自隕石坑中心附近的城市希克蘇魯伯。

②由詹姆士．洛夫洛克在一九七二年提出的假說，指在生命與環境的相互作用下，能使地球適合生命持續的生存與發展。蓋亞在希臘文語意為「大地」。

③一八三五年十一月三十日～一九一〇年四月二十一日。美國的幽默大師、小說家、作家。

第六章

彗星的指紋

來自新仙女木邊界地層的奈米鑽石、微球粒、高溫熔融玻璃，以及其他「地外－撞擊代表物」的沉積物證據，強烈指向一場發生在大約一萬兩千八百年前，地球與一顆大彗星之間的災難性碰撞。進入點應該在加拿大的某處，那時的彗星可能已在穿越太空的過程中分解成許多碎塊（這個案例跟舒馬克－李維〔Shoemaker-Levy〕九號彗星相似。一九九四年，當它「貨運火車」般大小的碎塊擊中木星，造成十分壯觀的結果）。然而，情況也可能是，新仙女木彗星在進入地球大氣層之後才發生解體。無論是哪種方式，其中一些碎塊很快在空中爆炸，另一些直徑達兩公里的碎塊，撞擊北美洲冰蓋多處，還有一些向東南方直接越過大西洋，隨後進一步撞擊歐洲冰蓋；另外還有一些停留在空中，飛向中東土耳其、黎巴嫩及敘利亞附近，落下最後一場撞擊後的碎塊雨。

由於彗星的證據如此新穎，而且人們對撞擊假說仍然存有爭議，以致幾乎沒有考慮到發生在北美洲冰蓋上，多次重大撞擊後的立即性影響。在所有的個案中，冰層本身在一萬兩千八百年前仍然厚達兩公里以上，應已吸收撞擊所帶來的大部分衝力，在地面上留下很少的持續性痕跡。即使如此，研究人員已經開始針對一些可能的隕石坑進行追蹤。

其中一個候選地點是安大略湖中名爲慈善沙洲（Charity Shoal）的地形。它是由突起的邊緣圍繞而成，中間是一個直徑約一公里和深度約十九公尺的小型圓形盆地，一個由特洛伊・霍爾康貝（Troy Holcombe）領導的科學家團隊對其進行研究，得出的結論是，可能是地外撞擊的原點，亦可能是在更新世晚期，新仙女木開始時前後被創造出來。

同樣地，伊昂・史普納（Ian Spooner）、喬治・史蒂芬斯（George Stevens）等人，在二〇〇九年發表於《隕石學與行星科學》（*Meteoritics and Planetary Science*）雜誌的論文認爲，新斯科細亞省（Nova Scotia）西南部的直徑五百公尺、深十公尺的血腥溪構造（Bloody Creek Structure）是可能的撞擊坑。關於它的年代，他們沒有把握，但指出「在大約一萬兩千年前的威斯康辛冰川作用（Wisconsin Glaciation）的衰退階段，對冰川的撞擊可能會使衝擊的能量在冰層裡耗盡，並產生現在地形學上的血腥溪構造。」

第三個候選地點是加拿大聖勞倫斯灣（Gulf of Saint Lawrence）的柯洛索隕石坑（Corossol Crater），是加拿大水文地理部（Hydrographic Service）在測繪水下地圖時所發現。柯洛索的直徑

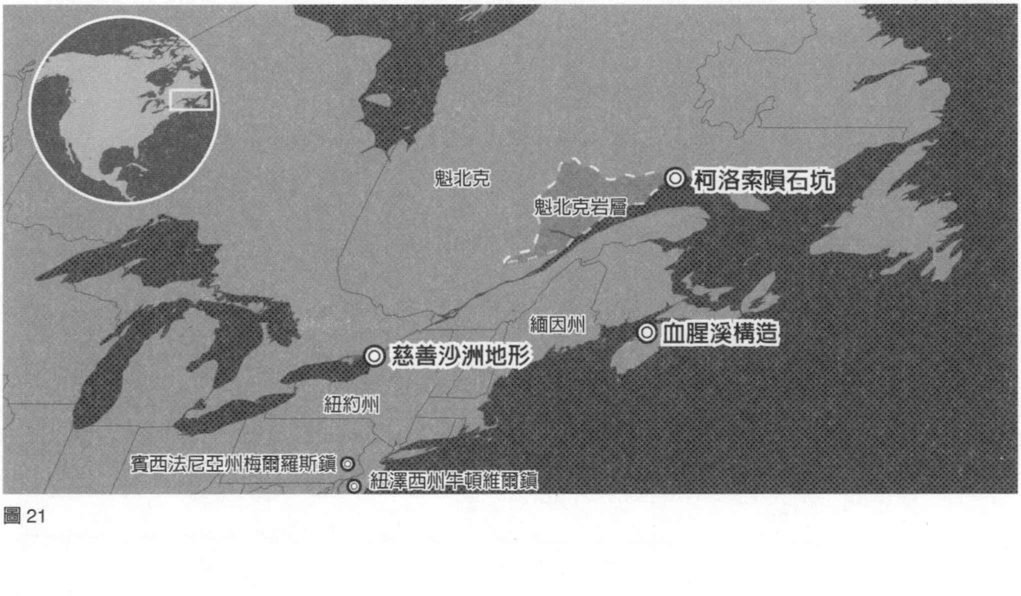

圖 21

有四公里，意味著撞擊物的直徑有半公里。隕石坑現在位於四十至一百八十五公尺深的湖水裡，原先一直被認爲是非常古老，可追溯到約四億七千萬年前的奧陶紀（Ordovician）①中期後的某個年代。然而，最新的研究對這個年代產生懷疑。例如，來自魁北克大學和加拿大地質調查局的M・D・希金斯（M. D. Higgins）和他的同僚，在二〇一一年三月第四十二屆月球與行星科學會議上提出的論文中辯稱：

> 隕石坑裡少量的沉積物可能表明它是年輕的。最小的年代數據是取自中央槽的七公尺核心的數據。從沉積物中的貝殼已推測的碳十四年代可以估算到，沉積序列的基本年代為一萬兩千九百年前左右……這被視為是撞擊的最小可能年代。

一萬兩千九百年前這個「最小可能」的年代，是在目前已被接受的新仙女木邊界地層的一萬兩千八百年的前後一百五十年的正常誤差範圍內。換言之，假如希金斯及其團隊的研究結果被證實，柯洛索很可能是迄今「失蹤」的新仙女木彗星留下的隕石坑之一。這個隕石坑的確認，本應成爲費爾斯通、肯尼特、韋斯特和其他親撞擊論科學家們蛋糕上的果醬，但他們已多次明確表示，他們不需要隕石坑來證明假說，因爲無論是空中爆炸或來自冰蓋的撞擊，都不應出現明顯的隕石坑才是。

而慈善沙洲、血腥溪構造和柯洛索隕石坑也不是唯三的存在。第四個可能的撞擊地點已被確定在柯洛索隕石坑西邊，被地質學家們稱爲魁北克岩層（Quebecia Terrain）的地區。吳英哲（Yingzhe Wu）、穆庫爾・夏爾瑪（Mukul Sharma）、馬爾康姆・勒孔普特、馬克・狄米特羅夫（Mark

Demitroff）和約書亞・藍迪斯（Joshua Landis）等人，在二〇一三年九月發表於《美國國家科學院院刊》的一篇論文中，對在賓夕法尼亞州梅爾羅斯（Melrose）鎮和新澤西州牛頓維爾（Newtonville）鎮附近發現的高濃度新仙女木邊界微球粒進行分析。他們的結論是，在勞倫泰德冰蓋上的撞擊，穿透魁北克岩層的岩床，並將其噴發物高高地拋入大氣層。噴發物包括直徑二至五公厘範圍內的微球粒，它們被風吹散開來，並像雨點般落到數百哩以外的梅爾羅斯－牛頓維爾地區。值得注意的是，微球粒的分析結果包含：

諸如硅三鐵礦之類的礦物質，其形成的溫度都在攝氏兩千度以上。總體構造、礦物學和微球粒的年代，似乎與所在地層的年代一致，來自一萬兩千九百年前的撞擊噴發物……稀土元素模式和微球粒內的鍶與釹同位素，顯示其來源是魁北克岩層。

「我們已經提出了冰原上的撞擊證據，」研究的共同作者夏爾瑪總結說，「我們首次縮小了確實發生過新仙女木撞擊的區域，儘管我們還沒有找到它的隕石坑。」

從新仙女木彗星西北到東南的明顯軌道、安大略湖的慈善沙洲地形、來自魁北克岩層的噴發物、聖勞倫斯灣的柯洛索隕石坑，以及新斯科細亞省的血腥溪構造等情況來判斷，它們可能代表最後一輪撞擊北美洲的大型碎塊。但更大的碎塊，也就是在費爾斯通、肯尼特和韋斯特設想的直徑兩公里的範圍，將不可避免的在軌道中更早擊中冰蓋，因而是在更靠近西部和北部的某個地點。我們應該從發生在勞倫泰德冰蓋西部邊緣，以及科迪勒倫冰蓋的這些假設的撞擊中，去尋找布瑞茲的洪水可能的融水來源。

激進的思想

儘管洪水的爆發是來自米蘇拉冰川湖的這個概念，早已被主流科學家做爲布瑞茲洪水災害來源所接受，但該重視的是，一些資深的、著名的傑出科學家對這個觀點仍繼續提出異議。在許多異議者之中，最著名的是加拿大阿爾伯塔大學（University of Alberta）的地球科學教授約翰・肖（John Shaw）。他認爲，米蘇拉湖的水量，在其高峰時估計有兩千立方公里左右，不足以解釋現場的證據。他的理論是，約十萬立方公里左右的大量融冰，被鎖在北美洲冰蓋深處冰川下的水庫裡，他並提出，洪水災害源於這個水庫的一次單獨的大規模釋放。

日本研究學者小松吾郎（Komatsu Goro）、宮本英昭（Miyamoto Hideaki）、伊藤一誠（Itoh Kazumasa）和登坂博行（Tosaka Hiroyuki），均對大規模災難性洪水流過整個疤地的過程，進行大量的電腦模擬，他們同意肖所提出的，只憑米蘇拉冰川湖本身，根本沒有足夠理由可以解釋洪水的災害：

> 即使是米蘇拉湖的整個排水量，也無法解釋河道疤地這種高水位的現場證據……肖提出的來自北部冰川下的洪水，可能為該證據所需更大的水量提供解釋。

同樣地，亞利桑那大學水文學與水資源學系的維克多・R・貝克，以及美國地質調查局水科學中心的吉姆・奧康納（Jim O'Connor），也表示了對米蘇拉冰川湖「定期的突發性冰川洪水情況」

的關心：

在我們看來，現場證據的某些方面與已經提倡的概念上的模式之間，仍然存在著異常。「洪水刻痕的假說完成了布瑞茲富有想像力的理論」（Waitt，一九八五年，第一二八六頁）這個立場，可能過早的將人們的注意力，從某些有關河道疤地壯觀特徵的問題上轉移過來。

一九七七年，地質學家C·沃倫·杭特（C. Warren Hunt）對布瑞茲的洪水進行詳細的調查。之所以這樣做，是因爲他與上面所提到的學者們一樣，未被布瑞茲的理論所說服。該理論已經假設在一九七〇年代中期以前不容置疑的事實，即疤地上所有可見到的水漬，都是由米蘇拉湖突發性的洪水所造成。杭特的不滿源於他本人對大壩，以及如何設計大壩以充分利用當地地質條件的淵博知識。根據他的計算，這個理論的底線認爲，支撐米蘇拉湖的所謂克拉克·福克河冰壩，照理說應該是不可能的。

讓我們先考慮統計學。根據美國地質調查局的數據，米蘇拉冰川湖的最高水位——被推定爲克拉克·福克冰壩被沖毀前所達到的最高水位——覆蓋約三千平方哩的地區，蓄水量估計有五百立方哩（兩千零八十四立方公里）。其湖面的海拔應爲四千一百五十呎，但湖底的海拔隨地形變化而有所不同。因此，美國地質調查局推算出，在今日的米蘇拉湖的位置，當時的湖水約有九百五十呎深，在達爾比（Darby），湖水深兩百六十呎，在波爾森（Polson）附近，湖水約有一千一百呎深。然而，在冰壩本身所在的地方，位於下方地形的傾斜度，意味著當時的冰湖有兩千多呎深（它的最深點是現在蘇必略湖〔Lake Superior〕深度的兩倍以上）。

雖然大致同意美國地質調查局的數據，但杭特斷然拒絕「克拉克．福克河被冰壩攔截，以致蓄水深兩千一百呎（六百四十公尺）的提議」，他寫道：

為確保五百呎（一百五十公尺）高堤壩的地基，現代工程需採用岩床灌漿；而隨機堆砌的冰塊能在缺乏中間基台的情況下，形成七哩（十一公里）跨度的克拉克．福克冰壩，然後還能在現代設計的水泥堤壩所能承受的四倍壓力之下保留湖水，這樣的說法會讓任何讀者都感到草率吧！

杭特對冰壩有兩千呎高和七哩長這個看法提出質疑，乃基於一些研究成果：「在湖深接近兩百公尺（六百五十六呎）時，作用在冰壩上的靜水壓力足以在冰上鑿開一個洞穴。這個洞穴一旦形成，將透過摩擦融化加寬和加大，導致冰壩湖的湖水開始排水。」

因此，超過兩百公尺三倍的高度，假設中的克拉克．福克冰壩，確實看上去「不可能」。然而，杭特接受美國地質調查局的統計數據。米蘇拉湖的湖面在某一點的海拔確定是四千一百五十呎，因此湖在比特魯特（Bitterroot）②和內閣（Cabinet）山脈之間的克拉克．福克山谷中，應該達到兩千一百呎深。

這種確認是基於一條位於該高海拔的遠古海岸線，以及數條已發現的位於較低海拔的海岸線，這些較低的海岸線清楚地顯示高水位之後的許多低水位。然而，由於杭特繼續把克拉克．福克水壩視爲是一種地質上的不可能，他的解決方案是，有一場數千呎深的大洪水，在冰河時代末期沖過整個區域，在此過程中塡滿米蘇拉冰湖的許多盆地，湖面最高達到四千一百五十呎，產生最高的海岸線，當洪水退去時，遺留數條低海岸線。

做爲他提出的地區性大洪水的來源，杭特提出：

某種天體來源的引力所引發的潮汐氾濫，其本質已超過筆者的能力，必導致一個……潮汐……上升到目前海平面以上五千呎（一千六百公尺）……洪水持續數個星期……在此期間，浪潮滔滔，部分冰川漂浮，「米蘇拉湖」最高的岸邊逐步形成。隨著後續低岸的形成，退去的潮汐和洪水清掃著峽谷，沖走以前的冰川沉積物、漂礫扇和岩錐，反覆沖刷「疤地」，帶來冰筏，磨擦岩石，填積山谷和「旁邊」的小峽谷，並卸下卵石，排放到水下的三角洲和扇形地。在潮流之後留下一層淤泥，特別是在較平靜的死胡同河口的水域。

換言之，杭特已經完全「回到布瑞茲」的思路中，將一個單一大洪水當作哥倫比亞高原所有災害的源頭。他在一九七七年的觀念是，那是淹沒河口的一次海水氾濫（是由某種假設的天體引力所導致），然而卻站不住腳。

多年以後，杭特在他一九九〇年的著作《暴力的環境》（*Environment of Violence*）中重新檢視這個主題時，他本人也意識到這一點。他承認「由於潮水距離太遠，並且缺乏可能行經路線上的證據線索，潮水解決方案被削弱。」他想找出洪水的其他可能來源，水量要足夠龐大，足以造成他在現場所觀察到的對景觀的破壞。在這個過程中，他簡略的考慮約翰·肖的理論——十萬立方公里的冰川下的融水水庫。但是，他提出一些很中肯的問題：

如果沒有可以引發冰川洪水，諸如火山地熱之類的熱源，這種融化何以會發生？何種氣候機制會產生這樣的融化？何以融水沒有抬升冰原的邊緣，並且在融化產生之後尚未蓄積就立刻出現？何種抑制機制能允許蓄積一個巨大的冰下湖泊……在三千公尺厚的冰層下面。而且，最厚冰層下面的水，何以沒有順勢流到周邊圍壓較小的和較薄的冰原下面？是否有任何可能的方式，可促使這樣一個巨大冰室的水蓄積起來？

長話短說，杭特推論的結果是：並沒有。

在他看來，肖的理論中所提出的十萬立方公里的水量並不足夠。幾乎需要十倍的水才能解釋所有的現場證據。隨著潮汐的來源、米蘇拉冰川湖和肖的冰下水庫全被駁回，杭特發現只剩下一種可能——令人吃驚的災變論這一解決方案。廣大的北美洲冰蓋區域，必定發生過一次原因不明、非常快速的災難性融化。在做過必要的計算之後，杭特的結論是，八十四萬立方公里的冰，大約整個冰川面積的百分之十，「將不得不融化」。

讀者應該還記得，布瑞茲原先並未正視類似的東西。但無論是激進的全球變暖，或冰下的火山活動（很簡單，並未發生），均被證明無法解釋「他」所需要的大量融水。最後，正如我們所看到的，他滿足於將米蘇拉冰川湖爆發的洪水做爲答案。一九九〇年，杭特面對相同的難題。但不同的是，他排除了米蘇拉冰川湖，同時表明他自己是一位非常能幹和有先見之明的革新者，因爲在沒有任何序文的情況下，他寫道：

> 地球的熱量不能融化陸地上的冰，以產生洪水所需要的水量……**一種像彗星的熱源可以解決這個問題**（強調）。

杭特計算，要融化北美冰蓋的百分之十，一顆直徑半公里彗星的動能必定足夠：

> 一九〇八年在通古斯（Tunguska）遺址上空爆炸的那種彗星，可以提供這種熱量。冰層中間生成的大湖將很快在剩下的冰川之下挖出隧道，成為流向四面八方的災難性洪水。**由彗星導致的冰層融化，似乎可以在如此短的時間內產生如此多的水**。（強調）。

預期有人會反駁說並沒有找到隕石坑，杭特指出，通古斯大爆炸事件是一次空中爆炸，因此沒有留下隕石坑或噴發物覆蓋層。此外，在這個假想的北美洲冰蓋一次彗星撞擊的事件中：

> 所有的噴發物和彗星物質都可能被接踵而至的洪水一掃而空，被送到其他處，遠離其發源地，廣泛分布在漂流的覆蓋層中。它們就這樣被稀釋，並與其他的碎屑混合，因此無論是爆炸拋射物或是地面噴發物的直接證據，都很難有科學上的辨認。

最後但並非最不重要的是，他再度做出一個近乎怪異的預見。杭特指出，「如果在冰川的沉積物中發現玻璃微球粒，便可以支持這個理論。」

這句話寫於二十五年以前，那時他不可能知道，從二〇〇七年開始，一支頂尖的科學家團隊，將會引領北美洲冰蓋上彗星撞擊論的潮流，他們將在沒有明顯隕石坑的情況下，從微球粒、熔凝的玻璃和奈米鑽石中，導引出他們大部分的證據。

如何瞬間改變全球的氣候

杭特的建議是，一個相對較小的半公里直徑物體，滿載足夠的動能，導致約十分之一的北美洲冰蓋融化，產生災難性的洪水。正如我們所看到，二十五年以來，新仙女木彗星假說的支持者一直堅持，「許多兩公里大小的」物體曾撞擊冰蓋。假如他們是正確的，隨之而來的洪水規模一定大得難以想像。洪災不僅僅可以從哥倫比亞高原的河道疤地得到證實，彗星假說設想撞擊所產生的流星雨，穿越從太平洋到北美洲大西洋海岸的冰層，所以我們到處都會找到洪水氾濫的證據。

而我們眞的找到了。

哥倫比亞高原呈現出被洪水破壞過的疤地，而在東部更遠的新澤西州亦是如此。哥倫比亞高原以其散落大量的冰筏漂礫的荒野和山坡而著稱，在紐約州也是如此。有很多壯觀的漂礫圓石就位在曼哈頓中央公園裸露的岩石表面上，包括哈德遜河沿岸，始於帕利賽德斯・西爾（Palisades Sill）的輝綠岩，以及從更遠處開始的片岩。有趣的是，正如哥倫比亞高原有其斜壁峽谷一樣，紐約州有五指湖（Finger Lakes）。長期以來，五指湖被認爲曾被冰川刻蝕，它的地形非常類似哥倫比亞高原的斜壁峽谷，現在一些研究人員相信，它們是由冰川融水在極度的壓力之下切割而成，透過沉積物的證據，證明了「大陸冰原崩潰」的過程。

同樣在明尼蘇達州的聖克羅斯河（Saint Croix River），也就是藍達爾・卡爾森和我穿越北美洲長途旅行的終點，排列著八十多個壯觀的巨型冰川壺穴③。其中一個寬十呎、深六十呎，是世界上已探險過最深的壺穴。其他尚未發覺的壺穴甚至更寬，表示它們可能會更深。而所有這些，都無例外地在冰河時代末期時，被洶湧的洪水刻蝕而成。藍達爾認爲，洪水是從勞倫泰德冰蓋上部擴散而出。

「你可以花費終生在這片土地上旅行，」他告訴我，「但你仍然無法看盡它的全貌。巨大規模的洪水流量影響，已被廣泛地記錄在加拿大和美國洛磯山脈東部山麓的小丘上，以及跨越大草原各州，在大湖區的附近，亦在賓夕法尼亞州和紐約州西部，以及在新英格蘭區。加拿大各省保留著大量水流的大規模證據。受到最後一次冰河化作用的區域以內，或鄰近的全部地區，展現出受過強烈的、大規模的洪水的影響。」

但是，這些洪水的來源仍然是個問題。

正如我們所看到，漸進主義者被連踢帶拉地尖叫著承認洪水確實發生，隨後他們便與米蘇拉冰川湖攀上關係，抬高它史詩般災難洪水的地位，將它做爲哥倫比亞高原河道疤地所有驚人的洪水特徵的唯一解釋。因此，其他冰河時代的洪水，無論他們承認其發生在哪裡，也歸因於冰川湖的災難性洪水，也就不令人意外了。

更重要的是，正是這些來自冰川湖的洪水，而不是任何像彗星那樣平庸的災變論，目前正被主流科學視爲新仙女木降溫事件的最可能原因。巨大的阿加西（Agassiz）冰川湖受到特別的關注，它覆蓋曼尼托巴省（Manitoba）的大部分、安大略省的西北部、明尼蘇達州的北部、北達科塔州和薩斯克契旺省（Saskatchewan）的東部。

大約一萬三千年前，也就是新仙女木開始之前，阿加西湖被認爲已覆蓋四萬四千平方公里（一萬七千平方英里）的廣大區域，當冰壩崩塌時，相當大的一部分湖水溢出來，或許高達九千五百立方公里，洪水沿著加拿大北極地區沿海平原上的馬更些河（Mackenzie River），由此進入北冰洋。

在那裡，被稱為博福特環流（Beaufort Gyre）的反氣旋洋流，驅使它繼續移動，進入極地北大西洋的北極貫穿流：

> 穿越弗拉姆海峽（Fram Strait）的南方融水緩慢釋放，提供一個抵達北極的獨特機制，能夠把一個持續時間短、大規模的融水，轉換成一個持續時間長、更緩慢和持續的融水，進而排放到北大西洋。

然而，使事情變得更糟的是，同時來自其他冰川湖龐大的冰川融水，也直接離開了勞倫泰德冰蓋，注入北大西洋。因此從理論上來說，這個綜合效應極大地擾亂海洋環流，從根本上影響全球的氣候：

> 從融化的勞倫泰德冰蓋上湧出的大量冰冷淡水，席捲北大西洋洋面。它阻止來自南大洋洋流深處的溫暖鹹水上升到洋面（墨西哥灣洋流）。海水的正常翻轉停止。其結果是，已經回暖的海洋上空的大氣持續寒冷，使得歐洲和北美洲上方的空氣也一樣保持寒冷。

這些都是技術性很強的事情，我們不必在此長篇大論的陳述。簡單地說，大西洋經圈翻轉環流，也被稱為溫鹽環流，是巨大的海洋輸送帶，它不僅將來自赤道的溫暖鹹水帶到海洋表面，從那裡向北方流動，最終在格陵蘭和挪威的海岸冷卻並下沉，而且將所得到的北大西洋冰冷深水帶向南方，並緩慢地回到赤道，在那裡與溫暖的海水混合，再次上升到海洋表面，然後繼續循環：

它向全球輸送大量的水、熱、鹽、碳、營養品和其他的物質，環繞全球，並將海洋表面、大氣與深海的巨型水庫連接起來。因此，它對於全球氣候的系統具有極重要的意義。

科學家們同意，正是這個微妙平衡的、錯綜複雜的、巨大合成的關鍵循環洋流的停止，導致新仙女木事件中全球戲劇性的降溫。他們也同意，那種停止是來自冰川湖，以及直接離開勞倫泰德冰蓋的巨大冰川融水洪水所造成。然而，正如S．J．費代爾（S.J. Fiedel）在《國際第四紀》（*Quaternary International*）雜誌上發表的主題論文中指出，

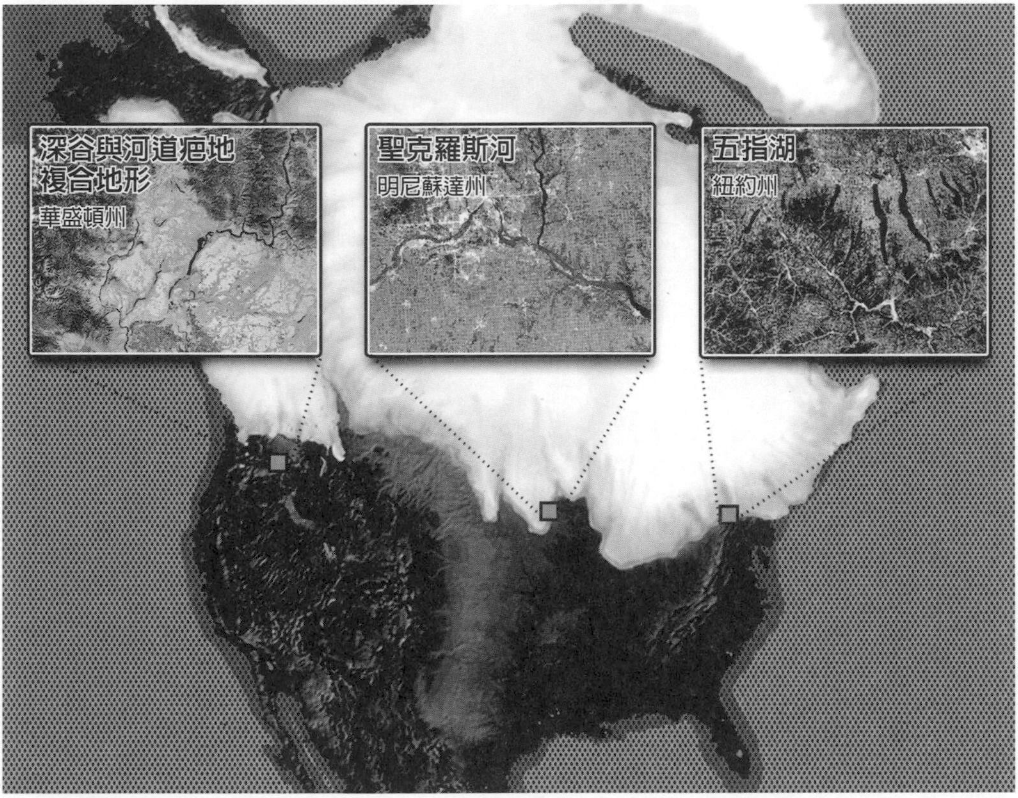

圖 22

一個主要的謎團是，何以會發生在一萬兩千八百年前，而不是在比其早八百或一千年前的最溫暖時期，以包林-阿勒羅德間冰期④聞名，即在新仙女木事件之前。直覺上來說，融水洪水應該發生在升溫階段的高峰時期。但實際上，正是在包林-阿勒羅德/新仙女木邊界地層發生融水的釋放。

對於理查．費爾斯通、亞倫．韋斯特、詹姆士．肯尼特和其他新仙女木撞擊假說的支持者來說，這個謎團的答案似乎顯而易見。答案很簡單，根本就沒有什麼謎團！按照他們的計算，從根本上影響全球氣候的龐大冰川融水洪水，是由穿透地球大氣層，並落到冰蓋上的許多大型彗星碎塊所造成，並非只是C．沃倫．杭特所設想的一個直徑半公里左右的碎塊，而是多達八個碎塊，可能還有更多，包括某些可能直徑不小於兩公里的碎塊。

這種撞擊所產生的龐大熱量，伴隨估計達一千萬兆噸的爆炸威力，提供掀起遼闊的北美洲冰蓋一場眞正的災難性融化所需的全部能量。隨後融水引發龐大的洪水，在所到之處沖刷大地，然後，成爲「一股巨大的淡水」注入大海，並爲大西洋經圈翻轉環流帶來衝擊，使全球氣候在隨後的一千兩百年維持酷冷。更惡化的是，灰塵和大量煙霧被拋入大氣層的上部，「長時間阻擋陽光」，於是產生進一步的降溫效果。此外：

撞擊事件，伴隨大面積的火災和突發性的氣候變遷，或許促成大型動物和許多其他動物的迅速滅絕。

讀者應該還記得，至少有三十五屬的北美洲哺乳類在新仙女木期間滅絕。因此，我們當然要尋找「能夠在地質意義上，一瞬間消滅橫跨大陸多達三十五屬生物的滅絕機制」。我們必須考慮不僅僅是北美洲，在南美洲，大多數曾在新仙女木之前興盛一時的各種各樣的巨型動物，在一萬兩千年前，即新仙女木結束之前，也遭遇滅絕。

這難道是被人類的獵人「過度獵殺」？這個問題觸及到一個有爭議的問題——事實上，人類是從何時和從哪裡初次到達美洲？無論答案如何，令人難以置信的是，一群遊牧狩獵採集者會有足夠的動機，也有足夠的效率，能在如此短的時間內橫跨兩大洲，迅速消滅包括像哥倫比亞猛獁之類的許多動物。

此外還有許多跡象顯示，在新仙女木時期的美洲，人類本身也陷入極大的困境，這種情況應該更降低他們的積極性和效率才是。來自南美洲的考古證據很有限，但是在北美洲，此時正是具有成熟石器工藝的克洛維斯文化突然消失的時期。無疑地，所有可用的指標皆指出，「在新仙女木事件的早期，人類人口的一次顯著下降/或重組」。

因此，這再一次說明，使所有證據合理的唯一解釋，就是費爾斯通、肯尼特、韋斯特，和他們許多同事及合著者團體所提出的彗星撞擊假說。

根據他們的發現，我們已在前面的章節中進行全面的審查，我提出以下的建議：

1.在冰河時期的末期，北美洲確實有災難性的洪水。

2.它並非主要是由冰川湖爆發性洪水所造成的，而是由迅速的、幾乎是瞬間的、大面積的冰蓋融化導致。

3.導致冰蓋融化所需要的熱源，來自於許多彗星碎塊一系列撞擊所產生的動能，一顆巨大的彗星於一萬兩千八百年前在北美洲上空進入地球大氣層，擊中北美洲的冰蓋。

4. 成爲災難中心的北美洲並不是惟一的災區。其他解體的彗星碎塊，包括一些特別大的物體，似乎擊中了歐洲的冰蓋。在這一點可能有關聯的是，最近高解析聲納掃描顯示，在冰河時代曾位於今天水面之上的英吉利海峽海底，有著四百公里長、在岩床上被刻蝕成峽谷的網絡，這些峽谷網絡顯示災難性洪水的證據。「數據顯示地形聚積在一起，表明一場災難性洪水的起源」，一位作者在《自然》（*Nature*）雜誌上的一篇研究報告中如此敘述。這篇報告特別把這些水下的地形比喻成「美國華盛頓州河道疤地的錢尼－帕羅斯（Cheney-Palouse）地形」。該作者指出，他們「無法解決洪水事件的絕對時間」。然而，其結論認爲他們的研究「首次提供了直接的證據，證明百萬噸級的洪水事件要爲刻鑿出英吉利海峽峽谷網絡負責。我們的觀察與規模龐大的水流所產生的侵蝕一致，且與在河道疤地的情況相同。」

5. 地球表面共有超過五千萬平方公里，受到新仙女木彗星碎塊的撞擊和空中爆炸的影響，碎塊有些大，有些小，但它們的影響皆具有毀滅性，從北美洲延伸，跨越大西洋和歐洲，最後在遙遠的中東落下碎塊雨。

6. 這些多重撞擊的綜合效應，尤其是隨後流入北冰洋和大西洋的龐大淡水洪水，引起新仙女木降溫事件，這本身就是一場眞實的全球規模災難，導致大量動物物種滅絕，迫使人類陷入艱困的生活。

7. 災難帶給人類的損失，可能並不限於狩獵採集者文化的完全毀滅，諸如北美洲的「克洛維斯人」。或許也該考慮到某種可能性，即一個已經消失在歷史上的進步文明，也可能被災難所抹去。

春天來了

特別引人注目的是，在新仙女木開始和結束時的劇烈氣候變化是全球性的，並且在人類的一代跨度中完成。彗星撞擊假說再次證明了這一點。在一萬兩千八百年前，估計十兆噸撞擊的綜合爆炸威力，將足夠多的噴發物拋入大氣層，導致地球陷入長期且持續的昏暗期，類似一個核冬天⑤，能夠減少太陽輻射超過一千年，就像許多古代神話中提到的「黑暗時代」。最終噴發物雲層的消散，加上一直困擾北大西洋溫鹽環流的全系統慣性的結束，可解釋始於一萬一千六百年前的戲劇性升溫。

另一種與上述任何機制不見得矛盾的可能性是，一萬一千六百年前，地球再度和同樣造成一萬兩千八百年前，新仙女木事件的彗星碎塊流相遇。然而，分析顯示第二次相遇的主要撞擊不是在陸地或冰上，而是撞進海洋，導致大面積的水蒸氣羽流噴向天空，引發「溫室效應」，從而引起全球暖化而非全球降溫。

根據英國著名的天文學家福瑞德．霍義爾爵士（Sir Fred Hoyle）所說：

> 一個溫暖的海洋和一個冰冷的海洋之間，其陽光供應相差有十年之久。因此，由強大的水蒸氣溫室效應所產生的溫暖狀況，必須要維持至少十年，才能使海洋產生冷暖轉換，而這也正是被突然注入同溫層的水預計持續存在的時間。水的需要量是如此龐大，多達一百兆噸，這似乎只有一種事件才可能發生，那就是某種彗星大小的物體墜入某個大洋之中。

爲了在所有複雜的過程中，找到導致新仙女木事件突然結束的確切機制，尙有更多的研究工作需要去做。但我們已經完全明白整起事件對全球所造成的影響。格陵蘭的冰核，那些極爲珍貴的，能夠看到過去窗口告訴我們：

在不到十年裡，氣溫上升，使氣候發生根本的改變，代表新仙女木寒冷期的結束，和一萬一千六百年前溫暖的全新世的開始。在不到二十年中，北大西洋地區開始進入溫暖和少暴風雨的氣候，這是海冰覆蓋層迅速消退的結果。在大約五十年裡，完成攝氏七度的升溫。

在完全相同的間隔期，在西歐的亞高山帶，從前沒有存在過的樹種，包括落葉松屬（Larix）、瑞士石松（*Pinus cembra*）和樺木屬（Betula），突然開始激增。

一萬一千兩百年前，在美國蒙大拿州西北部，馬瑞阿斯山隘（Marias Pass）的冰川冰從峽谷口的山谷上方退去，太陽河冰川（Sun River Glacier）也已經完全消失。

尙可列舉其他一千個例子，但從中所得到的訊息都是一樣的，從塔斯馬尼亞（Tasmania）到安地斯山脈，從土耳其到日本，從北美洲到澳洲，從祕魯到埃及，冬天已經結束，一個偉大的全球性春天已經開始。「這就是宇宙的重生，」正如《赫密士文集》（*Hermetica*）⑥的宣告，「這是美好萬物的再造，神聖的和令人驚歎的大自然的復原……」。

重生？

再造？

復原？

但是，是什麼的重生？重生之前是什麼？究竟是什麼將要重生？
我們會在後面的章節思考這些問題。

注釋

①古生代（Paleozoic）的第二紀，五億至四億兩千五百萬年前。
②為洛磯山脈的一部分，是愛達荷州與蒙大拿州的州界。
③在河床岩石上形成的大孔。
④interstadial，冰河暫時後退，冰期中較暖和的時期。
⑤大量的核武會讓大量的煙和煤煙進入地球大氣層，導致非常寒冷的天氣。
⑥公元二世紀希臘化時代埃及的智慧文學作品，主要是老師點化其門徒的對話錄，當中探討了神性、宇宙、心靈和自然。

第三部

賢者

PART 3
SAGES

第七章

下一次將是烈火

有三個奇特事件發生在最後一次冰河期接近結束的時候，與突然發生且同樣突然終止，以新仙女木事件聞名的神祕時期相關聯：

・大約在一萬兩千八百年前，經過兩千多年不間斷的全球暖化（正負誤差在一百五十年之內，這是最接近的數據解析，可以讓我們得到實際的時刻），大量的冰雪融水突然像洪水般湧入北大西洋，破壞海洋環流。洪水的來源就是北美洲的冰蓋。由於之前兩千年海平面持續上升，數據的解析意味著無法知道到底有多少沿海土地，因這起離奇事件而被吞噬。然而，這麼多之前被冰封的新水突然增加，可以據此推測，海平面戲劇性的瞬間上升確實發生過。

・在相同的地質時刻，融水洪水被釋放出來，全球氣溫驟降，全球氣候經歷一次逆轉，從為期兩千年之久，大約始於一萬五千年前的宜人「夏天」（一萬三千年前，人們認為氣候條件已經改善到比今天還要溫暖和濕潤的程度），轉變到嚴寒的冬天。根據數據解析，我們無法確切知道究竟在融水洪水爆發多久之後，才開始進入深凍期。但正如前面章節所見，有許多跡象顯示，這種溫度的劇烈逆轉是在一代的跨度內完成。在同一時期，原本已經到處在融化和消退的冰蓋，開始無情地重新推進，海平面的上升也已停止。

・大約在一萬一千六百年前，正負誤差同樣是一百五十年，很明顯地也是在一代的跨度之內，冰凍突然結束，全球氣溫驟升，殘餘的冰蓋崩塌，將剩餘的水卸載排放進全球的海洋裡，海平面已戲劇性地上升到接近目前的水平。

我們的祖先經歷這些激烈變化，如果他們不去談論這些變化，或對彼此講述他們的經驗，實在有些難以想像。相反的，他們的故事和目擊者的描述，會變成受人尊敬的口述傳統的一部分，並且代代相傳，直到隨著歲月流逝變成古老的傳說。如同讀者在第三章中看到的某些美洲原住民的「神話」，似乎就是在述說最後一個冰河時代末期的事件。可怕的洪水沖刷和破壞大地被詳細地描繪下來。更引人入勝的傳說是，「帶著又長又寬的尾巴的星星」、「它在幾千年前就曾從天而降」、「燒毀一切」、「讓世界面目全非」，並且「天氣變得更冷了」。

這些傳說似乎是在回憶彗星撞擊所造成的毀滅性影響，現在我們可以確切地了解，那大約是發生在一萬兩千八百年前。我們已經看到，費爾斯通、韋斯特、肯尼特和其他科學家們，相信彗星分裂成許多碎塊，可能是八個，有些直徑接近兩公里，擊中了北美洲的冰蓋，產生龐大的熱能，瞬間將巨大的冰塊轉化爲融水洪水，破壞海洋環流，並對新仙女木事件的深度凍結扮演起關鍵角色。讀者也應該記得，巨大彗星的其他碎塊，被認爲擊中了北歐的冰蓋，並且如雨點般落在更遙遠的中東。因此，儘管震央在北美洲，但毫不意外的，新仙女木是一起全球性的事件，對世界各地的人民和文化都產生了影響。

令人驚訝的是，來自全球各地的傳說有明顯的一致性，不僅提到災難性的事件，還提到在災難逼近之前，某些被挑選的「智者」、「好人」或「純淨」的人，得到非常具體的警告。我們在第三章中美洲原住民的傳說裡，看到過幾則這樣警告的例子。但如果來到遠離撞擊震央的海洋和陸地，會發現即使遠至中東也有類似的傳說，並有彗星的紀錄。請注意，這並不意味著彗星碎塊的「散布區」僅限於現在公認的五千萬平方公里，它只意味著其他地區的沉積物樣本，至今尚未檢測奈米鑽石、磁性微球體和玻璃微球粒、熔融玻璃、白金，以及其他撞擊證據的代表物。

然而，迄今爲止的研究表明，距離北美洲最遠，爲新仙女木彗星的存在和影響力提供確定證據的考古土丘，或被稱爲阿布．胡賴拉遺址，於一九七四年在敘利亞出土，正好是在幼發拉底河上的塔克巴大壩（Taqba Dam）竣工之前，

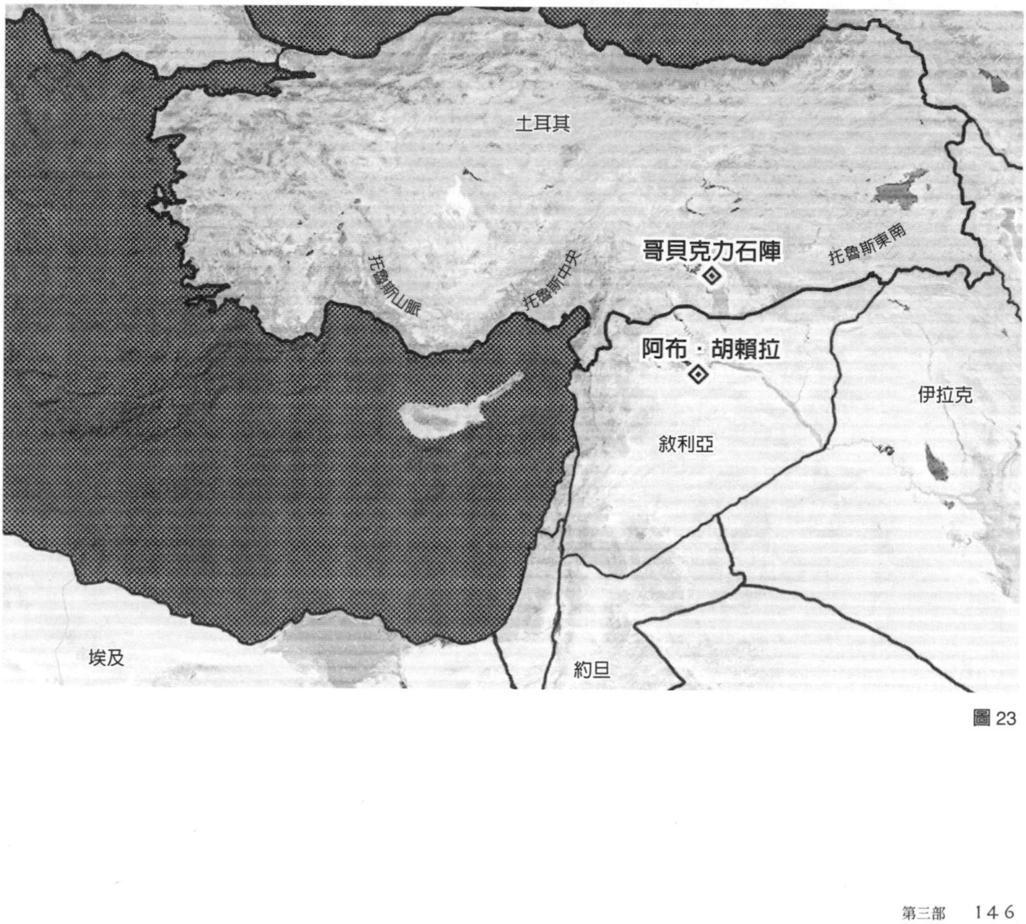

圖23

工程導致該遺址永遠消失在阿薩德湖（Lake Assad）奔流不息的流水底下。阿布・胡賴拉考古壕溝裡的沉積物樣本，在該遺址被淹沒之前就已被移除和保存，它是新仙女木邊界地層樣本之一（取自壕溝E，可追溯至一萬兩千八百年前），費爾斯通、韋斯特、肯尼特和他們的團隊曾在二〇一二年檢測過。正如我們在第五章所見，他們在其中發現奈米鑽石、大量的天體撞擊顆粒，和只能在溫度超過攝氏兩千兩百度才能形成的熔融玻璃，這表示該遺址「接近高能量空中爆炸/撞擊中心」。

由於阿布・胡賴拉現在位於阿薩德湖的下面，所以無法直接進行考古調查。但費爾斯通、韋斯特和肯尼特相信彗星的影響「對這片遺址及其居民所造成的後果非常嚴重」。值得注意的是，該遺址既靠近土耳其東南部哥貝克力石陣的所在，又靠近現在的伊朗，即以前的波斯，在此，拜火教（Zoroastrianism）的經文將非常古老的傳統保存下來。拜火教是古代波斯在伊斯蘭教之前的國教。

致命的寒冬即將來臨……

拜火教到底有多古老，學者們至今尚未有令人滿意的答案，甚至連他們的先知查拉圖斯特拉（Zarathustra，更常被稱爲瑣羅亞斯德〔Zoroaster〕①）的生平也不確定。無疑地，正如哥倫比亞大學出版的權威著作《伊朗百科全書》（*Encyclopedia Iranica*）所坦言：「關於查拉圖斯特拉出生日期的爭議，一直是拜火教研究長期存在的困惑。」

希臘歷史學家們是最早投身於解決這個問題的學者。例如，普魯塔克（Plutarch）②告訴我們，瑣羅亞斯德「在特洛伊戰爭之前活了五千年」（特洛伊戰爭本身是不確定的歷史，但估計發生在公元前一千三百年，因此五千加上一千三百等於公元前六千三百年）。第歐根尼・拉爾修（Diogenes

Laertius）③提出一張類似的年表，他認爲瑣羅亞斯德在「薛西斯（Xerxes）④發動希臘戰役之前活了六千年」（即公元前六千四百八十年）。最近，許多學者提出了早在公元前一千七百五十年和「亞歷山大大帝統治之前的兩百五十八年」（即大約公元前五百八十八年）這樣的日期。無論事情的眞相爲何，人們一致認爲，瑣羅亞斯德本人借鑒了許多更早的傳統，因此，像許多其他宗教一樣，拜火教的根源可追溯到很早的先史時代。

在拜火教的經典《波斯古經》（*Zend Avesta*，又名《阿維斯塔》）中，某些經文被認爲是借鑒非常古老的口述傳統。經文中提到一位被稱爲伊瑪（Yima）的原始父親形象，他是第一位男人，第一位國王，文明的創始者，出現在《波斯古經》開始的篇章〈驅魔書〉（Vendidad）。在經書中，我們讀到阿胡拉·馬茲達（Ahura Mazda，善神，創造第一個人的最高神祇）創造了第一片土地，名爲「亞利安納樂土（Airyana Vaejo），有善河達伊提耶（Daitya）伴隨」，是大地的樂園，以及「公平的伊瑪，偉大的牧者……第一位凡人」，是如何成爲阿胡拉·馬茲達挑選與之對話的人，並指導他成爲一名傳教士。伊瑪拒絕了，於是神派給他一個不同的任務：

> 既然你不想成為傳教士和我律法的承擔者，那麼就讓我的世界興盛，讓我的世界繁榮：我請你去滋養、統治和看管我的世界。

伊瑪同意此一請求，於是神給他一枚金戒指和一把短劍——一把長長的，鑲嵌黃金的錐形匕首。更重要的是，我們將在第十七章看到遠在南美洲安地斯山脈的傳說，跟這個故事有密切的相似之處。

然後，伊瑪：

把金戒指按在地面，用匕首開鑿大地。

我們了解到他藉這個行動「使大地比以前擴大三分之一」，在幾千年的過程中，他又重複兩次這個壯舉。在這個過程中，土地面積增加了一倍，能夠容納「成群結隊的人類、牛、羊、狗和鳥類」，所有生物都會「按照他的意願聚集在他面前」。

迄今爲止，據我們所知，在解剖學上像我們這樣的現代人類，已經存在將近二十萬年（解剖學上最早的現代人類骨骼被科學公認是來自伊索比亞，可追溯至十九萬六千年前）。在這個時間跨度內，只有在一個時期，對人類有益的陸地面積，戲劇性地大幅增加，即在一萬至一萬一千六百年之間的最後冰河期。事實上，先前共有兩千七百萬平方公里被淹沒的陸地，這相當於歐洲及中國的面積總合，在兩萬一千年前末次冰盛期海平面降低的時候浮出水面。有用的陸地非常眞實地增加，其中很大一部分在一萬兩千八百年前的新仙女木時期仍然在水面上，這在伊瑪的故事裡被提到，或許它與黃金時代的所作所爲有關，因爲伊瑪英明的統治在亞利安納樂土得以實現，這些有可能是牽強的假設，有趣的是接下來發生的事情。

我們讀到，又過了很長一段時間，伊瑪「被善河達伊提耶召喚到一個晤面之地」，阿胡拉·馬茲達出現在他面前，帶來一個不祥的警告，即會發生突然的災難性氣候變化：

噢，正直的伊瑪，致命的寒冬挾帶猛烈和骯髒的霜凍即將降臨人間，嚴冬導致暴雪降臨，甚至是在最高的山頂……

因此，我為你準備瓦拉（Vara）（地窖或地下圍場），四面的長度要和跑馬場一樣長，你將羊、牛、人、狗、鳥和紅色熾熱的火焰帶到那裡……在那裡，你要帶去地球上最偉大、最好和最優秀的男女人種；帶去地球上最偉大、最好和最優秀的每一種牛的品種；帶去地球上最偉大、最好、最優秀的每一種樹木的種子；帶去最具充分養料和味道最甜美的每一種水果的種子。所有這些種子，必須每一種帶兩個，只要那些人留在瓦拉，就要保持用之不竭。那裡應無駝背者，沒有大腹便便者，沒有性無能者，沒有瘋癲者……沒有痲瘋病患。

所以……你明白了嗎？這個地下隱藏所是做爲抵禦即將侵襲亞利安納樂土嚴冬的避難所。在冬天開始時，正如拜火教另一部經典《創世神話》（*Bundahish*）告訴我們：

邪惡的靈……像蛇一樣從天空飛出，下降到大地……他在中午時衝了下來，當時天空震撼驚動，像被狼嚇壞的羊。他來到了陸地下的水面，然後刺穿陸地的中心……他衝出所有的創造物，使世界受傷，在中午將整個世界變得像黑夜一樣的漆黑。

研究這些故事時，我不禁想起在一萬兩千八百年前，新仙女木事件突然開始之前，是維持兩千年溫暖的好天氣，那無疑地是一個黃金時代。拜火教的經文描述「猛烈和骯髒的霜凍」和「致命的寒冬」，安格拉·曼紐（Angra Mainyu）是造成這種痛苦的始作俑者，他是代表黑暗、毀滅、邪惡和混亂的「邪靈」，他堅持對抗並試圖破壞阿胡拉·馬茲達所有的善行，因爲拜火教是一個深刻的二元論宗教，在其中，人類所做的善或惡的選擇，被視爲黑暗與光明這兩種對抗力量之間，永恆的競爭或較量。

在較量中，黑暗有時會獲勝。因此〈驅魔書〉提醒我們，雖然亞利安納樂土是阿胡拉・馬茲達創造的「第一個樂土」，卻無法抵抗惡魔：

於是，安格拉・曼紐出現，他是死神，他用巫術創造河中的蛇和冬天，這是魔鬼的工作……（現在）一年有十個月的冬天，兩個月的夏天，水、大地和樹木都是寒冷的。冬天伴隨最糟糕的瘟疫降臨。

在其他的譯作中，「河中的蛇和冬天」被譯爲「巨蛇和冬天」或「大蛇和雪」。相信你已經明白了，這裡反覆提到的隱喻是巨蛇，它從天空衝下地面，穿透大地，爲世界帶來漫長和嚴苛的冬天，導致中午的天空也是「黑暗的」（有些譯爲非常渾濁、晦暗），甚至連曇花一現的夏天對人類的生活而言，也是寒冷的。新仙女木彗星帶來的破壞痕跡，綿延至少五千萬平方公里之後，再一次地，似乎可以很精確地描繪可怕的情形，它帶來「猛烈破壞性的霜凍」，導致大量的灰塵湧入大氣層上部，空中爆炸和過熱的噴出物，引發遍及大陸範圍的野火，渾濁、晦暗的黑暗瀰漫天空，反射出太陽的光芒，使幾個世紀以來都維持一種很像核冬天的氣候。

拜火教的經文讓我們確信，這樣的氣候對未來文明的生存構成了致命的威脅。正是這個原因，阿胡拉・馬茲達召喚伊瑪並給他警告，指示建造地下避難所，讓倖存的人類可以避難，保全所有動物和植物的種子，直到可怕的冬天過去，春天重返這個世界。此外，這些記載幾乎很少有「神話」的意味，或是明顯來自宗教天馬行空的幻想。更精確地說，整起事件充滿了頭腦冷靜的務實計畫，更增添令人不寒而慄的真實感。

例如，將殘疾、性無能、瘋癲和痲瘋病的人們留在瓦拉外面，此一告誡很像優生學，是一個令人不悅的政策。但如果人類的生存面臨危險，避難所的空間又有限，這樣的政策勢必得執行。出於同樣的原因，只有「最偉大、最好、最優秀的」樹木、水果和蔬菜的種子，那些「最具充分養料和味道最甜美的」才能被帶到瓦拉。何以除了最好的，不為其他任何事物浪費空間？

此外，可以肯定的是，一些精挑細選的人們被允許來到瓦拉，可能是做為計畫的管理者和經營者，並且為未來繁衍後代。但重點始終強調是種子。以人類為例，是指男性的精子和女性的卵子。所以，當我們讀到瓦拉是有三層地下建築，每一層都比上一層小，每一層都有縱橫交錯的「街道」系統時，我們可以合理的懷疑某些儲存系統，例如，安排在縱橫交錯通道裡的貨架上，可能真的不是此處的意思：

你要在瓦拉面積最大的那一層修建九條街道，中間那一層六條街，最小的那一層三條街。在最大那一層街道，你要帶去一千個男人和女人的種子；中間那一層的街道，帶去六百人；最小那一層的街道，帶去三百人。

這幾乎帶有點高科技的感覺，如果說，將它視為種子庫是種奇特的想像，那麼我們又該如何看待瓦拉其他的「技術」層面？例如，它的照明系統？伊瑪為這個地方做了一扇門，並用阿胡拉・馬茲達給他的金戒指將其密封。伊瑪還製作了「一扇內部自動發光的窗戶」。當伊瑪要求說明這個「自動發光」的窗戶性質，阿胡拉・馬茲達隱晦地說，「這裡有未創建的光和創建的光」。前者就是指星星、月亮和太陽，在漫長的冬天裡，從瓦拉的範圍裡看不見它們；後者是「人造光」，它可以「從下面發光」。

伊瑪在指導之下完成瓦拉，此後「內部有自己的照明」。竣工之後：

他讓河水在一哩長的河床上流動；他把鳥類安置在四季常青的岸邊，那裡有無窮盡的食物。他建造居住的房子，包括一棟有陽台、庭院和走廊的屋子……

這也提醒我們，根據神諭，

他帶來男人和女人的種子……他帶來每一種樹木（和）……每一種水果的種子……所有這些種子每一種帶兩個，只要那些人留在瓦拉，就要保持種子取之不盡……

最後，我們了解到：

每四十年，每一對夫妻孕育兩個小孩，一男一女。每一種家畜也是如此。生活在伊瑪所創造的瓦拉，人們過著極為快樂的生活。

有趣的是，譯者透過對各種古代學術評論中的一個注釋的翻譯，解釋瓦拉的人類居民，「在那裡生活了一百五十年，有些人說他們永遠不會死亡」。此外，特別有趣的是，瓦拉每對夫妻的後代並非透過性的結合而來，而是「寄存在瓦拉中的種子長大成人」。

與伊瑪相關的其他神祕失落的技術，還包括一個神奇的杯子，透過這個杯子，他能夠看到世界上任何地方發生的任何事情；還有一個鑲有寶石，能夠飛行的玻璃寶座（有時被描繪爲「玻璃戰車」）。

洪水和大雨

除了氣候在一夜之間逆轉到冰河時代最冷高峰此一災難，我們還知道，由於一大部分北美洲冰蓋的巨大碎片注入全球海洋，新仙女木事件涉及廣泛的全球性水災。值得注意的是，拜火教的經文不僅提到全球的冬天伴隨著「猛烈破壞性的霜凍」，還提到伴有強降雨的水災，它這樣寫道：

> 每一滴雨變得像碗一般大，積水有一個人的高度，淹沒整片陸地。

在世界的另一邊，非常接近北美洲災難的震央，瓜地馬拉奎查馬雅人（Quiche Maya）古代的原始文件《波波爾．烏》（*Popol Vuh*），根據被歐洲人征服之前的來源，亦提到洪水和「大量冰雹、黑雨、霧出現了，天氣變得很寒冷」。做爲拜火教傳統的一個值得注意的回響，該書稱「這是全球各地陰沉和昏暗的時期……太陽和月亮都被遮蔽了」。其他的馬雅訊息也證實，人類經歷這些奇怪和可怕的現象，「在古代，大地變得黑暗……有時太陽仍然光亮清晰。但在中午就變得黑暗……」、「直到洪水爆發之後的二十六年」才重見陽光。

回到中東，著名的希伯來族長挪亞和協助他度過洪水的巨大方舟故事，引起了人們的注意。很明顯地，伊瑪和他的瓦拉故事與方舟有許多類似之處。畢竟，瓦拉是幫助人類度過可怕和充滿毀滅性寒冬的一種手段，冬季使全球陷入冰天雪地，凍死所有生靈。同樣地，方舟是使人類在可怕和毀滅性的全球洪水中求生的一種手段，洪水淹沒一切、進而摧毀一切活物。在這兩種情況下，拜火教傳統的阿胡拉·馬茲達，和希伯來傳統的雅威（Yahweh）⑤，都向一個善良和純潔的人預先發出警告，爲即將來臨的災難做好準備，在每一種情況下，保存種子或所有生命的繁衍：

凡有血肉的活物，每樣兩個，一公一母，你要帶進方舟，好在你那裡保全生命。飛鳥各從其類，牲畜各從其類，地上的昆蟲各從其類，每樣兩個，要到你那裡，好保全生命。

値得注意卻很容易忽略的是，挪亞方舟就像伊瑪的瓦拉一樣有「窗戶」，它由「門」關閉，共有三層：

方舟上邊要留透光處，高一肘。方舟的門要開在旁邊。方舟要分上、中、下三層。

最後但並非最不重要的是，挪亞方舟也有失落的照明技術，這與瓦拉中所提到的「人造光」類似。在《猶太人的傳奇》（*The Legends of the Jews*）中，路易·金斯貝格（Louis Ginzberg）傑出和全面地，將古老的故事與傳統和希伯來的聖經編纂在一起，我們讀到方舟「在洪水的年代」，無論是在白天或是晚上均在黑暗中行進：

一直以來，太陽和月亮都沒有灑下光輝……

然而，就像瓦拉中的那扇「自動發光的窗戶」：

方舟被一顆珍貴的寶石照亮，寶石在晚上發出的光比白天更為明亮，可使挪亞分辨白天和晚上。

地下的城市

眾所周知，據說挪亞方舟是在古代亞美尼亞（Armenia）具象徵性的核心地帶——亞拉臘山（Mount Ararat）的斜坡上結束旅程，由於二十世紀早期戰爭的結果，該處現在位於土耳其境內。土耳其與伊朗，即古波斯交界，伊瑪的瓦拉的故事正是從此處流傳下來。

然而有趣的是，土耳其的卡帕多西亞（Cappadocia）地區有很多古老的、從堅硬岩石中開鑿出來的地下建築，就像瓦拉一樣，是層層堆疊的多層建築。這些地下「城市」，以包括怪異和壯觀的代林庫尤（Derinkuyu）遺址而聞名，我在二〇一三年造訪過該遺址。在一個與代林庫尤遺址同名的小鎮地下，有一個八層的建築對外開放，更深的地下階層則是關閉狀態。但令人驚訝的是，長達好幾公里的地下隧道連接到卡伊瑪克利（Kaymakli）的另一個類似的地窖。

進入代林庫尤，就像穿越某種無形的障礙，你會來到一個意想不到的陰間。前一分鐘我還站在燦爛的陽光下，下一分鐘當我彎身進入陰涼、潮濕、光線昏暗的隧道和走廊（這裡沒有自動發光的窗戶，只有低瓦數的電燈），我感覺自己被傳送到時間誕生之初，由神祕的侏儒所開鑿的境地。在很多地方，隧道又低又窄，人們必須彎腰排成一列縱隊在牆壁間行走，牆壁被古老的煙霧燻黑，到處長滿綠色的霉。每隔一個間隔，就會滑到深凹處，我穿過一個形如磨盤，直徑五至六呎（一點五至一點八公尺），重量接近五十公噸，笨重而巨大的石門。這樣的設計顯然是爲了阻止進入。樓梯和險峻的坡道一層一層地向下延伸，儘管所有的階層互相連結，必要時，滾動的石門仍可用於彼此隔離。

我注意到一個非常棒的通風系統，它連接到地下最深層的建築，這樣的設計是爲了使新鮮空氣能夠流通到地下八十公尺（兩百六十呎）或更深的地方。在有些地方，我經過的通道會走進一個交叉路口，在這個路口，隧道向好幾個方向分岔，更多的台階通向更底層的建築。通道的一側和另一側，有時是透過牆上切割的洞進入，有時是透過全尺寸的門。在低矮的岩洞裡，即使是幾個人圍坐在一起也會覺得狹窄。但有時這些門會通向內室和通道的互聯網路，有時它們是打開的，讓你突然置身在一個高聳的殿堂和寬敞的房間，頭上隱約可見由原生岩石開鑿出的筒形穹頂支撐著。

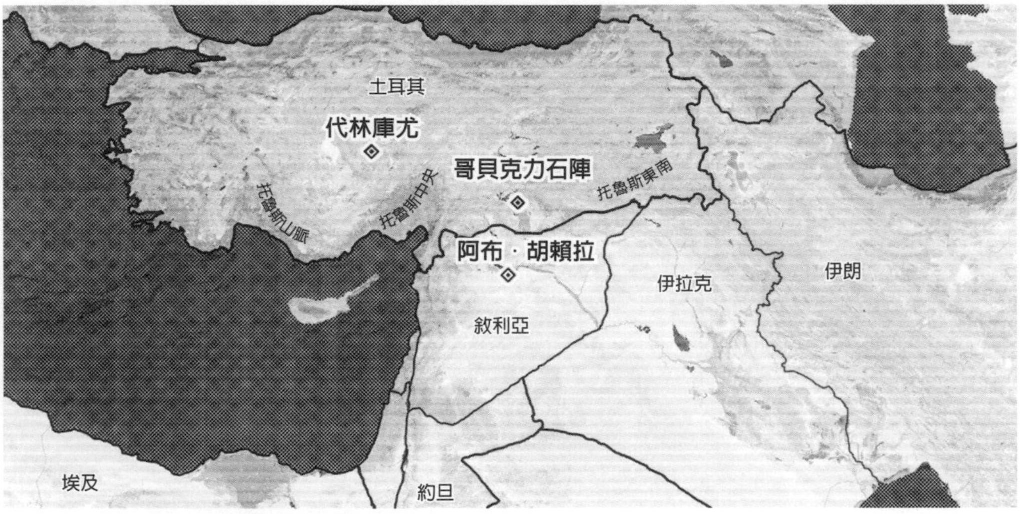

圖 24

總之，整個地方是一個規模龐大、複雜和詭異的迷宮。假如它被建在地面上，其建築的複雜性一定會令人印象深刻。但當人們想到這所有工作都需要在火山岩床上用鑿子雕、捶打、切割和開鑿時，絕對會感到歎爲觀止。之後，透過對一個計畫的研究後，我了解到這個巨大的地窖，橫切面看似一個巨大的養兔場，面積延伸超過四平方公里，地下建築位於代林庫尤現代城鎮的腳下，街道下有街道，房間下有房間，是一個存在於未知古代、用途不明的祕密地下城市。但可以肯定的是，它是巨大的創造力、決心和技巧的產物。

代林庫尤只是兩百個這樣的地下複雜建築之中的一個，其中每一個建築至少都包含兩層（大約四十處建築中包含三層或更多），這在土耳其的卡伊賽里（Kayseri）和內夫賽希爾（Nevsehir）之間的地區已經得到確認。此外，還不斷有新的發現。一九六三年，施工人員翻新現代家庭的地窖時，成功打通地下一個古老的通道，從而發現代林庫尤遺址。而最近，在二〇一四年，當工人們準備在距離代林庫尤北部一個小時車程的內夫賽希爾建造一個新的房屋計畫時，碰巧找到另一個未曾預料到的地窖。考古學家們被召喚至此，結果很快發現這是一個至今已知最大的地下建築。正如內夫賽希爾市市長哈山・昂維爾（Hasan Unver）所說，當與這一新發現的遺址相比，代林庫尤及卡伊瑪克利不過是「廚房」而已。「這並不是一個已知的地下城市，」土耳其住房發展署署長莫罕默德・額爾貢・圖朗（Mehmet Ergun Turan）補充說，「目前正在討論這條七公里長的隧道。當然，我們一發現這個遺址，便停止對該地區進行建設的計畫。」

一些評論家立即推測這個新發現的遺址可能有「五千年之久」。但這種推測毫無根據。我們可以肯定的是，關於土耳其的地下城市，最早的現存歷史記載，是在希臘歷史學家色諾芬（Xenophon）⑥寫於公元前四世紀的《遠征記》（*Anabapsis*），所以這個地下城市應該更爲古老。

但問題是，到底有多古老？

讀者應該還記得，在第一章中提到，並無客觀的方法追溯完全由岩石打造的建築物的年份。因此，考古學家們尋找的是可以使用碳年代測定的有機物質。然而，若要這些有機物質發揮作用，必須從遺址上從未被移動的巨石下挖掘這些物質。例如，透過兩個石塊連結的原始灰槳來探測，就可對與出土日期有關的一些結構元素做合理的推論。

這就是哥貝克力石陣的建立者掩埋巨石圍場，這一神祕決定何以對考古學如此有幫助的原因。一旦巨石處於被掩埋的狀態，其有機物質就可以用作推斷遺址年代有價值的參考依據。對比之下，許多其他的遺址也存在這種可能性，即後來有機物質的侵入會導致推測出一個錯誤的年輕年代，以及在某些遺址，以土耳其的地下城市爲例，沒有可靠的年代可被確定。因爲這些遺址被許多不同的人多次使用和再使用過，其有機物質被帶到每一個場合，因此，根本不可能得到關於它們原始結構年代的任何推論。

考古學家們的普遍看法是，地下的建築最初是由當時生活在卡帕多西亞的一支印歐民族——弗里幾亞人（Phrygians），在公元前七或八世紀所開發。理論上，弗里幾亞人透過拓寬和深化存在於火山岩石的天然洞穴和隧道來進行這一計畫，利用他們創建的空間儲存，或做爲躲避攻擊者的避難所。

至羅馬時代，弗里幾亞人早已不存在，該地區的居民是說希臘語的基督徒，他們進一步發展和擴大地下洞穴，將一些房間當作禮拜堂，並用希臘文題字，有些題字直到今天仍然存在。在拜占庭時代，從公元八至十二世紀，東羅馬帝國陷入與新的伊斯蘭化的阿拉伯人的戰爭，地下城市再度成爲避難所，十四世紀蒙古人入侵期間還繼續發揮此一功能。再之後，希臘基督徒利用這個城市，做爲逃避土耳其穆斯林統治者迫害的避難所，一直持續到二十世紀，直至一九二三年，希臘和土耳其之間停戰，完成人口交換協議之後，這些地下建築才廢棄不用。

有這樣一段曲折的歷史，很容易看出何以無法用客觀的考古技術來追溯地下城市的年代。此外，投入大量的努力，並開挖岩石和複雜的通風系統，這說明強大的長期動機，遠遠不止是當作躲避攻擊者的避難所這個需要。在這種考量下，我們可以設想：在許多後來的文明場景中，考古學家們並無充分理由證明，弗里幾亞人是地下城市的第一個建造者，他們只是其中一個後來利用地下城市的文化之一，極有可能是這種情況。如果是這樣的話，這些非凡的地下結構可追溯到弗里幾亞人出現的很久以前，這也是很有可能的，甚至早在大約一萬兩千八百年前，新仙女木期出現「致命的寒冬」的那個時候。

當然，我們沒有證據證明這一點。不過，土耳其歷史學家和考古學家奧瑪爾．德米爾（Omer Demir），《卡帕多西亞：歷史的搖籃》（*Cappadocia:Cradle of History*）的作者，他所持的觀點是，代林庫尤事實上可追溯至舊石器時代。他的觀點部分基於已經存在於弗里幾亞時期的概念，部分基於建築物較高（古老）的層級與較低（年輕）的層級之間風格的差異，並基於部分的事實，即在較高的層級，用於切割岩石所做的記號已經完全消失，而在較低的層級仍然可見：

> 鑿刻的痕跡需要經過很長的一段時間才會消失。這意味著建造最初的層級和最後的層級之間，有相當大的一段時間差。

德米爾還表示，建造地下城市所開挖的大量岩石，當時被傾倒至當地的溪流，然後被流水沖走，因此現今在附近毫無痕跡。其中一條溪流名爲索格納里（Sognali），位於距離代林庫尤二十六公里（十六英里）之處，在那發現了手斧、岩石碎片和其他舊石器時代的人造物。

證據最多也就是有些提示作用。我並不想把我的生活和聲譽賭在它們身上！不過，在看到代林庫尤和其他大約在一萬兩千八百年前新仙女木事件開始時，在舊石器時代初期建造的地下城市之後，其最大的好處就是，我們可以不用再去尋找與其付出的巨大努力相匹配的建造動機。在伊瑪的故事中，已經很明確地告訴我們這個動機是什麼。簡單來說，地下城市是瓦拉，在地下深處建造避難所，是爲了躲避新仙女木事件帶來的恐怖後果，這些後果不僅限於「猛烈破壞性的霜凍」，也如我們從附近的阿布．胡賴拉遺址的沉積物樣本中，發現的天體撞擊球粒和熔融玻璃那樣，還包括來自天空的恐怖撞擊威脅。

像一條從天空竄出來的蛇

幾乎可以肯定的是，假如正如費爾斯通、肯尼特和韋斯特所堅持的，我們的地球確實在一萬兩千八百年前與一顆巨大的彗星相撞，一開始這種撞擊不會只落下大型的碎塊。彗星的碎塊流會停留在環繞地球的軌道上，很可能導致數十年，或許甚至數個世紀以後持續的撞擊。其強度未必與第一次撞擊同等規模，但仍然能夠造成災難性的損害，這條盤據天空的強大的「蛇」，帶來足夠的恐懼和沮喪，由此證明建造安全的地下避難所是正確的。

而且，正如我們所見，今日的地球仍然可能會遇到巨大的新仙女木彗星的碎塊流，那些無法使用望遠鏡觀察，比煤還要黑的巨大致命物體，可能今天仍在碎塊流的軌道上運行。容我再次提醒第三章中奧吉布瓦人的預言：

這個帶著又長又寬的尾巴的星星，有天將再度接近，毀滅世界。它就是被稱為「長尾登天星」的彗星。

新仙女木彗星會再回來嗎？難道用其碎塊撞擊地球，造成一萬兩千八百年前新仙女木期那些毀滅性的寒冬，還不足以發洩它所有的憤怒和破壞力嗎？

奇怪的是，古代伊朗的傳統也有一個預言說伊瑪將會歸來，並再度行走在人間：

當預示末日的跡象出現，最糟的一種情況是，世界上出現比以往更可怕的冬天，屆時，將會下長達三年的雨、雪和冰雹。

許多彗星碎塊的燃燒墜落，將會帶來這樣的冬天，就像發生在一萬兩千八百年前那樣的狀況。之所以會發生那樣的狀況，在一定程度上是因為空中爆炸所帶來的碎塊和煙霧，加上陸地的衝擊力，造成過熱的噴出物使天空變暗。這些都是很嚴重的事情，我們將在第十九章繼續探討。但首先我們必須思考挪亞的故事，也就是伊瑪的希伯來版，故事說洪水帶挪亞來到亞拉臘山的斜坡上，從哥貝克力石陣步行至此處只需幾天的時間。挪亞的故事還包括一個預言，在《新約全書》（*New Testament*）〈彼得後書〉第三章，六至七節中有所闡述：

當時的世界被水淹沒就消滅了。但現在的天地還是憑著那命存留，直留到不敬虔之人受審判遭沉淪的日子，用火焚燒。

或者正如一首老歌唱道：

神用彩虹與挪亞立約：不再有洪水，下一次將是烈火。

注釋

①拜火教創始人，該教信奉至高善神阿胡拉·馬茲達。
②約四六年～一二五年，羅馬時代的希臘作家。
③羅馬帝國時代作家，生平不詳。
④薛西斯一世，約公元前五一九年～公元前四六五年，是阿契美尼德王朝的國王。
⑤即耶和華，希伯來文 Yahweh。
⑥出生日期不詳。早年師從蘇格拉底，是蘇格拉底較出色的學生之一。

第八章

挪亞大洪水之前的人事物

人們對《聖經》中大洪水的故事是如此的熟悉，在此便不做太多的複述。基本要素可總結如下：

- 為懲罰人類的邪惡，神造成一次毀滅生命的全球大洪水。
- 有一個人（挪亞）被神選中，並被警告隨之而來的災難，還要他建造一艘逃生船（方舟）。
- 方舟上保留所有生命形式的種子或育種的配對，特別強調人類的生命（挪亞和他的妻子，以及他們的兒子和兒媳們）和動物的生命（正如上一章所見，「飛鳥各從其類，牲畜各從其類，地上的昆蟲各從其類，每樣兩個，要到你那裡，好保全生命」）。
- 方舟安然度過洪水，直到洪水退去。
- 方舟擱置「在亞拉臘山」。
- 直到「地上的水都乾了」，神指示挪亞帶領家人離開方舟，「在你那裡凡有血肉的活物，就是飛鳥、牲畜，和一切爬在地上的昆蟲，都要帶出來，叫他在地上多多滋生、大大興旺。」
- 挪亞建了一個祭壇，奉獻一些他從洪水中拯救的動物和鳥類。焚燒祭品的香味使神感到喜悅。
- 存活的人類和動物開始生生不息地增加，如他們被吩咐的那樣「大大興旺」。

亞拉臘山上升到五千一百三十七公尺（一萬六千八百五十三呎），地質學家們以優秀的科學基礎向我們保證，自從一千六百萬年以前，接近中新世（Miocene）早期結束之際，也就是亞拉臘山開始形成之時，它沒有一處曾被海洋洪水覆蓋過。而正如上一章所提到的，解剖學上現代人的出現，不能被追溯到二十萬年以上，甚至連人類與黑猩猩共同的祖先，一種從任何意義上來說都離「人類」很遠的生物，也僅能追溯到六百萬年前。因此，一艘帶著人類的船被沖上亞拉臘山，按時間序排列是不可能的。

儘管如此，讓人感興趣的是，《舊約全書》中的大洪水故事，還是具體和蓄意的提到了「亞拉臘山」（事實上，此「山」有雙峰）。在聖經時代，亞拉臘山被理解爲「亞拉臘王國」的一部分，是烏拉爾圖（Urartu）①歷史悠久的土地，在公元前兩千年被亞述國王薩曼尼瑟（Shalmaneser）所征服。由於該地區的考古發現有限，歷史學家們承認「烏拉爾圖的起源必定是模糊不清的」。但該地區最早已知的聚落和農業起源，可一直追

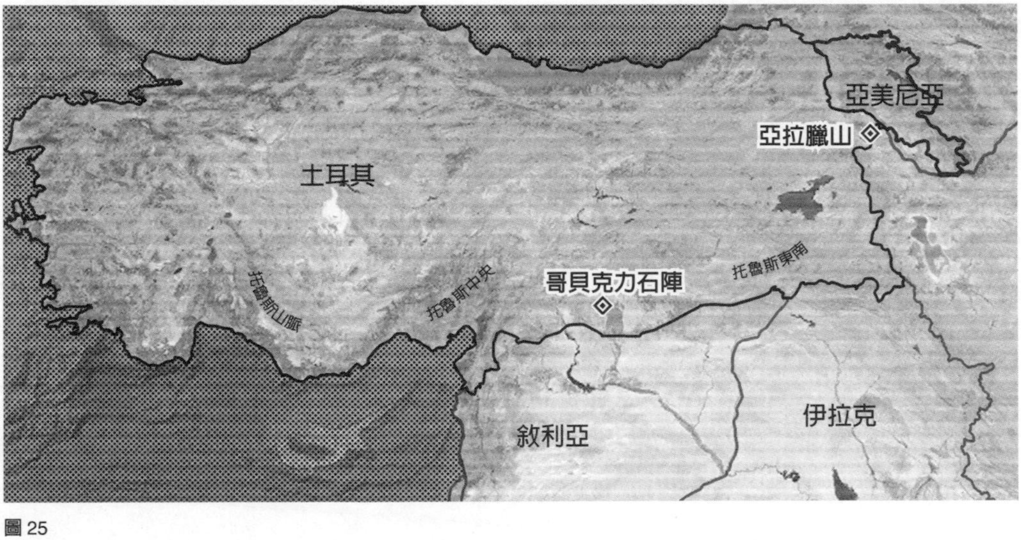

圖25

溯到「大約公元前一萬至九千年」，換言之，即哥貝克力石陣的時期。

此外，包括亞拉臘山和哥貝克力石陣大部分的區域，形成歷史上亞美尼亞的核心地帶，《聖經》上亞拉臘王國的嫡系後裔，也就是此處的居民，至今仍自認爲是「亞拉臘的人民」。摩西・侯仁納齊（Moses Khorenatsi）在公元五世紀所寫的一本具有影響力的《亞美尼亞人的歷史》（*History of the Armenians*），將這個國家的建立歸功於哈伊克（Haik）族長。據說哈伊克是挪亞本人的玄孫，因此他和方舟上的洪水倖存者有著密切的血緣關係。事實上，正因爲哈伊克，二十一世紀的亞美尼亞人仍然自稱是哈伊（Hai），稱他們的土地是哈伊阿斯坦（Haiastan）。這麼多的土地，包括哥貝克力石陣和亞拉臘山，在一九一五至一九二三年的亞美尼亞種族大屠殺之後，現在都被土耳其共和國所擁有，他們認爲這簡直是歷史的悲劇。而據信當時有超過一百萬的亞美尼亞人被土耳其軍隊殺害。

民族主義情緒在分散世界各地的亞美尼亞社區，以及亞美尼亞殘餘的狹小領土上依然高漲，因而形成今日的亞美尼亞共和國。這些緊繃狀態並未讓哥貝克力石陣免於被染指，而使許多亞美尼亞人憤恨的是，土耳其宣稱這個獨特而重要的遺址是土耳其的遺產，好像該遺址與古代亞美尼亞人的關係根本不存在。若用幾分鐘在網路上輸入「Portasar」搜尋，也就是以前亞美尼亞人爲哥貝克力石陣所取的名字，將會證實這一點。我在這裡提出一個簡單的例子，在 YouTube 上有一支標題爲「土耳其將亞美尼亞的 Portasar 列爲土耳其的哥貝克力石陣」（Turkey Presents Armenian Portasar as Turkish Göbekli Tepe）的視頻，許多觀眾在評論中發表相當典型的言論，當中讀到：

> 我是這樣看待 Portasar（哥貝克力石陣）的。這些人故意掩埋一座神聖的殿堂，他們這樣做，是

預期在未來許多年以後，該遺址將會被發現。他們相信靈魂轉世。這些修築Portasar（哥貝克力石陣）的人是亞美尼亞人。他們的精神已傳承到今天的亞美尼亞人身上。當你傳承家族裡的某些東西時，你會想確保它只傳到你的家庭成員，而不是其他人手中。而按照自然法則，Portasar和那些土地將會回歸亞美尼亞人……

本著同樣的道理，雖然亞拉臘山現在完全在土耳其境內，此山仍然是亞美尼亞民族主義有力的象徵。亞拉臘山的景觀，包括洪水退去和山頂上的挪亞方舟，均在亞美尼亞共和國的國徽上占主導地位。而亞拉臘山本身，那麼近又那麼遠，從亞美尼亞首都葉里溫（Yerevan）隱約可見，那麼令人難忘，而且永遠提醒人們：

過去永遠不會死去。它甚至沒有過去。

因此，有許多方法使挪亞和他的方舟故事，以及世界在經歷全球性的恐怖大災難之後重新開始，成爲哥貝克力石陣地區活生生的力量。哥貝克力石陣位於托魯斯山脈，這處神祕聖地是公元前九千六百年圍成的巨石圈。公元前九千六百年代表新仙女木期漫長且「致命的寒冬」確切結束的日期。正如我在該處採訪克勞斯·許密特時，他誇張地問我（見第一章）：

在公元前九千六百年，當全球氣候突然轉好之際，大自然充滿了無限可能，哥貝克力石陣的大規模建築會是個意外嗎？

關於這個時期還有其他的補充。正如公元前一萬零八百年新仙女木事件開始之初，伴隨著巨大的全球性洪水和海平面迅速上升，北美洲冰蓋的冰雪融水突然湧入大西洋，公元前九千六百年左右發生第二次的全球性洪水，因全球變暖，使北美洲和北歐殘餘的冰蓋同時崩塌。已故的邁阿密大學地質科學系教授西薩瑞・埃米利阿尼（Cesare Emiliani），對深海的沉積物進行同位素分析後，結果得到驚人的證據，證明「在一萬兩千年和一萬一千年前」確實發生過災難性的全球洪水。

因此，儘管冰河時代末期的洪水也許不可能將挪亞和他的方舟，帶到比目前海平面高數千呎的亞拉臘山上，但這些洪水確實遍及全球，並且對當時的人類生活帶來破壞性的後果。像亞拉臘山這樣的山區本來就是天然的避難所，是可以將「所有生命形式的種子」帶來，並重新開始繁衍的天然場所。因此，雖然挪亞的故事不可能在每一個細節上都是眞實的，但我們必須考慮的可能性是，其本質是眞實的。例如，它確實記錄了「方舟」的建造，在方舟裡，各種有用植物的種子和動物的育種，被已經通曉農業及建築技術的人保存下來，這些在洪水中倖存的人，遷徙到亞拉臘山和哥貝克力石陣之間的陸地上，然後，他們向該地區原有的狩獵採集者傳授農業和建築知識。

哥貝克力石陣那些突然的、前所未有的巨石圈，必定是由擁有豐富巨石建築經驗的人設想完成的。而在完全相同的地區同時「發明」農業，在我看來，高度暗示了這種可能性。此外，還有一種哥貝克力石陣本身就是以石頭來紀念和凍結「方舟」的強烈感覺，因爲石頭上的圖像不僅關於動物，還包括了大量耐人尋味的浮雕，當中顯現出女性裸露的生殖器和男性勃起的陰莖，象徵人類的生殖力。密蘇里州立大學的宗教史教授卡爾・路克特（Karl Luckert），將後者的圖像，包括一個人像，解釋爲經典的「大地之母」，使人想起神命令挪亞和他的家人去「多多滋生、大大興旺」。

此外，除了挪亞方舟，我們還能在何處找到一個像哥貝克力石陣巨石上刻劃的一群動物？正如我們在第一章所見，這群動物包括蜘蛛、蠍子和蛇（「一切爬在地上的昆蟲」）、鳥類和牛（「飛鳥各從其類，牲畜各從其類」），以及狐狸、貓科動物、山羊、綿羊、瞪羚、野豬、熊等等（簡言之，正如〈創世紀〉〔Genesis〕第六章第二十節所述，「每一種動物和每一種生物各從其類」）。

最後，挪亞將從洪水中拯救的一些動物和鳥類做爲祭品獻給神。在哥貝克力石陣，考古學家們發現許多動物被宰殺後留下的骨頭，而巨石柱上就刻劃著這些動物的物種。

來自洪水之前的城市

長期以來，學者們一直認爲《聖經》的洪水故事並非源於《舊約全書》，而是來自更早的源頭，無疑地可追溯到考古學界至今承認最古老的文明——美索不達米亞的古代蘇美（Sumer），該地區出現在公元前五千年，在公元前四千和三千年之間蓬勃發展，並一直持續到公元前兩千年。關於全球性的洪水「神話」有兩個最早的

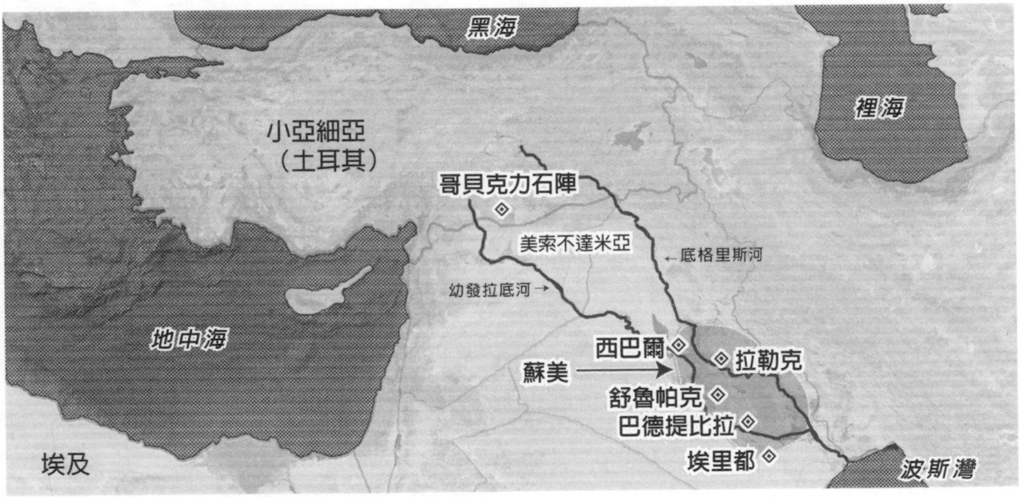

圖 26
古代蘇美在大洪水之前的城市分佈圖。

書寫版本，如今可在賓夕法尼亞大學考古學與人類學博物館，以及挪威的舒延私人收藏品（Schøyen Collection）中見到。兩個版本均用蘇美語的楔形文字書寫，都是片段且非完整的銘文流傳下來。

然而，關於洪水故事的這兩個最早的書寫版本，賓夕法尼亞大學的刻字板是在挖掘蘇美城市尼普爾（Nippur，位在現代城市巴格達南方兩百公里的幼發拉底河）的過程中發現的，其文字訊息最完整，包括曾經用黏土製成的六列刻字板的下三分之一段，可追溯至公元前十七世紀。舒延的刻字板雖然殘留不多，但年代有一些古老（可追溯至公元前十九至十八世紀），它重複賓夕法尼亞大學那塊殘片上的某些訊息，並增加一些在其他地方沒有發現的新細節。

這些破碎的小小烤石板是多麼稀有和珍貴！它們一定有些故事可講。當我第一次讀到這些故事時，立刻被其所吸引，因爲它明確提到大洪水發生之前曾經存在五座城市，我們還被告知，這五座城市後來都被大洪水所淹沒。

賓夕法尼亞大學刻字板上的頭三十七行缺失，因此我們無從得知故事是如何開始的。但接下來所得到的訊息是，大洪水的發生還在遙遠的未來，以及關於人類、動物和植物的創造。然後又出現三十七行，我們發現已經進入一個高度文明的時代，並了解到在這個時代，即在大洪水之前，「王權從天而降」。

接下來提到的是，大洪水之前，蘇美的幾座城市是由一位無名的統治者或一位神所建立：

> 高貴的皇冠和王權寶座從天而降後，
> 他完善了儀式和崇高神聖的法律……
> 建立五座城市……在純淨之地，

為城市命名，將其分配為祭祀中心。

第一座城市叫埃里都（Eridu）……

第二座城市叫巴德提比拉（Badtibira）……

第三座城市叫拉勒克（Larak）……

第四座城市叫西巴爾（Sippar）……

第五座城市叫舒魯帕克（Shuruppak）……

人類命脈的保存者

當我們在第三個三十七行空白後重新回到故事，情況變得令人困惑。雖然大洪水仍然遠在未來，五座遠古時代城市的建立卻在久遠的過去。根據銘文，很明顯地，在這段期間，這些城市居民的行為觸怒了諸神，諸神聚會，要求以一場毀天滅地的大洪水，做為懲罰人類的恐怖工具。此時，我們再度回到這個故事，得知少數的神對此決定有不同的意見，並流露出祂們的不悅和不滿。

接下來沒有任何序文，直接介紹一位名叫齊蘇德拉（Zisudra）的人，《聖經》族長挪亞的蘇美版。銘文上描述他是「一位虔誠、敬畏神的國王」，這讓我們明白，諸神之一很同情他。賓夕法尼亞大學的刻字板上沒有出現這位神的名字，但舒延的殘片給了我們一個線索，它透露齊蘇德拉不僅是一位國王，還是恩基（Enki）神的祭司。我們後面會多次提到這個神的名字。祂告訴齊蘇德拉：

記住我的話，聽我的指示：
一場洪水即將席捲祭祀的中心，
毀滅人類的命脈。
這是諸神集會的決定。

接下來的四十行銘文遵循同一個神話的許多後來的修訂版，學者們推論：「接著必定是向齊蘇德拉提供詳細指導，以建造一艘巨大的船，將他自己從毀滅中拯救出來。」

當故事繼續，大災難已經開始：

所有風暴強有力地來襲，
與此同時，洪水席捲祭祀的中心。
洪水漫延大地，七天七夜，
巨船在大水中的風暴中飄搖。

在整個大災難中，天空一直是黑暗的。然後，在第八天，太陽穿過雲層，狂風暴雨停止。齊蘇德拉打開他救生船的「窗戶」，俯瞰窗外已經永遠改變的世界，然後奉獻一頭公牛和一頭綿羊給諸神。

接下來缺失的三十九行令人惱火，大概是告訴我們關於齊蘇德拉發現陸地和他接下來的行動。當再度回到這個故事時，已經是接近銘文的最後部分，我們發現他出現在蘇美萬神殿最高神明安努

（Anu）和恩利爾（Enlil）旁，諸神後悔先前欲將人類從大地表面抹去的決定，現在祂們非常感謝齊蘇德拉建造方舟，並從洪水中存活，祂們決定讓齊蘇德拉永垂不朽：

> 祂們賜與他像神的生命；
> 賜與他像神才有的永恆呼吸，
> ……齊蘇德拉國王，
> 植物的名稱和人類命脈的保存者。

最後的三十九行也是缺失的。

七賢者

已故的薩繆爾・挪亞・克瑞默（Samuel Noah Kramer），是研究古代蘇美的重要權威人士之一，他觀察到全球大洪水的傳說，現存最古老的書寫版本仍存在著「逗弄人的隱晦和不明確之處」。然而無庸置疑的是，刻字板上提到在大洪水發生之前就存在城市

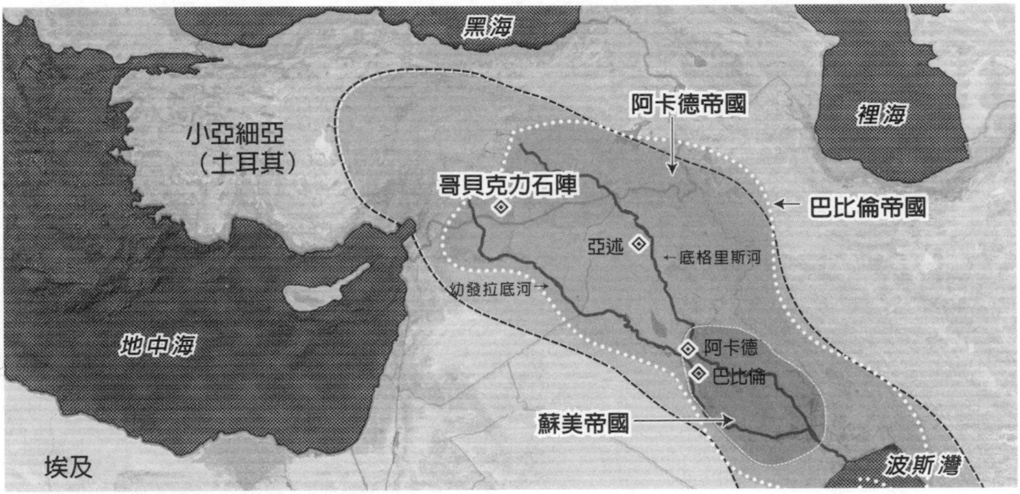

圖 27
美索不達米亞古代的帝國，在歷史上不同的時期各領風騷，但均保留遠古時代毀滅人類的全球大洪水傳說。

文明，並提供了這些聖城的名字：埃里都、巴德提比拉、拉勒克、西巴爾、舒魯帕克。我們還被詳細告知，這些城市都被洪水淹沒。此外，在蘇美本身不復存在很久之後，關於這五座城市的豐富傳統、大洪水之前的時期和大洪水，皆在美索不達米亞留存了下來，並在後來興起的阿卡德、亞述和巴比倫文化中再度重現，幾乎直到基督時代。事實上，可以公平地說，正如古代傳說，這個地區很明顯地劃分成兩個不同的時期——大洪水之前和大洪水之後，該地區的人們認爲這兩個時期是絕對根據事實和眞實的。

我們在第一章看到，美索不達米亞的傳統不僅保存大洪水之前城市的記憶，還保存一個洪水之前的開化英雄——歐安尼斯和七賢者兄弟的傳說，據說這「七位阿普卡魯」協助他完成開化文明的使命。讀者應該還記得，這些賢者在該地區倖存的藝術品中，常被描繪爲帶著一個奇特的袋子或桶狀物的蓄鬍男人，有時也被描繪成半人半獸，以半鳥半人的形態出現。隨著我更深入的挖掘，重新詳讀在寫《上帝的指紋》時，首次接觸巴比倫祭司貝羅索斯的描述，我想起歐安尼斯和七賢者有時也會被描繪成不同的半人半獸形象，只不過在這裡是半魚半人。他們每個人都分配給一位遠古國王擔任「顧問」，以其對國家事務的智慧及做爲建築師、建造者和工程師的技能而聞名。

貝羅索斯根據巴比倫神廟的檔案（據說包含有已保存「超過十五萬年」的「公共記錄」）編寫了一本《歷史》（*History*）。當中，他描述歐安尼斯是一個「怪物」或一個「生物」。然而，貝羅索斯確實更大地暗示了他穿著某種裝扮成魚的衣服。簡而言之，是某種僞裝。關於這個怪物，貝羅索斯告訴我們：

> 他具有魚的身體和頭。但在魚頭下方還多了一個人頭，在魚尾也多出一對人的腳掌，並且有人

類的聲音……在一天結束之際，這個歐安尼斯怪物，會回到海裡度過夜晚。他是兩棲動物，能生活在陸地和海洋……之後，其他類似歐安尼斯的怪物也出現了。

請記住，哥貝克力石陣的某根巨石柱上，也描繪著歐安尼斯和七賢者所攜帶的奇特容器（正如在第一章中所見，在遙遠的古代墨西哥也有類似的圖像），我們對這一切該如何解釋？

當我們進一步探索美索不達米亞的傳統，這個謎團也變得更爲神祕。總之，數千年以來，歐安尼斯和七賢者一直被描繪爲教育了人類。在這段漫長的時間中，出現五座上古城市，爲偉大文明的中心，以及王權是「從天而降」的思想。貝羅索斯說，在歐安尼斯首度出現之前，美索不達米亞的人們「以一個無法無天的方式生活，像田野中的野獸。」

貝羅索斯在公元前二九○年和二七八年之間撰寫的《歷史》，只有一些片段被辛塞勒斯

圖28
歐安尼斯和有兄弟關係的阿普卡魯賢者們。

（Syncellus）和優西比烏（Eusebius）等作家，因在作品中引用和摘要而流傳下來。然而，學者們辨認出，以這種方式傳達給我們的訊息，確實反映在楔形文字的石板上，可追溯到遠古時代非常古老的美索不達米亞的傳統。例如，歐安尼斯這個名字，可能一直被將其傳達給我們的作家所扭曲，它源於楔形文字 Uannadapa，通常被簡單地縮寫爲 Adapa 或 U-Anna。Adapa 原來有「智者」的含意（正好可以形容賢者）。根據古代美索不達米亞的銘文記載，U-Anna「完成創造天地的計畫」。其他的上古賢者團體還包括「被賦予全面理解力」的 U-Anne-dugga，和被描述爲「埃里都城市魔法師」的 An-Enlilda。

最後一點，七位上古時代的賢者是「咒術師」、「巫師」、「術士」、「魔法師」，這在楔形文字的銘文講得很透徹。此外，他們神奇的能力，很明顯地跟實用、技術上的或甚至科學上的技能有關。因此，他們是「化學配方」的大師，他們是醫生，是木匠、鑿石工、金屬匠和金匠，他們爲城市奠定了基礎。事實上，在以後的時代，用於皇室建築和改造計畫的所有技能，都歸功於這些上古賢者所傳授的知識。正如愛沙尼亞塔爾圖大學（University of Tartu）的阿馬爾・阿努斯（Amar Annus），在經過詳細研究之後所做的摘要：

> 大洪水之前的這段時期是美索不達米亞神話帶來的啟示之一，為隨後所有的知識奠定基礎。七位上古賢者是開化的英雄，為大地帶來文明的藝術。在接下來的時間裡，沒有發明新東西，原始的啟示只是傳達和開展。歐安尼斯和其他賢者向上古人類傳授一切文明的基礎。

古代美索不達米亞的楔形文字板，對七位賢者手中持有的容器也有所描述。這些容器被稱爲

banduddu——「水桶」，推測盛裝著「聖水」。讀者應該會想起第一章提到的，賢者的另一隻手總會提著一個圓錐狀的物體。這些在紀錄中被稱爲 mullilu，意即「淨化器」。在相同的場景下，賢者們通常會與一棵風格獨特的樹同時出現，有時與國王一同出現，有時與兩者一起出現。關於這棵樹，沒有特別的文字留存下來。但根據學者們普遍的推測，這棵樹一定是一棵「聖樹」，許多人相信它代表「生命之樹」，象徵「神聖的世界秩序和國王，國王的功能是俗世的管理者」。由此得出的結論是，我們所看到的是「一種神奇的保護儀式，一種祝福，一種恩膏」：

> 賢者將聖水噴灑在樹上，對其賦予自己的神聖，維護宇宙和諧，從而確保創造天地的計畫正確運行。

七位賢者被認爲是由恩基（恩基是蘇美名字；阿卡德人稱祂爲埃亞（Ea））所創造，在舒延石板上，祂是齊蘇德拉的保護者，地下淡水海洋阿勃祖（Abzu）的偉大神祇。恩基的特性除了與水域相關，還具備智慧、

圖 29
蘇美人智慧與魔法之神——恩基，掌管名為阿勃祖的地下淡水海洋。因其與阿勃祖的關聯，常被形容成從肩膀上源源不斷地流出水和魚的形象。阿卡德人稱為埃亞。

魔法、文明的藝術和技能，因此說賢者是祂的創造物之一，他們經常以魚的形式出現是恰如其分的。正如一位學者所言，賢者們魚的形象：

> 與深藏的祕密相關聯，他那永不閉合，時刻關注的眼睛，使其具有無所不能的睿智。

我們從楔形文字銘文中得知，多虧智慧之神恩基所創造的魔法師，這些傑出的賢者所提供的建議和教誨，人類的文明才能在技術和科學方面有快速的進展，然後進入「大洪水之前卓越輝煌和豐沛的黃金時代」。在所有可能的世界中，似乎都是最好的。但隨著幾千年過去，人類和宇宙及諸神不再能維持和諧，特別是偉大的恩利爾，祂被描繪爲「國王、至高無上的主、父親和造物主」，以及（或許是爲了賦予祂更多的人格）是「肆虐的風暴」。雖然天空之神安努在蘇美人的萬神殿中排名第一，但祂通常是一個遙遠而無力的角色；恩利爾雖位居第二，但實際上對大多數「行政決定」負責。在一些銘文中有提到，恩基是恩利爾最年輕的弟弟，祂排名第三。

正如我們所見，蘇美人洪水的故事有許多空白，但在其他的碑文，諸如那些包含《吉爾加美什史詩》（*Epic of Gilgamesh*）的碑文，可以說是最有爭議的現存美索不達米亞銘文，填補了這些細節，讓我們對恩利爾的角色更加明白：

> 在那個時代，世界充滿希望，人口倍數成長，世界像野牛般發出咆哮，偉大的神被喧囂所喚醒。恩利爾聽到這些喧囂，在會議中對諸神說，「人類的喧囂實在難以忍受，吵雜聲讓我無法安眠。」於是諸神同意消滅人類。

我們已經知道後來發生的事情。恩基（除了舒延石板上所銘刻的，其他後來的銘文也證實是祂）介入並警告齊蘇德拉，即將發生一場滅絕生命的大洪水。貝羅索斯稱呼齊蘇德拉爲「西索思羅斯」（Xisouthros），他講述故事的下一章：

（恩基）出現在西索思羅斯的夢裡，向他透露……人類將被一場大洪水毀滅。然後，祂命令西索思羅斯將所有的石板一起埋在太陽之城西巴爾，然後建造一艘船，以容納他的家人和他最好的朋友。他要預備食物和飲料，還要將動物、鳥類和所有四隻腳的動物帶上船。當一切都準備好之後，就可以啟航……直到大船建造完成，西索思羅斯不曾停工。船身長五斯塔迪②（三千呎或九百一十四公尺），寬二斯塔迪（一千兩百呎或三百六十六公尺）。他按照指示準備好一切，與他的妻子、孩子及最親密的朋友登上完工的船……

圖30
蘇美人威力強大的神——恩利爾（右側坐著）。
常被形容為「肆虐的風暴」，並下令以大洪水的
力量消滅人類。

貝羅索斯現存的殘片並未告訴我們大洪水的經歷。但《吉爾加美什史詩》以齊蘇德拉/西索思羅斯的自述講道：

風吹襲六天六夜，大雨、暴風和洪水席捲整個世界，如宿敵般激烈交戰。當第七天破曉時，從南部來的暴風雨平息下來，海洋變得平靜，洪水消退。我看著這世界的面貌，只剩下一片寂靜。海面伸展平坦地像屋頂，所有人類返回土地……我打開艙門，陽光照映在我的臉上。然後我深深的鞠躬，坐下來，泣不成聲，淚水從我的臉上滑落，因為四周都是水……十四里格③處似乎有一座山，那裡是大船的停泊之地……

貝羅索斯接著寫道：

此時，西索思羅斯知道陸地再次出現了……他和他的妻子、女兒及舵手一起下了船。他跪在地上膜拜，並建造一個祭壇用以祭神。爾後，他和那些與他一起下船的人消失無蹤。那些仍然待在船上，並未與西索思羅斯一起出走的人……四處尋找他，並大聲喊叫他的名字。但西索思羅斯從此再沒出現過。之後空中傳來一個聲音，昭示尊重諸神是他們的責任，而由於西索思羅斯向諸神表現出崇高的敬意，所以他已經到了神的住所，他的妻子、女兒和舵手都可以享受同樣的榮譽。這個聲音接著指示他們回到……西巴爾城，去挖掘埋在那裡的石板，並把它們交給人類。他們最後安頓的地方是在亞美尼亞的土地上。

所以，簡言之，《聖經》和美索不達米亞的紀錄，均同意亞美尼亞是大洪水倖存者的避難地。

然而，貝羅索斯添加了《舊約全書》故事中缺失的某些重要細節。首先，他提到西巴爾，正如我們所了解的，西巴爾是蘇美傳說中的五大上古城市之一；第二，上古時代的著作或檔案在大洪水之前（「所有最初的、中期的和最後的石板」）皆被埋在西巴爾；第三，當洪水退去，倖存的人們回到西巴爾，挖掘埋藏的石板，並「把它們交給人類」。

因此，這裡所設想的，無非是一場全球性大災難之後文明的延續，上古時代的知識被恢復及再普及。但是，就傳播這些知識而言，七賢者不再發揮任何作用。楔形文字銘文告訴我們，他們在大洪水發生時，就已經被送回阿勃祖的深處，並被下令不得重返。其他具有「人類血統」的賢者，有時被描繪為「三分之二的阿普卡魯」，各司其職，使文明得以延續，進而再度復興。待適當的時候，日後的國王會談到他們與上古世界的關係。在公元前一千年，巴比倫的尼布甲尼薩一世（Nebuchadnezzar I）④自稱是「大洪水之前保留下來的一顆種子」，而在公元前七世紀統治美索不達米亞中部，亞述帝國的亞述巴尼拔（Ashurbanipal）⑤自誇道：「我學習賢者阿達帕（Adapa）的技藝，那些都是神祕的知

圖 31
蘇美人大洪水的倖存者和方舟：「海面伸展平坦地像屋頂，所有人類返回土地……14 里格處似乎有一座山，那裡是大船的停泊之地……」

識……我非常熟悉天與地的記號……我樂於享受大洪水之前刻在石頭上的文字。」

我們將在下一章看到，與七賢者同樣是遠古時代帶來文明的使者，他們保存和重新普及「大洪水之前刻在石頭上的文字」完全相同的概念，出現在完全不同和不相干的古埃及文化中。這眞的是一個奇怪的謎團。

注釋

①位於黑海東南部和裡海西南部山區的古代王國。
②stades，古希臘的長度單位。原為古代奧林匹亞運動場的長度。
③leagues，長度單位，一里格等於三哩，約四點九至五點六公里。
④古代巴比倫第四王朝的國王，在位期約為公元前一一二五～公元前一一○四年。
⑤亞述國王，在位期約為公元前六六九年～公元前六二七年。

第四部 復活

PART 4 RESURRECTION

第九章

靈魂之島

尼羅河的兩岸青翠茂密，兩旁皆是棕櫚樹和綠色的田野，但河岸狹窄，被沙漠所包圍，多虧了永恆的河流賜予生生不息的禮物。相同的故事從開羅一直延伸到亞斯文（Aswan），在這裡，納賽爾湖（Lake Nasser）的大壩已永遠改變法老的神聖景觀，它是世界上最大的人造貯水池之一，一直向南越過蘇丹邊境。一九六〇年代，由於湖水上漲，許多古埃及的遺跡，諸如布亨堡壘（Fortress of Buhen）都被湖水淹沒。另外如世界知名的阿布辛貝（Abu Simbel）和菲萊（Philae）美麗到令人震懾的伊西斯小神廟（Temple of Isis），也都被逐塊遷移，重新豎立在較高的地方而免於遭難。

其他的遺跡則被拆除並運往海外，例如丹都爾（Dendur）神廟，現在在紐約的大都會藝術博物館（Metropolitan Museum of Art）；德波（Debod）神廟，現在在馬德里的西方公園（Parque del Oeste）；塔菲（Taffeh）神廟，現在在荷蘭萊登（Leiden）的國立古物博物館（Rijksmuseum Van Oudheden）。透過這樣的方式，在埃及數千年的遠古歲月裡，諸神不斷被重建和再現的神聖王國，可以說即使到了今天，仍然在遙遠的土地上經歷著復活和重生。

根據艾德福（Edfu）的銘文，荷魯斯（Horus）神廟的命運亦是如此。在古代以貝迪特（Behdet）著稱（所以它的保護神，鷹神荷魯斯，通常被稱爲荷魯斯貝迪提特〔Behdetite〕），艾德福矗立在尼羅河西岸，亞斯文以北一百一十公里（六十八哩）處，因而免受納賽爾湖洪水的影響。正如我們今天所看到的，這座神廟是一個金色砂岩石塊的發光體，在上埃及的強烈陽光下熠熠生輝。神廟是年輕的，整個複雜的建築過程，完成於公元前二三七年和五七年之間的托勒密（Ptolemaic）時期的一系列階段。然而，在每種意義上，我們在這裡所看到的，僅僅是曾座落此地的更古老神廟的最新化身，而那些古老神廟至少可追溯至古王國時期（公元前二五七五年至二一三四年），或許還遠遠不止如此。

言歸正傳，我們最大的興趣還是覆蓋在神廟牆上的那一小塊神祕銘文所表達的想法。這些銘文，即所謂艾德福建築文本，帶我們回到

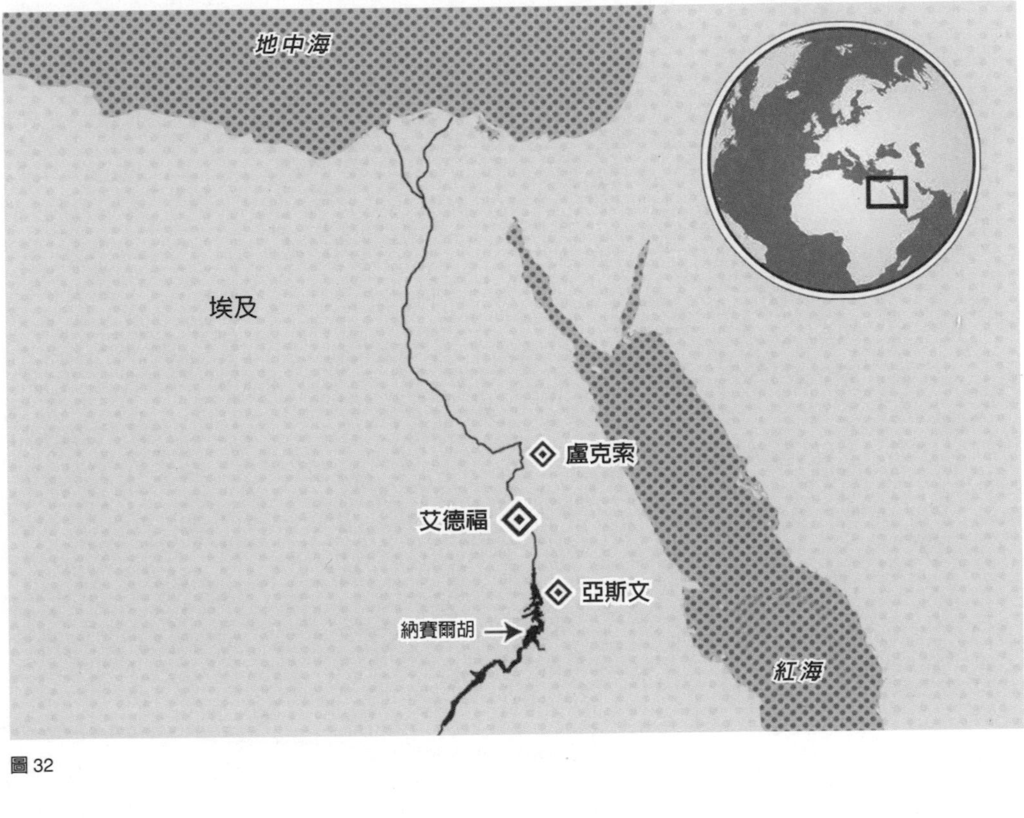

圖 32

一個被稱爲「諸神的遠古時代」，一個非常遙遠的時期。這些神並不是原始的埃及人，而是住在大海中央一個神聖的島上，那裡是「遠古人的家鄉」。然後，在過去某個不確定的時間，一場可怕的災難，正如我們將看到的，一場眞實的水災和火災，淹沒了這座島，將已經建成的「諸神最早的宅第」徹底摧毀，洪水淹沒所有神聖的場所，淹死大部分神聖的居民。然而，還是有部分人倖免於難，據說後來這些倖存者揚帆啓航（銘文內容告訴我們，這些遠古時代的諸神都是航海家），「遍遊」全世界。

他們這樣做的目的，不外乎是要去重建和復興失去家園的本質，換言之，就是去實現：

> 復活諸神之前的世界……再造一個已被毀滅的世界。

正如埃及學家伊芙・安娜・伊莉莎白・雷蒙德（Eve Anne Elizabeth Reymond）在對艾德福建築文本傑出的研究中所堅持的，整體基調所表達的觀點是，「一個已經建立的遠古世界被摧毀了，這個死亡的世界成爲創建新世界的基礎，而新世界的創建是再造和復興過去存在過的東西。」

在對銘文進行評估時，當中很重要的一點是，它們並不是在這座歷史悠久的神廟組成的。反之，雷蒙德告訴我們，艾德福的祭司和書記官，只是從他們所掌握的大量古代文獻中，萃取他們認爲比較重要的部分。到公元五世紀，對羅馬和基督教的狂熱使古埃及文明面臨崩潰。之後（伊斯蘭對過去的仇恨很快使情況變得更糟），人們不再看顧神廟，神廟淪爲當地人的儲藏室、馬廄和住屋，古代諸神不再受到尊崇。一八三七年，英國探險家霍華德・維斯（Howard Vyse）在造訪艾德福後，描述他在裡面看到的混亂：

神廟本身該是埃及最壯觀的建築之一，但現在所呈現的強烈對比是，神廟裡蓋滿了破舊的小屋，四周都是龐大的垃圾堆，上面也蓋了一些小破屋。佈滿彩繪的象形文字內部，被土牆分割成玉米倉庫，底下是龐大的基礎工程，我得從某個阿拉伯人的房子裡鑽進一個洞才進得去。這裡到處都是垃圾和各種髒東西，卻是以最堅實的方法所修建。

幸運的是，當艾德福繁榮興盛時，祭司和書記官可以閱讀神廟圖書館中神祕的文本，進行挑選，並把它們深深地刻進神廟「堅固」和「雄偉」的牆壁上。如此一來，不論是出於偶然或精心設計，他們至少確保了這些碎片能夠保留到今日。然而在遭受忽略和虐待的幾個世紀裡，原始的文件被掠奪一空，要不就是被當作火種、丟進尼羅河裡，早就已經不復存在。

由於缺乏原始的文本，無可避免地，這些碎片通常令人十分混淆。即便如此，它還是能讓我們一窺過去世界的奇事和奧祕，假如我們擁有那些原始文件的話，也許會帶給我們更完整的訊息。

埃及的亞特蘭提斯

著名的希臘哲學家柏拉圖，留給我們一個關於亞特蘭提斯毀於一場恐怖水災和火災的不尋常故事。這個故事發生在梭倫時代之前九千年，即曆法上的公元前九千六百年，考古學家們普遍認爲，這是一個被編造出來的冰河時代失落文明的傳說。有些人極不情願地承認在柏拉圖的《對話錄》中，〈蒂邁歐篇〉和〈克里提亞斯篇〉所傳達的訊息存在著些許眞實性，這些人認爲，柏拉圖的記載或許是基於一次在時間上近得多，並以地中海爲中心的大災難，例如公元前兩千年中期錫拉島（Thera，即聖托里尼島 Santorini）的火山爆發。而像這種一萬一千多年前的全球災難概念，尤其是認爲它毀滅了當時某個高度文明的奇特想法，都受到考古學機構的極力抵制和嘲諷。因爲考古學家們宣稱他們「知道」，在任何情況下，從來就沒有一個高度文明存在過。

他們「知道」這個，並不是因爲握有什麼確鑿的證據，可以將舊石器時代晚期，曾經有亞特蘭提斯形式文明存在的可能性排除，而是基於普遍的原則，那就是根據不到兩百年的「科學」考古學所推算出公認的文明年代表。該年代表見證我們的祖先被輕鬆地搬出舊石器時代晚期，挪入大約公元前九千六百年的新石器時代（兩者在定義上都是石器時代文化），從那時起，在隨後的數千年經歷了農業的發展和完善，這一過程也見證了一些非常大型的永久聚落的建立，如公元前七千五百年左右，在土耳其的恰塔霍育克（Catalhoyuk）①。

直到大約公元前四千年，日益複雜化的經濟和社會結構，以及日益成熟的組織能力，使人類創造出最早的巨石遺址（例如在馬爾他戈佐〔Gozo〕島的詹蒂亞）；而第一個城市國家出現在大約公元前三千五百年的美索不達米亞和印度河流域，之後很快出現在埃及和世界另一端的祕魯。吉薩的金字塔是巨石紀念碑：大人面獅身像也是。在不列顛群島、在外赫布里底群島（Outer Hebrides）的卡拉尼許（Callanish），和英格蘭西南部的艾維柏瑞，均可追溯至公元前三千年左右，這些都是巨石遺址的最古老實例。巨石陣的巨石階段被認爲開始於公元前兩千四百年，並持續到公元前一千八百年左右。

在這個精心設計的悠久年代表裡，根本就容不下任何像亞特蘭提斯這種先史文明存在。因此，主流者們希望藉由任何可能的手段，來排除柏拉圖這個「不尋常」的故事。這些方式包括嘲笑爲這個故事所設定的「埃及」依據，特別是在〈蒂邁歐篇〉中，位在尼羅河三角洲的塞易斯神廟的祭司們宣稱，在神廟裡的「神聖記事」中，描述過亞特蘭提斯及其悲慘的命運。這些神廟可追溯到公元前四千年末期，也就是埃及文明開始建立之前的幾千年。塞易斯神廟的祭司們或許爲梭倫的這種「不可能」的記事提供了依據，並且在時間上與柏拉圖契合。但在忠於正統年表的人看來，這是十分荒謬的，顯然只是一個可以被忽略的歷史矛盾。此外，這些人還頻頻發出聲明，在現存的古埃及莎草紙和銘文裡，並沒有提到任何關於亞特蘭提斯的事。

只有一位埃及學家，英國斯溫西（Swansea）的威爾斯大學已故教授約翰．格溫．格里菲斯（John Gwyn Griffiths，於二〇〇四年去世），他有挑戰共識的勇氣。然而他所提出的挑戰，跟亞特蘭提斯是否存在，以及是否毀於公元前一萬年的基本觀點毫無關係，而是與一個次要觀點有關，即柏拉圖是否確實透過他的先人梭倫，受到眞正的古埃及傳統的影響。奇怪的是，像格里菲斯這樣博學的人，似乎對艾德福這些有趣的記事一無所知。在記事中，「諸神」居住在一座神聖島嶼，而島嶼在遠古時代毀於洪災和火災。如我們所看到的，這很明顯是柏拉圖的亞特蘭提斯的原型。教授所關注的反而是一張現在保存在莫斯科，編目爲P．列寧格勒一一一五的莎草紙，其中包括一個有趣的散文故事，名爲〈遇難水手的傳說〉。在這個可追溯到公元前兩千年和一千七百年之間，埃及中王國時代的「童話」裡，格里菲斯，在我看來觀點非常正確，確實找到了令人折服的與柏拉圖的亞特蘭提斯記事類似的東西。

在莎草紙上，「遇難水手」告訴我們，有一次，他乘坐一艘大型的遠洋船隻航行時，受到大浪衝擊：

然後，船翻了，沒有一個人留下來。我被沖到一座島上，單獨度過了三天……我躺在樹蔭裡，緊緊擁抱樹蔭……後來我伸了伸腿，想找點吃的。我找到無花果和葡萄，還有各種很好的蔬菜、西克莫無花果……還有黃瓜，像是有人在照顧。魚和家禽一應俱全，那裡什麼都有。我全身塞滿了食物，還得丟掉一些，因為我抱得太多了。

這個遇難水手砍下可以點火的東西，焚燒祭品獻給眾神：

然後，我聽到雷鳴聲……樹木碎裂，大地震動。我露出臉來，發現有條蛇向我爬過來。牠有三十腕尺（十五公尺或五十呎）長……身體包覆著黃金，眉毛像真正的青金石……然後，牠將我含在嘴裡，並把我帶到牠的住所，毫髮未傷地把我放下來……

這條蛇問水手是如何來到島上的，聽完他的回答後，蛇告訴他不必害怕：

是神讓你活下來，並把你帶到這個靈魂（Ka）之島。這裡什麼都有，島上充滿了美好的事物……

故事的翻譯者米麗安・李奇泰姆（Miriam Lichtheim）注意到「靈魂之島」這個名字有點「奇特」。她補充說，著名的埃及學家艾倫・加迪納爵士（Sir Alan Gardiner）將其「描述爲『幽靈島』」。靈魂是「複體」，是一個人或事物的天界或精神本質，對其概念做詳細的論述已超出本書的範圍。而在他或她的凡人生活中，靈魂與人類同時存在，但它是「超越墳墓境界的超凡力量」。然而，在古埃及語言中，死亡一詞的意思是「到某人的靈魂那裡去」，或「到天界的某人的靈魂那裡去」。諸神也被認爲擁有自身的靈魂，因此才有埃及那些偉大的古蹟。這裡特別重要的是，至高無上的神歐西里斯（Osiris），主宰來世的王國杜埃特（Duat），祂總是被人們視爲是吉薩「金字塔的靈魂」：

靈魂在人類宿主面前進入永恆，它漫步在人們身邊以履行其職責，敦促人們要善良、沉著、有榮譽感和惻隱之心。在人類的整個生命中，靈魂是良心、保護者、嚮導。在死後，靈魂變得至高無上……

從這點來看，加迪納提出「幽靈島」與〈遇難水手的傳說〉相關是有些道理。這名水手從埃及中王國的實際疆域中乘船啓航，然後被拋在「靈魂之島」的岸邊，它是一個鬼魅的王國，一個並不存在於這個世界的地方，只能以精神本質的形式存在著。

統治島上的巨蛇向水手講述牠悲慘的故事，延續同樣的主題：

我和我的兄弟們在這裡，牠們都帶著子女。我們總共有七十五條蛇，都是子女們和兄弟們，還不包括我透過禱告所得到的一個小女兒。然後一顆星墜落，牠們全都葬身火海。巧的是，事情發生時，我並沒有和牠們在火中，我沒有和牠們在一起。當我發現牠們成為一堆死屍時，我真想為牠們去死。

有一艘船剛好經過，水手得救了。島上的蛇王送他豐富的禮物讓他走，當中有沒藥、油、鴉片劑、香料、「香水、眼霜、長頸鹿的尾巴、大塊的焚香、象牙、獵狗、猴子、狒狒和各種珍貴的東西」。水手十分感激，想用來自埃及的禮物回禮，但就在他登船之際，大蛇把他拉到一邊告訴他：

離開這個地方後，你將不會再看到這個島嶼，它將會變成水。

跟柏拉圖的亞特蘭提斯故事比起來，格里菲斯認爲兩者的主要關聯是品種多樣的植物和動物，包括據說在這兩座島上都能找到的大象。這裡是柏拉圖所談論的亞特蘭提斯：

島上有成群結隊的大象，因為那裡為所有其他種類的動物，包括生活在湖泊、濕地和河流中的，還有那些生活在山區和平原上的，以及那些最大和最貪吃的動物，都提供了必需品。無論是現存於地球上的任何芳香之物，無論是根、草本植物、樹木，或是從水果和花卉中萃取的香精，都在島上生長和繁榮著；那裡還種植著水果，包括為我們提供營養的乾果類，以及所有可以當作食物的東西，我們統稱為「豆類」。此外，有堅硬外殼的水果，可以提供飲料、肉類和藥膏……那時，那座神聖的島嶼還沐浴在陽光下，為這座島嶼帶來公平、不可思議和無止境的富庶。有了這些加持，大地可以隨心所欲地供養他們……

另外還有一個事實，即亞特蘭提斯是一座聖島，所以，當然也應該是靈魂之島，也就是遇難水手被某位神帶去的地方。然而，最爲相似的是兩者的命運，亞特蘭提斯「被海水吞噬而消失」，就像靈魂之島永遠不會爲世人所見，因爲它將「變成水」。

將這些因素考慮進去，格里菲斯的結論是，儘管柏拉圖的故事也許「並非全部來自埃及」，但很肯定的是，「在概念上欠埃及一個債」。他的這個論點很好，如果他能更熟悉艾德福建築文本，我想他可以更有力地陳述他的論點。

將線索放在一起

我們無法再得到那些曾經保存在塞易斯神廟的神聖記事，那些柏拉圖所陳述的包含亞特蘭提斯的故事。梭倫在大約公元前六百年造訪過那座神廟，它是獻給女神奈特（Neith）的，極其古老，至少可追溯到遠至公元前三千兩百年的第一王朝。但不幸的是，公元一千四百年神廟就被徹底摧毀，只留下一堆垃圾和一些碎石，今日的遺址已成爲薩．埃爾．哈加爾（Sa el Hagar）村落所在。此外，在艾德福，雖然原始的神聖記事已經消失，但留存在建築文本中的摘要似乎是想告訴我們一個故事，這個故事與梭倫所聽過，並傳給柏拉圖的故事雷同，而格里菲斯認爲，儘管〈遇難水手的傳說〉是以零散的文學形式表現，但在本質上也是相同的。

在艾德福文本裡，遠古人的家鄉被描述爲是汪洋大海中的一座神聖島嶼，跟〈遇難水手的傳說〉中的靈魂之島相比，在地理環境上顯然是相同的。然而，更爲相似的是，在建築文本中有許多段落明確表示，統治遠古人家鄉的第一位原始的神是「死亡之神，靈魂」。事實上，我們讀到，這個島也以「靈魂的家園」而聞名，而且「靈魂統治著那裡」，「這個住在島上蘆葦中的靈魂」。換言之，在艾德福文本中，遠古人的家鄉正好就是靈魂之島，如果說，格里菲斯在靈魂之島看到一個柏拉圖的亞特蘭提斯的原型是正確的，那麼，遠古人的家鄉也是一個原型。

某些並沒有出現在〈遇難水手的傳說〉中的建築文本的細節，有助於加強兩者的比較。特別有趣的是，我們在艾德福文本讀到一個圓形、被水充滿的「渠道」，圍繞著遠古人島嶼中心的原始聖域，環狀水道的目的是爲了強化和保護那個區域。當然，亞特蘭提斯也有同樣的聖域，那裡矗立著柏拉圖命名爲海神「波賽頓」（Poseidon）的神廟與宮殿，同樣也是被環狀水道所包圍，同樣也是位於陸地同心環的中間，目的是在設防和保護。

其他類似的細節還可以在這三個故事裡找到。例如，柏拉圖紀錄的亞特蘭提斯的洪水，跟〈遇難水手的傳說〉中靈魂之島被水淹沒，有著驚人的相似處，同時也奇特地複製了艾德福文本中遠古人家鄉的洪水。在文本裡我們讀到有一場巨變：

它是如此狂暴，摧毀了神聖的土地……遠古的水……淹沒了島嶼……這座島嶼變成原始神聖居民的墳墓……家鄉被遠古之水的黑暗所吞噬。

若將它與柏拉圖所說的「地震和狂暴的洪水」所造成的結果相比：

在一個可怕的白天和夜晚……亞特蘭提斯島……被大海吞噬並消失。

有趣的是，柏拉圖也暗示了摧毀亞特蘭提斯的直接原因就是地震和洪水。在〈蒂邁歐篇〉中，關於這個失落文明及其滅亡的序曲，柏拉圖說，當埃及祭司們向梭倫講述這個故事時，是從天空的災難開始的：

已經有並且將會有許多不同的災難毀滅人類，他們之中絕大多數是被火和水所滅絕，少數人則是被其他方式毀滅。你們自己（即希臘人）的故事中提到，太陽之子費頓（Phaethon）替他父親的戰車套上馬具，卻無法駕馭戰車沿著他父親的路線前進，因此燒毀了地球上的東西，而他自己則是被一個雷電劈死。這實際上是真實事件的神話版本，在很長的時間間隔中存在著天體變化的過程，以及因火災導致地球上大規模的毀滅。

在〈遇難水手的傳說〉中，我們發現天體災難也扮演了一個角色。讀者應該還記得，蛇王談到牠的種族被毀滅時，「一顆星墜落，牠們全都葬身火海。」在艾德福文本中也有同樣的大蛇，不過重大的轉折是，這條蛇不再是島上悲傷和睿智的統治者，而是全島及其神聖居民的致命「敵人」。為了在更廣大的背景中說明艾德福文本，我們先重溫一下瑣羅亞斯德傳統中「邪惡的靈」：

像蛇一樣從天空飛出，下降到大地……他在中午時衝了下來，當時天空震撼驚動，像被狼嚇壞的羊。他來到了陸地下的水面，然後刺穿陸地的中心……他衝出所有的創造物，使世界受傷，在中午將整個世界變得像黑夜一樣的漆黑。

正如我在第七章所提出的觀點，在我看來，我們所讀到的是「一個眞相的神話版本」，當中所隱含的事實就是地球與一顆彗星發生致命的碰撞。現在讓我們來看看艾德福建築文本中相關段落提到的一條蛇，稱爲 nhp-wer，「大跳蛇」，被描述爲「神的首要敵人」，正是因爲它的「突襲」才導致遠古人的家鄉被海洋吞噬。但首先是海島之神（也就是靈魂，這裡明確地描述爲「地球之神」）的雙腳被「刺穿，領域被劈開」。

正如雷蒙德的評論：

這是一個清晰的災難畫面……它摧毀了神聖的土地，其結果造成了神聖居民的死亡。這個解釋和艾德福第一記事的其他部分相符，該記事間接提到這個「團隊」（一群賢者）的死亡，和籠罩遠古島嶼的黑暗。

多條線索似乎在這裡匯集在一起，在柏拉圖的故事中，天體的異變物體導致地球大面積的破壞；在〈遇難水手的傳說〉中，致命的流星以及從天空竄出的瑣羅亞斯德傳統中的大蛇，刺穿大地使世界陷入一片黑暗；在艾德福文本裡的大跳蛇，它攻擊刺穿地球之神的雙腳，導致神聖團隊的死亡，並使遠古島嶼籠罩在黑暗之中。我還想起在第三章所提出的奧吉布瓦「神話」，「它就是被稱爲『長尾登天星』的彗星。它在幾千年前就曾從天而降。」——一顆被特別認定爲彗星的「星體」，造成「陸地上第一次洪水」。

彗星和小行星的撞擊不僅引發了洪水，也向地殼施加巨大的壓力，增加地震和火山活動。因此，柏拉圖煞費苦心地用費頓的「雷電」做爲故事的序言，牽涉到導致亞特蘭提斯滅亡的地震及洪水，並且小心翼翼地將整個故事時間設定在梭倫時代之前九千年，即公元前九千六百年，這怎麼可能是一個意外？我認爲，一種眞正的可能就是，所有這些傳說都指向先史時代同樣的可怕時期。

正如我在前面的章節所提出的，這個時代就是新仙女木時期，於一萬兩千八百年前災難性地開始，並於一萬一千六百年前的大規模洪水中災難性地結束，這與發生在這兩個時期的北美洲和北歐冰蓋崩潰有關。我相信，多次的大型彗星碎塊撞擊，引發了新仙女木降溫事件，這是非常有力的結果。此外，藉著神話的證據，必須考慮的可能情況就是，正是地球與同一顆巨大彗星的軌道碎塊流進一步地接觸，才導致新仙女木事件的結束。

有這麼多的神話和傳統在世界各地留存，我認爲，曾經有一個先進的文明消失在歷史中。

聲眼之謎

考古學不會錯，它告訴我們，在一萬兩千八百年至一萬一千六百年以前，世界上大多數地區都是由石器時代狩獵採集的人口所組成，農業甚至還沒有開始。但柏拉圖，對考古學家們來說是個永遠的挫敗，他讓我們確信亞特蘭提斯是與衆不同的。換言之，那是一個偉大和神奇的帝國，指揮一支龐大的遠洋船隊，並將勢力延伸到非洲，遠至埃及，進入歐洲，遠至義大利，還到達柏拉圖所稱「對面的整個大陸」，許多人相信他指的就是美洲，它「圍繞著那片眞正的海洋」。亞特蘭提斯是一個發達的城邦，從成熟和繁榮的農業經濟中汲取財富，並擁有先進的冶金技術、精密的建築和工程作品，一切都透過非常豐富的自然資源得到提升：

> 這些加持讓大地可以隨心所欲地供養他們，同時，他們不停地建設神廟、宮殿、港口和碼頭。他們按著下面的方式安排整個國家：首先，他們在圍繞著古老城市的海域上架起橋樑，修建通往宮殿的道路……代代地裝飾著宮殿……直到這座建築在規模及外觀上都那麼地令人歎為觀止。
>
> 他們從海邊挖出一條寬三百呎、深一百呎和長五十斯塔迪的運河，透過這條運河，可以將貨物運送到最遠之處，這條運河成為從海上直達這裡的通道，它是一個港口，有一個足以使最大的船進

入的巨大開口。此外，建有橋樑的地區將陸地及海域分開，為一艘三層划槳戰船通行各地區留出空間。他們覆蓋這些渠道，為船舶留下一條通路，因為海岸遠高於水面。

最大的區域有三斯塔迪寬，有條通道與海洋相連，還有相鄰的大小相同的陸地也是。但相鄰的兩個地區，同一片水域上的另一塊土地，有二斯塔迪寬，圍繞著中心島嶼的其中一個地區，只有一個斯塔迪的寬度。宮殿所在的島嶼直徑為五個斯塔迪。所有這些，包括陸地以及寬度有斯塔迪六分之一的橋樑，四周被石牆所包圍，在橋上搭建塔樓和城門讓海水流進來。

這些建築物所使用的石頭，來自中心島嶼及各區域的地底，外部和內側都有開採。一種是白色，另一種是黑色，第三種是紅色，他們在開採時，同時挖空了兩個碼頭，形成了天然的岩石屋頂。有些建築物很簡單，有些建築物則是由不同的石頭堆砌起來，五顏六色令人賞心悅目，成為一種自然的喜悅。整個圍牆的周圍，包括最外圍，都覆蓋上了黃銅，第二圈圍牆則覆蓋錫，而包圍城堡的第三圈圍牆則閃爍著山銅的紅光。

現在已無人知道亞特蘭提斯傳說中的山銅是何種金屬，因爲柏拉圖告訴我們，在他的時代，山銅「只是名義上」存在著。但它爲亞特蘭提斯技術的專精增添一道光環，圍繞著傳說中失落的文明。艾德福文本中所描述的遠古人的家鄉，也同樣具有遠洋航行、先進農業和大型建築工程作品這些顯著的特色。我們已能預想到運河的環狀系統，亞特蘭提斯宏偉的神殿也是如此。例如，我們在當中讀到一個小教堂「測量大小爲九十×二十腕尺」（大約四十五×十公尺或一百五十×三十五呎）：

在它前方是一個九十×九十腕尺的大前院……然後修建了一座五十×三十腕尺的柱式大廳……

在第一座柱式大廳前面，還有一個二十×三十腕尺的大廳，及兩個連續的大廳，每個都是四十五×二十腕尺。

有一面圍牆被描述爲由西向東三百腕尺（一百五十公尺或五百呎），從北到南四百腕尺。圍牆裡有一座神殿，那是「神的宅第」，裡面的至聖所從東向西有九十腕尺。

我們還讀到第三面同樣規模宏大的圍牆，有三百×四百腕尺。它也包含了至聖所，由西向東九十腕尺，從北向南二十腕尺，細分爲三個房間，每個房間爲三十×二十腕尺。

在艾德福文本的一段摘要中，還出現了在遠古人的家鄉，有高科技應用的最強暗示。當中描述一條稱爲「大跳蛇」的天空之「蛇」，「刺穿」神的土地，並「劈開」神的領域之後，島嶼遭受災難性的滅亡。然後我們讀到最神祕的地方——「聲眼掉落了」。

「聲眼的提及……似乎有些奇怪。」雷蒙德承認。但她解釋說，雖然文本在這一點態度有些隱晦，但它似乎是：

照亮島嶼的光的中心的名稱。

換言之，我們可以想像它是某種人工照明系統，照亮了諸神的遠古島嶼。除此之外：

所有這一切，可以說，看上去似乎是在影射一場造成聲眼掉落的災難，結果是造成完全的黑暗籠罩在造物者的領域。

諸神揚帆啓航

災難襲擊亞特蘭提斯之後發生了什麼事？有沒有倖存者？如果有，他們運用自身的先進知識做了什麼？

柏拉圖的〈蒂邁歐篇〉和〈克里提亞斯篇〉並未給這些問題提供答案。但艾德福建築文本說得很清楚，在那場遠古人家鄉的災難中有倖存者，當神聖的島嶼被洪水淹沒時，「諸神團隊」已經在海上。災難過後，他們乘船回到島嶼原來的地方。但是：

> 只看見水面上的蘆葦。

那裡也有大量的泥土，這個場景讓人聯想起柏拉圖對洪水之後，亞特蘭提斯附近的描述：

> 受到淤泥，即沉沒島嶼殘骸的阻礙，那片海域無法繼續通航。

至於遠古人的家鄉，似乎仍然有足夠大的沉沒島嶼接近水面，倖存者試圖從海裡找回一些土地，艾德福文本中所提到的這種努力，是指「創造償還的土地」，「償還的土地」一詞，顯然是指從海洋回收的土地。因此，我們讀到「胥布提烏（Shebtiw）覆誦神聖的咒語，水逐漸從島嶼邊緣退去，償還的土地這才出現在眼前。」文本接著描述：

一個過程……一系列一小塊的土地逐漸浮現出來……這些創建……事實上，是曾經存在過，但已消失的神聖領域的復活和恢復……最終，更多償還的土地顯現出來，為昔日的家鄉帶來新生命。

儘管做了這些努力，但事實是，災難已完全破壞遠古的島嶼，再多的開墾也無法恢復昔日的光輝。而倖存者唯一的解決方法就是，試圖在受災不嚴重的地區進行重建。一項偉大的計畫於焉開始，其結果就是創造了我們今日的世界。艾德福文本所表達的，解釋了雷蒙德的觀點：

諸神離開原有的償還土地……他們……航行到遠古世界的另一邊……（並且）航行經過……遠古時代的土地……他們在某個地方定居，建立了新的聖域。

換言之，他們的使命是重新傳播洪水之前失落的文明和宗教。正如雷蒙德所說的，這個「遠古時代的第二個紀元」，見證了「曾倖存於歷史中的領域的發展」。

像孩子一樣重新開始

艾德福文本暗示開啓文明計畫的諸神團隊「遍遊」世界。他們的領袖是鷹神荷魯斯，很久以後，艾德福神廟就是奉獻給這位神明，如今也被奉獻給智慧之神托特（Thoth）。伴隨在荷魯斯和托特身邊的是胥布提烏，是一群專門負責「創造」的神明團體，還有負責「實際建築工作」的「興築之神」和「七賢者」。從第八章所探討的美索不達米亞傳統的阿普卡魯來看，這是件有趣的事，牽涉的似乎不僅僅是巧合。

讀者應該還記得，阿普卡魯經常被描繪爲混種動物，外觀上部分是猛禽，部分是人。同樣地，在艾德福文本中的七賢者，被描述爲能夠呈現「獵鷹的型態」和「類似鷹」的原始神明。

此外，正如遠古的阿普卡魯一樣，艾德福文本中的七賢者（在別處的古埃及銘文中並未提到）是諸神中的魔法師，他們是可預知未來的先知，能夠 swr iht ti ——「賦予地球物質的力量」，那是一個「由造物主的言語」創造的過程，雷蒙德指出「沒有同等的東西」。此外，他們被認爲有能力「放大物體」，從而提供神奇的保護。關於這一點，雷蒙德從被她描述爲一個「非常隱晦」的文本中找到最有意義的是，「保護是由符號所構成的，保護的神奇力量是透過賦予名字給予的。」

阿普卡魯將他們的魔法和實用的技能混合，諸如鋪設城市和神廟的地基。同樣地，艾德福文本的七賢者也有建築方面的能力，許多段落都證明，他們在建築物的修建和鋪設地基都有涉獵。此外，埃及人相信「歷史悠久的神廟的平面設計，是遠古時代的賢者透露給托特的。」

這暗示了賢者與托特之間的特殊關係。當然，正如我們所見，阿普卡魯與美索不達米亞的智慧之神恩基是有關係的。然而，在美索不達米亞的銘文中，恩基很明顯地優於七賢者，事實上，祂是他們的創造者。但奇怪的是，在艾德福的文本中，七賢者的知識被認爲優於智慧之神托特。事實上，艾德福的傳統認爲，摘錄文本的原始記錄和檔案完全是「七賢者口述」給托特的話語，那時托特委託他們寫下來。

文本還進一步披露，神話時代的賢者被認爲是「唯一知道神廟和聖地是如何被創造出來的賢者」，他們自己就是知識的創造者，而且這些知識後來只能傳承，不能再發明。這在美索不達米亞的概念中找到了相同的事，從遠古的阿普卡魯時代以來，就沒有再出現新的發明，原始的啓示只是在後來的時代被重新傳播和展開。

因此，無需多說，在我看來，古代美索不達米亞的楔形文字，強烈地傳達一個在全球災難過後，為了恢復並再現遠古知識的計劃。這一計劃，恰好跟艾德福建築文本中所陳述的一樣，和柏拉圖所描述的毀滅於冰河時代的文明亞特蘭提斯，也有離奇和令人不安的相似之處。

更重要的是，艾德福文本邀請我們去思考失落文明倖存者的可能性，他們被視為「諸神」，但顯然是人，有著神祕的「力量」，在洪水過後開始「遍遊」世界。那些「胸無點墨和落後的」，就像柏拉圖在〈蒂邁歐篇〉所強調的，只有狩獵採集者的人群及山區和沙漠的居民，免遭洪水之禍。但如果他們的使命能夠成功，這批文明人或許還可以抱著一絲希望，人類或許不必「像孩子一樣重新開始，不用去管先前所發生的事情」。

美索不達米亞銘文和哥貝克力石陣的證據，說明古代亞美尼亞和土耳其東部山區的土地是一片原始的荒野，洪水過後，這批文明人曾經來到這裡。但根據艾德福的證詞，他們也來到了流經埃及的沙漠和肥沃山谷的尼羅河。

除此之外，建築文本說得很清楚，他們首先來到埃及的地區，並不是艾德福，我們將在下一章中看到是在哪裡。

注釋

①安納托利亞南部巨大的新石器時代和紅銅時代的人類定居點遺址，是已知人類最古老的定居點之一。

第十章

七賢者修道院

我們看到了柏拉圖在〈蒂邁歐篇〉談到這些古埃及神廟紀事中所描述的，發生在梭倫時代之前九千年，即公元前九千六百年的事件。但他不只是在〈蒂邁歐篇〉中暗示有這樣龐大的古代遺跡，他還在〈法律篇〉（Laws）中，這樣談到古埃及人：

如果你在現場細心檢視他們的工藝，你會發現一萬年以前（我並非含糊地說一萬，而是很確定），繪畫和浮雕的製作跟今天相比沒什麼落差。

有趣的是，這位希臘哲學家還特別強調，「一萬年以前」不是他隨口說說的，是很確定的。而我們現在生活在一個更科學的時代，有著更客觀的年代測定技術，那麼，我們該如何做才會得出那樣的年代呢？

柏拉圖生於公元前四百二十八年，所以他提到的「一萬年」以前，若換算成我們的曆法，則大約是公元前一萬零四百年，這跟我在《上帝的指紋》中所提到的公元前一萬零四百五十年的日期相去不遠，那是古老的 Zep Tepi ——「創始時代」，古埃及人相信，那時諸神還在陸地上生活，尼羅河流域的文明也才眞正開始。

這個時間是根據《獵戶座之謎》（*The Orion Mystery*）一書的研究成果。該書是我的朋友羅伯特・包瓦爾（Robert Bauval）在一九九四年，針對世界知名的埃及吉薩金字塔群，進行天文方面的突破性研究成果，接著進一步發展成我們於一九九六年，合作撰寫《創世紀的守護者》（*Keeper of Genesis*，在美國的書名是《司芬克斯的訊息》〔*The Message of the Sphinx*〕）一書。簡單地說，這個時間來自於吉薩高原上主要古蹟群非常精確的分布模式，以及這些古蹟與天空中某些星體的關聯。相關詳情，讀者可以參閱《上帝的指紋》和《創世紀的守護者》這兩本書，書中對這些問題皆有深入的探討。而這些問題的核心在於，天空中星體的位置並非是恆常不變的，而是在相當長的週期中緩慢地發生變化，也就是天文學家所說的，在長達兩萬五千九百二十年的歲差週期中的演變。

這個週期是地球自轉的結果。地球自轉軸的擺盪速度爲每七十二年緩慢地移動一度，而地球做爲我們的觀星平台，這些方向上的變化，勢必會影響從地球看到的所有星體的位置和上升時間。就拿極星（Pole Star）來說好

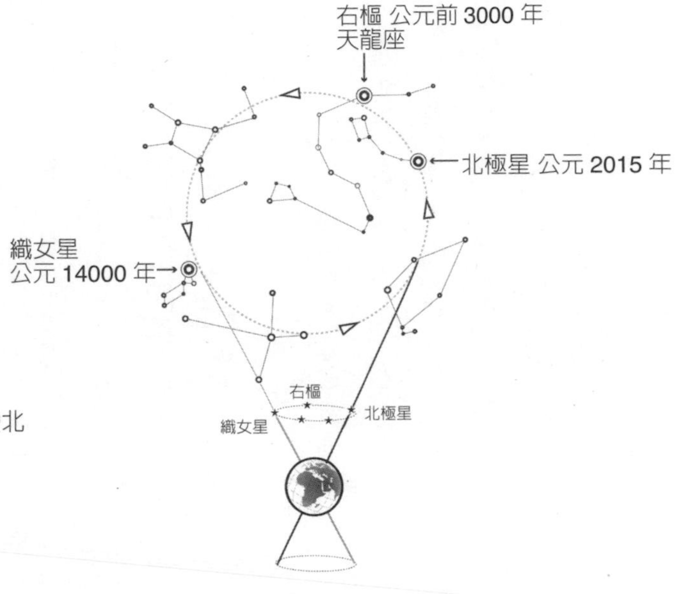

圖 33
長時間的歲差效應，將改變北極星的位置。

了，看起來好像周圍的天空都在繞著它旋轉，其實是因爲地球的自轉軸通過地理上的北極指向它。目前的北極星（Polaris）是小熊座α星（Alpha Ursae Minoris），但長期的歲差效應會改變北極星的位置。因此，公元前三千年左右，也就是埃及金字塔時代開始之前，北極星是天龍座（Draco）的右樞（Thuban）（天龍座α星〔Alpha Draconis〕）；在希臘時代，北極星是小熊座β星（Beta Ursae Minoris）；到了公元一萬四千年，它將變成織女星（Vega）。有時在這段漫長的週期性旅程中，地球的北極會延伸向空蕩處，屆時便不會有能派上用場的「北極星」。

然而，最富戲劇性、最美且具審美價值的歲差效應，發生在三月春分地平線上。那時晝夜平分，太陽以黃道帶十二宮爲背景完美地自東方升起。其變動速率在兩極是相同的，而且每七十二年只有一度，所以不易被觀察到，更別說能在人的一生中觀察得來。但如果你的文明持續在很長的時間內做了謹慎的記錄，你就會注意到，在特殊的日子裡（標誌著北半球春天的開始），「進駐」太陽的黃道帶星座，確實非常緩慢地沿著地平線移動，直到被下一個星座取代。

廣義而言，太陽「進駐」黃道帶十二宮的一宮需要兩千一百六十年（三十度×七十二年），而且既然黃道帶有十二宮，那麼一個「大年」，也就是一個完整的歲差週期，就是十二×二一六〇年，即兩萬五千九百二十年，然後回到它的起點，新的大年再度開始。查看星象的人都知道，太陽每年經過黃道帶十二宮的路徑上，大約在每一宮停留一個月，寶瓶座之後是雙魚座，接著是白羊座、金牛座，再來是雙子座、巨蟹座、獅子座等等。但太陽在進行大年的這一緩慢且宏偉的行程卻是一種反向運動，與黃道帶十二宮順序相反，爲：獅子座→巨蟹座→雙子座→金牛座→白羊座→雙魚座→寶瓶座，每個「月」長達兩千一百六十年。

在這兒舉一些特殊的例子。早期基督徒用魚做爲他們的符號並非是偶然的，而是因爲從基督紀元的開始直到今天，太陽會在春分點進駐雙魚座。同樣的，那首唱著「現在是寶瓶座時代的前夕」的知名曲子也沒唱錯。在占星學上，二十一世紀的確是站在「雙魚座時代」即將結束的灰色地帶上，也就是寶瓶座「新時代」的開端前。回到雙魚座時代之前，我們來到白羊座時代（公元前兩千三百三十年至前一百七十年），當時在古埃及，公羊是具主導地位的象徵性圖案（例如，盧克索的卡納克（Karnak）①神廟裡的公羊頭獅身像）；在那之前的金牛座時代（公元前四千四百九十年至公元前兩千三百三十年），對阿匹斯（Apis Bull）②牛神的崇拜最早始於第一王朝，或許還更早。

不同的占星家和天文學家可能會選擇將星座的邊界往某個方向移動個幾度（如此會相差一、兩個世紀），但整體的概念還是很好理解的，因此上述的時間已經非常接近事實。我們可以用電腦程式輕易地模擬出古代的天空，把時間再往後推移，來到獅子座時代，那時太陽在春分點進駐獅子座。在占星學上，這個時代橫跨公元前一萬零九百七十年至公元前八千八百一十年之間。我再說一次，雖然根據星座邊界設定的不同，日期可能會

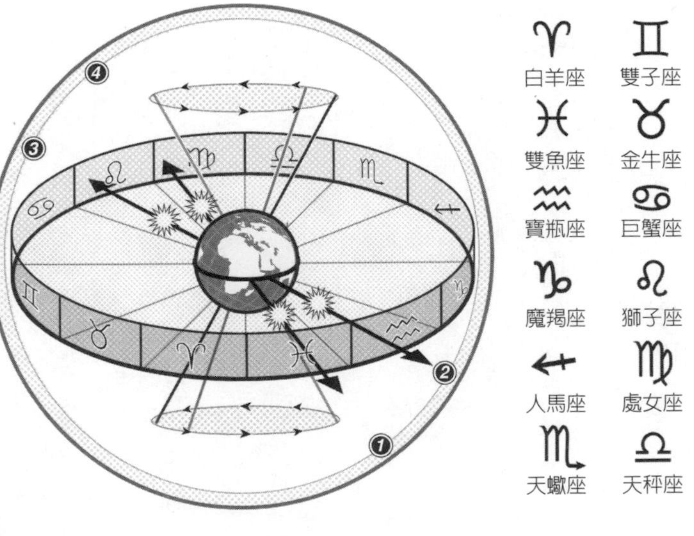

圖 34

過去 2,000 年以來，春分時的太陽在雙魚座❶，占星學上定義為「雙魚座時代」。但由於歲差影響，會在適當的時候移動至寶瓶座❷，導致「寶瓶座時代」的開始。同時，標誌秋分的星座，將從處女座移動至獅子座❸。

被延後或提前幾個世紀。但有一點是很清楚的：即使邊界有些許變動，獅子座時代還是幾乎把新仙女木時期（公元前一萬零八百年至公元前九千六百年）完全包含在內。當我在寫《上帝的指紋》時，並未察覺到這一點。不過，獅子座時代正是我在本書中指出的，遠古時期古埃及人稱爲Zep Tepi（創始時代）的最有可能時間。

再一次的，我請讀者去參閱《上帝的指紋》和《創世紀的守護者》這兩本書，以及我後來的著作《天之鏡》（*Heaven's Mirror*），便可以就天文事實得到更詳細的討論及其背後的概念。然而，該爭論的本質是，一個遍佈全球的古老法則——「如其在上，如其在下」，即刻意在地面建造紀念物，以複製天上某些重要星座的分布模式。此外，由於歲差效應，所有恆星的位置會緩慢且連續地發生變化，因此有可能以對準紀念建築物的特殊天體方位，推測它們所代表的時間，即地面上的紀念建築物所呈現的當初星體位置的時間。

吉薩高原上有著全世界最驚奇，並與天體對應的紀念建築物排列，爲了分辨清楚，我必需事先強調，這些排列跟指南針所指的方位毫無關係。指南針所指的「北」其實是地球的磁北，與正北方偏離十度或更多，並會隨著地核磁場的變化不斷飄移。正北方是地球的北極，換言之，就是地球自轉軸的中軸線，並由此衍生出正南方、正東方和正西方。因此，大人面獅身像的目光完全對準正東方，而三座大金字塔則以不可思議的精確度，對準正北方和正南方。實際上，以大金字塔爲例，誤差僅爲一度的六十分之三。

這說明了一件事，即所有紀念建築物的排列都運用了天文學，不可能透過其他方式來達到如此的精確度。換言之，就算沒有其他的天文特徵，單就精確度而言，我們也必須說，一定有天文學家曾在此地工作過。事實上，不僅在紀念建築物本身有很多其他的天文特徵，在古埃及的經文裡也有，例如金字塔的經文。我不想再多做贅述，還是建議讀者去參閱我以前的書籍。

然而，問題的核心牽涉到兩個星座，一是獅子座，在公元前一萬零五百年，在春分黎明時，從正東方升到太陽之上；二是獵戶座，古埃及人視其爲歐西里斯神的天體形象，祂是統治來世王國杜埃特的冥界神王。正如我們在第九章所看到的，歐西里斯在某種程度上被視爲靈魂（Ka），是吉薩金字塔群的「複體」或精神本質。

我在前幾本書中已舉出充分的陳述紀錄並附上參考文獻，在此便不再以冗長的證詞來干擾讀者。但在公元前一萬零五百年的吉薩，發生了神祕的天與地的「鎖

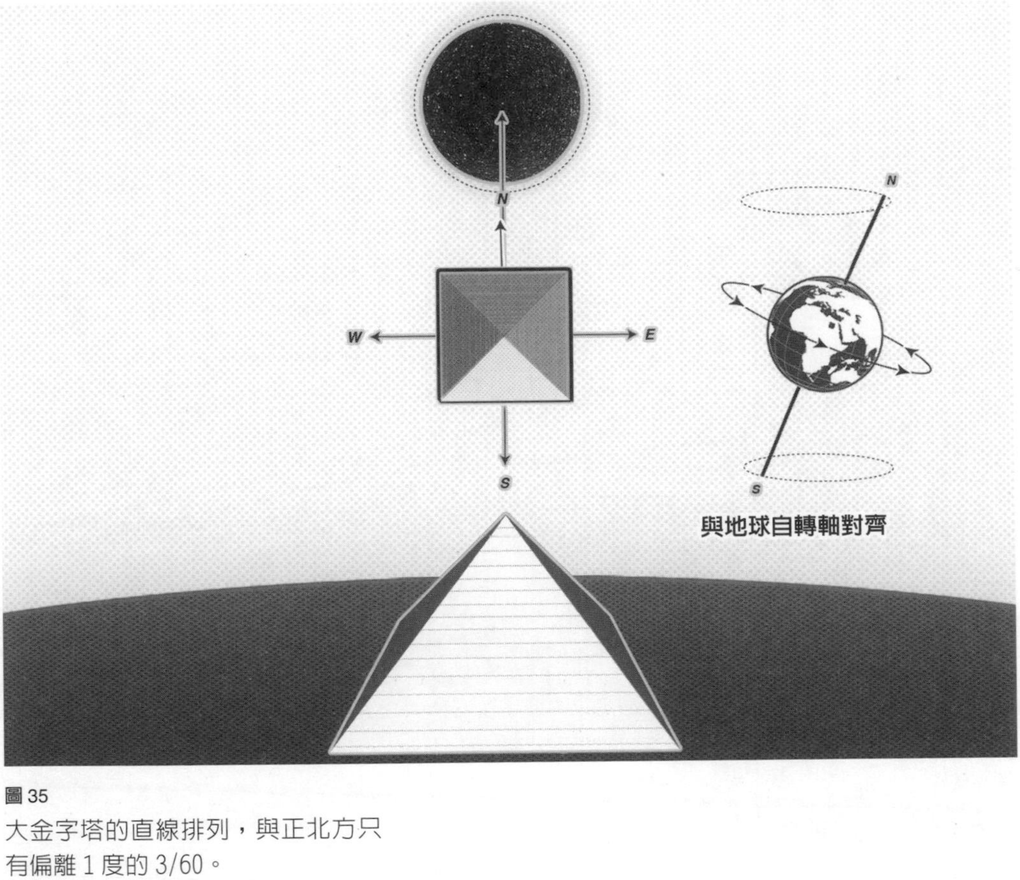

圖35
大金字塔的直線排列，與正北方只有偏離1度的3/60。

定」事件。我在《上帝的指紋》一書中，提出了一個少了五十年的日期──公元前一萬零四百五十年，但這樣的小細節並不是很重要，因爲恆星的變化是如此緩慢，即使在一個單獨的占星年代中，相同的通用模式還是可以適用好幾個世紀。事實上，我們可以這樣說，吉薩的天與地的鎖定事件，發生在公元前一萬零八百年到公元前九千六百年，新仙女木事件的大部分時間裡。

因此，「創始時代」的時期就是新仙女木時期，爲便於參考，我會繼續把它指定在公元前一萬零五百年。那時是最北方的寒冬期，尤其是在北美洲和北歐。有跡象顯示，當時埃及的氣候比今天更爲舒適、有利及潮濕，土地也更加肥沃。這並不是說埃及完全沒有遭受到新仙女木期的磨難，事實上，尼羅河曾經發生過破壞力強大的洪水。但跟世界上許多其他地方相比，埃及的確是一個不錯的避難場所。

如其在上，如其在下……回到公元前一萬

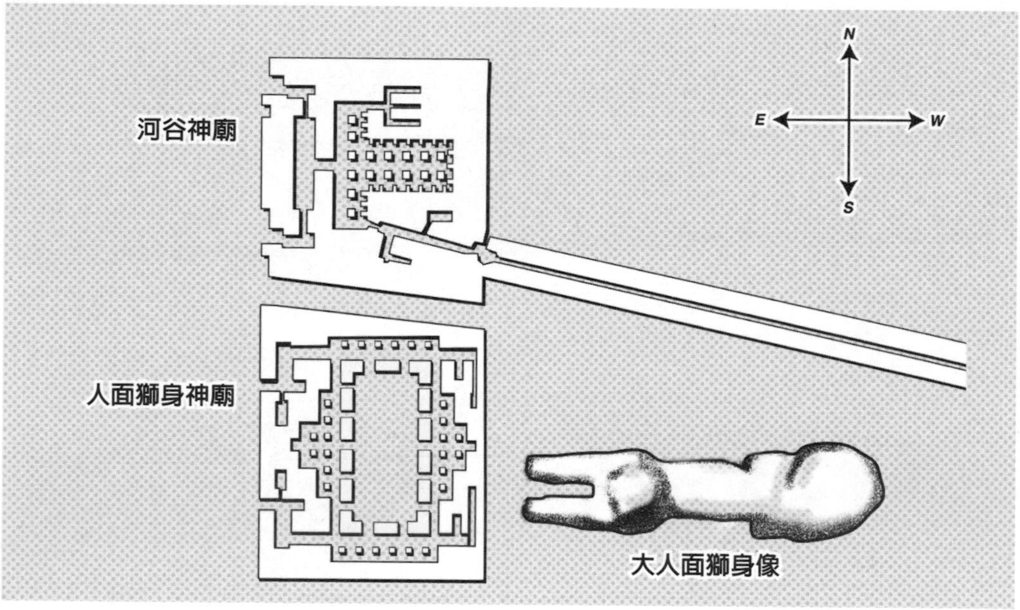

圖36
大人面獅身像的目光完美地凝視正東方。

零五百年，吉薩的天與地鎖定一事。讓我們先考慮獅身（很有可能曾經是獅頭）紀念碑，也就是俗稱的大人面獅身像，它完美地面向正東方。在春分時，它不僅注視著升起的太陽，也同樣注視著進駐太陽的星座。因此，今天這座紀念碑注視著雙魚座與寶瓶座之間的交界點。在卡納克神廟的建設時期，它注視著白羊座；而在古王國時期，據說是人面獅身像的興建時期，它注視著金牛座，也就是公牛的星座，這顯然並非天空與大地完美的對應。

事實上，在過去的兩萬五千九百二十年當中，只有在一個時期，人面獅身像會在春分黎明前望著自己的天體對應物——獅子座，那就是公元前一萬零五百年。

例子還不只這些。在同一個時代，太陽將正東方地平線一分爲二時，獵戶座腰帶上的三顆星星就躺在正南方的子午線上。它們的分布模式非常精確地對應地面上的三座大金字塔，從而使歐西里斯／獵戶座的崇高感成爲金字塔

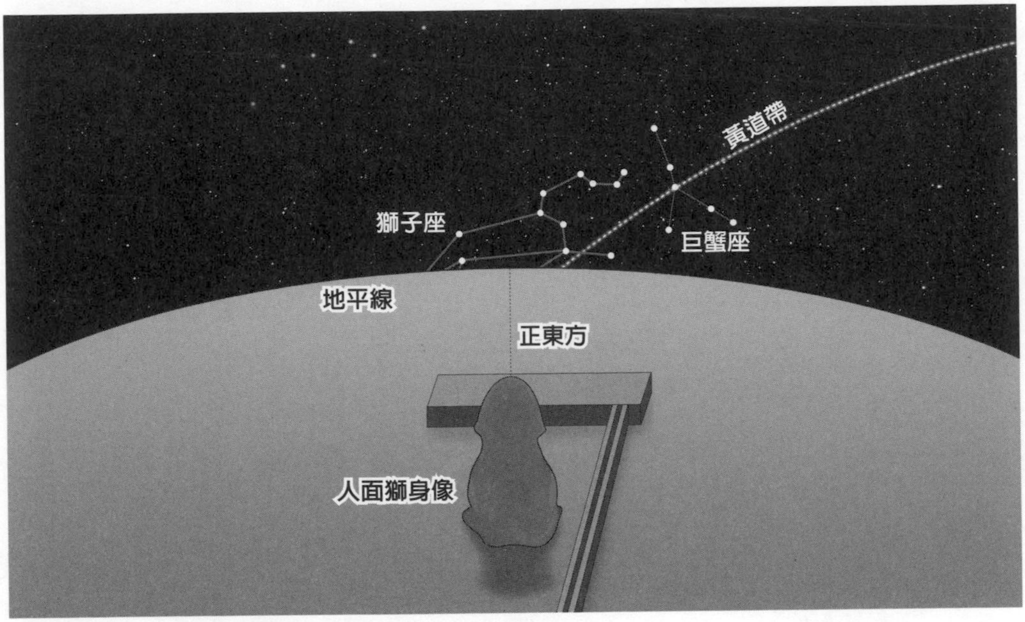

圖 37

公元前 10,500 年春分早晨，日出之前約 1 小時朝東眺望，我們看見腹部位於地平線上的獅子座，與人面獅身像的注視一致。

的靈魂或「複體」。

羅伯特．包瓦爾在他一九九四年出版的《獵戶座之謎》中，向全球讀者提出了獵戶座的對應論；而我在《創世紀的守護者》，以及羅伯特和我合著的《上帝的指紋》一書中，對這個主題也有更進一步的闡釋。但對應論的假設，卻遭到洛杉磯格里菲斯天文台（Griffiths Observatory）的主流天文考古學家，艾德．克魯普（Ed Krupp）的嚴厲批評。

克魯普宣稱這種對應是「顛倒」的，是一種基於天空弧面的詭辯論點。因爲，從天空弧面來看，獵戶座腰帶三顆星星中最高的那一顆（在獵戶座的對應論中，與三座金字塔中最南端的對應），其實是最北方的星星。如果用一種讓克魯普滿意的、按照現在天文學慣例的方式來排列金字塔，在技術上也許是「正確」的，的確不會在天空與地面之間呈現出賞心悅目的視覺感。但如果撇開二十一世紀的天文慣例（北方爲「上」），只是如同藝術家或雕塑家般，簡單地在地面上模

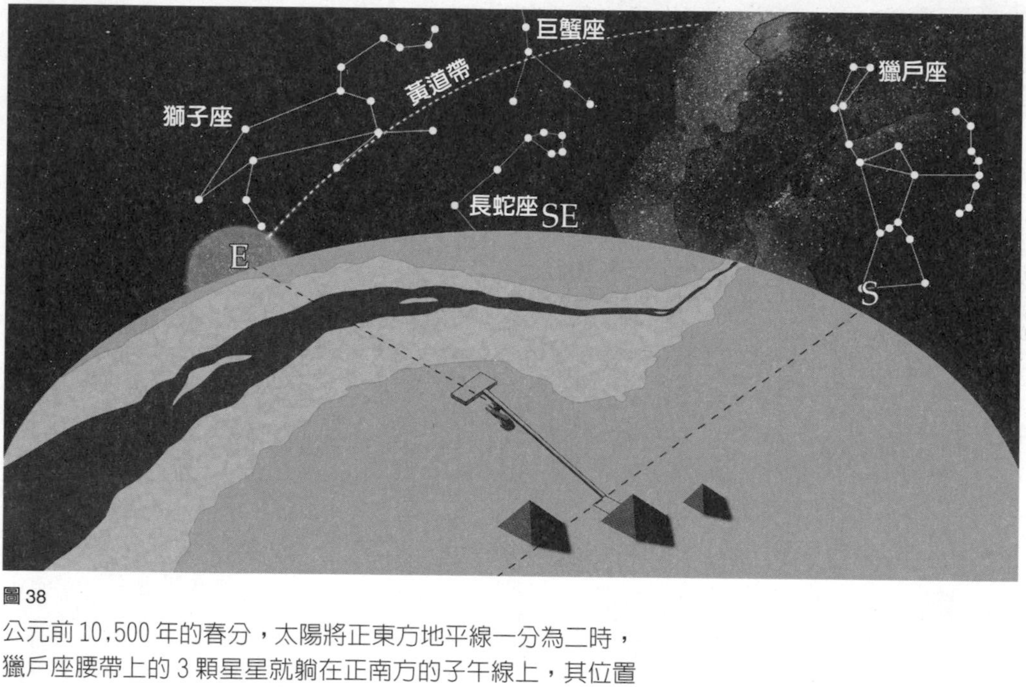

圖 38

公元前 10,500 年的春分，太陽將正東方地平線一分為二時，獵戶座腰帶上的 3 顆星星就躺在正南方的子午線上，其位置與地面上的三大金字塔非常精確地相對應。

擬，那麼在公元前一萬零五百年春分黎明的天空中又會看到什麼？其結果將如羅伯特・包瓦爾所言，三大金字塔與獵戶座腰帶的三顆星星，確實互相對應著（更多的細節，請參閱附錄：獵戶座對應理論並沒有顛倒）。

此外，如前所述，這種對應的明顯特徵是它與人面獅身像/獅子座的鎖定，這值得再強調一次。在公元前一萬零五百年，在春分日出前一小時向東看，可以看到腹部位於地平線上的獅子座，與人面獅身像的注視一致。這裡還有一個不可錯過的天地關係：在這一時刻看到的獅子座輪廓，的確很像獅子般的人面獅身像的輪廓。

地球自轉，星星和太陽升起，然後陽光灑遍天空。在適當的時機，也就是大約一個小時之後，太陽光盤精確地在正東方平分地平線，再次與人面獅身像的視線成一直線。而就在這一時刻，獵戶座腰帶上的三顆星星，落入正南方子午線上中間的位置。這是經過現代天文軟體所證實，任何具備天體運動知識的人都該知道的事，而這樣的人物應該曾出現在公元前一萬零五百年的吉薩。事實上，人們幾乎可以感受到天空中有沉重的齒輪在運作著，就像一個巨大的時鐘：時針是人面獅身像與獅子座的相互關係，分針是金字塔與獵戶座腰帶的相互關係，兩者合力，精確無誤地指向公元前一萬零五百年的時刻。我很早以前就提出過這一年代，是神祕古埃及的「創始時代」。但我現在明白，這個年代對於改變全球的新仙女木災難事件也具有重大意義。

用恆星標示時間

利用天上的恆星和地面上大規模的建築物，象徵性地指出歷史中的重要時刻，在古代是普遍追求的一種實踐。一九九八年我出版的《天之鏡》中就有廣泛的紀錄。事實上，這種天地對應的例子，一旦被正確解讀，往往會爲考古調查帶來新的曙光。例如，在二〇一四年，馬其頓共和國的一座古代土堆，被考古聲響學（Archaeoacoustics）③分析鑑定爲人造物。土堆的尺寸爲八十五公尺×四十五公尺，是非常精確的南北走向，頂部是個巨大的土木工程，被放在一個橢圓形的溝槽裡，已被特里雅斯德大學（University of Trieste）的研究人員確定其代表仙后座（Cassiopeia），因爲公元前三百五十六年七月二十一日黎明，仙后座曾出現在那裡，而那一天是著名的馬其頓統治者亞歷山大大帝的生日。研究人員總結：

> 位於北方的仙后座，高懸在地畫之上，在大地上空形成一幅完美的圖畫。

這種讓天與地對應的努力並不是只有發生在古代。一個相關的近例就是美國的胡佛水壩（Hoover Dam）。在落成紀念碑（Monument of Dedication）黑色的閃長岩基座上，支撐著兩個巨大且雄偉的有翼人物，令人聯想起美索不達米亞和古埃及的神明。雕塑家奧斯卡・漢森（Oscar Hansen）創造了一個壯觀且嵌入星圖的磨石地板。美國內政部墾務局是這樣描述這件藝術品及其目的：

> 星圖為後世留下羅斯福（Franklin Delano Roosevelt）④總統為胡佛水壩主持竣工儀式的日子，一九三五年九月三十日……
>
> 在這份天體圖中，太陽系的天體被精確地放入，使那些精通天文學的人在未來的一萬四千年，都可以計算出北極星的歲差。相反地，若是沒有其他方法可用，後世仍可以根據這座紀念碑確定胡

佛水壩落成的日期。

很顯然的，漢森將這座大壩跟大金字塔相比，將其視爲「圍繞著共同需求或理想，是一座集體智慧的紀念碑」，並且把黃道帶十二宮也納入他的設計之中。他說，放進這些做爲線索和指針的元素，待遙遠的世代後，有智慧的人將能夠辨識這座大壩落成的天文時間。

胡佛水壩與紀念碑的雕塑剛好完成在同一年——一九三五年。當然，古人也可以使用象徵性的建築和天文排列，爲過去任何時間做出永久性的聲明。建於我們這個時代的十二和十三世紀，歐洲偉大的哥德式大教堂即是如此，只是它們的每一個象徵性的細節，以及建築在石頭和彩繪玻璃上的神聖天文學標誌，均標示出更早的時期，特別是基督的時代和舊約族長的時代。

從純粹的天文學角度來看，關於吉薩古蹟群所付出的巨大努力，我們可以說，金字塔和人面獅身像的地面規劃清楚標示出公元前一萬零五百年的年代。但是，看過我之前著作的讀者都知道，這些古蹟還有其他特徵，諸如傾斜向上穿過大金字塔主體的四條狹窄通風坑，在公元前兩千五百年，也就是埃及學家認爲的建造金字塔的時間，對準了幾顆重要的恆星。

換句話說，這兩個時代都被象徵性地標記下來——公元前兩千五百年的通風坑，以及公元前一萬零五百年的地面規劃。

永續綿延的聖徒

我從前面得出的推論是，吉薩是全世界幾個遺址之一，哥貝克力石陣是另一個，在新仙女木事件的全球災難中，這些遺址是幾乎被毀滅的偉大先史文明倖存者選擇定居的地方，也是他們的賢者爲實現「復活諸神之前的世界……再造一個已被毀滅的世界」，而發起的一個長遠計畫。或許他們覺得自己的文明造成了一些可怕的錯誤，以致於上天用新仙女木彗星懲罰他們，若是立刻重建被破壞的世界，是對上天的不恭或不智。的確，事實也證明他們無法做到這一點。雖然跟當時世界許多地方突然陷入酷寒相比，這裡的氣候條件相對有吸引力。但尼羅河河谷也像許多地方一樣，在新仙女木事件開始和結束時，皆經歷了一些災難。這些災難包括極端的河水氾濫，即所謂的「野性尼羅河」，在公元前一萬零五百年的時代曾經重演過多次，直到大約公元前九千年才恢復到平靜且可預測的狀態。

吉薩地勢較高，遠高於谷底，而且並無證據顯示，吉薩本身曾受到那些洪水肆虐，因此，對於那些已經在埃及建立基地，並且著手建築計畫，或許也關注高原本身某些自然特徵的倖存者而言，它是一個不錯的選擇。在這些自然特徵中，我特別關注的是一座三十多呎高的岩石山丘。正如我們將看到的，它是艾德福文本中所描述的「偉大的原始土丘」一個最佳候選，在很久之後被納入了大金字塔的核心裡。

我推測，這座山丘曾經被挖了一條深入岩床下方的坑道，以建立一個名爲地下墓室的矩形槽穴，今天只能通過同樣三百呎長的坑道（現在被稱爲「下降走道」〔Descending Corridor〕）到達，該坑道以二十六度角伸入地下內部。在我看來，這可能是在那個時候建造的幾個地下洞穴之一，而其他更大的洞穴還有待被發現。

同樣的，這些造訪公元前一萬零五百年時原始吉薩的訪客，應該也看見過一個頂峰或岩石山脊（術語，這種地貌特徵就是「雅丹」⑤），它突出於山坡，可能被盛行風吹蝕成獅子頭的形狀。它向東俯視著尼羅河河谷，不久之後被大規模地挖掘，並刻造成大人面獅身像的形體。在公元前一萬零五百年時，很可能已經進行了一些實質工作，人面獅身像的核心主體前方，至少有四分之一已經從周圍岩床中分離。不過，自從我撰寫《上帝的指紋》以來，我的看法從來沒有改變，我認爲這個項目的大部份工作跟金字塔本身一樣，都是後來完成的，最後完成於公元前兩千五百年。在那時，或許已經受到嚴重侵蝕的人面獅身像的獅子頭，被重新雕刻成今日所見，不成比例的小人頭。我的假設是，同一組「聖徒」，也許就住在像修道院的地方，如今只剩下非常少，甚至可以忽略的考古遺跡，且讓我們稱之爲七賢者修道院。這些人參與了兩個主要階段的工作，以及發生在吉薩的所有工程。正如我在一九九五年寫道，這個假設解決了兩個時代之間異常「消失」的八千年：

> 假設（大金字塔的）這些對準恆星的通風坑，以及公元前一萬零四百五十年吉薩的地面規劃，都是同一組永續綿延的聖徒後期的工作，那麼這個假設也表明了，同樣的聖徒在消失的八千年結束後，賦予埃及文明一個啟動的力量，讓埃及以成熟文明的姿態出現於世。

以光測定年代

自從《上帝的指紋》出版後，我耗費數年去反思吉薩的奧祕。我依然認爲，第四王朝的法老角色，是去完成和實現一個在公元前一萬零五百年時，首次被帶到埃及的非常古老的計畫。然而，如前面所述，吉薩高原的地下部分和人面獅身像早期的工作，實際上可能要追溯到公元前一萬零五百年的時代。由於紀念碑的側面和圍繞它的溝槽部分呈現出獨特的風化模式，這是波士頓大學地質學教授羅伯特・夏克分析中的亮點，人面獅身像的原型確實看起來，在冰河時代末期埃及還是傾盆大雨的時代就已經存在，或許甚至早在野性尼羅河時期。

我一直堅信地質學的證據，人面獅身像實際上以某種形式存在於公元前一萬零五百年的時代。但是在公元前一萬零五百年和公元前兩千五百年之間有一個灰色地帶，這涉及高原上的巨石神廟，特別是人面獅身神廟（位於人面獅身像正前方，即東方），和緊鄰人面獅身像東南方的河谷神廟，兩者的大部分都是用從人面獅身主體周圍挖掘出來的石灰岩建造的。但在很多時候，石灰岩石塊都貼上了花崗岩飾面。這些構造的正統考古年代（包括石灰岩和花崗岩成分）要追溯到古王國，尤其是第四王朝，大約公元前兩千六百一十三年至公元前兩千四百九十四年，即公元前兩千五百年的時代。

然而，當我在寫《上帝的指紋》時，我很樂意接受它們可能要追溯到公元前一萬零五百年的可能性。到現在我依然如此。但鑒於最近的證據，需要進行一些審慎的思考。因爲一種先進科技，稱爲「表面螢光定年法」（Surface Luminescence Dating，測量儲存在石頭裡的光能）的技術已被應用在這些神廟上。這種在物體表面進行測定的技術，似乎將今天我們所看到的神廟，是建於公元前一萬零五百年的任何可能性果斷地排除了。

我說的「在物體表面」，是因爲新技術存在某些問題，這意味著從它得出的任何結論都必須仔細考慮。最值得注意的是，研究者本身也承認，表面螢光定年法依據的是，被測定的樣本被安置在建築物內後，就未曾暴露在陽光之下。如果已經曝光，即使只有持續幾分鐘，例如，如果採樣區在沒有頂篷遮蓋下進行任何再加工，那麼「潛在的光被釋放……信號歸零或接近零」，就會得到一個反映出最近再加工時間的信號，而非建築物原始的建築時間。

吉薩的表面螢光定年法的研究，是由核物理學家伊昂尼斯・李瑞齊斯（Ioannis Liritzis）教授及他的同事阿西米納・瓦費爾杜（Asimina Vafiadou）進行，兩人是愛琴海大學（University of the Aegean）考古標本年代測定實驗室的同事。他們在二〇一五年的《文化遺產雜誌》（*Journal of Cultural Heritage*）中詳細報告了他們的研究結果。從四號樣本（河谷神廟的石灰岩）和六號樣本（人面獅身神廟的花崗岩）所提供的最後分析結果顯示，至少其中一些取樣的構造已經被再加工，其潛在的螢光已經歸零，時鐘在重新加工的時間被重置。前者產生了一個非常年輕的表面螢光日期，即公元前一千零五十年，正負五百四十年；後者的表面螢光日期是公元前一千一百九十年，正負三百四十年。這些時間有效地追溯到古埃及的新王國（第十八王朝及其後），而我們有確鑿的考古和碑文證據表明，人面獅身神廟和河谷神廟在新王國時代就已經非常古老。

既然如此，該項研究所產生的其他時間就必須謹慎看待，而且不能被視爲神廟建築日期的確切證據，尤其是三號樣本（河谷神廟的花崗岩）和七號及八號樣本（均爲人面獅身神廟的花崗岩）。它們鑑定出來的表面螢光日期，分別是公元前三千零六十年，正負四百七十年、公元前兩千七百四十年，正負六百四十年，以及公元前三千一百年，正負五百四十年。這些日期跟古王國時期大致相同，儘管還有一些保留，我們將留在後面探討。但它們完全沒有排除神廟的石灰岩核心，所顯示的一個更爲古老的建造日期，而這一直是羅伯特・夏克的觀點：

> 這種花崗岩的覆蓋物是在古王國時期被加上去的，是為了修復和恢復早期（更早的，「人面獅身像時代」）的石灰石神廟。

最後，我們只留下一個樣本（五號樣本），它是從人面獅身神廟原始石灰石核心的石塊中取得。

它鑑定出了兩千兩百二十年，正負兩百二十年的表面螢光日期。但眞的沒有確切的結論或推論可說，因爲當我請夏克對這些研究結果做出評論時，他注意到它的位置不排除這種可能性：「在舊王國時期可能被曝光過，或者在對該構造進行修復的過程中再加工過。」

總之，這項新研究並沒有提供任何證據證明考古學家所堅持的，人面獅身像和河谷神廟的原始石灰岩的巨石部分，是由第四王朝的法老卡夫拉（Khafre）所建。反之，這項研究似乎只能證明，這些神廟在新王國時期進行過再加工。而使主流年表更加坐立難安的是，表面螢光定年法增加了這種可能性：這些神廟（除了六號樣本是在新王國時期）的花崗岩防護板並非在第四王朝所添加，而是早在很多世紀以前。的確，是早在公元前三千三百八十年，在七號樣本測定年代範圍的最末端，還有早在公元前三千五百三十年的三號樣本，以及早在公元前三千六百四十年的八號樣本。

這可能將一項被羅伯特・夏克視爲對人面獅身神廟的恢復工作（在被大面積侵蝕的古老巨型石灰岩頂部，添加花崗岩飾面）回溯到前王朝時期，即埃及進行任何大規模的建設之前。不用說，如果這些神廟需要在前王朝時期進行大規模的修復，那麼它們的核心石塊很可能眞的非常古老，甚至可以追溯至公元前一萬零五百年的時代。

在人面獅身神廟和河谷神廟上談論了這麼多，對於隱現在它們上方的神祕金字塔又是如何？

研究人員無法研究吉薩的第二座金字塔，傳統上它歸屬於卡夫拉（如同人面獅身及其神廟）。他們也沒有調查歸屬於古夫（Khufu）的大金字塔。但他們確實測試了取自三座金字塔中最小一座的一個單一樣本，埃及學將其歸屬於門卡拉（Menkaure），這位法老繼承了卡夫拉的王位。從金字塔的花崗岩表面，而非從它的核心石頭取樣，表面螢光定年法讓這個樣本鑑定出了另一個異常的日期——公元前三千四百五十年，正負九百五十年。只有範圍內的最近端（三四五〇減去九五〇等於公元前兩千五百年）這個日期接近門卡拉統治的時期。不過就算「他」的金字塔是在表面螢光光譜所顯示的最近日期完工，許多權威人士卻認爲，直到公元前兩千四百九十年，這位法老才登基。但更令人不安的是，這個日期出現了其他的可能性，即所謂「門卡拉金字塔」的表面石頭，早在公元前三千四百五十年已安上，甚至或許還要早上九百五十年，即在公元前四千四百年，深入到古王國之前幾乎兩千年的前王朝時期。

爲了解決這些問題，還有更多的工作需要去做。正如我說過的，到目前爲止，我依然願意接受盛行的主流觀點，將金字塔的日期追溯到古王國時期。但我認爲，在形成答案的過程中，我們有必要去意識一點，從地質學、天文學，到現在的表面螢光定年法，都有明顯的跡象表明一個更具言外之意的觀點，即它再也不能歸屬於公元前兩千五百年的時代，而似乎是超過一萬兩千年極長時間內的一系列發展的結果。正如表面螢光定年法研究的主要作者，愛琴海大學的伊昂尼斯・李瑞齊斯的結論，古蹟的某些部分似乎被重新使用過，並且：

> 一個合理的推測是，在第四王朝大規模的工作開始之前，一些構造在吉薩就已經存在。

該遺址的年代也不是唯一探討的問題，它的功能也是討論的話題。埃及學家們喜歡將金字塔定義爲「墳墓」，而且只是墳墓，但正如李瑞齊斯教授所指出的：

> 任何一座埃及金字塔都缺乏同時代的人類遺葬物，況且，遺址具有明顯的天文學和幾何學特性，證明它們的定位並非偶然，而是源自知識和興建時期的星座分布模式，這意味著「金字塔做為墳墓」

的理論不夠充分，我們需要對金字塔和吉薩的年代、功能和再利用做更全面的確認……

從天而降的書

我們已經看到，在艾德福建築文本中有許多段落告訴我們，洪水摧毀了遠古時代早期「諸神」的家鄉，倖存者開始「遍遊」世界，目的是在合適的地點建立新的聖域。其中一段文字特別提到一個地點，它是這些倖存「諸神」在埃及找到的第一個定居地。但這個地點並不是位於上（南方）埃及的艾德福，而是後來希臘人認識的，位於下（北方）埃及的赫拉克利歐波里斯（Heracleopolis），埃及人稱之為赫寧-奈蘇特（Henen-nesut），亦即「皇子之家」。考古學家不知道赫寧-奈蘇特是何時建立的。但巴勒摩石（Palermo Stone）（因其現存於義大利巴勒摩市的考古博物館，故有此名稱）就此事帶來了一些線索。巴勒摩石是一塊有銘刻文的古老閃長岩碎片，上面提供了一些訊息（被埃及學家斥為神話）。據說公元前三千年之前，約有一百二十位前王朝的國王統治過埃及，它也提供了王朝時期早期的一些細節，埃及學家認為是「基於史實的」。石頭上的一個條目可以追溯到第一王朝的第二位國王登（Den）的統治時期，強烈表明赫拉克利歐波里斯/赫寧-奈蘇特起源於很早之前的前王朝時期。

但赫寧-奈蘇特只是線索開始的地方，因為事實證明，它和孟斐斯（Memphis）的古代宗教中心關係密切，孟斐斯古名 Inbu-Hedj（後來為 Mn-nfr），它在赫寧-奈蘇特北方約六十哩（一百公里）處。根據傳說，是由第一王朝的第一位國王梅尼斯（Menes）所建，但它的起源可能更早。因此，有趣的是，正如艾德福建築文本的翻譯者伊芙·雷蒙德所認為：

在閱讀艾德福主要的紀錄時，不可能不被仍然保留在文本中非常明顯的孟斐斯背景和基調所吸引。

在她看來，艾德福文本「保存了一個曾經存在於孟斐斯附近的前王朝宗教中心的記憶」。這個中心「埃及人視其爲埃及神廟的故鄉」。注意，她沒有說「曾經存在於赫寧-奈蘇特」，也沒有說「在孟斐斯本地」，而是在「孟斐斯附近」。總之，它的位置有點神祕；雷蒙德認爲考古學尙未確認這個位置。但是，無論它在哪裡，都被認爲是諸神精挑細選的地方，做爲獻給荷魯斯神的新神廟基地，成爲重建被毀滅的昔日世界長期計劃的開場規劃。雷蒙德認爲，艾德福神廟圍牆內的一段文字，是她尋找神祕地點的重要線索，因爲它告訴我們，荷魯斯的原始神廟是：

尊崇祖先在書中所寫而建，這是一本從天而降的書，落在孟斐斯北方。

埃及學家稱孟斐斯的古代帝王大型墓地爲「孟斐斯墓城」（Memphite Necropolis），在第四王朝，即公元前兩千六百一十三年至公元前兩千四百九十二年時，這裡特別興盛。根據正統的年表，大金字塔和大人面獅身像應該已在那時候建成。而達蘇爾（Dhashur）、薩卡拉（Saqqara）和吉薩的金字塔群均爲這個大型墓地的一部分，所以理論上都可能是前王朝宗教中心的地點。但正如我們所看到的，在吉薩，人面獅身像是模擬公元前一萬零五百年的獅子座，三座金字塔是模擬同一個時代獵戶座的腰帶三星，而大金字塔的四個通風坑，則鎖定在公元前兩千五百年時代後期的特定恆星。

因此，在我看來更為明顯的是，跟達蘇爾及薩卡拉相比，吉薩絕對稱得上是「從天而降的書」，一本以巨石建築為「筆」，寫在歲差「腳本」中的書。

此外還有其他的東西。原始神廟是為荷魯斯神所建，祂是一位以多種不同的象徵形體展現的複雜角色，尤其是獵鷹：事實上，一尊雄偉的獵鷹荷魯斯的花崗岩雕像，至今仍屹立於艾德福神廟的前院。荷魯斯也經常被描繪成鷹頭人身，換句話說，是一個典型的半人半獸，就像美索不達米亞的阿普卡魯賢者。但荷魯斯還有另一個著名的化身，那就是一頭獅子。此外，這頭荷魯斯獅子有時被描繪成有著人頭的半人半獸。在艾德福神廟有一段具體的銘刻告訴我們：

艾德福的荷魯斯將自己變成一頭獅子，有人類的面孔……

人面獅身像之謎

有鑑於艾德福文本將吉薩地區以及神祕的「從天而降的書」連接起來，因此，一個不容忽視的事實是，古埃及人也將荷魯斯與吉薩的大人面獅身像緊密地連接起來。在這個情況下，獅身（也可能曾經是獅頭）的人面獅身像以 Hor-em-Akhet ——「在地平線的荷魯斯」（Horus in the Horizon），同時也是 Horakhti 而聞名，這當中有一個難以捉摸的差異，意即「地平線的荷魯斯」（Horus of the Horizon）。

然而，關於人面獅身像還有一件非常奇妙的事情。除了萊納．斯塔德爾曼（Rainer Stadelmann）博士相信它是第四王朝法老古夫所建，所有其他近代埃及學家都一致主張，人面獅身像是由古夫的兒子卡夫拉所建。我之所以用「主張」一詞，是因爲一開始就要弄清楚，我們現在並不是面對一個關於人面獅身像已經確認過的「事實」，而是因缺少反對意見，所以被逐漸認定是事實的埃及學上的猜測。斯塔德爾曼博士評論道：「在我們的學科裡，陳舊的和看似確定的陳述往往被擱置一旁，缺乏進一步的證明。」他應該知道他在說些什麼，因爲他是一九八九年至一九九八年在開羅的德國考古研究所所長。

當我們只關注人面獅身像的相關事實，而非埃及學家們的意見之後，我們發現的第一件事情就是，雖然這些紀念碑是那樣的雄偉和壯觀，卻沒有任何相關的碑文從舊王國時期保留下來。即使是偉大的埃及學家塞里姆・哈桑（Selim Hassan），他在一九三〇年代於吉薩進行廣泛的挖掘之後，也不得不承認：

> 至於人面獅身像的確切年代及其歸屬，還沒有已知的確切事實，在這一點上，也沒有一篇同時代的銘文可以啟發我們。

同樣的，關於這個問題，沒有任何銘文是來自第一中間期或中王國時期，或是第二中間期。事實上，直到新王國時期，大約公元前一千五百五十年，可能是它從吉薩高原岩床中被刻造出來之後大約一千年，古埃及的法老們才突然開始談論起人面獅身像。

塞里姆・哈桑正確地描述爲「最早可靠的意見」，是由阿蒙霍泰普二世（Amenhotep II）（公元前一千四百二十七年至公元前一千四百零一年）所提供，他建了一座小神廟，今日仍然可在人面獅身像圍場的北側看到它。那裡有一塊石灰岩石碑，這位新王國時期的法老使用 Hor-em-Akhet 和

Horakhti 這兩個名字稱呼人面獅身像，並且將它們直接引用到吉薩的金字塔上，這點讓埃及學家十分困擾。他並沒有將金字塔歸屬於他的第四王朝前任者古夫、卡夫拉和門卡拉，而是將其命名爲「Hor-em-akhet 的金字塔」。這明確暗示了，在阿蒙霍泰普的時代，這個比我們還接近第四王朝的時代，就沒有任何歷史檔案，也沒有任何傳統，將金字塔和三位法老連結起來，而近代的埃及學家卻堅持這三位法老就是金字塔的建造者。但正如塞里姆・哈桑解釋說，「Hor-em-akhet 的金字塔」這一稱號的使用，意味著（因爲 Hor-em-akhet 是人面獅身像的名字之一）阿蒙霍泰普認爲：

> 人面獅身像比金字塔還要古老。

按照編年順序，下一個指涉人面獅身像的碑文出現在著名的圖特摩斯四世（Thutmosis IV）的「記夢碑」上。據說在他即位之前，有一天這位未來的法老去吉薩附近打獵，人面獅身像躺在那裡早已被人們遺忘，沙子都埋到了它的頸部。圖特摩斯在這個龐大頭部的陰影下午睡，此時：

> 當太陽升到天頂時，他做了一個夢，他看見尊貴的神用嘴巴跟他說話，就像父親跟兒子說話那樣。祂說：「看哪，你和我！看著我，我的兒子圖特摩斯！我是……Hor-em-Akhet……我將會把我在大地上的王國給你。」……

然而，有一個附帶條件。人面獅身像接著說，「沙漠的黃沙已經壓垮我……我的狀態不太好……而你將是我的保護者……」

長話短說。圖特摩斯知道，只要他將人面獅身像旁邊的沙子清乾淨，並恢復其往日的榮光，他就會成為法老。於是他按照神的指示去做，當恢復工作完成時，如同預言所示，他得到了王位，於是他豎立記夢碑以表紀念。

如果你今天造訪這個地方，仍然可以看見那塊巨大的石碑，它接近十二呎高，超過七呎寬，矗立在人面獅身像胸前的兩爪之間。但碑文前面的第十三行開始，許多原始的碑文已經剝落。然而，在一八三〇年代，第十三行上有一些碑文仍然完好無缺，人們從石碑上拓印碑文，算是不幸中的大幸。在碑文中有一個音節「卡夫」（Khaf）（如今已不存在），美國的埃及學家詹姆士．亨利．布瑞斯特（James Henry Breasted）在他權威的石碑翻譯中評論，他傾向於認為，人面獅身像是卡夫拉的傑作。關於這個結論，布瑞斯特不鹹不淡地補充，「無所謂人云亦云」。但他也指出，在碑文的副本和十九世紀所取得的碑文模型上，「沒有橢圓形的痕跡」（通常用來圍繞皇室名稱的橢圓形記號）。這強烈表示，Khaf 這個字根本不是指第四王朝的法老卡夫拉。

此外，如塞里姆．哈桑後來補充的，即使碑文中有橢圓形，我們也不能從損壞的碑文中得出，就是卡夫拉興建人面獅身像的結論。它頂多能告訴我們，那是圖特摩斯以某種方式將人面獅身像與卡夫拉連結。即使是十九世紀末期開羅博物館古物部門主管加斯頓．馬斯佩羅（Gaston Maspero），他確信碑文裡曾經有過橢圓形，但他也看不出有什麼理由能從這樣脆弱的證據中，推論出人面獅身像是卡夫拉所建。而他認為可行的解釋是，在這個部分的碑文中，圖特摩斯的目的是表彰卡夫拉對人面獅身像進行過翻修和清理。馬斯佩羅寫道，「在這裡幾乎可以確定的是，人面獅身像在古夫（卡夫拉的父親）及其前任者時期就已經被沙子掩埋。」

馬斯佩羅後來改變了他的看法，勉強地聲明人面獅身像「可能代表卡夫拉本人」，加入了二十世紀埃及學家們日益高漲的共識之中。他最初認爲，紀念碑比卡夫拉古老，而在古夫時代已經被沙子所掩埋。他的這個認知，一部分是基於在另一塊石碑中的訊息，即所謂庫存表石碑（Inventory Stela），這是一八五〇年代法國考古學家奧古斯特・馬里埃特（Auguste Mariette）在吉薩所發現。庫存表石碑，一度也被稱爲「古夫之女石碑」，主旨是大人面獅身像和河谷神廟，以及高原上其他的一些建物，在古夫登基很久以前就已經存在。

然而，表面上「揭穿」眞相，並促使馬斯佩羅毫不懷疑改變主意的那些訊息，其實正是斬釘截鐵的證據：在碑文中使用的象形文字書寫系統，與第四王朝的風格相異，而是屬於更近的一段時期。塞里姆・哈桑認爲是屬於第二十六王朝。隨後，這塊有趣的小石碑因此被視爲贋品，很可能是由一群希望誇耀伊西斯女神（流行於公元前六百六十四年至公元前五百二十五年的第二十六王朝時期）名字的祭司所捏造出來。因此，這對於我們試圖確定近兩千年前的第四王朝，或許還在更早的時期所發生在吉薩的事沒有價值。

當然，那是透過所謂「埃及學者」的有色眼光來看待事物，他們對事物的認識以雙重標準做特殊推理，而且只被埃及學者們採用。根據那些埃及學者的觀點，如果證據支持既定的理論，那麼該證據將被接受。但是，如果某些證據破壞了已有的理論，那麼該證據必須被否定。因此，那些埃及學者完全是採用間接及非當代的數據來支持目前的主張，即人面獅身像及其巨石神廟是第四王朝的法老卡夫拉所建（而我們前面看到，塞里姆・哈桑坦承，「沒有一篇同時代的銘文可以啓發我們」關於人面獅身像確切的年代）。就這樣，將紀念碑的年代定於第四王朝，被埃及學者們吹捧爲「事實」，在大學裡也是如此教授，並被媒體廣爲傳播，這些就只因爲它的「背景」（附近的金字塔和巨石神廟），以及曾經出現在第十八王朝記夢碑上的一個詞彙Khaf。

脆弱的埃及考古案例

至於背景，就算金字塔眞的是第四王朝的作品，儘管對此我們表示懷疑，但正如前面所見，透過表面螢光年代測定，金字塔是屬於門卡拉時代，但仍然不能就此斷定，人面獅身像也是第四王朝的作品。事實上，最有可能的情況是，金字塔之所以被建在那裡，是因爲人面獅身像早已存在於該處，並賦予該處古老而神聖的氛圍。

巨石神廟也沒有眞正證明有關人面獅身像的任何事情，因爲沒有證據表明，神廟的建造時間是在第四王朝。頂多是發現了一座卡夫拉的黑色閃長岩雕像（現在存放於開羅博物館），當初它被倒置在河谷神廟的深坑裡。然而，這只是告訴我們，卡夫拉在某些時候需要將他的雕像放在神廟裡，在某種程度上他認同神廟，但並不代表是他修建的。

從表面上看更有力的說法是，一些埃及學家聲稱卡夫拉的名字被發現刻寫在河谷神廟裡。吉薩高原前任主管和埃及古物最高委員會祕書長，同時也是《國家地理》雜誌駐地探險家扎希・哈瓦斯（Zahi Hawass）博士，在他的「守衛者」網站上，這樣談到河谷神廟：

> 建築的銘文是在入口的道路周圍，上面列出國王的名字和頭銜，還有芭絲特（Bastet）⑥女神（北門口）和哈索爾（Hathor）⑦女神（南門口）的名字。

維基百科在塑造公衆對吉薩的看法上很有影響力，而且它常常將非主流的方法稱爲「僞科學」。

在說到河谷神廟時，它比哈瓦斯說的更加深入：

顯示有荷魯斯名字的卡夫拉部分殘留銘文石塊已經被發現。

然而，經過仔細檢查，維基百科的訊息是誤傳的。因爲，當我把這個問題遞交給倫敦大學學院的埃及考古學教授史蒂芬．奎爾克（Stephen Quirke）時，他非常認眞地進行研究，並適時地報告調查結果。結果是，有荷魯斯名字的卡夫拉部分銘文，實際上並非出現在河谷神廟的石塊上，而是出現在吉薩另一個完全不同建築的石塊上。

那麼，哈瓦斯博士關於「國王的名字和頭銜」的說法又是怎麼回事？很顯然的，他的資料來源是大英博物館的埃及古物監護人I．E．S愛德華茲（I.E.S. Edwards），在他初版（一九四七年）的經典研究著作《埃及的金字塔》（*The Pyramids of Egypt*）中，寫了幾頁關於河谷神廟的內容，與當時埃及學主流並行，他確定是卡夫拉的作品。他說：

在每個門口周圍，有一組帶有國王名字和頭銜的象形文字銘文帶；而在建築物其他地方都沒有出現其他銘文或浮雕。

要不是數年之後，愛德華茲爲他的書寫下最終版，這件事似乎就這樣塵埃落定了。他用一些未曾出現在一九四七年版本中的重要訊息，修訂了上面的段落。我們現在讀到：

在每個門口周圍，有一組被雕刻成帶有國王名字和頭銜的象形文字銘文帶。但只有最後幾個詞彙：「芭絲特（女神）最愛的人和哈索爾（女神）最愛的人」被保存下來。在建築物其他地方都沒有出現其他銘文。

「芭絲特最愛的人」和「哈索爾最愛的人」單獨出現，根本不能證明卡夫拉國王就是這些神明所指定的「最愛的人」，他們可以適用於任何人。因此，就此主張河谷神廟是卡夫拉所建，這個說法不太合理。

另外還有什麼可以支持這種說法呢？在艱深難懂和十分昂貴的《古埃及考古學百科全書》（*Encyclopaedia of the Archaeology of Ancient Egypt*）中，有一條「卡夫拉金字塔群」的內容。扎希・哈瓦斯再度寫下：

> 河谷神廟之所以歸屬卡夫拉，是因為河谷神廟最西方的花崗岩包覆石塊上的銘文。在利什特（el-Lisht）發現一些來自這個建築群的浮雕。在那裡，這些浮雕被用作阿蒙涅姆赫特一世（Amenemhat I）（第十二王朝）金字塔的填充物。

這眞是病急亂投醫！這些石塊是在數哩以外的利什特，被拆下來做爲後來君主的金字塔的填充材料，事實上，這些石塊根本就沒有告訴我們關於河谷神廟的任何可靠訊息，或者它們是從哪裡來的，也或者可以說，它們根本就是從別處運來的。

此外，沒有人聲稱有任何銘文被雕刻在河谷神廟的石灰岩核心石塊上，它們都是出現在「包覆的花崗岩石塊」上。正如我們看到的，包覆河谷神廟的花崗岩，從各方面來看，都像是在核心的石灰岩石塊被放置到位很久以後才被鑲嵌上去的，有一些可能是早在公元前三千六百四十年，其他的可能晚至公元前一千一百九十年。卡夫拉很可能就是在這段漫長的時間裡，對河谷神廟進行修復工作的幾位法老之一，他用正式的銘文和自己的雕像來紀念他的善舉，或許在同一時期，他似乎也對人面獅身像進行修復的計畫。但這不代表他就是人面獅身像或神廟最初的建造者。

那麼，我們只剩下第十八王朝記夢碑上卡夫（Khaf）的字眼待解決。近代的埃及學家（不像他們十九世紀的前任者），急切地將其視為是卡夫拉修建人面獅身像的「鐵證」。且不說第十八王朝和第四王朝不屬於同一個時代，連石碑的歸屬是否是第十八王朝都還很可疑。布瑞斯特指出，「錯誤和明顯不規則的拼字」，以及其他「可疑的特色」，讓他得出結論：銘文實際上並非圖特摩斯四世所為，而是追溯到第二十一王朝和第二十六（沙伊迪〔Saitic〕時期）王朝之間的「後期修復」。

換句話說，記夢碑和庫存表石碑可能一樣年輕。然而，那些埃及學者卻要求，將刻在前者的「卡夫」這一不可靠的證據，做為人面獅身像是卡夫拉所建的證據，而把刻在後者之上，反對卡夫拉所建的明確陳述，視為「荒誕小說」般拒絕。

非同凡響的啟示

以下是庫存表石碑本文的摘錄。在閱讀之前請注意，埃及所有的法老均被視為荷魯斯神的化身，因此荷魯斯的名字都會成為他們的頭銜。每個國王也有一個「荷魯斯名」⑧，例如古夫也稱為梅瑟（Mezer）：

> 梅瑟，現世的荷魯斯，上埃及與下埃及的國王古夫，被賦予了生命。他在人面獅身像洞穴的側面創建了金字塔的女主人，伊西斯之屋，其位於羅斯陶（Rostau）之主，歐西里斯之屋的西北方……Hor-em-akhet 的形象計畫是為了修訂這個形象排列的語錄……他修復所有被塗上顏料的雕像……他派人從鍍金的石頭上挖出內梅斯⑨頭巾的後部，大約有七厄爾（ells）（三點七公尺）。他為了看到雷電而展開旅行，雷電站在無花果樹之地，如此命名是因為這裡有一棵高大的無花果樹，它的樹枝在天國之主降臨在 Hor-em-akhet 之地時被擊中……這個被刻印在石頭的神的形體是堅固的，祂的臉永遠面向東方，祂將永遠存在。

庫存表石碑的語義不清。但塞里姆・哈桑的分析讓它清晰了一些。他寫道：

> 如果相信它的銘文，就必須相信古夫曾經修復過人面獅身像，而且顯然是在它遭遇雷電的破壞之後。事實上，這個故事可能有一些是真的，因為人面獅身像的內梅斯頭巾尾部確實不見了，而且它不是主體的一部分，有鑑於它的形狀和位置，在受到重物的直接打擊以及極其可怕的力量下，它的確有可能被折斷。實際上在人面獅身像的背後還可以看到損壞的傷疤，以及用來修復它的舊沙漿痕跡。這道疤痕大約有四公尺，符合石碑上的測量記錄……因此，人面獅身像很可能是被閃電擊中。但是，沒有任何證據顯示這場意外發生在古夫的統治時期。

然而，也沒有任何證據證明人面獅身像的這場「意外」，並未發生在古夫統治的時期。我們所擁有的是埃及學的偏見，它不可能發生在那個時期，因爲人面獅身像被視爲是卡夫拉的作品，是在古夫死後才興建的，因此很明顯地，不應該存在於古夫的時代。

此外，庫存表石碑所提到的「羅斯陶之主，歐西里斯之屋」，是第二個非同凡響的啓示。我們可以得到這個構造的位置，因爲據說「人面獅身像的洞穴」位於其「西北」。若是倒過來看，這意味著「羅斯陶之主，歐西里斯之屋」就位於人面獅身像的東南方。符合這個座標的唯一構造就是河谷神廟，它確實位於人面獅身像的東南方。因此，正如庫存表石碑以及人面獅身像本身的見證，河谷神廟並非是卡夫拉所建，而是早在前任者古夫時代就已經存在。

這些就是庫存表石碑被埃及學者當作荒誕小說而否決的眞正原因。也就是說，他們並未將它視爲是源於一個更古老且眞實的傳統，採用符合那個時代的語言和術語，爲保持和傳承的銘文。當然，

圖 39

庫存表石碑。碑文上的要點，如：大人面獅身像、河谷神廟，以及在吉薩高原許多其他的建物，遠在古夫登基之前即已存在，皆不被埃及學者認可。

否決不可能是因爲庫存表石碑跟古夫的統治期不同時代，或是因爲它的第二十六王朝的「拼字」。因爲這些因素並沒有阻止埃及學者認同記夢碑，記夢碑同樣有非同期和「明顯不規則拼字」的毛病。簡而言之，不難看出，庫存表石碑的被拒絕和忽視，記夢碑的被接受和擁抱，難道不是因爲前者潑了埃及歷史既定理論的冷水，而後者則是可以很方便地「轉成」支持既定的理論嗎？

從天而降的閃電和一個古老檔案

除了人面獅身像更古老的含意之外，庫存表石碑還有另外兩方面值得進一步調查。首先是人面獅身像曾經被「雷電」破壞一事。塞里姆．哈桑認爲這個說法可能有些道理，但是我們不能肯定，雷電就是他所假設的雷擊。在銘文中，這個雷電在古夫「旅行」時出現，而且被他「看到」。但這樣的說法有問題，因爲一瞬間的雷擊只會造成破壞，而不會留下一個可被看見的實體。但如果是一塊隕石，就有可能在撞擊並破壞人面獅身像之後留在那裡，供國王查看。而從天而降的隕石在火焰中發出可怕的聲音，在墜落的過程中還燒毀一棵高大的老樹，這樣的狀況或許很容易被描述成一道雷電（事實上在許多文化中，隕石都是這樣被描述的）。

同樣耐人尋味的是庫存表石碑的陳述，即被古夫帶到現場的「Hor-em-akhet 的形象計畫」，也就是人面獅身像的形象計畫。據推測是做爲紀念碑維修工作參考之用。這顯然意味著，曾經存在一個與吉薩有關的古老「檔案」，或許是一個「記錄廳」，令人想起那些從建築文本萃取出的，艾德福神廟圖書館失去的紀事。

正如我們所看到的，這些據說是七賢者所說的話，由不亞於智慧之神托特的高人所寫下。伊芙・雷蒙德甚至提出，有可能曾經存在過一本「原始時代早期諸神的神聖之書」，當中陳述了整個埃及的「神聖」計畫。她說，有跡象顯示，這本書還連接到第二本書，即「原始時代早期土丘的規格」，認為它不僅紀錄了所有較小的「土丘」和神廟，以及最終建於其上的神廟紀錄，以做為重建「諸神」被摧毀的世界其計劃的一部分，還包含了「偉大的原始土丘」本身。

不幸的是，除了艾德福文本中少量且簡短，以及可望而不可及的說明之外，再沒有這些相關遺失「書籍」的任何線索。不過，正如我先前所說，這個偉大的原始土丘很可能就是吉薩的一座石丘，據說地球的現今時代就是從那裡開始的，大金字塔將在適當的時機建在附近。那裡還有一個特別的文本，保存在埃及中王國的莎草紙上，它提到尋找「托特聖殿的密室」。古夫希望「模仿」密室來建造他的神廟。

在下一章，我將探討一個深奧及古老的祕密，就隱藏在這些奇怪的訊息之中。

注釋

①又稱「阿蒙神殿」，是底比斯最為古老的廟宇，始建於中王國時期第十二王朝（約公元前一九九一～一七八三年）。
②古埃及孟斐斯神祇之一，形象為一公牛。
③透過空間聲響，做為探究古代遺跡的方法。
④一八八二～一九四五年。美國第三十二任總統。
⑤乾燥區風蝕地形之一，為風蝕作用形成的尖銳嶺脊。
⑥埃及神話中貓首人身的女神，為家庭守護神，同時也是母性的象徵。
⑦埃及神話中愛與美的女神、音樂之神。
⑧古埃及的法老一般有五個稱謂，分別是荷魯斯名、兩女神名、金荷魯斯名、登基名和原名。
⑨nemes，古埃及法老所戴的亞麻布條紋頭飾。

第十一章

托特之書

現在快速總結一下。

艾德福建築文本提到的「遠古人的家鄉」是一座島嶼，其地理位置不明，後被「敵人」所摧毀，那個敵人是一條被描述爲「大跳蛇」的「大蛇」。「大蛇」突襲所引發的洪水淹沒了這個「諸神的遠古時代」，還淹死大部分的「神聖」居民。然而，當中有少數人逃過這場劫難，乘船遠離，雲遊四海。他們的目的是爲了找尋合適的地點，以啓動一個神聖的規劃，去實現：

復活諸神之前的世界……再造一個已被毀滅的世界。

所有這些事情都發生在「遠古時代」，那已經是很久很久以前的事，久到如果不是因爲很努力地保存這些事情，早就會被人們所遺忘。塞易斯的埃及祭司這麼告訴梭倫：

在神廟裡，我們從最早的時代開始，就保存了任何偉大輝煌的成就，或著名事件的書面記錄。

根據雷蒙德在艾德福的詳細研究表明，這裡曾經存在數量龐大的檔案，祭司們從這些檔案萃取出精華，並將其刻在神廟的牆壁上，就這樣留傳至今。而我們在上一章沿著這些萃取的線索按圖所驥，已經來到大人面獅身像，或許這個「有人臉的獅子」，正是艾德福文本中所說的，將自己變成一頭獅子的荷魯斯。

此外，庫存表石碑又提到，古夫得到了人面獅身像的興建計畫，並在他「修復這座雕像」時用作參考。這暗示了在吉薩有一個古老檔案存在，或許

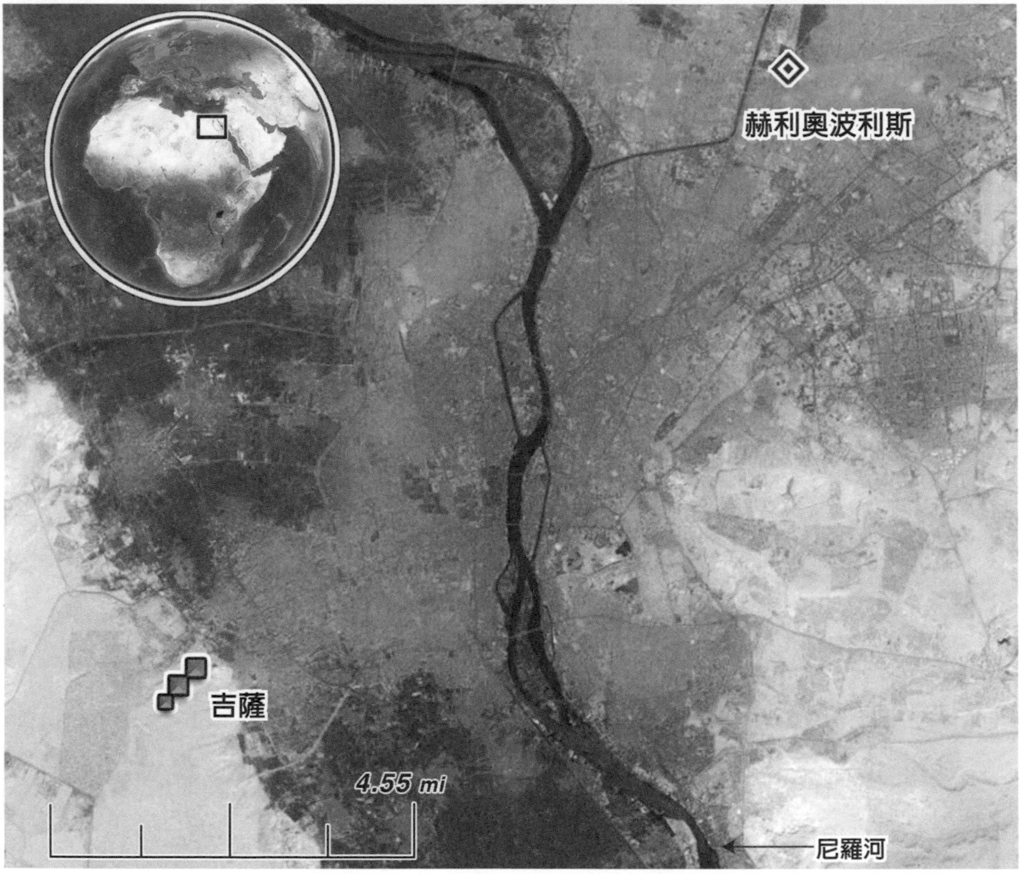

圖 40

赫利奧波利斯吉薩金字塔群東北方 11 英里處。現在開羅近郊的瑪塔瑞亞，除有一尊方尖碑以外，古代的「太陽城」幾乎片瓦不存。

是一個能追溯到遠古時代的檔案，那時「諸神」運用明顯的天文特徵興建此處，讓整個複合體得以成爲一本「從天而降的書」。這本「書」所指的，是否就是公元前一萬零五百年，在春分黎明時出現的獅子座——那個以大人面獅身像的形式在吉薩「從天而降」的星座？在那遙遠時代所看到的獵戶座腰帶三星，也是以三大金字塔地面規劃的形式「從天而降」到吉薩的嗎？

我們已經看到，人面獅身像或至少它的大部分，可能在公元前一萬零五百年的時代就已經被刻造出來。金字塔則確定完成得比較晚。但我相信，它們是建立在已經存在的，可追溯至諸神時代的構造之上。艾德福文本明確地告訴我們，諸神「具有支配天空的能力」。當然，這些已經存在的構造被金字塔取代後，便會隱藏起來，這當中包含奠定整個計畫的原始天然小丘，這些小丘後來皆被納入大金字塔的內部裡。

由於艾德福文本將諸神的工作設想爲在其失落世界外的他處的再創造，而且，故土的關鍵特徵是「一座建於低矮土丘上的原始神廟」，因此他們很有可能想在吉薩複製這些特徵。雷蒙德的權威性不亞於I．E．S愛德華茲教授，這位大英博物館埃及古物的前任監護人認爲，那座現在已被納入大金字塔內部的天然土丘，就是古埃及文本中經常被提到的偉大的原始土丘。我們現在了解到，那座土丘之所以神聖，就是因爲它的前身曾經矗立在諸神失落的世界中。雷蒙德還告訴我們，那座土丘形成了「遠古時代諸神世界的原始核心」。既然如此，在大金字塔中心部位的石丘，以及後來的大金字塔本身，都在重建失落世界的計畫中發揮了同樣的功能。

庫存表石碑並非與該項目有關的古代計畫的唯一見證。在艾德福文本中就已經指出，這些計畫是由智慧之神托特「根據聖賢語錄」所寫下的檔案的一部分。而後世的古埃及人對這本似乎已經佚失，被視爲一切知識泉源的《托特之書》十分著迷，也就不令人意外了。在搜尋《托特之書》文件的過程中，一些莎草紙得以留存下來，而這些搜尋據說是發生在吉薩附近和孟斐斯墓城。

例如，有一個關於塞特瑙-卡伊姆-瓦賽特（Setnau-Khaem-Uast），拉美西斯二世（Rameses II）①之子的故事。拉美西斯二世是公元前十三世紀偉大的法老之一。該故事提到「托特自己所寫的書」，就隱藏在吉薩附近的古墓裡：

> 塞特瑙和兄弟在那搜尋了三天三夜……到第三天找到了墓地（並且）……走到下方書放置的地方。當兩兄弟走進去，他們發現這本書正發出閃耀的光芒。

這裡似乎有一種古代技術的暗示，讓人聯想起第七章所描述的，伊瑪那個會「自動發光」的地下瓦拉，或是挪亞方舟中神祕的照明。在與吉薩相關的阿拉伯傳統中，也提到了某種失傳的技術。埃及歷史學家伊本·阿布達·哈卡姆（Ibn Abd El Hakem）認爲，金字塔是做爲保護遠古知識的場所，這些遠古知識所收錄的書及檔案包含：

> 深奧的科學、藥名及其用途和副作用，還有占星學、算術、幾何學和醫學……（以及）從開始到結束時的一切……

哈卡姆是公元九世紀的人，對先進的冶金或塑料一無所知。但他表示，那些深藏在金字塔內部，來自大洪水以前時代的寶藏包括：

> 不會生鏽的武器，和能彎曲但不會破碎的玻璃。

他同樣描述了守護這些遠古遺物的機器包括：

> 黑色瑪瑙的雕像手執長矛坐在寶座上，雙眼圓睜閃閃發光。當有人注視它時，就會聽到有聲音傳來說要奪他性命；然後他便倒在地上，聲音直到他死去才會停止。

第二個機器也採用雕像的形式：

> 朝這個雕像看的人會被它拖住，而且無法擺脫，直到他死去。

我們再回到古埃及人本身的傳統。有一份威斯卡莎草紙（Westcar Papyrus）文本，可追溯至大約公元前一千六百五十年的中王國時代，它是從已經失傳的舊文件中複製出來的。該文本提到一個「稱爲『儲存所』的建築」，位於古埃及人所熟知的伊努，《聖經》稱其爲昂（On），後來希臘人稱其爲赫利奧波利斯，以「太陽城」名聞遐邇的聖城，其位於吉薩東北方十一英里處。根據莎草紙所言，有「一箱火石」被存放在赫利奧波利斯，內含一份神祕文件，據說法老古夫本人曾經「花費很多時間去尋找」。該文件記錄了「托特聖殿密室數字」，古夫希望用它來「複製他的神廟」。

這是什麼意思？

I・E・S愛德華茲指出，赫利奧波利斯的「儲存所」，自古以來就是與吉薩緊密相連的天文科學中心，而城市的大祭司是「首席天文學家」。對此，埃及學家F・W・格林（F. W. Green）補充說，這個在赫利奧波利斯的「儲存所」似乎是一個「圖表室」，「或可能是訂定和儲存計畫的『製圖室』」。同樣地，艾倫・加迪納爵士認為，「這房間必定是檔案室」，而古夫「一直在尋找有關托特原始聖殿密室的詳情」。

因此，我們再次遇到一份古夫尋求古代文獻，並用來指導他在吉薩工作的報告。這是否就是庫存表石碑所說的，將人面獅身像恢復到原始外觀，或是融合威斯卡莎草紙上的古老設計，以正確方式來建造他的「神廟」。在我看來，這些傳統進一步強化了這樣的概念：不論古夫和第四王朝的其他法老在吉薩做了什麼，都不過是在執行及完成從諸神時代繼承下來的計畫。換句話說，就是遠古的計畫，而不是完成他們自己的新方案。總之，他們在重建諸神世界的計畫中發揮著一定的作用。

此外，第十章提過的表面螢光定年法測定結果，如果將那些結果與人面獅身像及其神廟的地質年代放在一起討論，那麼這個過程可能起源於公元前一萬零五百年的洪水時代，之後數千年幾乎是在靜止狀態，在此其間的古代知識和檔案，由像是住在修道院之類的啟蒙者保存，後來也許早在公元前四千年，這個過程又被重啟，在公元前兩千五百年的時代逐漸完成並實現。

艾德福文本中清楚點出那樣一群啟蒙者的存在，還提到他們的長期使命：

> 遠古時代的興築之神，光明之王……鬼魂們，祖先們……為諸神和人類培育種子……當初始時出現的天師們團結向前時，照亮了這塊土地。

艾德福文本沒有聲稱這些生命是不朽的。據說，他們死後，下一代會「到他們的墓前善盡哀悼職責」，隨後取而代之。也就是透過這種不間斷的知識啓動和傳播鏈，在艾德福文本中所描述的「興築之神」、「賢者」、「鬼魂」、「光明之王」、「光之一族」，得以不斷的自我更新，就好像神話中的鳳凰，將起源於地球上某個遠古時代的傳統和智慧傳承至未來。

在艾德福文本中，這些啓蒙者的另一個名字是賢蘇荷（Shemsu Hor），即「荷魯斯的追隨者」，以彰顯荷魯斯在艾德福的重要性。這個名字讓他們與聖城赫利奧波利斯/伊努緊密相連，也就是托特聖殿密室檔案被存放的地方。讀者應該記得，在艾德福文本中，是七賢者確立了在埃及建造所有未來神廟的規劃和設計，而有趣的是，在艾德福北邊一點的丹德拉（Dendara），有銘文告訴我們，建築師採用的「偉大計畫」，均「被記錄在由荷魯斯的追隨者傳下來的古籍裡」。據說這些荷魯斯的追隨者，在各方面都與「賢者」和「興築之神」相同，他們隨身攜帶著埃及的「神聖起源知識」，以及這片土地「曾經神聖和孤獨，爲表彰她的奉獻，諸神降尊紆貴於此處」的神聖目的。

從天而降的石頭

艾德福文本中的賢者，與吉薩、赫利奧波利斯和荷魯斯的追隨者的相互關聯，提供了大量的線索，有助於我們進一步的研究。其中最重要的就是赫利奧波利斯，這個今日在開羅索然無趣的郊區，曾經是鳳凰神廟的所在地。鳳凰在古埃及被稱爲本努（Bennu）鳥，是復活和重生的著名象徵。在這座通常被稱爲「鳳凰殿」的神廟裡，保存著一個早已從歷史中消失的神祕物體，那是一塊被稱爲本本（Benben）的「石頭」（在詞源上與本努有密切關聯），據說石頭是從天而降，被描寫成諸神之父拉

-阿圖姆（Ra-Atum）的種子或精子。正如一位專家所解釋的，在古埃及語中，本本一詞的定義是：

略呈圓錐形的尖頂物，形象化之後成為小金字塔型態的建築元素；覆以金箔，立於方尖碑頂，在陽光下閃閃發光，以榮耀方尖碑。

每座金字塔都擁有像本本石的頂石。例如，在開羅博物館還能見到至今保存完好，第十二王朝法老阿蒙涅姆赫特三世（Amenemhat III）金字塔的頂石。

關於本本石概念的出處，至今已提出許多理論。但在我看來，最引人注目的，是我的朋友兼同事羅伯特．包瓦爾，於一九八九年首次在學術期刊《埃及學研討》（*Discussions in Egyptology*）中提出的討論，標題爲「關於本本石起源的調查：它是一塊鐵隕石嗎？」。羅伯特認爲，與許多其他古代民族對隕石崇拜的情況類似：

曾經在鳳凰殿裡被膜拜的本本石可能是一塊隕石。其圓錐形……強烈暗示是塊不折不扣的鐵隕石，質量可能是在一至十五噸的範圍內。這種從天而降的物體通常代表「流星」，也許為埃及的神職人員提供了一個代表拉-阿圖姆「種子」的實質物體。

埃及學家R．T．倫德．克拉克（R.T. Rundle Clark）考慮到一種關聯的可能性。他於一九四九年在《伯明翰大學歷史期刊》發表論文，題目是「鳳凰的起源」。他注意到，現存最早提及本努鳥的內容發現於金字塔文本（古王國，第五與第六王朝），當中說道：

你（拉-阿圖姆神）在赫利奧波利斯的本努鳥之屋照亮了本本石。

但奇怪的是，在之後的文本中，本本石總是以一座幾何形狀的金字塔呈現，在「金字塔文本」中，也被描述成粗糙、邊緣微彎的石頭。倫德．克拉克注意到，「這是一個重要事實，代表這些金字塔並非赫利奧波利斯原始本本石的精確複刻版……可以假設本本石是在舊帝國時期才變成金字塔形。但不能確定它是否受到第四王朝金字塔輪廓實際發展的影響。」

他接著指出一些事，引起了我的注意：

「金字塔文本」中的本本石具有翁法洛斯石（omphalos）②或聖石（betyl）的形狀，在亞洲早期宗教中，這種臍石（umbilical stone）③非常普遍……它是這個文本的一篇課文……這塊像聖石的本本石，在第四王朝時被修改成金字塔形。

倫德．克拉克在他一九四九年的論文中似乎還沒有意識到這一點，這強化了羅伯特．包瓦爾後來的論點，就是那個聖石，無論它們在哪裡被崇拜，都不過是塊隕石，雖然通常它們是石質的，而非鐵質的隕石。一九八〇年代，我在研究我的《失落的約櫃》（*The Sign and The Seal*）一書時，有機會深入調查這個問題，書中具體提到據說存放在約櫃裡十誡的兩塊石板。

《聖經》學者梅納赫姆．哈蘭（Menahem Haran），也就是權威著作《古代以色列的神殿和神殿服務》（*Temples and Temple Service in Ancient Israel*）一書作者，認為「約櫃裡保存的不是兩塊律法石板，而是……來自西奈山的一塊隕石」。由此，對約櫃及其內容物的崇拜，符合了更加廣泛分布在整個近東和中東，對「從天而降的石頭」的崇拜傳統。

近代有一個例子，那就是穆斯林特別崇敬的，鑲在聖城麥加（Mecca）克爾白（Ka'aba）④牆角的那塊神聖黑石。每個來到聖地的朝聖者都要觸摸這塊石頭。先知穆罕默德宣稱，這塊石頭從天而降，當初，亞當被逐出伊甸園之後，這塊石頭給了他以吸收他的罪孽；後來由大天使加百列（Gabriel）獻給希伯來人的族長亞伯拉罕（Abraham）；最後成爲克爾白的基石——伊斯蘭世界「跳動的心臟」。

地質學家將黑石的起源歸類成隕石。同樣地，前伊斯蘭教的阿拉伯部落在沙漠流浪時所攜帶的聖石，也是隕石。而且，將聖石（通常放在攜帶方便的神龕裡）與克爾白的黑石，以及約櫃中的石頭（律法石板）連接在一起，就成爲一條文化傳播的直線。在歐洲，聖石也被稱爲流動的石頭（lapis betilis），這個名字：

> 起源於閃語，後來被希臘人和羅馬人用來指稱那些據說有神奇生命的聖石，它們具有靈魂，並被用於迷信、魔法以及占卜。它們是從天而降的隕石。

基於上述這些論調，在庫存表石碑中古夫特別關注的「雷電」，便有了新的意義。如同讀者所記得，銘文提到拉-阿圖姆的別稱「天國之主」，「降臨」在人面獅身像上，造成了損害，古夫後來根據他得到的古代「計劃」進行修復。而正如塞里姆·哈桑所指出的，如果這樣的雷電僅僅是雷擊，那便毫無意義，因爲庫存表石碑清楚告訴我們，古夫造訪那個地方是「爲了看到雷電」。

簡而言之，從天而降的一個物體，可以被合理的描述爲天國之主「降臨」在人面獅身像上，必然是已經存在於那裡的。一塊隕石就可以滿足這樣的情況。但對於保存在赫利奧波利斯的本本石不見得適用，因爲鳳凰殿與本本石在古夫時代就已經存在。然而從法老對「看到雷電」的渴望來看，證明了人們對這類物體有著特別的崇敬，自然會想知道這種敬畏可以追溯到什麼具體事件，以及可以回溯到多遠。

例如，它是否可以一路追溯到艾德福文本所紀念的時代？在那個時代，諸神的島嶼被一條有敵意的「大跳蛇」攻擊，引發了滅世的大洪水。

在試圖回答這個問題之前，讓我們先將本本石和本努鳥稍微緊密地聯繫起來思考。

鳳凰的飛翔

倫德・克拉克對本努鳥/鳳凰進行深入的研究，他提到，古埃及人相信一種「重要本質」——海克（Hike），曾經被帶到他們的土地上：

> 鳳凰來自遙遠而神奇的地方。那裡是「火之島」，一處有著永恆之光，超越世界極限之地。諸神在那裡出生或復活，並從那裡被派往世界各地。鳳凰是這片難以靠近的神性之地的首席使者。在一副棺材銘文上，勝利的靈魂說：「我來自火之島，我的身體充滿了海克，就像那隻鳥一樣，牠（來到並）讓這個世界充滿那種未知的東西。」

因此，倫德・克拉克的結論是，鳳凰遠道而來，「將光明和生命的訊息帶到這個陷入無助的原始黑暗世界」。牠飛越遼闊的世界，「越過海洋和河流」，最後降落在大地的象徵性中心——赫利奧波利斯，並宣告一個新時代的來臨。

這個結論有很多地方讓人想起艾德福文本——諸神從遙遠的島嶼出發，在一段遠古黑暗之後光明的回歸，在抵達赫利奧波利斯後，開創了一個新的時代。事實上，鳳凰幾乎可以說是象徵那些逃離被淹沒家園的「諸神」的使命，他們帶來一個重生和復興昔日世界的長期計畫。

然而，這些象徵性的交集還有比這個更加深遠，且更加複雜的含義。要知道，與鳳凰密切相關的不僅僅是光明，還有火。因此，拉克坦提烏斯（Lactantius）⑤在公元四世紀時告訴我們：

鳳凰沐浴在聖水之中，並以水花供養。千年之後……牠築巢為墓，巢中有豐富的果汁，芳香四溢。牠坐在巢穴中，身體發熱以致產生火焰，將牠的身體燃燒成灰燼，產出一條乳白色的蟲子；蟲子入睡後變成一枚蛋，最後孵化成鳥破殼而出。在吸收營養之後，新生的鳥將灰燼捲成球，包裹在沒藥和乳香之中，將其運送到赫利奧波利斯的神壇上。

這個關於火焰、重生和從熾熱的死亡中浮現的新生命，也出現在古代伊朗，在那裡，伊瑪建造了瓦拉，鳳凰被稱爲神鳥（Simorgh）。如同民俗學者E・V・A・肯奈利（E.V.A. Kenealy）解釋說，神鳥的故事明確建立了：

鳳凰的死亡和重生，呈現了世界接二連三的破壞與復興。許多人認為，這是由一場激烈的洪水所導致。

鳳凰自焚並重生前的壽命有不同的漫長時期，像是一千年、五百年、五百四十年、七千零六年。然而，公元三世紀初，索利努斯（Gaius Julius Solinus）⑥留下了一個強大和特別的傳統，他將鳳凰的壽命設定在一個完全武斷和怪異的數字：一萬兩千九百五十四年。然而進一步的調查顯示，「鳳凰回歸的時期被認爲與大年相對應」。我們已經知道，「大年」是一個與歲差相關的古老概念，它包含十二個「大月」（太陽經過黃道十二宮的每一宮時間），每一個大月是兩千一百六十年，因此十二×二一六〇＝二五九二〇年。當然，兩萬五千九百二十年這個數字，非常接近一萬兩千九百五十四年的兩倍（二×一二九五四＝二五九〇八年）。在我看來，太過接近就不會是巧合，特別是當我們想起，西塞羅（Marcus Tullius Cicero）⑦在他的《荷滕西斯》（*Hortensius*）一書中，還特別將大年與數字一二九五四連結。

正如吉爾吉奧・德・桑提拉納（Giorgio de Santillana）和赫塔・馮・戴程德（Hertha von Dechend）在《哈姆雷特磨坊》（*Hamlet's Mill*）一書中所證實的，來自其他傳統，做爲鳳凰壽命的五四〇這一數字，也是源自於大年。該書是他們針對透過神話傳達歲差知識的精湛研究。

正如我們在第十章所見，歲差周期每跳動一次是七十二，也就是歲差一度所需的年數。三十六（七十二的一半）加上七十二可以得到一百零八；再取一百零八的一半得到五十四，最後乘上十得到五百四十。

二十年前，我在《上帝的指紋》中對這一切有詳細的敘述，讀者可以去參考這本書，以得到歲差數據的完整論述。桑提拉納和戴程德早先所展示的這些歲差數據，存在於世界各地的古代神話和傳統中，它們是古代文物隱含先進天文知識的證明，他們將這些知識歸屬於某些身分不明且「令人難以置信」的先祖文明。

讓我們特別感興趣的是，古代掌權者頻繁地將現在所看到的跟鳳凰壽命有關的大年，與「全球大火」和「全球大洪水」做連結。但不一定是這些災難的原因，而是做爲記錄和預測它們的計時器。面對這些素材，無論幾千年的過程中有多少令人喪氣的怪異和矛盾，我都會不由得想起，新仙女木彗星以及它帶來的大火和全球大洪水——後者是因爲北美洲和北歐冰蓋，因被多個彗星碎塊撞擊所引發的災難性崩潰造成；前者則是由過熱的噴發物引起，它造成的火災覆蓋至少五千萬平方公里的地球表面。

因果循環

假設你想傳遞一個訊息給未來，不是最近的未來，而是非常遙遠的未來。你將它寫下來是非常不智的，因爲你無法確定，從現在開始的一萬兩千年以後的任何文明還能翻譯你的手稿。況且，即使手稿能被翻譯，這些紀錄訊息的書面文件可能也無法熬過時間的蹂躪。如果你眞心要讓生活在遙遠未來的後代理解，那麼最好利用巨大的建築紀念碑設計你的訊息，因爲「時間會畏懼」這些建築，就像吉薩的金字塔和人面獅身像；你再將那些紀念碑跟世界通用的語言結合，好比天空中緩慢的歲差變化，如此一來，任何具有天文知識的文明都能讀取你的訊息。

理想狀況下，你的訊息應該是一種簡單的訊息。

在艾德福文本中，「一群」流浪神明在不同地點建立新聖域，以復興被洪水摧毀的昔日世界。

我們在第十章中已看到，吉薩——赫利奧波利斯——孟斐斯地區是如何符合成爲新聖域的要求，甚至，這片疆域能夠充分證明一本「從天而降的書」的描述。當我們「閱讀」那本用巨石建築的「筆」，寫在歲差「腳本」中的書時，它強迫我們去審視公元前一萬零五百年的時代。這不是一個精確的時間，因爲歲差「時鐘」所給出的指示過於籠統，以至於我們無法指定「秒」，甚至是「分」。但可以肯定的是公元前一萬零五百年的時代，即大約一萬兩千五百年前。吉薩地面上的巨型紀念碑象徵著同樣的天文結構，在公元前一萬零五百年之前的五百年的大部分時間，以及之後的一千年也都是如此。

換句話說，正如我們看到的，新仙女木的災難事件被完全裝進紀念碑的「訊息」中，該起事件始於公元前一萬零八百年，即大約一萬兩千八百年前，一顆巨大彗星多個碎塊的可怕撞擊，然後於公元前九千六百年左右，即一萬一千六百年前左右，又意外地結束。我們並不知道原因，但最可能的解釋是，地球在公元前一萬零八百年時再次遭遇造成新仙女木事件的同一顆彗星的碎塊流。然而，這次的影響是全球變暖，而不是全球變冷。

與彗星的幾度遭遇，就像神話中的鳳凰，因果循環。

在軌道上的彗星，會以一定的循環間隔返回到我們的天空，短則三點三年（如恩克彗星），長則四千多年（如海爾-波普彗星〔Comet Hale-Bopp〕），有些甚至長達數萬年。

就像神話般的鳳凰一樣，彗星每一次出現在我們的天空都會經歷一次「更新」，事實上是「重生」的過程。這是因爲彗核通常是惰性的，在完全黑暗之中穿過外太空，不會產生特徵性發亮的「彗髮」和閃爍的「彗尾」。

然而，當一顆彗星接近太陽（地球也是如此）時，太陽的光線導致深藏在內部的揮發性物質爆發沸騰，噴出氣體——科學家將此過程稱爲「除氣」，進而釋放出數百萬噸超細灰塵和碎屑，形成彗髮和彗尾。

最後但並非最不重要的是，彗星的除氣過程就好像鳳凰在烈焰中自焚。此外，研究一萬兩千八百年前新仙女木撞擊事件的科學家們，已經用圖解顯示，大型彗星碎塊撞擊地球，可能會導致遍及大陸的大規模火災，如果撞擊發生在冰蓋上，則會引發全球性的洪水。

這的確是可能的。

我們還沒有跟公元前一萬零八百年和公元前九千六百年之間，那顆改變地球面貌的彗星做一個了結。但很清楚的是，就像我們將在第十九章看到的，有人猜測「鳳凰的回歸」將會發生在我們這一世代，事實上是在二〇四〇年前後，而且其中一個碎塊的直徑高達三十公里，將帶來致命的危險。如此大型彗星碎塊的撞擊，最起碼意味著文明的終結，甚至是這個行星上所有人類生命的終結，其後果將比一萬兩千八百年前的新仙女木撞擊事件更具毀滅性，使我們成爲記憶喪失的物種，不得不像沒有記憶的孩子一樣重新開始。

或者該說，幾乎沒有記憶。

因爲在重新開始的時候，我們似乎有指導、領導者、教導，和「賢者」、「光之一族」等高人，那些上古時代就已經存在的「諸神的魔法師」，任務是確保一切沒有丟失。如果說那些人花了那麼長的時間，就只是爲了說明他們存在於公元前一萬零五百年的吉薩，根本沒有多大意義。我認爲，他們的科學文明已經進步到足以讓他們明白這個世界曾經發生什麼，並能預測它何時還會再次發生。

總之，我認爲，他們的目的可能是想要留下一個訊息。

在後面的章節中，我們將更深入地看待這個訊息及其影響。但首先還有另一條線索要追蹤，它可能會讓我們更接近這些「魔法師」和他們的「魔法」。

注釋

①古埃及第十九王朝法老，其執政時期是埃及新王國最後的強盛年代，興建了以宏偉著稱的阿布辛貝神廟。
②在希臘語中為「肚臍」之意，是一種圓柱形石器。
③喻為世界的中心。
④位於伊斯蘭教聖城麥加禁寺內的一座立方體建築物。
⑤公元二四〇～三二〇年，古羅馬基督教作家之一。
⑥古羅馬地理學家。
⑦公元前一〇六～前四三年。羅馬共和國晚期的哲學家、政治家。

石頭

第五部

PART5 STONES

第十二章

巴爾貝克的巨石牆

二〇一四年七月九日，我們於深夜降落在貝魯特拉菲克·哈里里國際機場。這座機場是爲了紀念前總理拉菲克·哈里里（Rafic al-Hariri）而更名的。他在二〇〇五年二月十四日遇刺，當時他的車隊正經過一輛停在聖喬治酒店旁的三菱貨車，那裡就位在黎巴嫩瀕臨地中海的時尚區，也就是俗稱的濱海大道。殘留的DNA跡證顯示，車內坐著一位年輕的男性自殺炸彈客，還載有約一千八百公斤（相當於四千磅）的黃色炸藥。有二十三人遇害，其中包括哈里里、他的幾位侍衛，和他的好友前財政部長巴索·富萊漢（Bassel Fleihan）。策畫這場大屠殺的嫌犯包括眞主黨的高級幹部、什葉派好戰分子，和控制貝卡谷地（Bekaa Valley）的巴爾貝克（Baalbek）鎭的政治團體。我在這次的黎巴嫩研究之旅中，正打算去走訪貝卡谷地中的一些引人入勝的遺址。眞主黨指稱以色列是主使者，有些人則懷疑敘利亞總統巴沙爾·阿薩德（Bashar al-Assad）和暗殺有直接關聯。

貝卡谷地的東緣就是敘利亞邊界，和巴爾貝克鎭相距很近。那裡曾在二〇一三年遭到飛彈攻擊，並連續發生數起暴力事件。敘利亞的血腥內戰正打得火熱，鎭上有大批難民，局勢很動盪不安，因此有人勸我們不要接近這裡。但我在研究古埃及後，就對那裡的古老遺跡神往不已，多年來一直想去巴爾貝克看看。

我在搭機時反覆讀著我的筆記，知道這裡有很多錯綜複雜的關聯，便提醒自己不要犯了他們的忌諱。我和桑莎在下機後，沿著柏油路走向航廈時，夜晚的空氣很溫暖，我迎著從地中海吹來的涼風，準備面對即將來臨的冒險。

我們首先遇到一位穿著敞領襯衫和灰色制服的移民官員，讓我們見識到這裡的官僚系統。他很年輕，卻帶著枯槁的病容，滿臉鬍渣，一副疑神疑鬼的樣子。他的戒心真的很重，先是看看我的護照，再抬頭看著我，接著仔細檢查每一頁。我的護照有四十一頁簽證頁，我經常旅行，因此護照蓋滿了世界各國的簽證，如馬來西亞、印尼、澳洲、南非、印度、美國、巴西、玻利維亞、祕魯、埃及、阿拉伯聯合大公國、加拿大和土耳其等國。年輕的移民官仔細察看每個入出境章，慢條斯理地逐頁從頭翻到尾，再抬頭看我一眼，接著又低頭察看，然後再抬頭看我。他翻到最後一頁時又重新檢查一次，但這次是從後往前翻頁。

我知道他要找的是以色列的入出境章，只要找

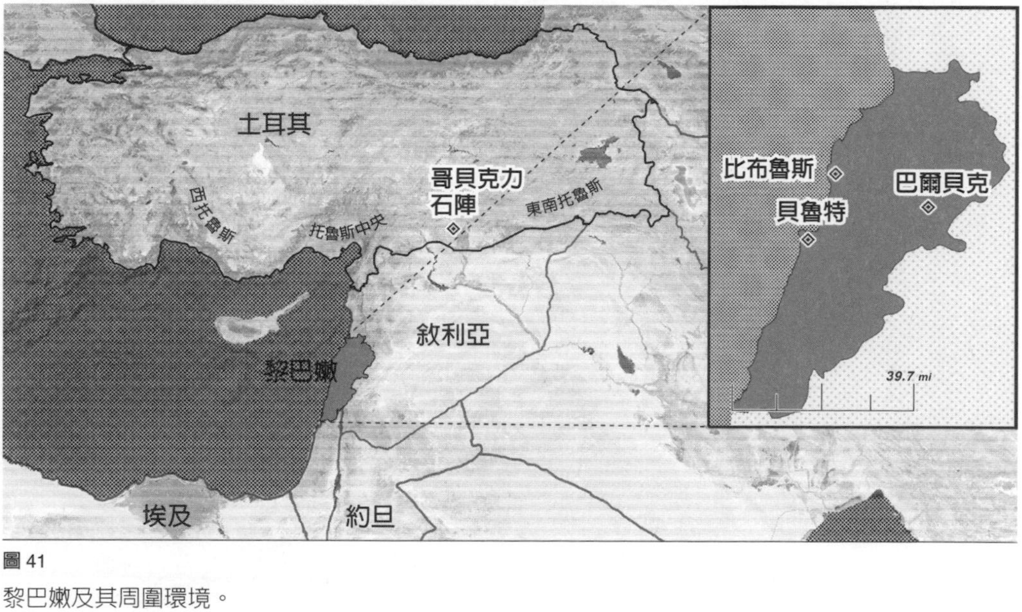

圖 41

黎巴嫩及其周圍環境。

到這個戳章，他就能拒絕我入境。但他不可能找到的。雖然我爲了研究去過以色列幾趟，但我總會留意要將入出境章蓋在護照內的活頁上，而不是蓋在護照上。更何況我上次去以色列是在一九九九年，後來我的護照已經更換了兩次，因此我沒什麼好擔心的。儘管如此，他嚴格的檢查還是讓我不太自在。

移民官第三次察看過護照後，不懷好意地盯著我問道：「你爲什麼要來我們的國家？」

「我是觀光客。」我這樣回答他。根據我長久以來的經驗，只要提到任何研究一本書的事，就會惹來很多不必要的麻煩和猜疑。

他很懷疑地揚起眉角問：「你眞的是觀光客？」

「對，我是觀光客。」

「你來我們國家想看什麼？」

對於這個問題我倒是有備而來：「貝魯特。美麗的濱海大道。我聽說那裡有些很棒的飯店。接著我們要去比布魯斯（Byblos），當然也不會錯過巴爾貝克。」

移民官又揚起眉毛：「巴爾貝克？」

「當然了！我們怎麼會錯過它。」這我倒沒有說謊。「那些神廟和巨石，我聽說是世界奇觀之一。」

他突然露出笑容：「那裡確實是個讓人驚歎的地方。我是巴爾貝克人，那裡是我的故鄉。」他大手一揮在我的護照上蓋章，並在簽證上方寫了些字。「歡迎光臨黎巴嫩。」

接著輪到桑莎。由於移民官已卸下戒心，他只是快速地翻閱她的護照一次，接著就蓋章，並帶我們進入行李提領區。

靈魂之井

我們從機場驅車前往下榻旅館途中，經過哈里里遇刺的地點。破壞的痕跡當然早就被清除了，到處看起來都很時尚。雖然當時已經很晚了，當地仍有大量人潮，其中多半是穿著時髦的年輕人。他們沿著濱海大道漫步，街燈和星光相映成趣，閃閃發亮的地中海就在下方。置身在這幅美景中的我，很難想像這個城市四十年來曾飽受的摧殘。我這時又想起此行的目的。

我曾研究過埃及和艾德福銘文，銘文中隱約提到，在一場全球大洪水過後，曾有過一場遠古的文明化行動。我在研究中發現一件奇妙的事——吉薩高原和黎巴嫩的巨型紀念建築物似乎有些關聯。

在幾千年前，目前的黎巴嫩就位在《聖經》所說的迦南（Canaan）北部。迦南大概包括目前的以色列、巴勒斯坦自治區（Palestinian Territories）、約旦西部和敘利亞西南部。讓我深感興趣的是，在以色列和黎巴嫩都有些神祕的巨石結構，它們的規模都不比吉薩的巨石結構遜色，而且也是為了流傳萬世而建造的。這些莊嚴的巨塚和神聖的場所都禁得起時間的考驗，在千秋萬世中受到景仰，哪怕是它們代表的宗教和文化已經改變了。

耶路撒冷的聖殿山就是這樣的地方。正統考古學和《聖經》都指出，最初的大宮殿是在近似神話的所羅門王時代建造的。這位大名鼎鼎的魔法師帝王的統治期，據說是在公元前十世紀。猶太人稱所羅門神殿為第一聖殿，它在公元前五八七年被巴比倫人摧毀，然後在公元前五二〇年由所羅巴伯（Zerubbabel）①重建。歸附羅馬帝國的猶太帝王大希律王（Herod the Great），在公元前一世紀對聖殿展開野心勃勃的修復工程，並在約公元前二〇年完成修復。公元七〇年，大希律王死後約九十年，他的聖殿和耶路撒冷的很多地區又被羅馬人摧毀。

聖殿目前只剩下巨大的梯型平台，它現在被稱爲聖殿山（Haram esh-Sharif）②。平台上的阿克薩清眞寺（Al Aqsa Mosque）和聖石圓頂清眞寺（Dome of the Rock），是伊斯蘭教的第三和第四神聖的地點。我們不必去探究這裡的近代史，或它是如何落入伊斯蘭教徒手中的。聖石圓頂清眞寺之所以和聖石有關，是因爲寺內有塊被猶太人稱爲「基石」（Shetiyah）的巨石。公元前十世紀，所羅門神殿在此建造時，基石就是至聖殿（The Holy of Holies）的地板，我在另一本書中詳細探討過的神祕約櫃，就位在基石之上。

基石是艾德福銘文中曾提到的「諸神時代」的巨石。但耶路撒冷還有其他一樣古老的巨石。這個巨大的天然岩石原本位在這個遠古的小丘頂，這點和吉薩大金字塔滿類似的，因爲這座金字塔內也包覆著一個天然山丘。但在公元前十世紀前後，也就是考古學家認爲的所羅門神殿的時代，這座山丘被人類改造過。山丘上現在有個被挖鑿出的洞口，讓一道光線射入一個天然洞穴。這個洞穴也被人類修飾過，洞穴下方有一口名稱頗引人遐思的井——靈魂之井。

我曾進入靈魂之井幾次。如果它沒有大金字塔下方的地下墓室般震撼人心的氣氛，這要怪當地人低俗的品味。他們爲井鋪上磁磚和地毯，以祈禱室的風格爲它布置和照明。但井上巨石的切割形狀，和吉薩金字塔切割石材表面的圖案頗有異曲同工之妙。我認爲就像吉薩金字塔和它位在天然山丘下方的地底墓室一樣，基石和靈魂之井就是最早的聖殿，耶路撒冷的聖殿山和其他結構都是以它爲中心建造的。

接著出現的是一個有密實的基礎，由巨石構成的平台。後來的神殿和清眞寺就蓋在隆起平台的水平表面上。我並不想在此探討耶路撒冷之謎，我只是在進入本章的主題巴爾貝克之前，介紹一個驚人的發現，它就是在所謂的哈斯蒙尼隧道（The Hasmonean Tunnel）③中發現的巨石塊。這些石塊就位於著名的哭牆北方，並沿著哭牆的走向延伸。有些巨石塊的重量超過五百噸。人們總是理所當然地認爲它們是出自大希律王的手筆。

無獨有偶的，巴爾貝克的巨石塊也被認爲是相對近代的產物，完成年代介於公元前一世紀和公元一世紀的後半。它們被認爲是羅馬人打造的，最早期的巨石可能是大希律王建造的。這就像吉薩高原一樣，人們總以爲它的歷史只介於很有限的範圍內，而且只和巴爾貝克有關聯。但吉薩高原的某些部分卻比目前人們認定的古老得多。

我在二〇一四年來到貝魯特，並打算很快地走訪貝卡谷地、眞主黨和敘利亞邊界，就是爲了探究這個可能性。因爲根據我的發現，在吉薩和古迦南與古閃族人之間，有一種奇怪的關聯。這些閃族人就是《聖經》中所說的迦南人。

與諸神同行的魔法師

塞里姆．哈桑（一八八七～一九六一年）可說是一位模範埃及古物學家。他既博學又充滿熱清，對他研究的主題鑽研得很透徹，而且又不固執己見。他也是一位會實際參與作業的挖掘者。在一九三〇年代，他對吉薩高原所有主要結構完成了至今最徹底和仔細的調查。吉薩最受人注目的就是人面獅身像和巨石神殿，但哈桑在人面獅身像區挖掘時，發現一個迦南人曾長期生活的聚落，這證明迦南人曾來到吉薩。哈桑承認：「我們並未找到任何銘文，能說明迦南人是如何來到這裡定居，和離開的原因和時間。目前已經被證明的是，他們至少在第十八王朝（公元前一五四三～公元前一二九二年）就已經來到吉薩。但誰也不能斷言他們不是在更早之前就在埃及定居了。

無論如何，有很多獻給吉薩人面獅身像的石碑和崇拜符號被發現，它們是由這個迦南聚落的成員雕刻和奉獻的。我已經介紹過人面獅身像就是埃及的神祇荷魯斯。荷魯斯會以很多種面貌出現，但祂最常化身爲隼。值得玩味的是，迦南人銘文中的人面獅身像就是荷那（Hurna），有時也寫爲豪隆（Hauron）。這些名字並不是埃及文字，而是一位迦南鷹神的名字。我在第十章談過，古埃及人常稱人面獅身像爲赫魯埃姆阿克特（Hor-em-Akhet），它的原意就是地平線上的荷魯斯。我發現在幾個銘文中，這個名字都和荷魯斯有關聯。不只是在吉薩附近定居的迦南聚落成員的文物中有這個名字，古埃及人的文物中也有這個名字。舉例來說，在一塊紀念阿蒙霍特普二世（Amenhotep II）④的銘碑中，法老就稱爲「親愛的赫魯埃姆阿克特」。

哈桑研究過阿蒙霍特普銘碑後認爲，在銘碑上「荷那」和「赫魯埃姆阿克特」這兩個名字常被混用，這就證明了埃及之神「荷那」和赫魯埃姆阿克特與人面獅身像有密切的關係。此外，有個石碑在吉薩被發現，上面刻著：「偉大的赫魯埃姆阿克特，你又名荷那。只有你是萬古永存的，人類則終將一死。」在另一個吉薩石碑上，荷那被描繪成隼的樣子，旁邊的銘文上寫著：「赫魯埃姆阿克特，求你保佑和愛護我們。」巴黎高等研究應用學院宗教研究系的系主任克莉斯汀・日維科奇（Christiane Zivie-Coche）指出，「荷那」的變體「豪隆」也常被這樣使用：

> 豪隆和赫魯埃姆阿克特有緊密的關係，後者是吉薩人面獅身像的名字。它們的關係太密切了，因此人們可以稱祂為赫魯埃姆阿克特，或稱祂為豪隆，或是豪隆赫魯埃姆阿克特。

眞正讓我眼睛爲之一亮的是日維科奇的另一個發現；我也是因此才搭機來到貝魯特。日維科奇指出：

> 有個人面獅身小雕像上刻著祂的別名，這個別名就意味著「豪隆」，這一詞是源自黎巴嫩。

在艾德福銘文和美索不達米亞銘文中，都有很多關於「賢者」和「魔法師」傳播文明的記錄。有塊來自地中海海岸的古城烏加里特（Ugarit）的陶板就刻有這種銘文。烏加里特位於目前的敘利亞，它就在黎巴嫩的比布魯斯北方不遠處。這塊陶板描述的主題就是豪隆。和美索不達米亞的阿普卡魯一樣，豪隆也被描繪成一位「咒術師」（conjurer）。埃及古物學家雅各布斯·范·狄克（Jacobus van Dijk）對這一詞的解釋是：「與諸神同行的魔法師」。

和七賢者一樣，豪隆的魔力就像現代人所謂的先進科學知識。祂能「從死亡之樹的樹叢」萃取出解毒劑，治好被致命毒蛇咬傷的人。根據銘文的說法，蛇毒在被中和後，會「變弱並慢慢地流失」。

還有一件和巴爾貝克和它的神祕巨石相關的事。豪隆/荷那在吉薩受到崇拜，然後被同化成人面獅身和鷹神荷魯斯。關聯還不只於此。巴爾貝克是以迦南神祇巴爾（Baal）命名的，在埃及也有一群巴爾的信徒，祂成了埃及之神塞特，是沙漠和風暴之神。

最後要提的是，公元前三三二年，亞歷山大大帝在征服黎凡特（Levant）和敘利亞後，將巴爾貝克更名爲赫利奧波利斯（Heliopolis），也就是太陽城。讀者應該記得本書第十一章曾提到，古埃及人的聖城伊努（Innu）是不死鳥神殿，由吉薩的祭司負責管理。巧合的是，希臘人也把聖城伊努稱作赫利奧波利斯。早在公元前五世紀之前，也就是希羅多德（Herodotus）⑤的時代之前，希臘人就這樣稱呼伊努，後來的羅馬人也是這樣稱呼它。同樣的，在羅馬時代，巴爾貝克也一直被稱作赫利奧波利斯。

龐培（Pompey）⑥追隨亞歷山大的征服腳步，於公元前六十四年兼併了黎凡特和敘利亞。羅馬在此的勢力在公元第一和第二世紀達到鼎盛。在這個時期，羅馬人在巴爾貝克建造了一座神廟，神廟的庭院中聳立著一座「至高無上的朱比特（Jupiter）和最偉大的赫利奧波利斯」的雕像。這座雕像目前可以在巴黎羅浮宮看到，它除了具有羅馬的一般特色，胸前還有個帶翼的日輪。曾在貝魯特美國大學建築系擔任教授的弗里德里希・拉杰特（Friedrich Ragette）認爲，它代表的可能就是「埃及的神祇赫利奧波利斯」。

直到阿拉伯人在公元七世紀征服這裡後，最早的迦南名稱「巴爾貝克」才開始出現在利未人的編年史裡，這時這個城市的希臘羅馬名稱「赫利奧波利斯」才被廢棄不用。

在黎巴嫩山和前黎巴嫩山之間

我們在半夜抵達貝魯特。次日早晨，黎巴嫩籍的朋友很貼心地來旅館和我們會合，並載我們去巴爾貝克。我們在喝咖啡準備出發時，他們告訴我們一個好消息：敘利亞的戰局正處於和緩狀態，邊界很平靜，他們覺得不會有問題。

晨光中的黎巴嫩首都，就像夜色中的它一樣迷人美麗。在一九七五到一九九〇年的血腥又漫長的內戰中，黎巴嫩有十兩萬人喪生。雖然貝魯特已飽受戰火摧殘，但它似乎早已走出戰爭的可怕陰影。建築物上的彈孔與榴彈和爆炸造成的損壞都被修復了，很多新建築也在興建中，到處充滿了樂觀和蓬勃的氣象。空氣中仍有一絲哀傷的氣氛，這也是難免的，畢竟這裡經歷過可怕的屠殺和破壞。但讓我更明顯感受到的是，這個國家正在從創傷中復原，它不但沒有因戰亂而沉淪，反而有很多充滿希望和智慧的年輕人，決心要繼續向前進。

我們在黎巴嫩山脈陡峭的山麓小丘上，沿著蜿蜒的山路往上行駛，前往首都的東部，車流很擁擠。到巴爾貝克只有八十六公里（約五十三哩），但一路上有很多軍事檢查哨，我們駛進減速彎，接受重裝士兵的仔細檢查。雖然檢查哨拖慢了我們的行程，但風景卻愈來愈棒。我們後方就是碧光閃爍的地中海，前方則是巍峨的黎巴嫩山脈，高聳的山脊上布滿鬱鬱蔥蔥的樹木。道路上有很多驚險的髮夾彎，路面和地面的落差極大，讓人看得頭暈目眩。但這裡的空氣涼爽多了，風景也變得更荒涼。

接著我們越過山頂，來到位於海拔一千五百五十六公尺（五千一百呎）的達赫爾艾爾拜達山路（The Dahar el Baydar pass），接著下山脊的另一側，下方就是廣闊又種滿農作物的農田。我們經過盲目擴張的扎赫勒（Zahle）的邊緣，那是個以卡薩拉酒莊（The Ksara winery）而聞名的城市，不久我們就進入貝卡區。這裡其實該被稱爲高原，而不是谷地，因爲它的高度爲海拔一千公尺高（三千兩百八十呎）。

我們後來在一條大致平坦，又平又直的路上行駛了三、四十分鐘，兩旁都是農地，最後進入前黎巴嫩山山麓小丘邊緣的巴爾貝克郊區。這個破舊的小鎮上有商店、行政單位和殘破的低矮公寓，很多建築上掛著成串的眞主黨旗幟，旗幟上有隻高舉著 AK-47 攻擊步槍的手。舉著步槍的手是從一行書法體字母中冒出的，字母拼的是「眞主之黨」。此外有兩行字，一行寫著「阿拉的黨終會勝利」，

圖 42

另一行寫著「黎巴嫩伊斯蘭反抗軍」。旗幟的背景是鮮黃色的，黨徽和書法體文字則是綠色的。

時尚是一種來得快，去得也快的東西。和時尚一樣，神祇有時會受到衆人崇拜，有時會被人遺忘。雖然如此，聖地的風貌卻能流傳下來。從鎮外高處俯瞰巴爾貝克時，你可以清楚看到壯觀的廢墟、拔地而起的石柱，還有三座羅馬神殿高聳的三角楣飾。這三座神殿曾讓巴爾貝克在古代世界出盡鋒頭。它們分別是獻祭天神朱比特、酒神巴克斯（Bacchus）和美神維納斯（Venus）的神殿。這三座神殿的規模極大，幾乎比所有的羅馬建築都來得巨大和雄偉，連羅馬當地的建築都無法望其項背。但我最感興趣的卻是環繞在朱比特神殿三側的巨石牆，尤其是嵌在石牆中，被稱爲三石台（Trilithon）的三塊巨石。根據我之前對三石台的研究，我懷疑它的年代非常久遠，而且和這裡的其他羅馬建築相比，它的獻祭對象要更加神祕得多。

而現在是我找出答案的好機會。

幾個世紀的黑暗

這是個晴空萬里的早晨，藍天豔陽下，我正坐在一塊巨大的石灰石塊上，這個石塊約位在「前」朱比特神殿中央。我之所以會說「前」，是因爲這座宏偉的神殿目前已所剩無幾。我身後的六根巨大石柱，就是它僅存的部分。這些拔地而起的石柱高度相當於半個美式足球場的寬度。原本這裡共有五十四根石柱，標示出這個巨大長方形結構的外圍。這處遺址占地很寬廣，巨大的神殿群又非常殘破，因此置身其中的我很難分辨方向。但我也必須承認，遠方傳來的隆隆砲火聲，此起彼落，達達的重機槍聲，和偶爾出現的巨大爆炸聲，都會讓人心煩意亂。

好吧，我就當作這些聲音都不存在，那只是黎巴嫩軍隊正在打靶，我就專心調查這個遺址吧。我正位在一個巨大平台的中心，回頭朝東南方望去，看著在六根大石柱後的平台邊緣。我看到在一個凹陷廣場的對面，有十幾根連成直線的石柱，這些石柱就是位在一座神廟的北緣，它就是羅馬酒神巴克斯的神殿。這座神殿比較小，但保存得更完整，而且仍很美麗。

雖然我不是來此研究和紀錄羅馬建築的，但我仍很感動。羅馬人很重視享樂，因此蓋了一座飲酒狂歡專用的神廟，據說那裡常舉行百無禁忌的性愛狂歡。此外，我們也必須直截了當地承認，羅馬人眞的是建築高手。這些石柱就是頂級巨石建築工藝的結晶。石柱上的三角楣飾石塊非常沉重，每個都有數十噸重，有些甚至重達數百噸，但羅馬人似乎能輕而易舉地把它們搬到石柱頂端。

我必須把一切解釋清楚，因爲關於這個主題的說法，很多都是無稽之談。羅馬人是頂尖的建築高手，對他們來說，搬運和安置巨大沉重的石塊是易如反掌的事。就算你想論證巴爾貝克是某個失落文明建造的，你也不能編造一些不實的理由，說羅馬人的能力有限，無法搬運沉重的石塊。因爲根據我四周的證據看來，羅馬人有很深厚的建築功力，幾乎是想做什麼都能做的。

他們很常做的一件事，就是在既有的聖地上建築羅馬神殿。西班牙人征服墨西哥時，在阿茲特克（Aztec）神廟的位置上建造教堂，以抹滅掉當地固有的神祇和宗教。羅馬人就不同了，他們並不想抹滅固有的宗教，而是以正面的方式，讓羅馬的神祇及宗教和固有宗教聯結。前羅馬時代的信仰通常仍很盛行，之前的神祇也仍受到膜拜，只是祂們已經被融合進其他宗教。這是一種無所不包、千變萬化的融合。對那些想追根究柢，查出各個結構的確切建造者的人而言，這種新舊堆疊的建造方式，難免會讓他們感到頭痛。巴爾貝克的情況尤其明顯。這裡曾接連出現過多種文化，各種文化都不斷地改變這處遺址。此外，這處遺址也不斷地受到時間摧殘。

到了羅馬時代末期，這裡開始遇上劫難。轉捩點就在康士坦丁大帝（Emperor Constantine，公元三〇六～三三七年）執政時期，羅馬改信激進又唯我獨尊的新宗教基督教時。基督教的激進分子把矛頭指向維納斯神殿。根據基督教編年史家優西比烏的描述，那座神殿就像是一個「讓新進信徒花天酒地的極樂學院」。康士坦丁下令摧毀神殿，但神殿其實並未被毀。對基督教很厭惡的叛教者朱立安（Julian the Apostate，公元三六一～三六三年）恢復了對舊神的崇拜。狄奧多西大帝（Theodosius，公元三七九～三九五年）稱帝後，基督徒又東山再起，展開報復。根據《復活節編年史》（*Chronicon Paschale*）的描述：

> 康士坦丁大帝要的只是關閉神殿，狄奧多西大帝則是要消滅神殿。赫利奧波利斯神殿和著名的

三石台，原本是用來敬拜巴爾太陽神（Baal-Helios）的，狄奧多西卻將它改造成基督教教堂。

幾百年後，伊斯蘭教時代開始了。約在公元六六四年，巴爾貝克被一個穆斯林軍隊攻陷。他們將朱比特神殿和南方不遠處的巴克斯神殿改造成一個大要塞。後來各個支派分別控制住巴爾貝克，並繼續加強防禦工事。直到今天，巴爾貝克在阿拉伯語中常被稱爲卡拉阿（The Kala'a），也就是要塞的意思。在這個過程中，古代神殿無可避免地受到更嚴重的破壞。公元九〇二年，一個持不同政見的什葉派分支卡梅特（Karmates）攻占巴爾貝克，對守城者進行屠殺。公元九六九年，法提瑪（The Fatimites）⑦王朝奪取巴爾貝克。四年後，穆斯林將軍察密西斯（Zamithes）帶著大軍來到，巴爾貝克又在圍攻和大屠殺中飽受破壞。

九九六年，一支希臘基督教軍隊放火焚城。一一〇〇年，巴爾貝克被塞爾柱（Seljuk）⑧王朝的陶陶希（Tadj Eddolat Toutoush）統治。一一三四年，辛奇（Zinki）圍攻巴爾貝克，以十四具拋石器攻城，巨石像暴雨日夜不停地打在城牆上，持續了三個月。

一一五八年，巴爾貝克遭到地震襲擊。這場驚天動地的地震摧毀了要塞和神殿。辛奇之子諾雷丁（Noureddin）火速趕往巴爾貝克，修復地震對要塞造成的損壞。

一一七一年，一支被俘虜和囚禁在要塞的歐洲十字軍發動暴動。他們殺死駐軍，占領了這座要塞。但不久後，穆斯林大軍趕到，從地道攻進要塞，殺光了這些十字軍。一一七六年，十字軍捲土重來，他們對巴爾貝克展開猛攻和掠奪。在不久後的一二〇三年，這裡又發生一場大地震，造成更大規模的損壞。

一二六〇年，韃靼蘇丹旭烈兀（Holako）包圍巴爾貝克，在攻城成功後開始大肆破壞，連防禦工事都被摧毀了。後來蘇丹拜爾巴斯（King Daher Bibars）展開攻擊，並趕走他們，失去防禦工事的韃靼人這時已後悔莫及。巴爾貝克要塞有一些古代神殿，拜爾巴斯占領有一些古代神廟的巴爾貝克後，下令立刻重建要塞和城牆。一三一八年，大自然再度發威，一場可怕的洪水侵蝕城牆，造成多處大裂縫。「洪水大量湧入，將一座十二公尺（三十九呎）見方的堡壘沖到四百米（一千三百一十二呎）之外。」

接著光臨的是突厥化的蒙古征服者帖木兒（Timur）。一四九一年，帖木兒攻下要塞，平定反抗後，他就「任由士兵在城內恣意掠奪」。一五一六年，巴爾貝克成爲鄂圖曼帝國（The Ottoman empire）的一部分時，這座要塞和其中的神殿「已成了一片廢墟」。

一七五一年，英國建築師羅伯特・伍德（Robert Wood）來這時，看到的就是一片斷垣殘壁。在他對遺址巨細靡遺的描繪中，朱比特神殿的五十四根石柱，只有九根保存完好。一七五九年又發生一場可怕的地震，只剩六根石柱仍立在原地。我現在正坐在這些石柱前，憑弔這個古老聖地多災多難的歷史。

我在思考的是，在一次又一次的建造、毀滅和重建後，考古學對這個遺址的眞相到底能掌握多少呢？就像巴爾貝克遺址的前監督人麥可・阿盧夫（Michael Alouf）說的：

> 讓人深感遺憾的是，這座神殿已飽受時間的摧殘和無知者的破壞。它的牆壁被拆了，石柱倒了，基座也被挖壞了。目前殘存的，只有南方列柱廊的六根石柱，位在阿拉伯要塞中，北方列柱廊上仍立在基座上的四根斷裂石柱，和正面列柱廊的柱腳。最早開始破壞神廟的，就是拜占庭的皇帝們。他們利用神廟的建材建造一座大教堂。阿拉伯人也有樣學樣，他們拆下牆和基礎的石塊，加強城牆的弱點。

德國考古研究所有這個遺址的研究許可權，也有土耳其哥貝克力石陣的研究許可權，他們正在努力研究這處遺址。但在調查過程中，他們發現了令人難以解釋的建築層，因此他們不得不推翻長久以來的主流共識。主流派的觀點認爲巴爾貝克最早是由羅馬人建造的，但事實絕非如此。我現在坐的位置過去曾是朱比特神殿內殿的中心，在內殿的下方還有個年代更久遠的聖丘殘跡，這些小丘在當地被稱爲「泰爾」（Tell）。考古學家現在承認巴爾貝克丘至少有一萬年的歷史，也就是說，早在羅馬人到達前八千年，它們就存在了。考古學家已挖掘出「層層堆疊的新石器時代聚落層，它們很可能是前陶新石器時代（The Pre-pottery Neolithic）的聚落層。」這項發現讓巴爾貝克的起源提早了，接近附近土耳其的哥貝克力石陣的時代。

北方的巨石牆

炮火聲仍不斷從四周傳來，但你聽慣這種聲音後也就不以爲意了。我從坐得很舒服的石塊上站起，向北走了幾步，穿過過去曾是朱比特神殿的地板，來到神殿的北緣。神殿北緣有幾根斷石柱，石柱就立在基座上，就像被蛀得殘缺不全的牙齒。這裡有一面阿拉伯碉堡的牆，這面牆蓋得既簡陋又不整齊。牆上每隔一段距離就有一個射擊孔，射擊孔旁還有個觀察孔。碉堡守衛者可以從射擊孔射火箭，抵禦來犯的敵人。我從觀察孔往北望，可以看到一排巨石塊的頂端，它們就位在下方約二十到二十五呎處。我數了數，共有九塊巨石塊。石塊和射擊孔所在的牆面水平距離約爲三十五呎。石塊和牆壁間長滿了雜草和灌木，很多倒下的破碎石塊就隱沒在雜草中。

爲了能更清楚觀察這一面奇怪的巨石牆，我沿著朱比特神殿北緣繼續往西走，走到建在殘留石牆上的阿拉伯要塞的另一處。這裡就是俗稱的「西北塔樓」。我走出塔樓，來到一個視野寬廣的陽台，看著東方排成直線的巨石塊，巨石與神殿平台牆壁之間蔓生著雜草。

我先不去解釋這些巨石是什麼，關於它們的混亂說法已經太多了。但我稍後再回到這個主題時，一切也許就會變得很清楚。我現在正離開阿拉伯塔樓，回到曾是朱比特神殿的巨大長方形區域，再穿過那裡，朝東走到通往神殿入口的階梯。我走下階梯，再轉彎走到西邊的凹陷廣場。廣場的北面緊鄰朱比特神殿的平台，南面緊鄰巴克斯神殿。

知識的傳承

我不由自主地走到巴克斯神殿查看，這是一座充滿活力的美麗神殿。在古代，人們一定曾聚在這裡把酒狂歡。但酒神殿也有其嚴肅的一面。這裡的很多跡證顯示，羅馬人傳承了遠古的知識和符號象徵系統，這些知識和系統傳承至今已衍生出衆多支派，但卻仍然存在。

研究過巴克斯神殿的共濟會會員說，這裡的一些浮雕和圖樣對他們是有意義的。舉例而言，巴克斯神殿的石柱上仍有一塊做爲天花板的巨石塊，石塊下方有個被稱爲「所羅門封印」的圖樣，它是一個被圓圈包圍的六芒星。提摩西．荷根（Timothy Hogan）是美國共濟會的重要會員，也是聖殿騎士團的大團長。他說六芒星中央的圖案是「學徒等級會員（Entered Apprentice）都很熟悉的符號。」另一個雙人並肩而坐的浮雕圖樣，則是「共濟會技工等級會員（Fellowcraft）都了解的符號。」

還有一件值得關注的事，那就是在巴克斯神殿，甚至在巴爾貝克的各個角落，都能找到崇拜智慧之神的證據。羅馬人稱祂爲莫丘利（Mercury），希臘人稱祂爲赫密士（Hermes），古埃及人稱祂爲托特（Thoth）。正如我在第九章介紹的，這些同出異名的神都和七賢者的傳說有些淵源。此外還有一個有趣的關聯，那就是在最早的莫丘利崇拜中會用上聖石，我在第十一章介紹過，聖石原本是「從天而降的石頭」。也就是說，聖石就是隕石，通常來自彗星的塵埃尾。據說麥加天房的黑石就是一塊隕石。有趣的是，巴爾貝克在古代是一個著名的神諭（oracle）宣示所，據說羅馬皇帝圖拉眞（Trajan）就是它的忠實信徒，而「回答信衆問題的就是一塊黑石」。

有些學者認爲巴克斯神殿也膜拜莫丘利。但我來巴爾貝克的目的並不是研究羅馬建築，因此我就不再探討這個主題。我眞正感興趣的是朱比特神殿，和它錯綜複雜的史前背景，尤其是它和一些古代遺跡的關聯，如神殿下方的平台，和平台上那些可追溯到哥貝克力石陣時代的遠古建築。

鑑別建築物的時代是很困難的事，而且我也不想重蹈很多所謂的「另類」歷史學家的覆轍。他們一看到龐大的巨石，就會以爲搬運和抬升巨石的過程，一定和極先進的

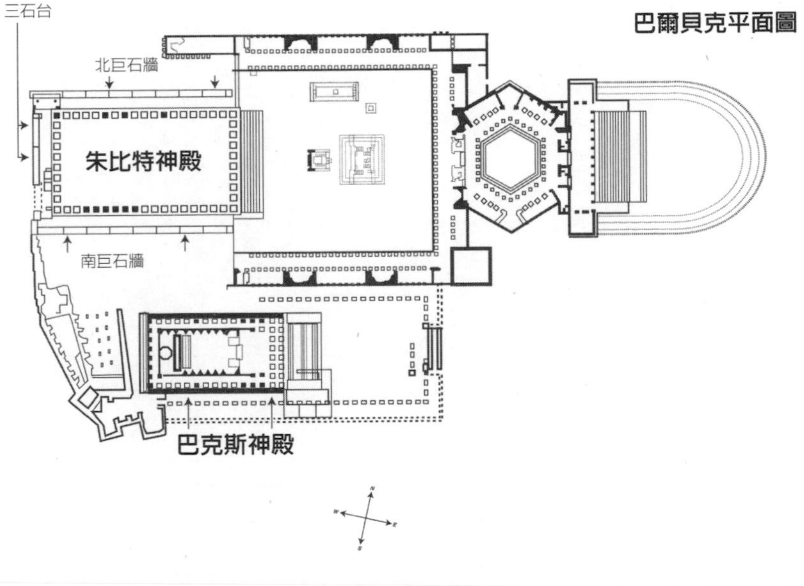

圖43

科技有關，甚至和外星科技有關。我稍早就解釋過了，對古羅馬人而言，移動巨石是易如反掌的事。在巴克斯神殿和朱比特神殿之間的大量證據，都可以證明我的說法。這裡有成堆經過切割雕琢的石塊，它們都是來自兩座神殿的三角楣飾。三角楣飾落下後，楣飾的石塊便散落在地面上。這些石塊都是羅馬風格的，有些重達一百噸以上，其中的一塊巨石甚至重達三百六十噸。這些石塊過去都曾被抬升到離地面七十呎（二十一公尺），然後被安置在石柱上。

我往北走過廢墟，回到朱比特神殿，抬頭看著六根殘存的巨大石柱，每根石柱都是由三塊巨石組成，也都是立在九呎（兩公尺七十公分）高的基座上。如果你覺得這些石柱和三角楣飾不是羅馬人製作和搬運到高處的，那你的腦袋一定有問題，因爲它們都充滿了羅馬風味。考古學家在充分的研究後，也證明它們確實是出自羅馬人的手筆。

但就像我之前談過的，羅馬人是某些極古老傳統的傳承者，朱比特神殿之所以最初有五十四根石柱，也許並不是偶然。讀者應該還記得，我曾在第十章和第十一章介紹過歲差現象。在古代謎團和世界各地的傳統中，都隱含著神秘的「歲差數字」。吉爾吉奧·德·桑提拉納和赫塔·馮·戴程德兩位教授認爲，這就證明了有某個身分不明，且令人難以置信的先史文明，將先進的天文知識傳承到後世。巧合的是，五十四是歲差數字之一。它其實和七十二有些關聯，而完成一度歲差運動所需的時間就是七十二年。將七十二的一半，也就是三十六，加上七十二，結果就是一百零八，一百零八除以二就是五十四。在他們別開生面的著作《哈姆雷特磨坊》中，桑提拉納和戴程德談到，在柬埔寨吳哥窟有些兩旁都是雕像的道路，「每條道路有一百零八尊雕像，每一側各五十四尊。」這些數字必定隱含著歲差的象徵意義。既然如此，朱比特神殿的五十四根石柱是否也有類似的意義？

南方的巨石牆

我把眼光從六根殘存的石柱頂端，移到巨大的柱腳，再看到柱腳下方，由約四分之一噸的石塊構成的牆壁。這一面牆就是朱比特神殿的南緣。我注意到牆腳的側面有九塊排成直線的巨石，每塊巨石都約有三十二呎長，十三呎高，十呎寬（相當於九公尺半長，四公尺高，三公尺寬）。這些大得嚇人的巨石每塊約有四百噸重。再更西邊還有好幾塊看似經過精心磨光的巨石，它們的上半部都已完成打磨拋光，因此比底部還要窄一點。但其他石塊就很粗澀，表面仍有凸紋。那是石匠故意留在表面的保護層，免得方石在運送過程受到損壞。

生產這些石塊的採石場已經被找到了，它就在南方八百公尺（約半哩）。我相信以羅馬的技術能力，切割和移動這些石塊並非難事，畢竟他們是古代最高明的建築者。但其中仍有些疑問有待釐清，因為我現在看到的九個石塊，和我之前在神殿區北方看到的九個石塊，都是同一面巨石牆的一部分。這面巨石牆是U形的，包圍著朱比特神殿的北、南、西三面。北方的巨石列和南方的巨石列，是U形牆的南北兩臂。讓我慕名而來的著名三石台，就位在U形牆的底部，也就是朝西的牆。

這一切已經夠錯綜複雜了，但更複雜的還在後頭，這就是巴爾貝克的特色。丹尼爾・洛荷曼（Daniel Lohmann）曾探討過這些更複雜的問題，他是一位極嚴謹又出色的建築師和考古學家，曾花了很多年在這處遺址挖掘和仔細調查。二〇一五年，博學多聞的他開始和我通信，讓我獲益匪淺。我在下一章會詳細介紹他的理論。根據他的說法，這一面環繞著朱比特神殿，讓人仰之彌高的U形巨石牆，百分之百是羅馬人建造的。

他認為這面牆原本要被建造成巨大的基座平台。我們就依照他的說法，稱它為二號基座平台吧。我們找不到任何近代的紀錄，能證明要求建造平台的人是誰，但他顯然是想建造一個基座平台，環繞住他的「以大取勝」的傑作。洛荷曼調查的結果是，在二號基座平台的U形牆中有個更早期的建築結構，他稱這個結構爲「一號基座平台」。根據他的調查，一號基座平台的高度是十二公尺（三十九呎），南北長四十八公尺（一百五十七呎），東西長九十五公尺（三百一十二呎）。但他也承認根據「唯一確切的線索」判斷，基座平台的年代「比儒略－克勞狄王朝（Julio-Claudian Dynast）[9]的神殿還要古老」。朱比特神殿基本上是在儒略－克勞狄王朝建造的，建造期橫跨奧古斯都（Augustus）、提貝里烏斯（Tiberius）、卡利古拉（Caligula）、克勞狄一世（Claudius）和尼祿（Nero）的統治期。簡單地說，洛荷曼認爲一號基座平台是大希律王建造的。這位羅馬的附庸皇帝，曾在公元前一世紀的最後十年統治猶地亞（Judea）[10]。但並沒有任何銘文或其他書面證據能證明建造者到底是誰，「唯一的證據來源就是這個仍保存得很完好的結構」，尤其是這個結構的風格：

> 例如以短邊朝外石塊和長邊朝外石塊相間的丁順砌牆法（headers and stretchers），琢邊巨石工藝（drafted-margin masonry），和還原更早期結構的設計。在大希律王建造的神聖場所中，都有很多極為相似的特色，其中又以耶路撒冷聖殿最明顯。這座聖殿的外觀、比例和尺寸都和一號基座平台很相近。雖然我們還不能斷定聖殿的建造者是誰，但它之所以會與一號基座平台如此雷同，極可能是因為它們都和大希律王有些關聯。

耶路撒冷聖殿在公元七〇年被羅馬人摧毀，因此洛荷曼只能把他的論點建立在「聖殿僅存的部分，也就是聖殿山巨大的梯形平台」上。但他提供的詳細比對，確實讓人不得不相信巴爾貝克的一號基座平台和大希律王有些關聯。問題是，關聯有多密切呢？說的更明白一點，雖然洛荷曼承認「巴爾貝克丘從前陶新石器時代（也就是哥貝克力石陣的時代）就一直有人居住」，雖然他認爲儒略－克勞狄王朝的各個皇帝，是在巴爾貝克的一號基座平台上建造二號基座平台，但他卻沒有考慮過一種可能性：大希律王的一號基座平台，會不會也是建立在一個早就存在的零號基座平台上。

我覺得這也不能怪他，因爲在我所知的主流考古學家中，還沒有誰願意去考慮大希律王不是重建耶路撒冷聖殿，而是讓它恢復原貌的可能性。從稍早談過的，因哈斯蒙尼隧道而露出的巨大石塊看來，就能發現那可能是復原的痕跡。雖然這只是一個可能性，我們卻不該對這個可能性視而不見，更何況，洛荷曼自己也說過，巴爾貝克是個「極古老」的遺址。

我還想提出另一個可能性，一個關於U形牆的可能性。這面牆就是洛荷曼所謂的二號基座平台的地基和邊界。有沒有可能U形牆並不是羅馬人建造的？有沒有可能早在大希律王建造一號基座平台前，它就已經在那裡了？在一號基座平台建造前，平台下方的泰爾小丘就已存在幾千或幾萬年了。有沒有可能泰爾之所以會出現在那裡，是因爲U形巨石牆早在泰爾之前就存在了？也就是說以巨石建造的U形牆，是這處遺跡上最早的建築物。在巨石牆中央有某種聖物或古老的小丘，泰爾是在之後的幾千年中慢慢地出現在U形牆前方？後來大希律王的聖殿被建造在泰爾上，之後朱比特神殿又被建造在聖殿上？

三石台

我從一塊碩大的巨石塊旁的樓梯拾級而上。這裡的一切都大得嚇人。我登上十三呎高，四百噸重的巨石頂端。洛荷曼認爲U形牆是未完工的二號基座平台的一部分，而這塊巨石就位於U形巨石牆的南面牆中。我繼續向西走，從六根石柱下方通過。我並不覺得高聳的石柱會帶來壓迫感，反而覺得它們正要一飛沖天。雖然它們如此巨大，看起來卻很輕盈優雅。石柱下方的石牆高度約是我身高的兩倍，石牆的頂面就是石柱站立的位置，我剛才就坐在朱比特神殿的地板上，地板和石牆頂面一樣高。在石牆和我腳下的十呎寬的巨石之間，散布著石柱和柱頂三角楣飾的碎塊，楣飾的碎塊有幾噸重，上面有華麗的雕刻。

我走到一長列巨石的末端時，看到大片雜亂的塔樓、拱道和殘破的中古阿拉伯碉堡。我從這片迷宮般的區域穿梭，走上一段階梯後，右轉進入一條窄巷，窄巷就位在整個神殿區的西緣。我一路朝北走，小巷的寬度還不夠讓兩個人並肩而行。它的左側是要塞外側的圍牆，圍牆有部分是羅馬的遺跡，部分是阿拉伯人重建的。小巷的右側則是一排切割得很粗糙的巨石塊。起初我還不知道它們的用途，但幾個月後，我開始和洛荷曼通信後，洛荷曼告訴我它們的來歷：

> 它們是填充物的一部分，用來填充大希律王神殿的圍牆和巨石之間的空隙。巨石是儒略—克勞狄王朝的二號基座平台的外牆。巨石原本該被包覆在外牆內，因此它們並未被磨光，表面仍是凹凸不平的。

不管這些巨石塊是什麼，它們和左側的羅馬石牆和阿拉伯要塞的距離，只比我的肩寬略寬一點。狹小的空間讓我備感壓迫，甚至有點恐慌。但我走了約二十步後，小巷就變寬了，因爲原本有好幾塊石塊厚的要塞外牆，現在只有砌著單排石塊。前方的外牆上有個大缺口，我從缺口往下看，看到下方三十五到四十呎處有一片草地，草地的邊緣就是一道現代圍牆，包圍著巴爾貝克神殿區。

雖然我一路上都在期待這一刻，但直到這時我才明白，我正站在我來巴爾貝克調查的目標上。它的長度略大於六十四呎，高度超過十四呎，寬度接近十二呎，重量超過八百噸。

它就是著名的三石台最南方的巨石。

注釋

①猶大王國倒數第二位國王耶哥尼雅的孫子。

②伊斯蘭教徒崇高的聖所。

③在西牆（位於耶路撒冷老城地下）北部遺跡發現的一條隧道，歷史可以追溯到哈斯蒙尼（統治猶地亞及其附近地區的王朝）時期，因此被稱為「哈斯蒙尼隧道」。

④古埃及第十八王朝第七位法老，在位約二十六年，是圖特摩斯三世之子。

⑤公元前五世紀的古希臘作家。

⑥古羅馬政治家和軍事家。

⑦位於北非的伊斯蘭王朝。

⑧突厥遜尼派穆斯林建立的王朝。領土範圍東至興都庫什山脈，西至東部安納托利亞，北至中亞，南至波斯灣。

⑨公元前二七～六八年，羅馬帝國建立者屋大維與其家族形成的王朝，是羅馬帝國第一個王朝。

⑩古代羅馬所統治的巴勒斯坦南部。

第十三章

大洪水降臨

我一直期待，也很確信在廢墟中穿而過後，最後能到達三石台。但我穿過迷宮般的廢墟，眞的到達這個特別的地方後，仍覺得有點得意洋洋。

現在是清點的大好時機。我西方的要塞外牆的單排石塊圍牆厚度，還不到三石台寬度的四分之一。從要塞的缺口，可以看到下方遺跡圍牆內的草地。在缺口旁有塊來自倒下圓柱的鼓形石塊。這支圓柱就靠在要塞的外牆上，下方的巨石有一半寬度都被圓柱覆蓋著，這塊巨石就是三石台的三塊巨石中最南邊的一塊。這裡是個隱密又安靜的地方，就像是一個小天井。巧合的是，這裡也有塊像凳子那麼高的石塊可坐。更巧的是，現在是下午，這裡正好又有一片陰影。

我鬆了一口氣坐下，拿出筆記本來整理我的思緒。我注意到在我腳下的三石台石塊上，有些銘文能證明它比朱比特神殿還要古老，但我並不確定它到底有多古老。銘文正好在陰影之中，而且三石台在出土後的五十年中已飽受摧殘，因此我看不清楚寫的是什麼。哈盧杜恩・卡拉楊（Haroutune Kalayan）教授是黎巴嫩文物總局（Lebanese Department of Antiquities）任命，負責巴爾貝克復原計畫的工程師。他曾在一九六〇年代中期解釋說：「爲了進行科學研究，文物總局局長莫利斯・謝哈布酋長（Emir Maurice Chehab）決定清除三石台的頂部。」在清除完畢後：

> 在南方巨石塊上……露出朱比特神殿三角楣飾的全尺寸投影圖。投影圖有部分被羅馬建築覆蓋著，部分隱藏在早期的阿拉伯建築下……這項發現意味著三石台原本就在那裡，它後來被當成一個工作台，以便把三角楣飾刨削成適當的尺寸和柱式（order）；那時是在公元一世紀後半剛開始時。此外我們還能推斷，在三角楣飾建造完成，投影圖也完成它的任務後，三石台上方的建築計畫便開始進行。就是因為這樣，投影圖才會有部分被羅馬建築覆蓋著。

這也就是說，在我的腳下有個能解開三石台之謎的有力證據。這個謎團並不是另類歷史學家杜撰出來的。但可惜我沒有專業照明設備，因此不能一探究竟。既然就像卡拉楊說的，三石台顯然曾被當成一個製圖台，用來繪製朱比特神殿某部分的草圖，後來三石台的一部分又被羅馬建築覆蓋著，唯一合理的解釋就是，它一定比神殿還古老。

我們稍後會繼續探討三石台之謎。但我現在必須先提醒大家，洛荷曼在一開始並不同意這種解釋。在二〇〇九年五月，第三屆建築史國際會議（The Third International Congress on Constructional History）於德國科特巴（Cottbus）舉行，在會議論文集的一篇論文中，洛荷曼提出他的論點：

> 卡拉楊認為這份草圖能證明三石台比神殿古老，而且在建造神殿前就在那裡了。但目前發現的新跡證顯示他的說法有誤。三石台和神殿是在同時建造的。位於三石台最南方，上面有圖形的巨石塊，它既是建材，頂面也被當成製圖台。在上層石塊被砌上時，它就被覆蓋住了。

洛荷曼在二〇一〇年發表的一篇後續論文中，展開更進一步的推論：

未完成的前羅馬聖所建築，也就是一號基座平台，後來被整併到一個紀念碑總體計畫中。羅馬人顯然是想超越在羅馬帝國前就存在的巨型建築。最早的朱比特神殿非常宏偉，在公元一世紀前半就展現出氣勢磅礴的設計和精湛的建造工藝。其中最著名的例子，當然就是三石台了。它位於神殿西部基座平台的中層。這座平台的用途，也許是用來掩蓋一個年代更早，形狀不恰當的神殿平台，並把它擴建成流行的羅馬風格。

我覺得洛荷曼的觀點倒也言之成理，只是我仍有一些疑問。其中最大的疑問就是他所謂的「基座平台」（podium）到底是什麼。根據字典的解釋，「基座平台」指的是：

支撐古典神殿的石造結構。

也可以指：

古典神殿的屋基（stereobate），尤其側面是垂直結構的神殿。

「屋基」指的是：

支撐一座建築或結構的基礎或底座。

也可以指：

構成古典神殿的地板和底層結構的實心基礎。參見「梯狀基座」（crepidoma）和「基座平台」。

「梯狀基座」指的是「支撐建築物上層結構的平台」。

以上的解釋都有個共同點，那就是基座平台是用來支撐神殿的一種結構。但洛荷曼的二號基座平台並不符合這種解釋。它不是支撐朱比特神殿的「基礎或底座」，不是朱比特神殿的「做爲地板的實心基礎」，也不是「支撐」朱比特神殿的「石造結構」。洛荷曼也說的很清楚，支撐朱比特神殿的是大希律王的一號基座平台。洛荷曼的二號基座平台並未支撐神殿的任何部分。它只是從三面包圍著一號基座平台，但並不是一號基座平台的基礎。就像我在第十二章多次描述過的，它是一道U形巨石牆，但它並不是一個基座平台。如果眞像洛荷曼說的，它是羅馬人建造的，那麼羅馬人一定別有目的。他們並不想建造一個具有結構功能，能像平台般承重的基座。他們建造它只是爲了修飾門面。套用洛荷曼的話，羅馬人是爲了「掩蓋一個年代更早，形狀不恰當的神殿平台，並把它擴建成流行的羅馬風格。」

爲了反駁洛荷曼的說法，我只能再度重申「基座平台」是個似是而非的用語，它並未正確地描述我們看到的地上結構。如果洛荷曼的分析是對的，如果大希律王比羅馬人更早在此建造，那麼我們並未找到證據，能證明羅馬人曾以具有流行羅馬風格的「基座平台」，掩蓋住「年代更早的，形狀不恰當的神殿平台」。就算羅馬人曾有擴建計畫，我們也找不到任何擴建的紀錄。唯一在地面上的證據就是巨大的U形石牆，這道石牆只是從三面包圍住一號基座平台，而不是支撐住它。它是一道極具巨石時代風格的牆，規模超過羅馬人曾在世界各地建造過的任何建築。

這道牆完全不具備羅馬風格，其中有些重量超過八百噸的石塊，它們就是三石台。要搬動這些巨石塊，將它們安置到定位，必須花費很大的功夫。

我並不是說羅馬人能力有所不及，也沒說他們的建築技術應付不了八百噸的石塊。我並不清楚羅馬人的技術極限爲何。但就像洛荷曼說的，羅馬人很務實理智，他們怎麼可能會爲了修飾門面而大費周章地搬運巨石。因此我們必須考慮另一種可能性：可不可能早在一號基座平台建造前幾千年，這道U形巨石牆就存在了？

卡拉楊曾在一篇論文中說，三石台比朱比特神殿還古老。但他接著又在這篇論文中提出另一項重要資訊，並對這種假設潑了冷水。他認爲三石台確實比朱比特神殿的上層結構古老，但也沒古老多少，原因是：

> 在三石台的基礎中有塊鼓形柱石的殘片，柱石的尺寸和朱比特神殿的圓柱很相似。在巴爾貝克並沒有其他紀念建築物有類似尺寸的圓柱，由此可見這塊鼓形柱石是被廢棄不用的，而且在開始建造三石台的基礎時，建造神殿圓柱所需的石塊都被切割好了。

這是不是能「推翻美麗理論的醜陋事實」呢？我尋找巴爾貝克失落文明的夢想，是不是因爲卡拉楊的鼓形柱石而幻滅了？我是不是該就此打道回府？從對這個主題提出質疑的文章看來，我是該承認錯誤了。這些文章一而再，再而三地重覆我剛才引述的那段話，好像這個爭議已經塵埃落定，

38、作者在巴爾貝克，腳下是最南端的三石台巨石塊。身後的石牆是之後建在三石台上面的阿拉伯要塞城牆。

39、位於 U 形巨石牆西側的三石台巨石牌坊，在朱比特神廟平台側邊，但並未觸及。

40、作者的右腳踏在三石台下方，做為地基的羅馬鼓形柱石殘跡前。

41、這截羅馬鼓形柱石由德國考古研究所挖掘和測量，該研究所認為，這截鼓形柱石並不是後來的阿拉伯人修復地基的結果，而三石台必是羅馬人的傑作。

42、阿拉伯人在巴爾貝克興建要塞城牆，並重新利用羅馬人的石材。請注意拱門右側水平擺放的鼓形柱石。

43、阿拉伯要塞城牆重新利用鼓形柱石的特寫鏡頭。請注意鼓形柱石很完美地平放在上方，如同三石台地基下擺放的鼓形柱石。因此說阿拉伯人缺乏精確切割和安裝石材的專業技術，是說不通的。

44、U 形巨石牆北側石臂圍繞著朱比特神廟平台。請注意牆體本身是由體積較小的石材（照片右側）建構的。

45、作者站在 U 形巨石牆的南側石臂，後方平台邊緣為朱比特神廟 6 根殘存的石柱。

46、作者站在巴爾貝克採石場，仍留在原地的重達 970 公噸的「孕婦石」上。左側可見的石塊乃 2014 年新近挖掘，估計重達 1,650 公噸。

47、採石場內重達 1,250 公噸的第 3 塊巨石。

48、哥貝克力石陣的姊妹遺址卡拉漢石陣，被掩埋的巨石柱頂突出於山坡上。

49、哈蘭的「天文塔」。現今造型可追溯自伊斯蘭時期，其位在早期塔樓的遺址上，該塔樓位於拜星教徒的月神殿內。

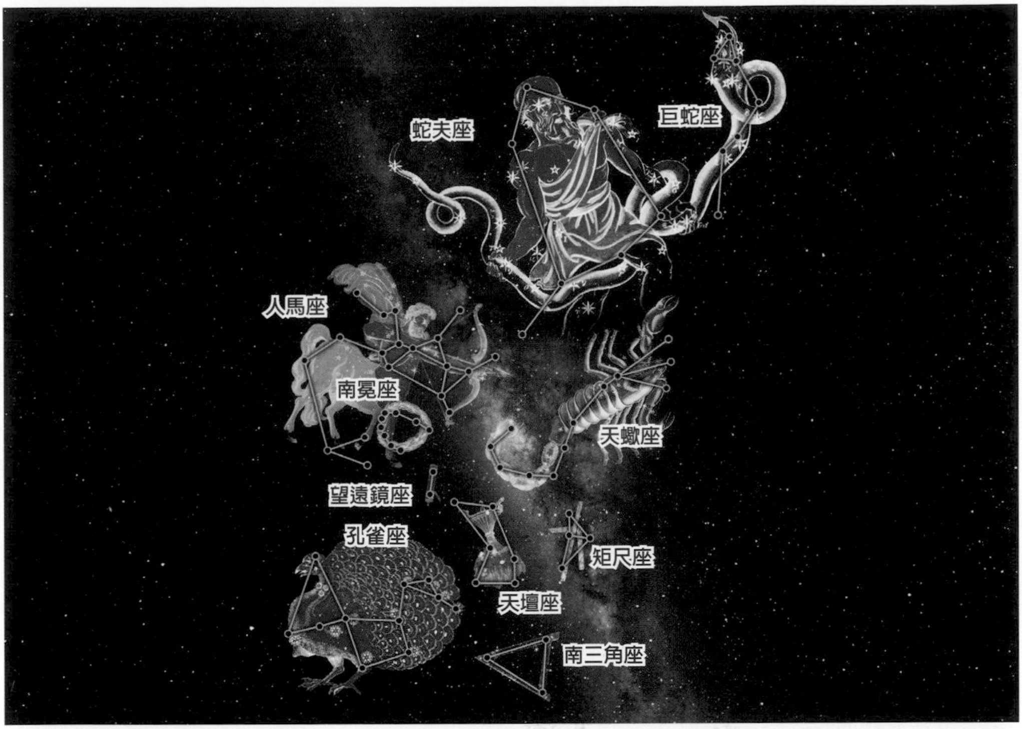

50、今日我們所想像的天空星座，被描繪在哥貝克力石陣 43 號石柱上面。

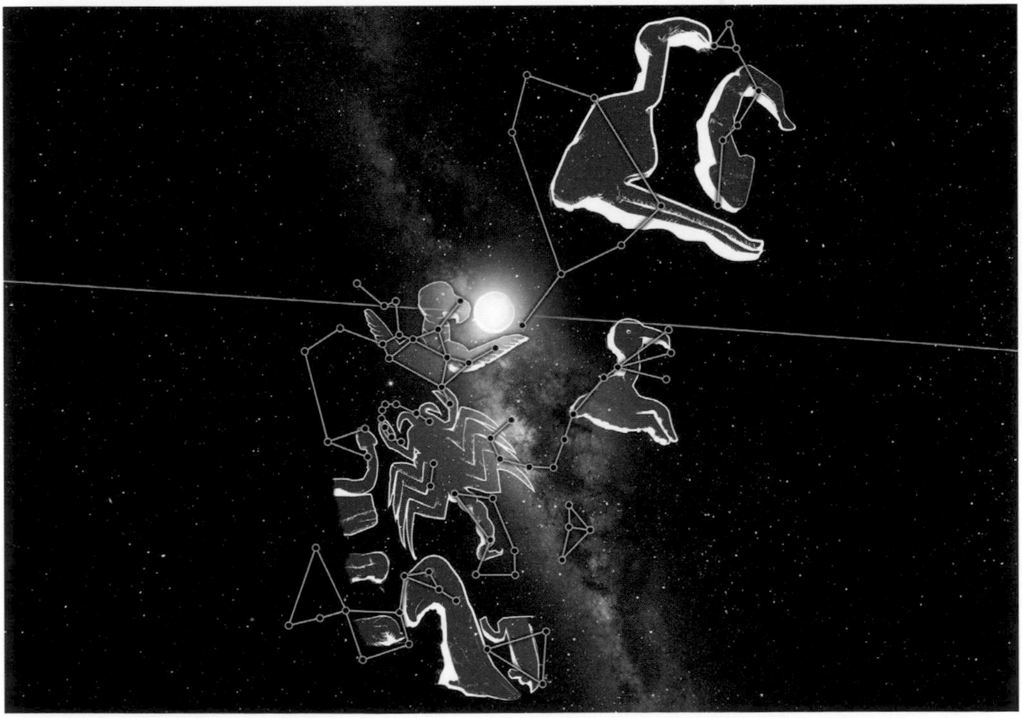

51、哥貝克力石陣 43 號石柱圖案呈現相同的星座。參見第 15 章的討論和圖 50。

52、哥貝克力石陣怪異的石灰石「圖騰柱」，混雜著各種不同動物的特徵。

53、「烏爾法人」（Urfa Man），世上現存最古老的人形立體雕像。與哥貝克力石陣同時期的雕像，亦在該處附近發現。請注意雙手的位置，和哥貝克力石陣 T 形擬人石柱上的雙手姿勢雷同（參見彩圖 4）。

54、薩克塞華曼巨大的「拼圖」石牆。依據傑瑟斯 · 戈瑪拉的觀點，該牆建於印加文明之前的數千年。

55、庫斯科洛雷托街。風格迥異的建築暗示乃不同文化的作品。

56、處女神廟下層的建築，為印加人所建。

57、在祕魯庫斯科附近。

58、土耳其的阿拉卡 ・ 荷尤克。是否有可能先史時代，相同的巨石文化在兩個地方發展？

59、作者和傑瑟斯 · 戈瑪拉在皮薩克合影。

60、洞穴神龕。皮薩克有著建築風格相異、顯示係不同文化的作品。戈瑪拉認為將一切歸功於印加人甚為荒謬。

61、上左：祕魯庫廷博。／ 62、上右：土耳其哥貝克力石陣。

63、中左：庫廷博。／ 64、中右：哥貝克力石陣。

下左至右：65、庫廷博。／ 66、哥貝克力石陣。／ 67、哥貝克力石陣。／ 68、庫廷博。

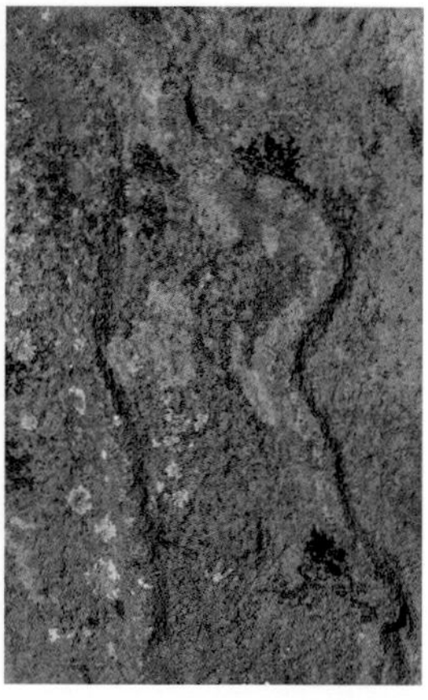

69、作者在庫斯科附近的「月神殿」，研究刻在高處，有著巨大頭部的蛇的浮雕（與彩圖 70 比較）。

70、刻在哥貝克力石陣高處，有著巨大頭部的蛇的浮雕。

71、庫廷博（與彩圖 72 比較）。

72、哥貝克力石陣。

73、復活節島。

74、土耳其的「烏爾法人」。

75、蒂亞瓦納科的「H」形石牆。

76、哥貝克力石陣柱子上的圖案，請注意彩圖73、74和76之中雙手的位置，以及彩圖75和76中的「H」形圖案。

77、古代復活節島石像頭部做為建物石材的再利用，暗示石牆比人像年輕。

78、蒂亞瓦納科，維拉柯查蓄鬍的人臉。

79、復活節島拉諾拉拉庫採石場中，蓄鬍的人臉。其身體埋在地下深達 30 呎的沉積物中，暗示是尊巨大的石像。

80、印尼蘇拉威西島「巴達山谷的賢者」瓦圖帕林多。

81、蘇門答臘島接近帕加拉蘭的彩繪巨石室。

好像三石台毫無疑問地是羅馬人建造的，好像任何的質疑和討論都是謬誤和不科學的空話。

傑生・柯拉維托（Jason Colavito）是一位自詡為「揭穿邊緣科學（fringe science）和修正主義歷史學（revisionist history）眞面目」的懷疑論作家。他聲稱「考古學和工程學能解釋三石台的一切」，因此其他觀點都是畫蛇添足。柯拉維托並沒有提出自己的論點來證明他的主張。他只是要讀者參考艾倫・阿戴爾（Aaron Adair）「眞知灼見」的文章。阿戴爾也是一位自詡為「懷疑論者」的物理學家。在他「眞知灼見」的文章中，他也只是換湯不換藥地把卡拉楊的論點重覆一次。他主要的依據是三石台基礎中的鼓形柱石，和最南方巨石塊頂面的建築草圖：

> 我們可以很合理地斷定，三石台的石塊被安置好的年代，就是建造朱比特神殿的年代。既然三石台的年代和神殿相同，這就表示三石台是羅馬人建造的。

這段話聽起來很合情合理，讓人不得不信服。很多懷疑論的文章在一開始都被當成事實，但在你仔細檢查後會發現，它們只是被包裝成客觀事實的臆測、看法和偏見。卡拉楊只不過是在文章中隨口談到鼓形柱石，很多評論者卻把它奉為絕對可靠的證據，用來佐證關於這個遺址年代的既定理論。這塊鼓形柱石的重要性顯然被高估了。

有趣的是，阿戴爾引用的一張照片，已經說明了我來此要探討的主要問題。那張照片顯然是來自一張年代久遠的明信片，阿戴爾用這張神殿西牆的黑白照片支持他的理論——也就是說在三石台下有些石塊，在石塊下方，相片沒拍到的地方，就是卡拉楊說的鼓形柱石。但從這張相片就可看出，在三石台上方的牆上也有一截不同的羅馬鼓形柱石。阿拉伯人曾多次整修巴爾貝克要塞，修復被敵人抛石器破壞的外牆，那塊柱石就是他們在某次整修時更換的。其實巴爾貝克的要塞外牆都是七拼八湊，可隨意更換的，阿戴爾照片中的鼓形柱石就是一個例子。這塊柱石曾出現在弗里德里希・拉杰特於一九八〇年翻拍的一張照片裡，這張照片最早是「在一次大戰前拍攝的」。從桑莎於二〇一四年拍攝的橫樑照片就可看出，這塊柱石已經在後來的修復工程中移除了。

阿拉伯人確實會經常性地拆除和重覆使用羅馬鼓形柱石和柱石的殘塊，也會把柱石用於其他用途。我在第十二章就談過此事。阿盧夫曾擔任巴爾克貝遺址的監督人，五十多年來，他對這個廢墟一直瞭若指掌。他也證實了神殿曾被當成要塞，在多次遭到圍攻期間，巴爾貝克地基的基礎也曾多次被人挖掘。在圍攻過後，基礎自然會被修復，否則整段石牆就會崩塌。談到這塊在三石台的基礎發現的鼓形柱石之謎，我認爲這就是最合理的解釋。它並不是羅馬人建造的。如果就像正統理論強調的，這裡的地基是由羅馬人建造的，那麼他們爲何會一時興起，以鼓形柱石建造三石台的基礎？他們有大量專爲建造基礎而削切打磨的標準基石，爲何會棄之不用呢？

這完全說不通。但阿拉伯石匠在修復基礎時，就會使用附近的任何材料。巴爾貝克經歷了幾百年的戰亂、地震和各種災難，因此到處都散落著大量碎裂的圓柱，至今仍是如此。還有另一種可能性，那就是鼓形柱石確實是羅馬人放進牆內的。但他們只是修補者，而不是石牆的原始建造者。如果在羅馬人到達時，巨石牆就已經是一道很古老的牆，如果羅馬人只是把這道古牆當成其他建築的底座，他們當然會檢查基礎，修復年久失修的部分。

我在筆記本的某頁寫著「找出更多鼓形柱石的線索」。這個爭議目前還沒有定論，但我懷疑羅馬人並不是三石台所屬的U形巨石牆的原始建造者。我覺得這個假設仍有其價值，而且值得繼續研究。

現在我該從神殿區外來觀察三石台了。我離開舒適的陰影，在巨石頂部閑逛一會，接著沿著來時路，往東穿過朱比特神殿區。這段路很長，但我總算回到遺址的主要入口，接著穿過通廊，走下主階梯後右轉，沿著和阿拉伯堡壘南方外牆平行的小徑前進。這時我看到主要廢墟東南方幾百碼的維納斯神殿。它很美麗，但和我來此的目的無關，因此我沒有理會它，繼續朝西南走去，走過兩座建在三石台上的要塞牆上的塔樓，最後來到圍牆中的入口，從入口處就能看到遠方的三石台。

那裡有一位守衛。他極力阻止我進入，但我給他一些錢後，他就大手一揮把門打開。接著我就走過一個滿是枯樹的果園，準備好好看看這三塊巨石塊，它們是世上所有建築工程中用過最大的石塊。

力量與科學的登峰造極之作

十九世紀的大衛・烏庫霍特（David Urquhart）是一位博學多聞的蘇格蘭人。他曾到過黎巴嫩各地，並在一八六〇年出版《歷史與日記》（*History and Diary*）

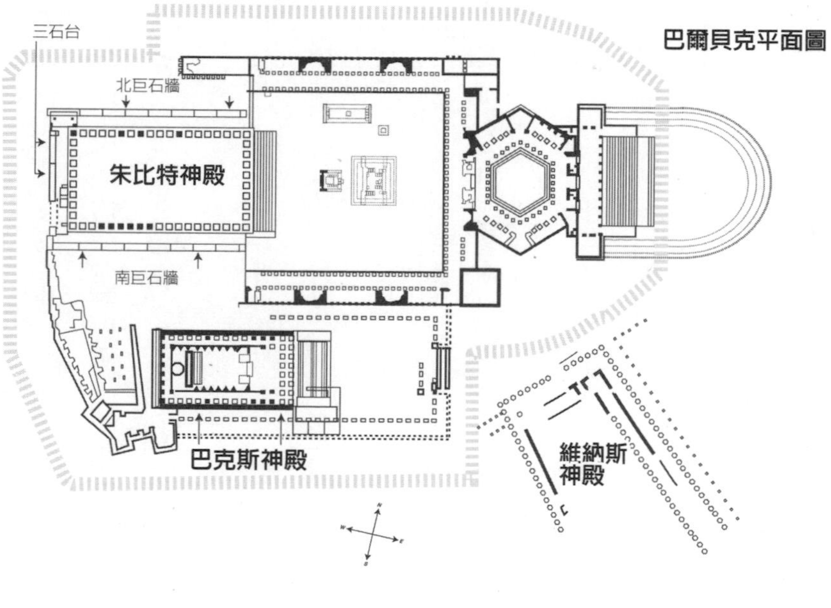

圖 44

一書。他並未解釋為何會得到這個結論，但他深信巴爾貝克曾在腓尼基人神祕的海上帝國中，扮演過極重要的角色。從公元前兩千到一千年，其他文化就記錄下腓尼基人的豐功偉業。腓尼基人是這個地區的迦南人的後代，他們也常自稱是迦南人。他們最讓後人稱道的，就是精湛的航海技術，尤其是他們精準又科學的，讓人匪夷所思的導航技術。他們在地中海的各個海岸建造港口，港口遍及突尼西亞、摩洛哥、西班牙、義大利、土耳其、賽普勒斯和馬爾他。但他們的心臟地帶是在黎巴嫩。他們的第一個城市，是位在現代貝魯特北方的比布魯斯。此外，他們也在提爾（Tyre）和錫登（Sidon）設立重要據點。

腓尼基人是一個撲朔迷離的民族，研究人員因此常會抱怨「他們對自己的事蹟諱莫如深，又沒有用文字記錄下他們的歷史。我們只能透過其他民族的史料認識他們。腓尼基人只能靠異族中的擁護者，讓後人追憶他們當年的風光歲月。」

希臘學者斐羅（Philo）就是擁護他們的異邦人之一，他生活在公元前一世紀到二世紀的比布魯斯，因此被稱為比布魯斯的斐羅。他的《腓尼基史》（*Phoenician History*），據說是翻譯自桑楚尼亞松（Sanchuniathon）的一本著作。桑楚尼亞松是一位腓尼基賢人，比斐羅的年代早上一千年以上。他的著作並沒有流傳下來。我在稍早曾介紹過巴比倫的祭司貝羅索斯，和他的著作一樣，斐羅的《腓尼基史》也失傳了，我們只能從其他作家引用的片段或簡介中，找回原作的殘篇斷簡。而保存最完整的《腓尼基史》的作家，就是四世紀的教會主教優西比烏。

在殘缺不全的資料中，我們可以找到一位「神明」的事蹟。這位神明就是希臘的烏拉諾斯（Ouranos），祂的名字的原義是「天空」或「天堂」，祂曾經：

製造出具有生命的石頭，創造出聖石。

這段話有一些值得探究之處。首先要討論的就是聖石。聖石就是「從天堂落下的石頭」，通常來自彗星的塵埃尾。在古代中東地區，聖石是崇拜的對象。從字源而言，聖石指的是「神的家」。想當然爾，烏拉諾斯的家就是天空，也就是隕石來自的地方。另一個值得探究之處，就是讓人百思不解的「具有生命的石頭」。在某些翻譯中，這段話也被譯爲「像具有生命，能自行移動的石頭」。這讓我不禁想到，在古埃及的傳說中，有些「魔法師」能使用「咒語」，輕而易舉地移動巨石。大英博物館的六〇四號莎草紙就記錄著這樣的例子。它描述的是魔法師努比亞人的荷魯斯（The Horus the Nubian）：

他讓一塊長兩百腕尺（三百呎），寬五十腕尺（七十五呎）的巨石，飛到法老和貴族的頭上。法老和庭堂上的眾人仰望天空時，不禁張口大叫。

長兩百腕尺寬五十腕尺，就相當於長一百公尺寬二十五公尺（長三百二十八呎寬八十二呎）。能舉起這麼大石塊的魔法師，當然也能舉起三石台的巨石，因爲它的體積還不到那塊飛石的四分之一。說到諸神的魔法師，我們又要回頭談談大衛・烏庫霍特，因爲他曾在《歷史與日記》中，談到他在十九世紀時走訪巴爾貝克的原因：

我到那裡是為了尋找聖石。我相信這塊古代作家所謂的神祕之石，就是腓尼基船隻遠渡重洋時使用的磁石。他們在船隊歸來後，舉行一場宗教遊行，將聖石交還給巴爾貝克的神殿，下次船隊出航時再請出聖石。

可惜烏庫霍特並沒有找到失落科技的線索，他並未在巴爾貝克找到那塊「神奇的磁石」。他在書中問到：「供奉聖石的神殿在哪裡？」他的結論是：「聖石已經消失了。它一定曾聳立在平台上，後來被拉倒了。」因爲羅馬人要在那裡興建神殿。因此他就退而求其次地開始研究三石台，和當地人帶他看到的一塊更大的切割好的石塊，這個石塊就被棄置在廢墟南方半哩的採石場。他寫道：「如果把這些廢棄石塊上方的神殿移除，它們就是一道四方形的圍牆。」

切割出這麼大的石塊，目的不外是雕刻國王的雕像，或宮殿和神殿的裝飾。但這裡並沒有這些宮殿或神殿，這些巨大的石塊完全沒有理由會出現在這裡。

烏庫霍克還有很多無法解答的問題。第一，和這些巨石塊相比，巨石柱群簡直就像小孩的玩具；這些巨石塊的建造者是誰呢？第二，巴爾貝克既不是大首都，也不是大港口，而是位在內陸深處。既然如此，爲何要在這裡建造巨石塊？第三，採石場裡有廢棄的巨石塊，三石台所在的U形石牆也沒有完工，由此可見這項工程是突然中止的。中止的原因又是什麼呢？第四，巴爾貝克有什麼特別之處？

這是一個絕無僅有的結構，和世上的所有建築都大異其趣。

當晚烏庫霍克和巴爾貝克的酋長共進晚餐時，他問酋長巨大的U形圍牆是誰建造的。酋長一本正經地說，它的建造可分爲三個階段。巨石結構是在大洪水之前，兩位遠古的統治者下令建造的：

> 後來大洪水來了。洪水過後，所羅門修復了巨石牆。

烏庫霍克在回到貝魯特的途中，反覆思考著酋長和他說的話，最後歸納出一個事實：「巴爾貝克的巨石塊，就像是洪水也無法撼動的勇士。」除此之外，他還認爲：

> 在大洪水來臨前，人類社會已發展到登峰造極的地步。巴爾貝克的建造者，一定是一群掌握最高權力和最先進科技的人。這個地區過去一定是他們統治範圍的中心。

以挪亞爲例，他就已經掌握了製造方舟的科技：

> 一艘長四百五十呎，寬七十五呎，高四十五呎的大船……由此可見挪亞也具備那些知名人士的知識，而且在大洪水之前，航海科技一定就非常先進了。唯一能見證方舟建造的就是《聖經》……懷疑論者只要去過巴爾貝克，就不會再懷疑了。三石台巨石的重量，相當於有三層甲板，滿載大炮的船艦。那些人有能力將巨石嵌入石牆，當然也有能力建造如此巨大的船隻。既然基督徒可以相信方舟是在大洪水前建造的，批評者也不該一口咬定巨石牆不可能是在大洪水之前就完成的。

目前的情況就是這樣，懷疑論者對任何稍有疑義的論調都會嗤之以鼻。但那些讓烏庫霍克興奮不已的傳說早已在各地流傳。據說在大洪水過後，挪亞又回到這裡度過餘生，最後被葬在這。伊斯提凡．艾爾．杜韋希（Estfan El Douaihy）曾於一六七〇年到一七〇四年擔任黎巴嫩的樞機主教。根據他的說法：

巴爾貝克是世上最古老的建築，裡面住著一些巨人。他們因為作惡多端，惹來大洪水的懲罰。

有些傳說指出巨石是魔鬼放置的。在一份阿拉伯手稿中，也提到類似烏庫霍克聽過的，在大洪水後重建巴爾貝克的故事。這個版本中的主角並不是所羅門，而是挪亞的曾孫寧錄（Nimrod）。他派出巨人修復受損的石牆。

是惡魔還是外星人的傑作？

我抬頭仰望著三石台巨大的石塊，它們的底座就位在巴爾貝克的西牆中，比地表高出六公尺（二十呎）以上。這也難怪這些巨石會被認爲是惡魔或巨人建造的。它們確實有點違反常理，讓人難以置信。這三塊巨石的長度分別是十九點六公尺（六十四呎三吋），十九點三公尺（六十三呎三吋），和十九點一公尺（六十二呎八吋），高度都是四點三四公尺（十四呎），寬度都是三點六五公尺（將近十二呎）。它們被很精確地安置到定位，石縫緊密得連剃刀的刀刃也無法插入。

事實就擺在眼前，我想我也不必多說了吧。

但如果想聽聽主流派的意見，你不妨去讀尚－皮耶．亞當（Jean-Pierre Adam）在一九七七年發表的論文《關於巴爾貝克的三石台：巨石的運送和安置》（*A propos du trilithon de Baalbek: Le transport et la mise en oeuvre des megaliths*）。它仍是所有懷疑論者都會引用的經典之作，好像這篇論文就能證明他們的觀點是對的。這篇論文題指出能以西洋杉製造滾木，讓石塊在滾木上移動到定位。亞當起初認爲可以用八百頭公牛拉拖動石塊，後來因爲發現要動員這麼多頭牛的難度太高，因此放棄這個假設。

亞當相信能藉助科技彌補人類力量的不足，因此他設計出一套裝置，以多排滑輪聯結上六具絞盤，每具絞盤配置二十四人，總共有一百四十四人。他們將三石台的巨石塊一塊一塊地，從半哩外（八百公尺外）的採石場運到工地。石塊運到工地後，那裡還有十六具更大的絞盤，每具絞盤由三十二人推動。總共要五百一十二人，才能將石塊運到定位。最後的作業之所以需要更多絞盤和工人，是因爲這時滾木已經被移除了。如果不移除滾木，它們就會被留在石牆下。少了滾木，石塊在被拖動時和地面的摩擦力就會大幅增加。但在理論上，只要使用潤滑劑就能減少摩擦力，也可以省去吊掛的麻煩。亞當認爲羅馬人在處理這麼沉重的巨石時，一定不會想自找麻煩。

關於三石台巨石的搬運和安置的難題，弗里德里希·拉杰特有個略爲不同的正統解決之道。他認爲在最後階段免不了要吊掛，而吊掛方式就是使用多個起重爪（Lewis）。起重爪的使用方式，就是先在石塊的重心上方鑽孔，再插入金屬製的起重爪，以鏈條或繩索固定起重爪，再以吊車或絞盤吊起石塊：

三石台的石塊重達八百噸，只有靠滾木才能運送到定位。石塊到達定位後，必須被略為吊起，以便移除下方的滾木，接著再慢慢地降下沉重的巨石。如果每個起重爪孔有五噸的吊掛力，吊起一個巨石就要固定一百六十個起重爪。

我並不想進行詳細的批評。我只是隨便舉幾個例子，說明亞當和拉杰特的構想是行不通的。舉例來說，他們的計畫都有用上滾木。但根據計算，就算滾木是以最強韌的黎巴嫩杉製成的，巨大的石塊也會很快地壓扁它們。同樣的，絞盤能讓人類發揮比自己肌力大上幾倍的力量。但亞當也承認使用絞盤有風險。如果絞盤沒有被牢牢地固定在地面上，那它不但不能拖動石塊，反而會被拖向石塊。最後，每個石匠都知道起重爪的運作原理，但在三石台的石塊上，卻連一個起重爪孔都找不到，更不用說一百六十個起重爪孔了。

亞當和拉杰特等人想證明的，不外乎是三石台的建造，並不是什麼空前絕後、匪夷所思的成就。他們在論證前總會先談到，歷史上多得是以現有科技移動巨石的例子。以埃及的方尖石碑（obelisk）為例，它有二十五公尺（八十二呎）高，三百二十噸重，是在公元一世紀由皇帝卡利古拉（Emperor Caligula）帶回羅馬的。他從埃及運回這塊巨石，並特製一艘船，載著它越過地中海，展現出讓人歎為觀止的工程學、後勤學和吊掛技術。到了很久之後的十六世紀，教皇西斯都五世（Sixtus V）下令，將這塊方尖石碑從卡利古拉放置的地方，運到聖伯多祿廣場（St. Peter's Square）豎立。十八世紀末，俄國的「雷石」（thunderstone）也是一個例子。它是一塊一千兩百五十噸重的花崗岩塊，被當成彼得大帝（Peter the Great）騎馬像的底座，這座塑像目前仍豎立在聖彼得堡（Saint Petersburg）。它是從七公里（四點三哩）外，藉助裝有銅球的活動軌道運到廣場的。

必須注意的是，在銅製滾球軸承上沿直線拖動巨石，或在空蕩的大廣場中央豎立巨石，這些工程確實有些難度。但要像巨人玩積木般，建造出有成排巨石的石牆，難度卻又更高了。

但我們就假設這是人力所做得到的事，假設過去曾有類似的工程，其實過去確實有過。巴爾貝克就是擺在眼前的證據。因此我們唯一要探討的問題，就是它的建造者是羅馬人，還是比古羅馬古老一萬年以上的文明。也許羅馬人到這裡時，就發現這裡已經有道U形巨石牆，也許他們只是在巨石牆內建造建築物。

我個人覺得是這樣。

在巴爾貝克的平原上有個隆起的實心基座，洛荷曼稱它爲一號基座平台，並認爲它是羅馬時代前的結構。朱比特神殿就建造在這座石台上，神殿的南面、西面和北面都被U形牆包圍。U形牆並未對神殿發揮任何支撐作用。它是一個和神殿完全分離的外部結構。

我沿著西牆走了幾趟，目瞪口呆地望著三石台讓人仰之彌高的巨石，努力思索它們有何意義。先不管它的建造者是羅馬人，或是某個未知的大洪水前的文明，我現在最想知道的，就是他們爲何要把巨石放置在二十呎高的地方。他們爲何要將巨石豎立在幾層較小的石塊上？照理說，應該把最大最重的石塊鋪在地面，接著再堆砌較小較輕的石塊。他們爲何會反其道而行，自找麻煩似地增加工程學和吊掛的難度？

我沿著石牆走，數著石塊的數目和疊砌的層數。首先，從地面算起，有三層小石塊，每塊都是高約一點五公尺（約五呎），重四分之一噸的方石。三層方石的上方有六塊大得多的石塊，它們都打磨得很光滑，但已受到嚴重侵蝕。石塊的上半部被削切得比底部窄。我在第十二章曾介紹過南牆的石塊，這六塊石塊和它們有點相似，每個約有四百噸重。在六塊石塊的上方，就是三塊大得嚇人的石塊。它們就是三石台的巨石塊，每塊有八百噸重。

我現在轉向北走，來到西牆和北牆間的角落。三石台最北邊的巨石塊並沒有和西牆末端相連。

在巨石塊和西牆之間有一道縫隙。阿拉伯人在牆角建造一座防禦塔樓，塔樓從一號基座平台一直延伸到牆邊，把縫隙塡滿了。我在腦海中想像沒有塔樓會是什麼樣子。塔樓的另一邊就是U形牆北邊的巨石牆，我不久前才站在那道石牆上俯瞰下方（參見第十二章）。事實上，我之前就是站在這座阿拉伯防禦塔樓上，觀察這一段巨石牆。這段石牆和一號基座平台的北牆之間，有一道寬三十五呎的空地，空地上長滿青草。

我知道在考古學家的眼中，U形牆就是朱比特神殿氣勢磅礴，但沒有完工的基座。洛荷曼曾提出很多理由，說明U形牆確實是神殿的基座。但我仍有些懷疑的是，爲何這個基座具有修飾功能，卻沒有承重能力。如果它眞的是一個純修飾用的平台，我不免要懷疑它是不是在羅馬時代前就存在了，羅馬人只是因利乘便地在此建造神殿呢？

但我仍同意考古學家的一些看法，那就是在半哩外的採石場裡還有更大的巨石塊，我一完成此處的研究後，就會過去看看那些巨石。考古學家認爲它們是要被安置在U形牆的北牆和南牆頂端，讓這兩道牆變得更高，達到西牆加上三石台的高度。沒錯，採石場的石塊是比三石台的巨石更長更寬。但石塊上原本都會有些「凸紋」（boss），免得在運送過程中磨損石塊表面。將凸紋磨平後，它們的尺寸就會和三石台的石塊一樣，分毫不差。但還有一個問題：U形牆是羅馬人爲了打造二號基座平台而建造的嗎？或者它是出自遠古的建築師和石匠的手筆，是某個失落文明的遺跡？

除此以外，我也同意考古學家們的另一個看法。

數十年前，一群「遠古太空人」的愛好者開始宣揚一些無稽之談，其中最引人注目的，就是撒迦利亞・西琴（Zecharia Sitchin）於一九八〇年出版的《通往天國的階梯》（*The Stairway to Heaven*），和他的《地球編年史》（*The Earth Chronicles*）系列的其他著作。我們無法確認巴爾貝克到底是什麼，或八百噸的巨石被安置在那裡的目的，也不知道是誰把巨石塊放在那裡的。但可以確認的是，他們的目的絕不是建造「諸神飛行器的降落台」。西琴宣稱巴爾貝克之所以有隆起的平台，是爲了「支撐極重的東西」。這個極重的東西就是「火箭般的飛行艙」。提出這種說法的人，一定不了解巴爾貝克的眞面貌和格局。相信這種說法的人，對這處遺址一定只是一知半解。

西琴看到三石台是巨石塊構成的，因此以爲巴爾貝克的整個平台都是巨石構成的。但那些巨石塊只是包圍著一號基座平台的U形牆的一部分，而一號基座平台其實也不太大。如果一號基座平台上空無一物，外星人或許會將太空船降落在小小的平台上。但外星人絕不會把太空船降落在石牆頂端。U形牆並未和一號基座平台相連，也不具有支撐作用。如果只是看到U形牆是巨石構成的，就宣稱它是外星人的「降落平台」，能支撐極大的重量，而且「能供太空梭起飛和降落」，會這樣說的人不是無知，就是不老實，或者兩者皆是。

此外，雖然實際狀況並非如此，就算整個巴爾貝克區都是巨石構成的，仍有一個疑問有待解決。既然外星人的科技如此先進，能搭乘太空船穿越太陽系，他們爲何還需要一個降落平台呢？如果就像西琴說的，這些外星人能在行星之間來去自如，那麼以他們的科技水準，應該能建造出一個更高科技、更實用的平台吧。總之，西琴顯然只是以一九七〇年代，美國航太總署的科技爲樣本，再依樣畫葫蘆地塑造出只存在於他想像中的遠古外星人。你難道沒有同感嗎？

我和西琴有些私交，我們曾在紐約共進幾次晚餐；有次他來英國時，我也曾駕車載他從巨石柱群前往倫敦。我還蠻喜歡他的，也覺得他的一些研究做得不錯。但就巴爾貝克而言，我相信他的「降落平台」理論根本就站不住腳，因爲我曾親自到這處遺址調查。這並不表示他著作中的所有觀點都是錯的。他不懂美索不達米亞的楔形文字，而他翻譯的美索不達米亞文本，也不過是將主流學者的著作改寫，或做某種程度的「故事化」。但他的翻譯確實有些值得一看的地方。我也同意他所說的，美索不達米亞文本中隱藏著一些高科技的線索。

但那些科技是來自「外星人」或來自人類？我在第十六章，會介紹《聖經》和其他古代文本中提到的力大無窮的巨人，如拿非利人（Nephilim）和守望者（Watcher）。屆時我也會繼續探討外星人的問題。

世界上最大的削切石塊

葉力芙・巴圖曼（Elif Batuman）在她於二〇一四年十二月十八日的《紐約客》（*The New Yorker*）發表的一篇關於巴爾貝克的文章中說：「我覺得考古學家很難接受遠古外星人的說法。但他們在尋找合理的解釋時，卻只找到更大、更神祕的石塊。」

她說的一點也沒錯。二〇一四年六月，在我到達巴爾貝克前的一個月，德國考古研究所在朱比特神殿南方半哩的採石場，有了一個驚人的發現。長久以來，人們一直知道那裡有兩個大型巨石，它們重量遠超過三石台的石塊。讓大家意想不到的是，雖然一世紀以來，巴爾貝克附近已經被仔細調查過了，但在採石場累積了幾千年的沉積物下，還埋著第三塊巨型石塊。直到二〇一四年十一月底，考古學家才將他們的發現公諸於世。但因爲巨石是在同年六月出土的，我在七月十日首度抵達巴爾貝克時，就親眼看到它了。一位當地的商店老板強調，巨石其實是他發現的，但德國人卻把它占爲己有。

那座採石場被道路切割成兩半。你從神殿走到第一區時，便會看到著名的「孕婦石」，又被稱為「南方巨石」。它出現在巴爾貝克的明信片上已經有一百年了。在更久之前，烏庫霍特之類的旅遊家就知道它的存在了。這塊巨石有二十一點五公尺（近七十一呎）長，四點二公尺（將近十四呎）高，四點三公尺（略大於十四呎）寬；重九百七十噸。路的另一邊有個更大的巨石，長久以來一直深埋在地下，直到一九九〇年代才被挖出。它有二十點五公尺（六十七呎出頭）長，四點五六公尺（近十五呎）寬，四點五公尺（十四呎九吋）高；重達一千兩百四十二噸。但在二〇一四年六月被發現的巨石，要比這兩塊巨石都重得多。它有十九點六公尺（六十四呎四吋）長，六公尺（十九呎九吋）寬，五點五公尺（十八呎）高，據估計有一千六百五十噸重。

我剛到巴爾貝克時，那位興奮的商店老板指給我看的，就是這塊最近才被挖出的巨石。它是目前挖掘出的最大的古代巨石塊。它就位在孕婦石旁邊，走向和孕婦石平行，頂面就位在孕婦石下緣下方不到兩公尺（六呎七吋）處。和孕婦石一樣，它的切割和造形都很完美，只要磨除凸紋就能被安置在U形牆上。這三塊巨石原本顯然都是要被安置在石牆上的。

我花了幾小時，在這些詭異得像是來自外星的石塊上攀爬，覺得就像在攀登高山。這些石塊太龐大了，大得有點違反常理，讓我幾乎忘了今夕何夕，有種「何似在人間」的感覺。我注意到在孕婦石底部露出岩床的部分，似乎有被一刀切斷的痕跡。這是如何造成的？無論是站在巨石的頂端、下面或旁邊，這個由不知名的古人製造的龐然大物，都讓我感到渺小不堪。我很納悶為何在遙遠的過去，某人會突發奇想地切割出這塊巨石，之後棄之不顧，完全忘記它的存在。我愈仔細地檢查它，愈能領略它細膩又精準的工藝，愈發讚歎建造者的雄心、毅力和想像力；我也愈堅信採石場的這些巨石、三石台，和巴爾貝克的其他巨石，都不是出自羅馬人的手筆。

我知道洛荷曼對我的看法一定很不以為然。在幾個月後，也就是二〇一五年二月，我們透過通信詳細地討論了幾天。他很熱心地回答我很多問題，並說明一些我在巴爾貝克時沒注意的一些複雜問題。他提出很充分的理由，證明這個大規模計畫都是羅馬人設計的。他甚至寄給我一張照片，那是三石台基礎中鼓形柱石的照片。他在信裡寫著：

在我最近的研究中，我找到這個鼓形柱石殘塊的位置，並挖出這塊柱石。我以公釐級的精度測量柱石的直徑。我仔細觀察過柱石的表面結構和石面的打磨，並比對過朱比特神殿柱石的岩石特徵。從各種跡象看來，它都和朱比特神殿的柱石一樣。殘塊的邊緣被打磨得很整齊，由此可見它是一塊建築用的方石。和羅馬朱比特神殿的方石和巨石一樣，這塊柱石也是稜角分明。

以下是我的回信：

首先要說明的是，我並不否認這個碎塊是來自朱比特神殿的鼓形柱石，因為它的確是柱石的殘塊。我也能接受公認的朱比特神殿圓柱的年代。你和你同事建構出一套出色的理論架構。很多人對三石台年代的研究，都是以你們的理論為根據。但在這套三石台年代的理論中，這個殘塊扮演著極重要的角色。我想進一步探討的是，你們宣稱這塊柱石是在西牆最初建造時被安置進西牆的，你們對自己的說法有多少把握？我同意這塊柱石的切割和外形都很完美，但它完全無法融入西牆的整體風格。我看過你寄來的照片後，更覺得它和西牆格格不入。它看起來很突兀、奇怪和不搭調，和同層的其他石塊都不相同。我想你也會同意，這塊柱石更可能是在修補西牆時裝上的，而非原本就是西牆的一部分。我會提出這種看法並不是沒有根據。我們都知道阿拉伯人常修復這處遺址的石牆，有時他們會用柱石做為修復材料。既然如此，這塊柱石為何不可能也是修復的材料？你能提出任何令人完全信服的考古證據，完全否定我的論點嗎？懇請你在回信中針對我的問題答覆。

洛荷曼的回信是：

那塊殘缺的柱石，只是巨石基座平台和神殿是同時建造的證據之一。這個結論並不是我們提出的，而是一百年來科學界一直承認的結論。至少在德國團隊於一九〇〇年到一九〇四年挖掘出它後，大家就這麼認為。沒錯，這塊柱石和石牆確實很不搭調。但它並不是唯一的特例。神殿的建造者很務實，如果這一面牆最後會被埋在土裡，或被其他結構覆蓋，他們就不會對牆的表面進行修平或美化。他們在建造時最在意的，就是讓上下層和兩側的方石保持平整，這樣石牆才會密實穩固。羅馬人就是這樣處理這塊柱石的，他們處理柱石四周其他石塊的方式也是如此。請注意這個殘塊的長度，並想像一下將它移除後，石牆就會出現一個缺口，殘塊上層的兩塊較小的方石就會崩落，而小方石上層的石塊也會搖搖欲墜。此外，阿拉伯人修補過的羅馬石牆會很不一樣。他們會使用較小的石塊修補，也無法把石塊緊密地塞入牆面。方石和方石之間必須有摩擦聯結力（這個詞翻譯自德文的 kraftschluss，語言隔閡在所難免），因此以橫向砌法建造的石牆是無法更換方石的。中世紀修補的部分不會有如此緊密的縫隙。身為工程師的我，在比對過精確度後，百分之百確定這是羅馬的處理手法。

內人桑莎和我到巴爾貝克時，拍攝了不少三石台的照片。我檢視過那些照片後，更無法接受洛荷曼的說法。首先，這塊鼓形柱石並沒有「被埋在土裡，或被其他結構覆蓋」（參見彩圖四十）。它就位在石牆的最底層，一眼就能看到，而且在石牆中顯得很突兀。它的石材很不一樣，顏色深得多，和周圍的石塊形成強烈對比。它看起來很特別。此外，洛荷曼說這塊鼓形柱石不可能是阿拉伯人的修復材料，我並不同意他的看法。在彩圖四十二和彩圖四十三中，有另一塊鼓形柱石，那塊柱石顯然是被阿拉伯人用來修復巴爾貝克的石牆。它就像基礎中的鼓形柱石一樣，被精確地嵌入。我認爲還有一個可能性，那就是石牆是在羅馬時代前建造的，羅馬人只是修復了它。如果羅馬人決定移除已嚴重受損的底層石塊，並就地取材用這塊殘缺的柱石替換它，那麼上方的兩塊較小的長方形石塊也必須被移除；洛荷曼也提到過，這兩塊石塊「就會崩落，而小方石上層的石塊也會搖搖欲墜」。

但移除這兩塊方石後，上層的石塊並不會墜落，更上層的巨石也不會不穩定，因爲那塊巨石下方有五塊巨大的水平石塊支撐。就算五塊巨石下方的兩塊小方石被移除了，其中的三塊巨石完全不會受到影響，另外兩塊巨石也會被「摩擦聯結力」固定在原處。只要把鼓形柱石切割成適當的形狀，再置入地表層的石塊空隙，上方的兩塊較小方石也可以被塞回柱石上方，這樣就能又快又好地修復石牆。

我和洛荷曼對於一個關鍵問題仍有歧見，那就是關於一號基座平台外圍結構的問題。在我看來，那個結構是一道環繞著一號基座平台的U形巨石牆；洛荷曼卻認爲它是二號基座平台的第一層石塊。他在來信中說，「如果不管這個結構的方石大小」，我所謂的U形巨石牆其實「仍是符合羅馬神殿標準形式的基座平台的底部，那是從奧古斯都時代以來就一直被延用的形式。」他要我去查看尼姆（Nimes）的方形神殿（Maison Caree）①的基座平台，並提到巴爾貝克的巴克斯神殿也有個類似的基座平台。他將照片的連結寄給我，並說：「你把照片放大，就會看到底層上方的第二層石塊，和三石台的形式很類似。」

以下是我的回信：

你在信中提到，如果不論小大，朱比特神殿的巨石基座是「標準形式的羅馬神殿基座平台」。但我看過你的連結的照片後，並不太認同你的看法。我在信中附上一張我們拍的巴克斯神殿的照片，它和你寄來的照片的拍攝角度一樣。在我們照片中的基座平台，它的一側，除了頂部和底部的凸出部分，都是切齊的。但朱比特神殿的基座平台則是漸進式的。我們在通信中討論過，它的基座底部有一層巨大的石塊，它們是儒略–克勞狄王朝神殿基座平台的一部分。這些石塊並未和上方的垂直石牆對齊，和石牆仍保持著一段明顯的距離，石牆上方就是四邊拱廊（peristasis）。如果巨石層完工了，而且能一路延伸到石牆頂端，這樣我就能接受它是標準形式的基座平台。但就算如此，四邊拱廊和基座平台的頂面邊緣仍會有幾公尺的距離。但在巴克斯神殿中，拱廊和基座平台幾乎是切齊的。簡單地說，就算不論大小的差異，我放大巴克斯神殿的照片時，也沒有看到類似三石台的石塊。是我觀察得不夠仔細嗎？

此外我還問道：「你在『二號基座平台』研究時，曾發現任何有明確來源的有機物質嗎？」洛荷曼回信說，很遺憾，他們並沒有進行過任何碳年代鑑定：

這座神殿在漫長的歲月中不斷地被改建，在過去一百年中又經歷過深開挖，因此並沒有留下任何可供鑑定年代的考古或有機物質。

他的回答讓我靈光乍現。我用個比喻來解釋，考古學家為儒略—克勞狄王朝基座平台，也就是朱比特神殿的二號基座平台，建立了一套年代體系。但他們所建立的這套體系，其實並沒有科學年代鑑定的基礎。我並不是說考古遺址的碳年代鑑定是百分之百正確的。我在之前幾章就介紹過，這種鑑定常會出現錯誤，除非考古學家能像哥貝克力石陣的年代鑑定一樣，證明受鑑定的有機遺物是被「密封保存」在某個年代，不會受到後期物質污染，也不致因此被誤判為更晚的年代。

但二號基座平台並沒有做過任何碳年代鑑定，不管是有問題或沒問題的鑑定都沒有。由此可見，正統考古學家對這個極具意義的特殊結構進行年代研究時，完全是以風格因素為鑑定依據。他們認為某些建築風格和某些文化或時期有關聯，而從二號基座平台的風格看來，它必定是儒略—克勞狄王朝時的羅馬人建造的。

巴爾貝克的年代判定必須非常精確，因為它是研究這處遺址的重要依據。在我看來，以風格鑑定巴爾貝克年代的論述，離精確的標準還有一大段距離。我曾向洛荷曼提出神殿四邊拱廊的位置問題，也就是內殿四周的回廊或圓柱大廳，洛荷曼承認神殿的風格確實有些異常：

沒錯，四邊拱廊通常會和基座平台的邊緣對齊，巴克斯神殿就是一個例子。這就是羅馬建築的風格。古羅馬廣場的戰神殿（Mars-Ultor）就是最能代表這種風格的建築。朱比特神殿有幾項讓人費解之處，風格的異常就是其中之一。

但洛荷曼也指出，如果二號基座平台完工了，巴爾貝克的四邊拱廊會顯得往後退縮，但某些神殿也有往後退縮的四邊拱廊。它們包括帕邁拉（Palmyra）②的貝爾神殿（The Bel temple），土耳其埃扎諾伊（Aizanoi）③的宙斯神殿（The temple of Zeus），和土耳其塔爾蘇斯（Tarsos）④巨大的神廟。他寫道：

我認為這是因為貝爾神殿和朱比特神殿，都是建造在年代更久遠的基座平台上。巴爾貝克的基座平台是在大希律王時代建造的，帕邁拉的基座平台則是在希臘時代建造的。雖然舊的神殿建築年代未必很久遠，但羅馬人仍須設法在舊建築下方，建造一世紀的新潮羅馬式基座平台。巴爾貝克原有的神殿平台很高，因此羅馬人建造的基座平台也必須很大。帕邁拉的四邊拱廊已經完成了，因此新的基座平台和拱廊之間有一段距離。

洛荷曼也堅持二號基座平台的形狀是正常的，雖然它並未完工：

標準的基座平台是由三個部分構成的，首先是底層，也就是你所謂的底部突出部分（lip）；接著是垂直面（shaft），巴爾貝克的三石台就是垂直面，最後是頂層突出部分。

爲了說明，他在信中也附上荷森尼哈神殿（Hosn Niha）基座平台的建築分析圖。這座神殿也是位在黎巴嫩的羅馬神殿。但在我看來，這個基座平台和巴爾貝克的二號基座平台截然不同，因爲它的垂直面只有一點五八公尺（五呎三吋）高，三石台卻有四點三四公尺（十四呎三吋）高。

就像我之前說過的，洛荷曼的確把他的觀點闡釋得很清楚。但在我們的通信中，他仍未提出充分證據，證明U形巨石牆是羅馬人建造的。而且U形牆只是環繞著朱比特神殿的一號基座平台，而非支撐著一號基座平台。洛荷曼的看法有可能是正確的，但也有可能是錯誤的。世界各地都出現過失落文明的跡象，因此我認爲在研究巴爾貝克時，我們不該排除任何的可能性。

我最後要強調的是，我在採石場調查之後，更確定巴爾貝克的背景並不單純。我們必須探討的是，這三個重達一千噸到一千六百五十噸的巨石塊，爲何會被棄置在那裡。

傳統的解釋是，羅馬人開採出這三塊超級大石塊後，卻發現他們沒有能力搬動它們，因此只能將石塊棄置在那裡。但這種解釋並不合理。假設U形巨石牆眞的是羅馬人建造的，他們後來又利用較小的石塊，建造氣勢磅礴的朱比特神殿區。主流考古學認爲羅馬人發掘出這些巨石，卻無法將它們搬移到採石場之外。既然如此，他們就該利用這些巨石，做爲建造神殿所需的較小石塊的來源。羅馬人很務實，他們絕不可能辛辛苦苦地挖掘出巨石，卻又讓它們閒置在一邊。與其開採新的石塊，他們爲何不利用這些重量超過一千噸，幾乎已經打磨拋光完畢的巨石呢？他們爲何不把巨石切割成更小的，可以搬運的石塊，以便建造神殿呢？

我很納悶羅馬人爲何沒有這樣做。羅馬人爲何沒有使用這些巨石？他們爲何會讓這些幾乎已打磨好的巨石留在採石場裡，沒有把它們切割成更小的石塊，以做爲朱比特神殿的建材？我認爲最可能的原因是，羅馬人也不知道這些巨石的存在。這和德國考古研究所的情況很類似。德國考古研究所是在二〇一四年，才知道採石場有第三塊巨石。在此之前，他們已經在那裡挖掘了一百年。我後來聽說有些研究結果就要出爐了，那是關於「採石場巨石的年代和用途」的研究。但我在撰寫本書時仍沒有收到結果。我對這份研究結果也充滿期待。但我也有點懷疑它是否能釐清所有疑點，或只是揭露出更多問題。

人類是很健忘的動物。一萬兩千八百年前，一場毀滅性的彗星撞擊，爲新仙女木期揭開序幕，並造成兩次全球大洪水；一次是在新仙女木期初期，一次是在末期。這兩場大洪水摧毀大量人類的共同記憶。從這幾十年來，關於巴爾貝克歷史的爭議看來，要從殘存的蛛絲馬跡中找回記憶，是一件既困難又痛苦的事。但我們仍不斷收到來自遠古的訊息。這些訊息就是賢者的話語，魔法師的事蹟，和他們遺留下的紀念性建築物。他們的目的就是在大回歸時喚醒我們。

注釋

①位於法國南部尼姆的一座古代建築，是保存狀態最為良好的古羅馬時期神殿建築之一。
②敘利亞中部的一個重要的古代城市，當中的貝爾神殿乃供奉天空之神貝爾的古羅馬遺跡。
③是一座小亞細亞古城，弗里幾亞王國埃扎尼提斯（Aizanitis）區首府。宙斯神殿是城市的主要聖所。
④位於今日土耳其小亞細亞半島的東南部。

第六部

星星

PART6

STARS

第十四章

太陽之門

次日，我帶著滿腦子巴爾貝克的回憶，和同伴驅車行駛在朱尼耶灣（Jounieh Bay）的美麗海岸線上，前往北方三十八公里（二十三點六哩）的比布魯斯。比布魯斯是古老的腓尼基港都，據說它是最古老的一直有人居住的城市，而且這種說法並不是空穴來風。考古學家證實了，早在公元前八千八百年，哥貝克力石陣仍有人類活動時，比布魯斯就有人居住了。到了公元前五千年，比布魯斯已經有個人口稠密又很穩定的聚落，從此之後一直人煙不斷。到了公元前三千年，它被稱爲古卜拉（Gubla）或葛貝爾（Gebel）。這時它已發展成遠古迦南海岸的重要港口和城市。希臘人後來將它命名爲比布魯斯，並以它爲貿易中心，和埃及進行利潤豐厚的莎草紙買賣。希臘文中的莎草紙，就是布布魯斯（bublos）。我在第十三章曾介紹過，希臘人稱迦南人爲「腓尼基人」，腓尼基人也常自稱是迦南人。爲了方便起見，我會混用「腓尼基人」和「迦南人」二詞，並將古城古卜拉或葛貝爾稱作比布魯斯。

我們來到比布魯斯後，看到種滿棕櫚樹，小餐館林立的街道。地中海清澈的海水拍打在美麗的新月形港口上。我這時還在想著巴爾貝克的謎團。羅馬人爲何不把最宏偉壯觀的神殿建造在羅馬？就算他們基於某種原因，必須把朱比特神殿建造在黎巴嫩，那麼他們爲何不選擇知名又重要的貿易中心，例如比布魯斯之類呢？就算他們不選擇比布魯斯，爲何不選擇其他地中海沿岸的知名港都，例如提爾和錫登呢？

爲何要在巴爾貝克建造朱比特神殿？這就是最關鍵的問題。但這個問題並不容易回答，因爲就像考古學家和歷史學家說的，他們找不到任何證據，能證明「神殿區是誰要求建造的，或出資者和設計者是誰。」因此我們只能猜測建造者的動機。讓人訝異的是，這是一項極浩大的工程，卻沒有任何皇帝、將軍或建築師承認是它的建造者。此外，這座神殿在完成後的好幾世紀中，一直沒出現在羅馬人或其他民族的編年史中。

直到五世紀，巴爾貝克已經基督教化很久之後，馬克羅比烏斯（Macrobius）①才在著作中談到，有一位神祇在那裡受到膜拜。巴爾貝克就像是被古代魔法師施了咒語，成了一個禁忌的名字。在咒語的控制下，羅馬人對巴爾貝克也避而不談，儘管他們在那裡建造了有巨大圓柱和三角楣飾的神殿。這也難怪建築歷史學家德爾．厄普頓（Dell Upton）會認爲「遠古的巴爾貝克只是我們想像出來的城市。」他甚至覺得，就連我們目前看到的巴爾貝克遺址，也只是個虛無飄渺的幻象：

> 因為這處遺址的絕大部分，都是由考古學家重建的。一個羅馬考古團隊曾在二十世紀初展開重建。在一九三〇、一九五〇和一九六〇年代，法國和黎巴嫩的考古學家也參與重建。至於沒有重建的部分，我們也可以在神殿區的重建藍圖上，看到莫名其妙的完成圖樣。

我認爲丹尼爾．洛荷曼的理論，也是這種考古學「製造神話」的一部分。根據他那套無法自圓其說的假設，建造巴爾貝克的羅馬人都很好大喜功。但羅馬人其實很低調；他們展開一場「永垂不朽」的工程計畫，卻不想靠著它名垂千古。如果洛荷曼說的沒錯，那麼羅馬人野心最大的計畫，當然就是未完成的朱比特神殿基座平台工程。這座平台只有修飾功能，卻沒有承重效果。它一旦完工，就可達到約五十呎高，讓其他羅馬神殿的基座平台都望塵莫及。這座平台是由重達數百噸的巨石塊構成的，其中的三石台的石塊甚至有近一千噸重。就洛荷曼和二十世紀其他考古學家的標準而言，只有好大喜功，不自量力的人，才會投入規模如此龐大的計畫。

既然大家提出的都只是假設，我也提出一個不同的假設好了。羅馬人之所以選擇巴爾貝克，做為建造朱比特神殿的位置，是因爲他們覺得那裡是個特別的地方。我認爲羅馬人之所以覺得巴爾貝克很特別，是因爲U形石牆早就已經在那裡了。洛荷曼認爲U形石牆是好大喜功的羅馬人建造的基座平台，但它其實在諸神的時代就存在了。建造這道牆的目的，不是爲了讓敬仰諸神的凡人名垂千古，或滿足凡人的虛榮心，而是爲了讓後世都能崇拜和尊敬這些神祇。

星辰的崇拜者

今日的比布魯斯最明顯的地標，就是一座建於十二世紀十字軍時代的城堡。城堡居高臨下地俯瞰著腓尼基的遺跡和羅馬神殿。値得注意的是，這座十字軍城堡曾經歷多次重建和整修，因此城牆上有十二塊以上的羅馬圓柱柱石。從這些被當成整修石材的柱石就可以了解到，在這裡絕不能只憑外觀鑑定建築物。

但這座城堡能讓人好好體驗遠古的比布魯斯。當年腓尼基的水手就是從這裡出發，航向已知世界的各個角落，並探索未知的世界。從一些殘缺不全的珍貴證據看來，也許早在哥倫布發現新大陸之前幾千年，腓尼基人就已經到達過美洲。此外，腓尼基人不但是古埃及人的莎草紙貿易伙伴，這兩個古老民族之間還有一層神祕的關聯。

要了解這層關聯，就必須從天神歐西里斯說起，古埃及人相信天上的獵戶座（Orion）就是祂的化身。歐西里斯是荷魯斯的父親，伊西斯的丈夫。根據傳說，這位魔法之神是一位原始時代的偉大國王，祂將文明帶給那些願意接受教化的人：

> 祂帶領埃及的原住民脫離悲慘又野蠻的生活，教他們如何耕地，如何播種和收割。祂為他們制定法律，教導他們敬拜神明和獻祭。接著祂就離開埃及，到世界各地教導人民，要他們仿效祂的子民。祂不會強迫任何人遵從祂的指示，只會循循善誘地曉之以理，讓大家都能欣然接受祂的教誨。

這位教化眾生的偉大導師的事蹟，都被記錄在古埃及的編年史裡。這些事蹟不禁讓人聯想到，在艾德福神廟的銘文也曾提到，在大洪水摧毀人類的家園後，諸神、魔法師和賢者們便乘著大船「遍遊世界」，讓世界獲得新生。塞特也是歐西里斯的神話系列中的重要角色。他是艾德福傳說中的大反派，最後被荷魯斯打敗。根據傳說，歐西里斯有次離開家鄉，去教化世界其他地方的人類。塞特趁這個機會謀反這位國王天神，召集了七十二位同謀者，在祂回來時謀殺祂。讀者應該還記得，七十二是個重要的密碼，它是歲差週期的數字；歲差運動一度，要花上七十二年。

塞特和其他同謀者將歐西里斯的屍體放進石棺，拋進尼羅河。石棺隨著河水向北流進地中海，最後漂流到黎巴嫩海岸：

> 海浪將石棺拋在比布魯斯，石棺落地後，地上長出一棵大樹，大樹從石棺的四周長出，緊緊包

裹住石棺。比布魯斯國王看到這棵巨大的樹，覺得很驚訝，便下令砍下大樹，將包裹著石棺的樹幹製成皇宮的柱子。

伊西斯發現丈夫屍體的下落後，便乘船前往比布魯斯，來到皇宮，千方百計地當上國王小孩的保母。她趁別人不注意時，化身爲一隻燕子，在柱子四周飛翔哭泣。最後她公開自己的身分，並說服國王將柱子賜給她。她取出裝著歐西里斯遺體的石棺後，就帶著石棺回到埃及。

接下來的故事很長，我就不在此贅述。結局是歐西里斯在天上復活，成爲獵戶座。化身爲星辰之神的祂成了冥界的統治者。祂的妻子伊西斯爲了陪伴祂，化身爲天狼星（Sirius），這就相當於古埃及語中的索普杜（Sopdu）或賽普特（Sept），或希臘文中的索緹斯（Sothis）。有一份文稿清楚地交待了這些星星的身分，文稿中提到伊西斯對歐西里斯的談話：

> 你化身為天上的獵戶座，日復一日地升起和落下。我為了追隨你，化身為索緹斯，和你長相廝守。

在金字塔銘文中也有很多類似的描述，其中之一就是「歐西里斯變成了獵戶座」。此外，銘文也常提到，埃及法老在死後就會變成歐西里斯、獵戶座和天狼星。以下就是一個例子：

> 國王的肉身不會腐朽。你會成為天上的獵戶座，你的靈魂會擁有索緹斯一樣的力量。

以下是另一個例子：

偉大的國王，你是天空和獵戶座的結晶，你在曙光中和獵戶座一起誕生。人能活著，都是因為眾神要他活著，因此你會長存於世。你每天都會隨著獵戶座從東方升起，再和獵戶座從西方落下。

埃及古物學家塞里姆．哈桑從這些銘文歸納出一個結論：

> 我認為這是一個不爭的事實，在埃及歷史的某個期間，埃及人相信國王的靈魂會和星星結合，或化為星星。這種傳說總是不斷出現。此外，傳說中也不斷提到吉薩金字塔和星辰崇拜的關聯。直到阿拉伯時代，古夫金字塔②和卡夫拉金字塔③也一直被認為和星辰崇拜有關。

在同一個段落，哈桑提到他的一個觀點，這項觀點和我的研究有密切的關係。他寫道：

> 雅谷特．阿爾．哈馬維（Yakut el-Hamawi）④在他的《地理詞典》（*Mo'djem el-Bouldan*），第八冊第四百五十七頁（開羅版）中說，拜星教徒（Sabians）計算出兩座最大的吉薩金字塔的大小後，「便朝著這兩座金字塔展開朝聖之旅。」拜星教徒是星辰崇拜者。如果我猜得沒錯，「拜星教徒」一詞就是源自埃及文的「史巴」（sba），也就是「星星」。拜星教徒信仰一種古老的宗教，他們的崇拜對象是天空的繁星。就算「拜星教徒」一詞和星星無關，至少他們知道古夫金字塔和卡夫拉金字塔，都是星辰崇拜的紀念性建築，而且他們也會到那裡朝聖。

哈桑提出的關聯非常重要。因爲拜星教徒自古以來的家鄉，就是位於土耳其東南方，和哥貝克力石陣相距不到數哩的哈蘭（Harran）。此外，哈蘭的拜星教徒除了是星辰崇拜者，也是《托特之書》的信徒。我在第十一章曾介紹過，這是古埃及智慧之神所記錄下的「聖賢語錄」。在幾百年後的七世紀，先知穆罕默德受到的天啓被編撰成《古蘭經》（*The Koran*），伊斯蘭時代就此展開。在伊斯蘭時代，拜星教徒只要拿出一本天啓的聖書，證明他們不是基督徒或猶太人之類的異教徒，而是「聖書的信徒」，就能逃過穆斯林的迫害。他們被要求拿出「天啓的聖書」驗明正身時，就會拿出「赫密士文集」。這是由希臘文和拉丁文撰寫的，記載著托特——也就是希臘神話中的赫密士，或羅馬神話中的莫丘利——和各門徒的對話。值得注意的是，托特不但是智慧之神，也是月亮之神。哈蘭的主要神殿，供奉的就是當地文化中的月神，祂的名字是「欣」（Sin）。此外，比布魯斯的學者斐羅也提到，他的《腓尼基史》的資料來源，就是桑楚尼亞松的著作：

> 桑楚尼亞松知道塔托斯（Taautos，也就是托特）是文字的發明者後，就開始仔細研讀祂的著作。塔托斯發明了文字，並以文字記事，從此奠下知識的基礎。埃及人稱祂為索斯（Thouth），亞歷山卓人則稱祂為托特，希臘人將祂的名字翻譯為赫密士。

我們在比布魯斯多待了幾個小時。這座古城的十字軍城堡四周都是挖掘的坑位，其中包括一個羅馬柱廊，一座小型劇場，腓尼基人的壁壘，和巴拉特-葛貝爾神殿（The Temple of Baalat-Gebel）的遺跡。這座神殿約建於公元前兩千八百年，供奉的是腓尼基人的比布魯斯守護女神，目前幾乎只剩下神殿基座。此外，這裡還有所謂的L形神殿，它約建於公元前兩千六百年。過去這兩座神殿被一個聖湖隔開。在一個基座石台上方，仍豎立著一些粗糙的小方尖石塔。它就是約存在於公元前一千九百年到一千六百年之間的方尖石塔神殿（Temple of the Obelisks）。這裡也有個布洛斯國王大墓地的遺跡，年代約介於公元前十八世紀到公元前十世紀。在大墓地附近有個新石器時代的遺址，年代約在公元前五千年之前。約在公元前四千五百年，比布魯斯的居民首次在這個地點，以壓碎的石灰石製作地板。

這些遺址和廢墟紛然雜陳，互相重疊，緊緊相連，一世紀的遺址下還有另一世紀的遺址，一千年的層位下還有另一千年的層位，一直追溯到史前時代。考古學家已徹底整理好這些遺址，把遺址留在那裡任人觀賞，就像是要把它們當成觀光景點。既然桑楚尼亞松的《腓尼基》已經失傳了，斐羅的《腓尼基史》也只剩下一些殘篇斷簡，這個遺址對我已不再具有吸引力。我再待在這裡也不會有任何進展。

是該前往下一站了。

荒野中的卡拉漢石陣

我們從貝魯特搭機，很快就到達伊斯坦堡，接著又

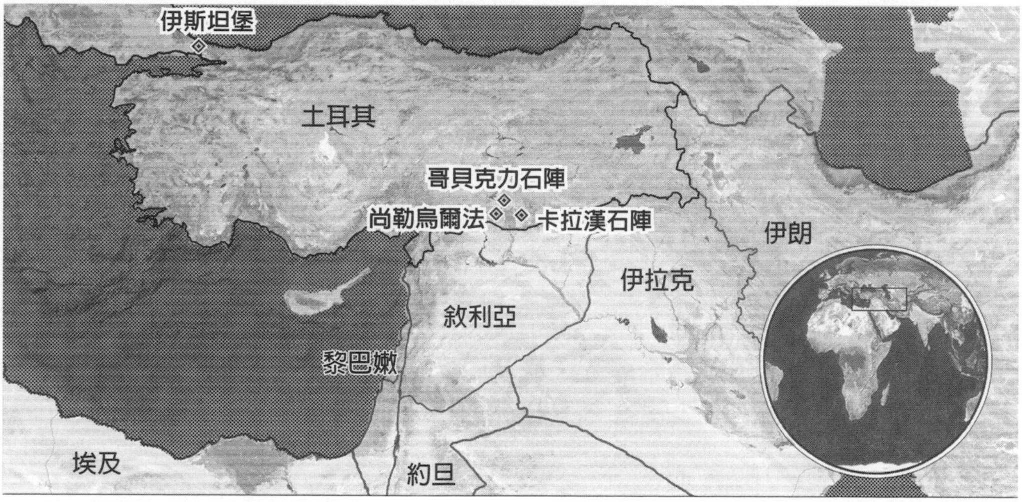

圖 45

很快飛抵尙勒烏爾法（Sanliurfa）。我和桑莎將以尙勒烏爾法爲根據地，走訪神祕的「星辰崇拜者」拜星教徒的家鄉哈蘭，並重遊哥貝克力石陣。但它們都不是我們的頭一個目的地。我們要先去探訪一個仍未被發掘過的遺址。從各種跡象看來，它的年代就和哥貝克力石陣一樣古老，而且似乎都是爲了相同的神祕目的被建造的。我在做背景資料研究時，查出這個遺址被稱爲卡拉漢石陣（Karahan Tepe）。雖然我已經查出它的名字，卻仍不清楚它到底在哪裡。

七月的土耳其東南部非常炎熱。我們的司機會說英語，因此能和我們順暢地溝通，也能幫我們問路。但我們越過大片灌溉的農地和光禿的山丘，遇到的人都不知道卡拉漢石陣在哪裡。這也難怪了，那裡畢竟只是一個荒涼又平淡無奇的山丘。但我們最後總算找到它了。它就位在E九〇高速公路南方約十五公里（九點三哩），尙勒烏爾法東方約六十五公里（四十點四哩）處。我們在那裡看到一個小農莊，農莊就位於一條顛簸的泥土小徑盡頭，四周都是矮牆和貧瘠的農地。農夫指著北方數百公尺的一座小山丘。他說石陣就位在他的土地上，但我們可以自由參觀。他叫他十多歲的兒子帶路，讓我們能把車開到遺址附近。我們下車後，便徒步走向目的地。

這個石陣是由遍布在一道山脊上的石灰石組成，它們由北往南綿延在陡坡上。石灰石上覆蓋著鬆散易碎的土壤，東側和西側都長滿了黃草。山脊的最頂端高度約爲海拔七百零五公尺（兩千三百呎），但和我們停車處的落差約只有五十公尺（一百六十四呎）。我們幾乎一到那裡，就看到在哥貝克力石陣常見的T形石柱。山脊的兩側遍布數十個T形石柱，有些排列成圓形，有些排列成平行的石柱列。這些石柱都埋得很深，只有T形頂端的石塊露出地面。

我認爲卡拉漢石陣和哥貝克力石陣一樣古老，約有一萬一千年到一萬兩千年的歷史。和哥貝克力石陣一樣，卡拉漢石陣也是約在一萬零兩百年前遭到棄置，之後就再也沒有人在那裡居住。讓人驚訝的是，考古學家不但沒有證實此事，而且幾乎沒有對這處遺址進行任何研究。當地人則忙著在這裡挖寶，並在尋寶過程中挖出和破壞了一些石柱。在兩個被破壞石柱上刻有蛇的形象，樣式和哥貝克力石陣石柱上的蛇一模一樣。

我們在岩石上，找到好幾個迷你隕石坑般的半球形凹陷。有些凹陷的邊緣很清楚，而且直徑多半是三十公分（一呎），深度多半是十五公分（六吋），但也有些更小或更大的凹陷。這些凹陷多半是以十多個爲一組排成圖案，有時是成排的方陣，有時是圓形或螺旋形。但排出的圖案變化多端，很難看出其中的規律。

和哥貝克力石陣一樣，這裡的石柱採石場顯然也是建造石陣的地點。我們在幾個地方，看到山脊的岩床上刻著一些平行溝紋，溝紋勾勒出的就是石柱的形狀。此外，我們還看到一個幾乎已經完成的T形石柱，石柱仍留在採石場的原處，有四點五公尺（十四呎十吋）高，一點五公尺（五呎）寬，八十公分（二呎七吋）厚。小丘側面遍布著只有頂端冒出地面的石柱。我望著這片石柱林時不禁感嘆，如果能好好的發掘，一定能在此做出重大發現。哥貝克力石陣已經改寫了人類的歷史，而這裡就是哥貝克力石陣的翻版。它保存著原始風貌，幾乎未遭到破壞，而且似乎也沒有人想要一探究竟。這裡還有一塊L形的岩石碎塊，它是來自一塊精心雕琢，做爲窗口或槍眼的石塊。在哥貝克力石陣也曾發現過完整的這類石塊。這裡的碎塊現在被牧人用來建造灶台，它已經被煙薰黑了，就站在山脊頂端附近的一個有遮蔽的角落。

卡拉漢石陣是個蘊含珍貴知識的重要遺址。讓我覺得不可思議的是，它居然受到這樣的漠視。我常這樣說，我在上一章的結尾也這樣說過，人類是很健忘的動物。當時我認爲人類對自己歷史之所以如此健忘，都要怪冰河時期末期可怕的全球大洪水。但我來到卡拉漢石陣後發現，我們之所以會集體麻木，常是因為我們選擇了麻木，因為我們已不在乎自己是從何而來，也不想知道自己的眞實身分。

控制的黑手？

我和桑莎在第二天回到哥貝克力石陣。當時是二〇一四年七月，克勞斯．許密特依然健在。但他當時正在德國避暑，在幾天後死於心臟病。

我想趁他不在時，再到這處遺址查看一下。我希望能安排好在夜晚造訪那裡，以便在夜空下體驗石陣和繁星與地球的關係。但我並未得到我想要的體驗，只見識到人類對祖先珍貴遺產的蹂躪。

早在二〇一三年，這處遺址已經在考古研究中受到嚴重摧殘，一座難看的高空步道讓古蹟變得面目全非。自從我們上次來訪到現在，這裡受到的破壞已經到了筆墨也難以形容的程度。在巨石區上方多了一個醜陋的木製屋頂，完全遮蓋住整個區域。屋頂下方懸掛著一些大而無當的平台，平台上裝載了數噸重的石頭，讓屋頂不致被強風吹走。平台、屋頂的支柱，和隨處可見的「閒人勿進」的醒目告示，把巨石柱圍場包得密不透風，讓人已無法看到石柱的本來面貌，也無法領略它們深沉又神聖的魅力。

考古學家自稱他們是在「保護」這個遺跡。但他們的保護措施只是讓這裡變得面目可憎。哥貝克力石陣原本是人類的共同遺產，但這份遺產卻被他們用花言巧語剝奪了。我實在不能理解他們的想法，不知道他們為何要把哥貝克力石陣幽禁在他們的牢籠裡。雖然他們說屋頂只是「暫代品」，等到更大的屋頂建好後就會拆除舊屋頂，但這也只是不成理由的理由。就算沒有任何屋頂，也比這種不堪入目的「暫代品」強得多。在首次發掘開始後的十九年中，這個遺跡一直沒有屋頂，也一直保存得很好。

此外，我也很懷疑所謂的「暫代品」要暫代多久。德國考古研究所花了將近一年的時間，才建好這個屋頂（我們在二〇一三年九月來此時，他們已經在建造了）。他們為了這個屋頂花了一大筆錢，我很擔心他們在短期內仍不會拆除它，並以一座更有美感的屋頂取代它，以襯托出哥貝克力石陣莊嚴神祕的氣氛。

我原本想夜訪石陣，在巨石柱群的環繞下仰望星空。但這眞是癡人說夢，那個屋頂已經把哥貝克力石陣遮蔽得不見天日。這就像一場精心策畫的奪權陰謀。似乎有某個位高權重的人突然發現了，這個古蹟其實極具威脅性。它會威脅到現有的秩序，揭穿當權者箝制思想的手段，和他們編造歷史以維持現代社會穩定的騙局。

遠古的天文學家

我當晚回到旅館，忙著在筆記型電腦上工作，閱讀大批我下載好的哥貝克力石陣的研究論文。大多數論文都是來自學術期刊，但其中有篇論文卻是來自我的網站。這篇論文的作者保羅·伯利（Paul Burley），是一位合格的工程師和環境地質學家。我是在二〇一三年刊登出這篇論文，但後來一直沒有讀它。我還記得當時覺得這篇論文很重要，但我已經忘了原因。當時我還沒開始深入研究哥貝克力石陣。我讀著伯利的論文，並對照著我從二〇一三年至今的研究，這時我便看出它的主旨和重要性，並感到非常興奮。

我在第一章曾簡略地談到，克勞斯．許密特不認爲哥貝克力石陣和天文學有任何關聯。他之所以會這麼認爲，完全是因爲他對天文學一無所知，而且很排斥這個主題。雖然這位重量級的考古學家大力反對，但很多科學家仍持續研究哥貝克力石陣，看看是否有任何石柱圍場或石柱群，具有明顯和天文有關的排列方式。這些研究不約而同的指出，哥貝克力石陣和天文有密切的關係。石陣的建造者曾仔細地觀測天體，並利用地面結構的排列方式，忠實呈現出他們的觀測結果。

我要舉出幾個例子。

米蘭理工大學（Politecnico di Milano）的數學物理教授朱力歐．馬格里博士（Dr Giulio Magli），是一位頂尖的義大利天文物理學家。他曾針對世界各地的多處古代遺址和紀念性建築，進行考古天文學研究。我在之前介紹過的歲差造成的變化現象，那就是馬格里的研究主題。他以電腦精確模擬長期歲差活動造成的天象變化，並在二〇一三年發表一篇論文，公開他的研究成果。馬格里的觀測目標，就是被古埃及人視爲女神伊西斯的天狼星。馬格里認爲哥貝克力石陣的建造者對天狼星特別關注：

> 我們模擬公元前一萬年的天空時，就能看到在當時的哥貝克力石陣，出現了一個壯觀的現象。那就是一個「新」星的「誕生」。這個星星當然大有來頭，它就是天空中除了太陽之外，亮度最高的恆星；也是第四明亮的天體（前三名是太陽、月亮和金星），它就是天狼星。在歲差運動的影響下，在公元前一萬五千年從哥貝克力石陣的緯度觀察，天狼星就在地平線的下方。天狼星到達歲差週期的最低點後，又會開始朝地平線接近，並再度露出地平線。在公元前九千三百年，天狼星就低垂在接近正南的方向。

馬格里繼續展示天狼星從地平線升起的位置，它升起的位置會隨著歲差而緩慢變化。哥貝克力石陣的D圍場、C圍場和B圍場，似乎就在追蹤它的位置。在每個圍場中央都有兩塊巨石，將兩塊巨石的中線一直延伸到天際，就是天狼星在公元前九千一百年、公元前八千七百五十年和公元前八千三百年升起的方位。馬格里的結論是：「哥貝克力石陣的結構，是爲了慶祝某個閃亮的『客星』的出現，並在幾個世紀中持續追蹤它。它就是天狼星。」

波士頓大學的羅伯特・夏克博士並不是天文學家，但他也發現哥貝克力石陣的結構，是對準馬格里標示出的天區中的天體。但夏克認爲石陣建造者要對準的，可能並不是天狼星。他說「這是個很難解答的問題」，並提出他的假設：

> 約在公元前一萬年春分的早晨，太陽正要在哥貝克力的正東方升起之前，昴宿星團（The Pleiades）、金牛座和獵戶座的頂端，就出現在D圍場中央的幾個石塊對準的方向。天剛亮時，從這裡視野最好的地點看去，可以看到獵戶座的腰帶就低懸在地平線附近。約在公元前九千五百年的C圍場，和約在公元前九千年的B圍場，中央石塊對準的方向也有相同的景象。約在公元前八千五百年春分的早晨，A圍場也是對準昴宿星團、金牛座和獵戶座。但因為歲差造成的改變，這時獵戶座的腰帶，在破曉前已不再上升到地平線以上。到了約公元前八千一百五十年，在春分破曉時，獵戶座的腰帶仍在地平線以下。這些年代正好符合哥貝克力石陣碳年代鑑定的結果。

作家安德魯・科林斯（Andrew Collins）和合格的工程師羅德尼・海勒（Rodney Hale）也都不是天文學家。夏克和馬格里觀察的是南方的天空；科林斯和海勒則反其道而行，觀察北方的天空。

他們發現石塊對準的是天鵝座最明亮的恆星，天津四（Deneb）落下的方向。這次各圍場石塊對準的方向，正好也符合天津四因歲差產生的位置變化。義大利薩倫托大學（University of Salento）數學系和物理系的亞歷山德羅·德·羅倫茲（Alessandro De Lorenzis）和文森佐·奧羅菲諾（Vincenzo Orofino），於二〇一五年一月，在《考古發現》（*Archaeological Discovery*）期刊上發表一篇論文，證實哥貝克力石陣的建造者確實曾密切地觀察恆星，也都很清楚歲差運動對天象帶來的變化。他們認爲科林斯和海勒的看法是正確的，「他們研究的圍場的中央石柱，確實是對準北方天津四落下的位置。」羅倫茲和奧羅菲諾修正了科林斯和海勒計算出的年代，將年代往前推了兩百年。但他們都同意各圍場走向的細微差異，就是石陣建造者追蹤歲差的證據。

天文物理學家胡安·安東尼奧·貝爾蒙特（Juan Antonio Belmonte）的研究重心，也是哥貝克力石陣的天文學特徵。他注意到在各個圓形圍場中，「有個圍場裡有些接近矩形的石牆，石牆正好對準基本方位（也就是東、西、南、北）。」這個圍場和埃及吉薩的大金字塔一樣，能非常精準地對準基本方位，靠的當然也是精準的天文觀測。

貝爾蒙特也注意到，在哥貝克力石陣的T形石柱上有「繁複的裝飾」。他的結論是：

> 這些裝飾代表的也許是其他天文觀測對象，例如新月和星星。這在稍後的中東文化中非常普遍。此外，這裡也有類似動物圖騰的圖案，也許代表的是一些動物星座，如獅子座、金牛座和天蠍座。

說到星座，就不得不談談許密特的觀點。我在第一章曾介紹過他的觀點，他認爲哥貝克力石陣不可能有任何「天文圖案」，因爲「黃道星座是在巴比倫時代劃分的，而哥貝克力石陣卻早在巴比倫王國之前九千年就存在了。」我在訪問許密特時，並沒有就這一點提出反駁。因爲我當時只想了解他對哥貝克力石陣的看法，並不想和他發生口舌之爭。天文學出身的貝爾蒙特，顯然並不同意許密特的看法。

俄國天文學家和科學歷史學家亞歷山大・戈許坦（Alexander Gurshtein）也不會同意許密特的看法。根據戈許坦的研究，人類早在公元前兩萬年，就開始對大熊星座和其他星座的劃分和命名。在公元前五千六百年，人類對黃道帶已經有很深入的認識。

根據德國考古天文學家麥克・拉朋格魯克（Michael Rappengluck）的研究，黃道十二宮的起源比戈許坦估算的還要早。他在法國拉斯科洞窟（Lascaux cave）⑤的公牛大廳（The Hall of Bulls），辨識出一個繪製於一萬七千年前，非常準確的黃道星座金牛座的圖案。

拉朋格魯克指出一年中有四大節氣，它們是春分、秋分、冬至和夏至。人們一直相信，某個時代的世界「特質」，是由春分時，太陽在黃道十二宮上的升起位置決定的。但在秋分、夏至和冬至，「太陽的宮位」也會落在不同的星座。時代出現更迭時，就是春分時日出的宮位出現變化時，這時掌管其他三大節氣的「太陽宮位」的星座也會改變。

拉朋格魯克的論點很複雜，因此我無法在此詳細解釋。但他的拉斯科洞窟理論的重點，就是洞窟的公牛大廳裡，有完整的金牛座圖案。圖案描繪的是一頭歐洲野牛或公牛，在公牛的肩膀上方，有個以六個點構成的明顯圖案，它們就是昴宿星團的六顆可見星。昴宿星團是金牛座的重要特徵。此外，拉朋格魯克也推算出圖案的繪製年代：

> 在公元前一萬五千三百年，昴宿星團很接近秋分時的太陽宮位。公牛大廳中的這六顆星星，就

是標示秋天開始的天體。在對洞窟內人類活動進行碳十四年代鑑定後，結果和以天文學估算的年代非常接近，也是公元前一萬五千三百年。

拉朋格魯克在他的其他著作中，提出了更有力的證據，證明了早在公元前一萬六千年到公元前一萬年，人類的祖先：

> 就已經能辨識單一星座，和極為複雜的星座和星群。在西班牙的埃爾卡斯洞穴（Cave of El Castillo），就有銀河和北冕座（The Northern Crown）的圖案。法國的拉斯科洞窟則有昴宿星團，和位於相同區域的主要星座的圖案。

根據拉朋格魯克的描述，

> 在法國獅頭洞穴（The cave of La Tête du Lion）的一塊岩板上，有一個星群的圖案，它們是金牛座的星宿五（Aldebaran）和昴宿星團，星群上方畫著月相盈虧。這個圖案是來自梭魯特時期（The Solutrean epoch）[6]，大約在公元前一萬九千年到公元前兩萬年。這個圖案不但和拉斯科洞窟的圖案很相似，而且還描繪出星群和月相週期的關聯。

以下是拉朋格魯克的結論的大略內容：

在兩萬一千年前，舊石器時代的狩獵採集者仰望星空時，看到昴宿星團這個疏散星團，和在黃道上的黃金之門附近移動，或穿越黃金之門的月亮和太陽。

拉朋格魯克提到的「黃道上的黃金之門」，指的就是天球上介於畢宿星團（The Hyades）和昴宿星團之間的區域。這兩個星團都位在金牛座之內。黃道就是從這扇巨大的「天空之門」穿過。而黃道就是從地球上看到的太陽在天球上運行的軌跡。岩板圖案之所以重要，是因爲它意味著，早在哥貝克力石陣建造前一萬年的舊石器時代，人類也許已經知道太陽和月亮會越過黃道帶十二星座，並描繪下他們觀察到的軌跡。貝爾蒙特認爲，「獅子座、金牛座和天蠍座」之類的黃道帶星座，也許是哥貝克力石陣「圖騰」動物圖案的靈感來源。雖然這好像只是他信手拈來的想法，但他在解說時，特地引用了拉朋格魯克的著作，並節錄了拉朋格魯克拍攝的，拉斯科洞窟公牛大廳的金牛座的圖案做爲例證。由此可見，這其實是貝爾蒙特經過深思熟慮後得到的結論。

貝爾蒙特認爲，哥貝克力證明了一件事：

> 在一萬一千年前或更早之前，有個完全不為人知的狩獵採集者社會，他們曾嘗試建造一些能和天象互相呼應的紀念性建築。這一系列的相繼建造，甚至層層堆疊的神聖場所，也許已經被沿用了幾百年或幾千年，目的就是為了繪製天象圖。但它們的建造者基於某些未知的原因，故意將這些建築深埋在地底。正因如此，這些遠古的結構能完好地保存至今。

哥貝克力石陣地區最早的居民，顯然是一群狩獵採集者，而且我們對他們仍一無所知。但我在本書中一再強調的重點，就是他們爲何會突然開始建造宏偉的紀念性建築物，接著又神奇地「發明」了農業。這簡直是一場無法解釋的「大躍進」，而考古學至今仍無法提出一套合理的解釋。我認爲這些看似離奇的現象是可以解釋的，我提出的假設就是，也許某個失落文明的倖存者，已經掌握了農業和建造巨石結構的知識和技術。他們在新仙女木期的大洪水後，來到哥貝克力石陣，和那些狩獵採集者共同生活，把一些農業和建築技術傳授給他們。

除了巨石建築和農業，我們也必須探討天文學的證據。乍看之下，貝爾蒙特、科林斯、海勒、夏克和馬格里等人的著作，似乎都在肯定哥貝克力石陣是出自傑出天文學家的手筆。但單憑石柱或圍場的排列和走向，就判定那是極先進文明的產物，那也有些牽強。在戈許坦和拉朋格魯克的著作中，都曾提到早在新石器時代，甚至在兩萬年前或更早的舊石器時代，洞穴的壁畫就精準地描繪出星圖，和我們至今仍能認出的星座。如果哥貝克力石陣也蘊含著這樣的知識，這也沒什麼值得大驚小怪的。

但如果石陣中還有更深奧的知識呢？如果這種知識是再聰明的狩獵採集者也不可能理解和掌握的呢？我之所以會想到「更深奧的知識」，是因爲我於二〇一四年七月，在旅館重讀保羅．伯利的論文時，突然靈光乍現而得到的領悟。

新石器時代的拼圖

伯利的論文題目是《哥貝克力石陣：傳達古代宇宙觀的神殿》（*Gobekli Tepe: Temples Communicating an Ancient Cosmic Geography*）。這篇論文最初是在二〇一一年六月完成的。在同年九月，我和他在亞利桑那州塞多納舉行的「歲差和古代知識研討會」相遇。我們在二〇一二年以電子郵件聯絡過幾次。二〇一三年二月，他要我讀他的論文，他說論文談的是「在哥貝克力石陣的一根石柱上，刻有黃道帶的證據。」我讀了後回答他：「這篇論文既有趣又有說服力，而且具有一些精闢的見解。」我告訴他我打算把它發表在我的網站的論文專欄。我徵得他的同意後，便於二〇一三年三月八日刊出這篇論文。它現在仍在我的網站上，你們可以在注解中找到它的網址。⑦

我在尚勒烏爾法的旅館重讀這篇論文時，才發現它的觀點已遠遠超越「精闢」的境界。但我是在二〇一三年九月才首度造訪哥貝克力石陣，那時我已經忘了伯利的主要論點是什麼。他的論文主

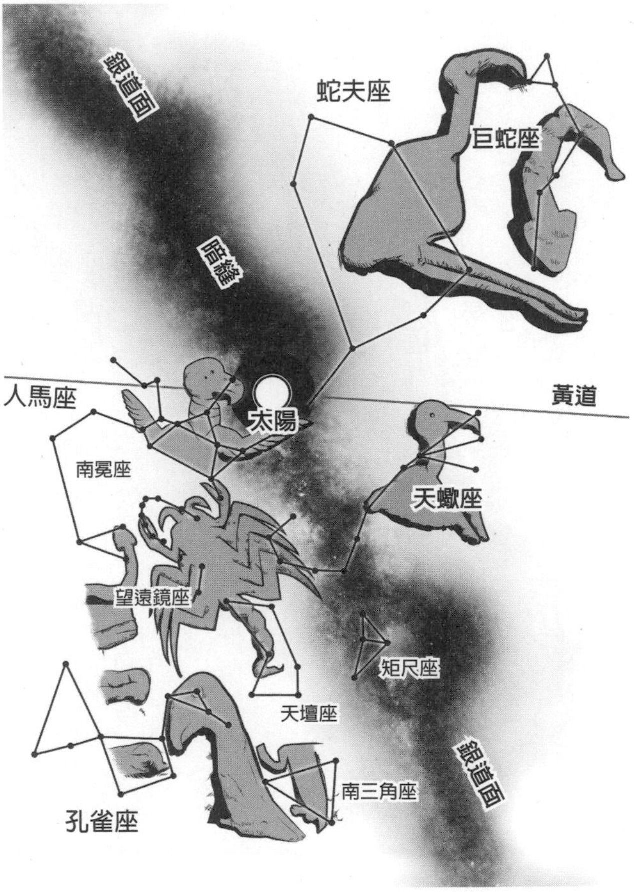

圖 46
43 號石柱上的星圖。

要是在討論圍場和四十三號石柱，那正好也是我在哥貝克力石陣時的研究重點。我之所以會對這根石柱感興趣，都是因爲貝爾蒙特曾提到，這根石柱的底座附近有個蠍子的浮雕。各位應該還記得，它的底座是被碎石掩埋著，許密特卻不讓我移動碎石。根據貝爾蒙特的說法，這個蠍子浮雕也許是黃道帶的天蠍座。我前往哥貝克力石陣研究這根石柱前，並沒有先重讀伯利的論文，沒注意到他提過這根石柱上刻著黃道帶，這確實是我的疏忽。但人非聖賢，人都會犯錯，都會忘記一些事。雖然我在六個月前和伯利通信時，才說過他的論文「有一些精闢的見解」。但我在二〇一三年九月造訪石陣時，卻完全忘了伯利的發現。

以下就是伯利的發現：

在D圍場的一根石灰石柱上，上半段的一側有個浮雕。圖案中有一隻張開雙翼的鳥、兩隻比較小的鳥、一隻蠍子、一條蛇、一個圓圈、一些波浪線條和繩索狀的符號。乍看之下，這只是一群東拼西湊的石雕動物，和為了填滿寬闊的石柱面，而隨意刻出的幾何圖案。

解開這個新石器時代初期之謎的關鍵，就在於圖案中央的圓圈。它立刻讓我想到被奉為宇宙之神的太陽。接著的線索是面對太陽的蠍子，和張開雙翼，看似要擁抱太陽的大鳥。事實上，就太陽和天蠍座的相對位置看來，太陽就準確地位在黃道上，但石柱上的蠍子，只是現代天蠍座的左半部，也就是頭部。從太陽圖案的位置看來，太陽這時正沿著黃道移動通過銀道面，這也是太陽最接近銀河系中心的時刻。

請耐心看完，我會慢慢解釋這一切的重要性。現在我們先繼續談伯利的論文，因爲他接下來的敘述才是我關注的焦點：

這個圖案之所以重要，是因為哥貝克力石陣的建造者，基於某種未知的原因建了一座神廟，為的只是標示出未來一萬一千六百年的時代。但這個圖案是刻意製成的。它要表達的意思很清楚，很多神話也都提到過這個事件。而這個事件正在我們的時代上演中。

伯利接著以一張圖「說明太陽在最接近銀河系中心處通過銀道面，附近還有一些大家很熟悉的星座。」第二張圖是相同的情景，但圖上也標示出石柱圖案上的遠古星座：

請注意，張開的雙翼、太陽、鳥腿和蛇的走向，都是指向太陽在黃道上的前進路徑。無庸置疑，這個浮雕指的就是黃道和銀道面的交點，也就是銀河系的中央。這就意味著人類知道和開始記錄晝夜平分點歲差的年代，可能比學者公認的年代還要早上數千年。哥貝克力石陣是個極具象徵意義的建築。它之所以被建造，就是為了讓後人了解當時的世界觀和宇宙觀。為何相關的天文知識，不久後就隨著石陣一起被掩埋了？這至今仍讓人百思不解。

我當時還無法馬上完全理解伯利的意思。但我至少已看出這段話很重要，並開始鑽研其中的涵義。幸運的是，我的電腦裝了天文軟體「星空模擬器」（Stellarium），它能根據歲差模擬出古代的天空。更重要的是，這個程式能顯示出現在的天空，而且能讓我任意瀏覽昨天或明天，上個月或下個月的星圖。我還能放大觀察我想查看的特定目標。通常我觀察的都是古代的天空，而非現代的天空。但今晚我要觀察的卻是目前的天空。

現在是二〇一四年七月，我正在尙勒烏爾法，坐在電腦前。但其實我要觀察的並不是此時此刻的天空，而是一年半前的冬至，也就是二〇一二年十二月二十一日的天空。那天就是被大肆炒作的馬雅曆法中的「末日」。只是這個末日就雲淡風輕地過去了，沒發生任何驚天動地的浩劫。

石柱上的訊息

我在電腦上開啓星空模擬器後，便有了一個發現。保羅・伯利曾談到哥貝克力石陣上的太陽，是位在「黃道上最接近銀河系中央的地方」，而且浮雕上也有天蠍座。這時我就知道他說的是一個時代，那就是公元兩千年前後四十年的時代，也就是一九六〇年到二〇四〇年。銀河就是橫跨在天空中的帶狀區域，是由星星和宇宙塵構成的。我們所看到的銀河，其實就是地球所在的本銀河系的側面。在黃道上運行的太陽，每年會穿越銀道面兩次。黃道和銀道面的交點之一，是位在北方的雙子座和金牛座之間。在我們的時代，太陽會在北半球的夏至來到這個巨大的交點，也就是六月二十一日左右。第二個交點是位於南方的人馬座和天蠍座之間。在我們的時代，太陽會在北半球的冬至來到這裡，也就是十二月二十一日左右。

大家應該還記得，歲差會讓地球視角的星空出現變化。在一年的四大節氣，也就是春分、秋分、夏至和冬至，太陽的宮位會因爲歲差，在黃道帶上緩慢移位。太陽在各大節氣的宮位能維持兩千一百六十年，接著由於整個系統的轉動幅度過大，太陽便進入下一個星座。春分點的太陽宮位變化時，其他三大節氣的太陽宮位也會變化。黃道就是太陽在一年中的運動軌跡，我們可以在腦海中想像一下這個圓形的運動軌跡，並依照黃道帶十二星座的位置將圓周切割成等長的十二個區域。現在在圓圈內畫出十字形的四條輻線，輻線末端連接著黃道上四大節氣點的位置，也就是北半球的春分（三月二十一日）、夏至（六月二十一日）、秋分（九月二十一日）和冬至（十二月二十一日）。在我們的時代，這四大節氣點所在的黃道帶星座，分別是三月春分的雙魚座，六月夏至的雙子座，九月秋分的處女座，和十二月冬至的人馬座。

但歲差會讓十字輻線很緩慢的轉動。我們目前是處在雙魚座時代的末期，也就是春分點位在雙魚座的兩千一百六十年即將結束，目前仍位在雙魚座的輻線，即將轉動進入寶瓶座。因此有首歌的歌詞提到，「現在是寶瓶座時代的前夕」。但這個十字的四條輻線

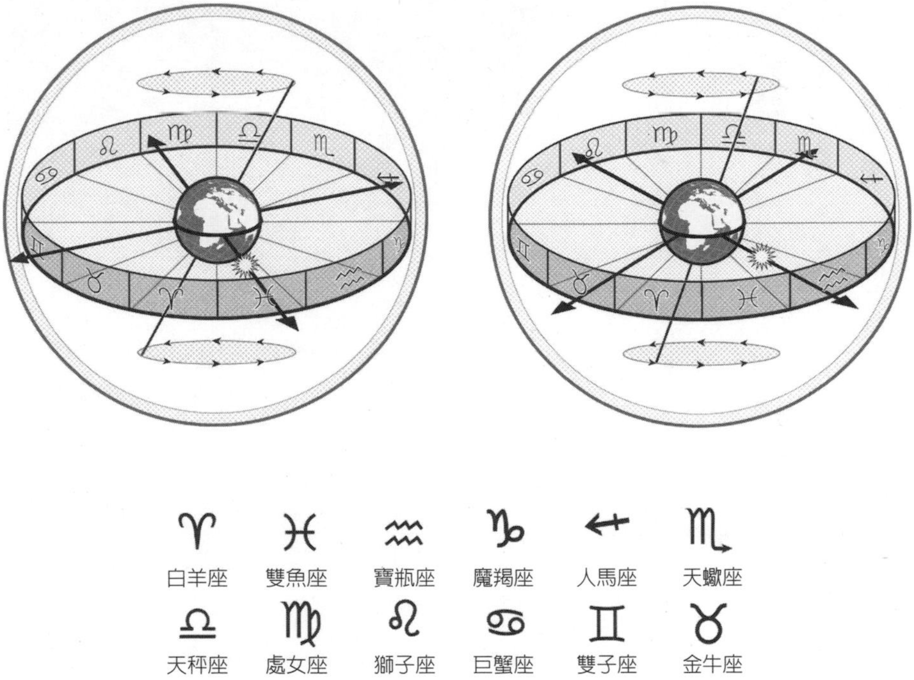

圖 47

從雙魚座時代進入寶瓶座時代的歲差位移。在春分時，太陽投映在黃道帶星座上的位置，從雙魚座移往到寶瓶座時，夏至點也會從雙子座移往金牛座，秋分點從處女座移往獅子座，冬至點從人馬座移往天蠍座。

是被固定在一起的，必須一起轉動。因此春分點從雙魚座移往寶瓶座時，夏至點也會從雙子座移往金牛座，秋分點從處女座移往獅子座，冬至點從人馬座移往天蠍座。

我不想把一切變得太複雜，但我們先再談一談銀河。銀道面每年和太陽的路徑交會兩次。在每次交會時，都有兩個黃道帶星座會位在銀河兩側，就像是兩扇天空之門的門柱，而銀河就是從門柱之間穿過。在六月至日太陽進入雙子座時，這時的門柱就是北方的雙子座和金牛座。在十二月至日太陽進入人馬座時，這時的門柱就是南方的人馬座和天蠍座。這兩對門柱和銀河的關係並不會受到

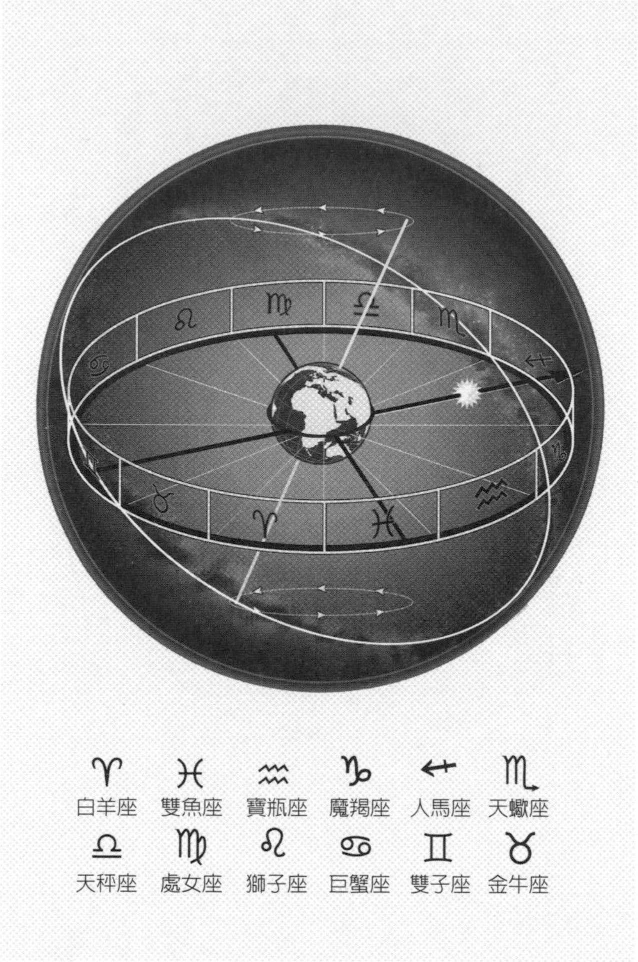

圖 48

天空之門：右邊的天門是由人馬座和天蠍座組成的，冬至時的太陽是位在人馬座。左邊的天門是由雙子座和金牛座組成的，夏至時的太陽是位在雙子座。

歲差影響，而且永遠都是如此。雙子座和金牛座永遠都是銀河的北天門，人馬座和天蠍座永遠都是銀河的南天門。

在這兩扇天空之門中，又以人馬座和天蠍座組成的天門最重要，因爲我們在冬至仰望星空時，銀河位於天門之中的部分就是本銀河系的中心。更重要的是，天文學家現在認爲，在本銀河系的中心有一個巨大的黑洞，也就是一個「密度超大，連光也無法逃開它的引力的物體」，在黑洞中有一個明顯的核球。最重要的是，在這個所謂的「核球」中央，還有一個被天文學家稱爲「暗縫」（dark rift）的明顯物體。這道裂縫曾在很多古代神話中出現，是由層層疊疊的黑暗分子塵雲構成的。

在歲差的作用下，在十二月至日時，太陽會進入人馬座。以地球視角看來，十二月至點就像步槍的準星一樣，正好瞄準本銀河系的中心。上次地球、十二月至點和銀心連成一線時，是在兩萬五千九百二十年前，也就是一個歲差週期之前。下次連成一線時又要經過一個歲差週期，也就是在兩萬五千九百二十年之後。這就是說，我們所處的時代，是在宇宙和天文學中極具象徵意義的特殊時刻。我在下一章會繼續闡述這個象徵意義，和十二月至日的重要性。但現在我必須先說明另一件事。

如果曾有個遠古文明想記錄下天體規律的運動和變化，讓未來某一刻的世界知道這個文明的存在，就以吉薩的紀念性建築物爲例，它們可能就是爲了這個目的建造的。如果遠古文明眞的想這樣做，那麼歲差時代雖然有用，卻無法將精確度縮小到日的範圍。因爲根據歲差時代推算出的天體位置，約能保持兩千一百六十年不變。如果要找出某個天文事件，以提出更精準的推算結果，這個事件就必須符合幾個條件。第一，它必須是歲差所造成的事件；第二，它發生的期間，必須比歲差時代兩千一百六十年短得多。

在我們的時代正好有一起這種事件，它就是太陽在十二月至日進入銀河的南方天門，也就是來到人馬座和天蠍座之間的時候。這時地球、太陽和銀心正好連成一直線。但其中也免不了有些誤差，這主要是由日輪的寬度造成的。由於太陽這個準星太寬了，通過南方天門的時間也變長了，因此在地球上的我們很難判定，它到底是在通過天門時的哪一刻正對著銀星的。但至少這段時間已經比兩千一百六十年短得多了。太陽對準銀心的時間還不到八十年，在未來約二十五年中，我們仍處在這個期間。

這麼說來，哥貝克力石陣的四十三號石柱上的訊息，就格外值得玩味。如果保羅·伯利說的沒錯，那麼石柱上的浮雕就是一種符號語言，描述的是在十二月至日，通過銀河南方天門，也就是人馬座和天蠍座之間的太陽。

這就是說，這些浮雕是在向我們的時代傳送訊息。

它們正在和我們說話。

注釋

①約活躍於公元四世紀前後，古羅馬作家之一。

②埃及吉薩三座金字塔中最古老也是最大的一座。古夫為埃及第四王朝的第二位法老，在位期間約為公元前二五八九～二五六六年。

③埃及第二大金字塔。卡夫拉為第四王朝的法老，在位期間約為公元前二五五八～二五三二年。

④敘利亞地理學家、歷史學家。

⑤位於法國多爾多涅省蒙特涅克村的韋澤爾峽谷，有著名的石器時代洞穴壁畫。

⑥歐洲舊石器時代前期文化，因遺址在法國小村梭魯特而得名。

⑦https://grahamhancock.com/burleyp1/

第十五章

創世的地方

二〇一四年七月，我在尙勒烏爾法的旅館裡，坐在電腦前一邊看著螢幕上的星空，一邊想著保羅・伯利對哥貝克力石陣的四十三號石柱浮雕的分析。我愈來愈相信他確實很有先見之明。伯利在論文中的措辭很謹愼，謹愼到有點不敢暢所欲言的地步。我在第十四章曾介紹過他的觀點：「從太陽和我們熟悉的天蠍座的相對位置看來，太陽就準確地位在黃道上。」他也提到附近有其他「人們熟悉的星座」。他說到有一隻禿鷹般的大鳥，「張開雙翼，看似要擁抱太陽。」他並沒說那隻禿鷹是代表什麼星座，但從他用來佐證的圖片看來，他顯然認爲那是遠古版本的人馬座。

我之前已經介紹過了，根據一些證據，人類早在冰河時期就能辨識星座了。在一些從遠古流傳下來的星座圖案中，我們至今仍看得出它們是哪些星座。我在上一章曾介紹過，根據麥克・拉朋格魯克的研究，在拉斯科洞窟有一萬七千年歷史的壁畫上，就有黃道帶的金牛座。它被繪成一頭歐洲野牛，野牛肩膀上的六顆星星，就是昴宿星團的六顆可見星。

雖然有些星座從古到今就保持著大同小異的樣貌，但千萬不要以爲古往今來的所有文化，都是以相同的方式劃分和描繪我們所熟悉的所有星座。事實絕不是如此。星座的面貌千變萬化，因爲不同的文化會爲它們創造出不同的形象。舉例來說，美索不達米亞的天牛座（The Bull of Heaven）和現代的金牛座一樣，都是以畢宿星團做爲牛首，但牛的其他部分就大不相同了。同樣的，美索不達米亞的弓箭座（The Bow and Arrow），是由我們所謂的南船座（Argo）和大犬座（Canis Major）組成的；而天狼星就是弓箭座的箭尖。中國的弧矢星官和弓箭座，幾乎是由同一群星星組成的，但弧矢星官的箭比較短，而且天狼星並不是它的箭尖，而是箭靶。

就算所有文化的星座都有相同的邊界，這些星座在不同文化中也會呈現出截然不同的風貌。古埃及人也知道我們所謂的大熊座（The Great Bear），但他們把它想像成一隻公牛的前腳。在他們眼中，小熊座（Ursa Minor）是一隻胡狼。他們把黃道帶的巨蟹座（Cancer）想像成一隻金龜子。對我們而言，天龍座（Draco）是一隻龍，但埃及人卻認爲它是一隻背著鱷魚的河馬。

我們認爲人馬座是一個半人半馬，正要張弓射箭的動物。但如果哥貝克力石陣的建造者要認爲它是一隻展翅的禿鷹，那也沒什麼好奇怪的。

我花了幾小時使用星空模擬器，反覆對照公元前九千六百年和現代的天空。我觀察著人馬座和天蠍座之間，研究太陽和這兩個背景星座的關係，因爲伯利認爲那裡是四十三號石柱描繪的區域。

我首先發現的是，如果將人馬座想像成展翅的禿鷹也未嘗不可。因爲乍看之下，人馬座的中央部分確實更像是禿鷹，比較不像從美索不達米亞時代和古希臘時代，一直傳承至今的半人半馬怪物的樣子。在人馬座的中段，也就是去掉腿和尾巴的部分，有一群人馬座亮度最大的星星。這個星群排列得很像一個有把手、尖蓋和壺嘴的現代茶壺，因此天文學家常稱它們爲「大茶壺」。茶壺的把手和壺嘴，也很像禿鷹張開的雙翼。茶壺的尖蓋正巧也很像是禿鷹的頭頸部。根據伯利的描述，在四十三號石柱的浮雕中央，有隻將雙翼向前張開，「像是要擁抱太陽」的禿鷹。那支伸向太陽的翅膀，就是茶壺的壺嘴。

但禿鷹和太陽只是石柱繁複圖案的一部分。在禿鷹的左下方有一隻蠍子。在它的右邊，還有另一隻長著鏈刀狀長喙的鳥。在這隻鳥的旁邊有一條蛇，它有個三角形的大頭，身體捲成曲線。此外，圖案中還有第三隻鳥，它的喙也是鉤狀的，但體型比較小，看起來就像一隻雛鳥。這隻鳥就位在第二隻鳥和蛇的下方，和禿鷹的右邊，緊臨著禿鷹張開的翼膀。在蠍子下方，就是第四隻鳥的頭和長頸。蠍子旁還有另一條直立的蛇。

雖然伯利在論文中只是輕描淡寫地提出他的結論，我對這個結論卻愈來愈深信不移。他認爲只要稍微調整這些圖案，就能比對出這個禿鷹般的人馬座附近的其他星座。

我們先從禿鷹右下方的蠍子說起。它顯然和天蠍座很相似，天蠍座就是黃道帶上緊臨著人馬座的星座。這隻蠍子的姿勢和位置都不對，我稍後會再仔細探討這個問題，但它的位置顯然和現代天蠍座的尾部重疊。

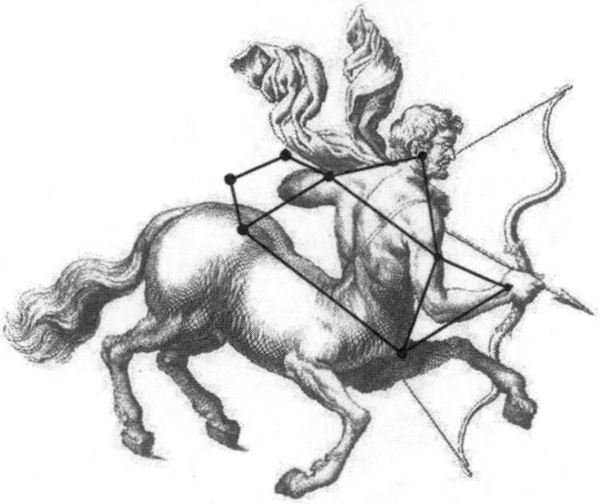

圖 49

與其說人馬座中段，耀眼的「茶壺」星群像是個射手，倒不如說它像是展開雙翼的禿鷹，這樣的類比還更顯而易見。

接著談談禿鷹右邊的大鳥，和緊靠著這隻大鳥的蜷曲的蛇。這兩個圖案都位在正確的位置。從它們的相對位置看來，它們就是現代的蛇夫座（Ophiuchus）和巨蛇座（**Serpens**）的翻版。蛇夫座就像一個弄蛇人，巨蛇座就像被他抓著的長蛇。

接著再談另一隻鳥，它就位在禿鷹張開的前翼右邊。這隻鳥比較小，就像長著彎喙的雛鳥。我以電子郵件和伯利聯絡，談起石柱上的蠍子，和現代天蠍座的位置和方位都不一樣。我們在一番討論後，得到一個答案。大家應該還記得，從古到今的各個文化，對星座的邊界都有不同的界定。石柱上的星座邊界顯然並不是現在的星座邊界。對哥貝克力石陣的天文學家而言，四十三號石柱上的

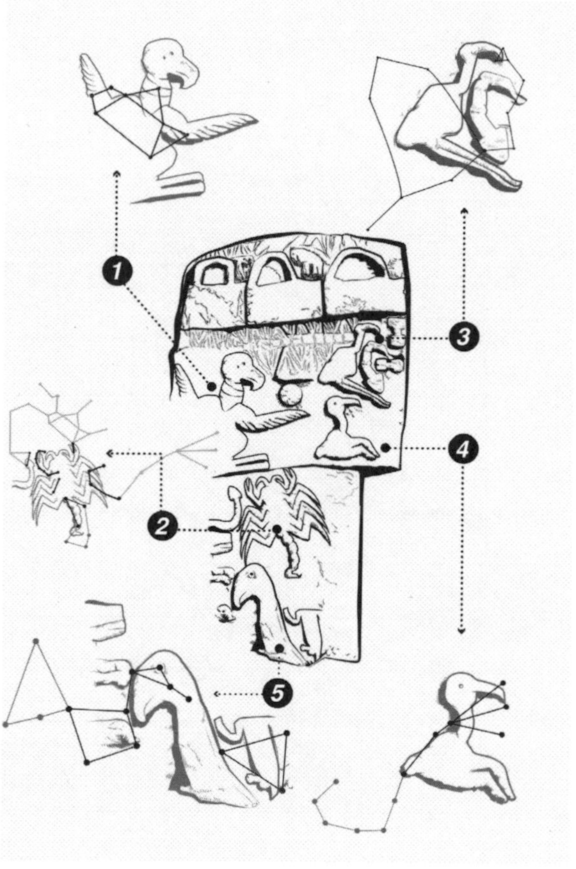

圖 50

43 號石柱上的人馬座和附近星座。

雛鳥似乎是個獨立的星座。這個星座包含了現代天蠍座的一些重要星星。雛鳥的彎喙位置很正確，它身體的形狀也很正確，和天蠍座的頭和爪子完全吻合。

接著再看看四十三號石柱上，蠍子附近的圖案。蠍子的旁邊有一條蛇，下方是另一隻鳥的頭和長頸，鳥的右邊有個無頭的人形圖案。這條蛇就是人馬座的尾巴。我剛才介紹過了，禿鷹似乎是由人馬座的中段組成的，也就是所謂的大茶壺。因此古人可以把人馬座剩下的星星挪給其他星座。最能吻合蠍子下方的鳥，和鳥右邊的人形圖案的星座，就是現代的孔雀座（Pavo）和南三角座（Triangulum Australe）。孔雀座的其他星星，也許和石柱上鳥左方的圖形有關。

就像剛才討論過的人馬座一樣，構成現代天蠍座的星群，在四十三號石柱上也被描繪成不同的古代星座。在四十三號石柱上的蠍子圖案上，只保留了現代天蠍座的尾部。天蠍座的頭是朝右的，石柱上的蠍子則是面向左邊。石柱上的蠍子是在禿鷹下方，現代天蠍座則是位在人馬座正右方的大型星座。我認爲要解決四十三號石柱蠍子的問題，就必須把幾個現代星座拆解後再重新拼湊。將現代天蠍座的尾部拆下，做爲四十三號石柱蠍子的右腿；以人馬座「大茶壺」星群沒用到的部分，做爲石柱蠍子的右鉗；以天壇座（Ara）、望遠鏡座（Telescopium）和南冕座（Corona Australis），做爲蠍子的尾部、左腿和左鉗。而現代天蠍座的雙鉗和頭部，則成了石柱上的彎喙雛鳥。

我們在探討現代天蠍座和人馬座，與四十三號石柱上的蠍子和禿鷹圖案的關聯時，也發現這種關聯其實具有更深層的意義。在一些遠古的天文圖案中，人馬座不只是被描繪成一個半人半馬的怪物，而且還長著蠍子的尾巴。有時它不是半人半馬，而是半人半蠍的怪物。巴比倫的地界石（Kudurru），常被認爲是標示邊界的石塊，但這很可能是誤解。地界石上常有個半人半蠍的圖案，這個拉弓的怪物「被公認爲就是人馬座的射手」。巴比倫地界石上的半人半蠍圖案，常有鳥的腿和腳。從這個跡證看來，四十三號石柱上的禿鷹確實可能就是人馬座。此外，人馬座的身體下方，也就是大茶壺星群的下方，有時會出現第二隻蠍子的圖案。這個圖案讓人不禁聯想到，在四十三號石柱上的蠍子，恰好也是位在禿鷹的下方。

從之前介紹的種種關聯看來，這些關聯的出現絕不可能是出於巧合。哥貝克力石陣留下的星座圖案，也就是一萬兩千年前人們眼中的星座形象。這些關聯意味的是，古人眼中的星座形象，包括在星空的哪個區域該有一隻蠍子，後來都被流傳下來。雖然這些形象在傳承中發生一些變化，但從很久之後的巴比倫天文學圖像就可看出，經歷數千年後，這些星座的本來面貌仍依稀可見。但哥貝克力石陣和遠古的美索不達米亞文明、大洪水前美索不達米亞古城與七賢者，都有很深的淵源。有些美索不達米亞人在大洪水中逃過一劫，乘著方舟被沖到哥貝克力石陣附近。這也難怪石陣中仍保存著上古星座的形象。

最後要談的是，在四十三號石柱上排雕飾中的三個「袋子」或「桶子」。我第一次造訪哥貝克力石陣時就注意到它們，也在第一章裡討論過它們。以下是天文學家朱

圖 51

巴比倫地界石上面，人蠍造型的人馬座（左），通常描繪有鳥腿和鳥腳，更強化驗證了 43 號石柱上的禿鷹圖案。在美索不達米亞其他的雕像（右），我們見到人馬座的下方有第二隻蠍子，和 43 號石柱的蠍子位置相同。

力歐·馬格里的說法：

這三個「袋子」，和很久很久之後，出現在巴比倫地界石上的「天空之屋」非常類似。

我也附上了馬格里所謂的「天空之屋」的插圖。它們象徵的是美索不達米亞的神祇，尤其是引起大洪水消滅人類的恩利爾，和出手拯救人類的智慧之神恩基。我在第八章介紹過，恩基警告國王齊蘇德拉大洪水即將來臨，要他建造一艘巨大的方舟。這艘方舟最後載著洪水的生還者，來到哥貝克力石陣附近的亞拉臘地區。在公元前一千年的美索不達米亞圖案，和公元前一萬年的哥貝克力石陣圖案中，都有些相同的主題。這些共同主題讓人不禁懷疑，是否在大洪水出現的很久以前就有個失落的文明，而美索不達米亞文化、哥貝克力石陣，和世界各地的很多文化，都是源自這個文明。這個文明之所以要煞費苦心地編造一些神話和智慧的傳說，並藉著具有淵博知識的賢者，有系統地

圖 52

天文學家朱力歐·馬格里注意到，哥貝克力石陣43號石柱（下）上排雕飾的「袋子」，和很久之後巴比倫的石柱（上）上的「天空之屋」非常類似。

讓這些知識能代代相傳，就是爲了讓世人了解到這個上古文明的存在。

馬雅人的預言

我在尚勒烏爾法的旅館裡，一直研究伯利的論文到深夜，對他的看法愈來愈有信心。我在比對過附近的星體後發現，那隻張開雙翼「擁抱太陽」的禿鷹，眞的很像是人馬座茶壺星群的古代星座。

接著我又遇上一個問題：人馬座中的禿鷹爲何要「擁抱太陽」呢？根據伯利的觀點，四十三號石柱的圖案標示的是一個很久之後的時刻，標示的是哥貝克力石陣建成後一萬一千六百年的現代，也就是二〇一二年。他之所以會做出這個結論，是因爲只有在我們的時代，特別是在一九六〇年到二〇四〇年這八十年的期間，十二月二十一日冬至的太陽不但會來到禿鷹張開的翅膀上方，也就是人馬座茶壺星群的壺嘴上方，而且還會瞄準本銀河系中心的「核球」和暗縫。因此四十三號石柱指示的時刻，是在天文學上極具意義的一刻。

這確實是意義重大的一刻，因爲二〇一二年就位在這八十年期間的中點之後。這一年是著名的馬雅曆特別標示的一年，馬雅曆也因此背上臭名。馬雅曆引發了很多無稽之談，尤其是關於二〇一二年十二月二十一日這天的謠言。很多人都誤以爲這天是個大日子，其實它只是一個「指標性的日子」，除了用來標示時間，沒有其他意義。

想要解開這個謎團，就只能靠天文學。我所謂的天文學，和無線電望遠鏡或天體物體都沒有關聯。我說的是裸視天文學。約翰・馬傑伊・詹金斯（John Major Jenkins）是衆多精通古馬雅裸視天文學的學者中，首屈一指的人物。他在距二〇一二年很久之前，就獨排衆議地召告世人，馬雅曆法中的末日，指的其實是兩萬六千年一次的冬至日。在那天，太陽和本銀河系的中心，也就是銀河中的暗縫和核球，會出現「會合」（conjunction）的現象。因爲太陽的直徑很長，再加上裸視天文學的種種限制，因此很難精確估算出會合是在哪一年發生的，只能估算出它是發生於一九六〇年到二〇四〇年的八十年間。

在歲差的作用下，在公元二〇一二年以前，冬至的太陽會在數千年中，持續而緩慢地接近它和本銀河系中心的會合點。約翰．馬傑伊．詹金斯在一九九八年出版的《馬雅宇宙的生成》（*Maya Cosmogenesis*）和之後的著作中，就清楚地說明過這個現象。他以圖解說明冬至太陽的運動，在公元前三千年，太陽和位在人馬座中的暗縫交點還有七十度的視角距離。到了耶穌的時代，太陽已經完成一半的旅程。到了二〇一二年，也就是一九六〇年到二〇四〇年的八十年之間，太陽已經到達和暗縫視角距離最近的位置。之後太陽就會逐漸遠離暗縫，直到公元五千年。那時太陽和暗縫之間又會有七十度的視角距離。

除此之外，詹金斯也巨細靡遺地說明，爲何在馬雅人的宇宙觀中，冬至太陽和銀河核球中的暗縫的會合，會如此重要。那是因爲馬雅人相信，那一處天空是「創世的地方」。而核球就是天空的「發源地」。

在馬雅人的認知中，這個結構緊密又明亮的核球，就是宇宙的中心和創世的原點。馬雅人是根據肉眼觀察得到這個結論的，這個結論也眞的很正確。本銀河系是碟狀的，它的中心就位在銀河的一處明亮、寬廣，又極其緊密的區域。那裡是本銀河系和其中包括人類的所有事物的發源地。

我並不想在此詳細探討馬雅曆之謎，畢竟我已經在《上帝的指紋》中討論過這個問題了。但自從一九九五年《上帝的指紋》出版後，我對這個問題又有更深入的認識。我想要說明的是，馬雅人把二〇一二年前後的幾十年標記爲一個大循環的結束，但他們指的並不是世界會就此毀滅，而是指一個時代的結束，和一個新的大循環或新紀元的開始。這個新舊交替的時期，是個「瞬息萬變和重生的時期」。根據馬雅人的說法，我們身處的時代，是個動盪不安的過度期。一九六〇年到二〇四〇年這八十年，是太陽最接近銀河中心的一刻，也是馬雅人預言的歷史轉捩點。既然這一刻如此重要，馬雅人爲何會挑中遠在萬里之外，位於土耳其的哥貝克力石陣，將這個預言雕刻在石陣中的一個有一萬兩千年歷史的石柱上呢？這眞讓人百思不解。

排除所有不可能的情況

我希望能證實四十三號石柱的浮雕，是對當代的預言和警告，也希望能解讀出這個訊息。但在解讀這個訊息前，我必須先證實保羅·伯利的發現是可信的。

伯利認爲浮雕上的禿鷹就是人馬座，鷹翅舉起的圓盤就是太陽。從附近星座的相對位置看來，我認爲他的說法是正確的。但就算浮雕描繪的是太陽和人馬座與銀心的會合，這些浮雕指出的時間，也許未必是一九六〇年到二〇四〇年的冬至，而是其他的時間。

這種可能性當然存在，因爲每隔兩萬六千年，冬至點就會和銀心連成一線。因此在公元前兩萬四千年，太陽就與目前一樣，位在人馬座瞄準著本銀河系的中心。到了兩萬六千年後的公元兩萬八千年，太陽又將和銀心連成一線。如果要說浮雕有任何訊息，而且這個訊息是要傳送給很久之後的時代，那也不是不可能的事。

有趣的是，古馬雅人也留下一個訊息，他們使用的也是相同的座標系統。而且馬雅人把訊息的接收年代，明確地設定在一九六〇年到二〇四〇年。

但我們除了考慮哥貝克力石陣的冬至外，也必須考慮另外三個重要節氣，那就是夏至和兩個分日。公元前九千六百年，哥貝克力石陣建造完成時，在另外三個重要節氣，太陽是否也是位在人馬座，並和銀河中心連成一直線呢？

根據我對古埃及的研究，在公元前一萬零八百年的春分，太陽是位在獅子座。我打開電腦求證後，確認了在一千兩百年後，也就是公元前九千六百年的春分，太陽也仍位在獅子座。就太陽當時在黃道上的位置看來，它和銀心仍有段很長的距離。因此我也排除了那個時代的春分。

公元前九千六百年的秋分也是如此。因爲當時太陽正位在寶瓶座，離和銀星連成一線的會合點還很遠，因此我也排除了秋分。

此外，我在考慮過哥貝克力石陣各圍場的走向後，便明白到可以排除所有分日的可能性。這是因爲石陣從A到D的四個主要圍場，都是西北到東南的走向，而四十三號石柱就位在D圍場內。太陽在春分和秋分是從正東方升起，從正西方落下，但這些圍場的走向和正東方或正西方都相距很遠。如果哥貝克力石陣的建造者，希望透過四十三號石柱之類的符號藝術品，讓我們注意春分或秋分，他們就該先提供一個明顯的線索，也就是把遺址的走向對準西方或東方。既然他們沒有這樣做，這就表示他們要標示的事件並不是發生於分日。

剩下要考慮的就只有至日了。在冬至時，太陽是從東南方升起，在西南方落下。在夏至時，太陽是從東北方升起，在西北方落下。哥貝克力石陣的走向是從西北到東南。因此照理說，可能和石陣有關的目標，就是冬至日出時東南方的太陽瞄準的天體，和夏至日落時西北方的太陽瞄準的天體。

我之前已經介紹過了。我們可以排除在公元前九千六百年的冬至，太陽來到人馬座並對準本銀河系中心的可能性，因爲這種情況的會合，只發生在我們的時代，或公元前兩萬四千年，或公元兩萬八千年。在公元前九千六百年的冬至，太陽是位在金牛座，和銀心仍有很大的視角距離。我們也可以排除哥貝克力石陣觀察的目標，是夏至的太陽在東北方對準銀心的可能。不但是可以排除掉公元前九千六百年，也可以排除掉過去和未來的所有時間，因爲石陣的走向是從東南到西北。

在排除不可能的情況後，公元前九千六百年唯一可能的天體連線時機，就只有在那年夏至的日落。那天的太陽是在西北方落下，和哥貝克力石陣從東南到西北的大致走向並沒有衝突。此外，電腦模擬也顯示出，在公元前

圖 53

公元前 9600 年，哥貝克力石陣春分的日出。

九千六百年的夏至，太陽是位於天蠍座。雖然這時太陽已越過和暗縫與核球的會合點，並未正對著銀心，但距離銀心仍不算太遠。讀者應該還記得，暗縫和核球是位在人馬座和天蠍座之間，但在地球、太陽和銀心連成直線時，太陽是位在人馬座，而不是天蠍座。雖然如此，四十三號石柱所描繪的景象，仍有可能是公元前九千六百年夏至，位於西北的日落。雖然浮雕內容和實際的天象有些落差，但在理論上來說，這可能只是雕刻者一時疏忽造成的結果。

我在上一章介紹過，安德魯・科林斯、他的同事羅德尼・海勒、數學家亞歷山德羅・德・羅倫茲和文森佐・奧羅菲諾，他

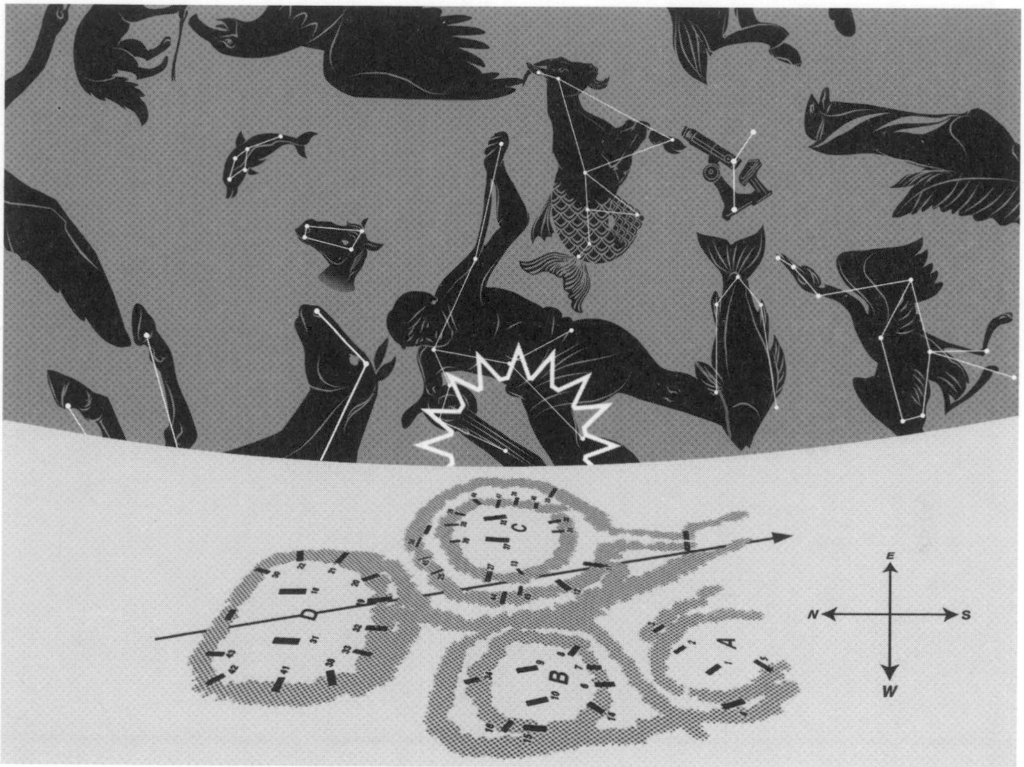

圖 54

公元前 9600 年，哥貝克力石陣秋分的日出。

們都認爲各圍場採用的走向，是爲了觀察西北方的天體，尤其是天鵝座中天津四的西沉。但我認爲他們的研究都沒有考慮到一個問題。在公元前九千六百年，天津四確實是在西北方落下，正好和D圍場的走向一致。雖然D圍場的走向是對準落下的天津四，但也只是理論上的對準。在D圍場就是不可能觀察到天津四的下沉，因爲D圍場是位在山脊的一側，幾個主要圍場的北方就是險峻的山脊。同樣的，在那裡也不可能觀察到夏至的落日。太陽在日落前二十分鐘就會被山脊擋住。如果要觀察落日，就只能離開D圍場並爬上山脊。

此外，當時的太陽是位在天蠍座，和銀心的視角距離雖近，

圖 55

公元前 9600 年，哥貝克力石陣冬至的日出。

卻沒有會合。因此我們也必須排除夏至日落對準銀心的可能性。

亞瑟・柯南・道爾（Arthur Conan Doyle）①筆下的大偵探夏洛克・福爾摩斯（Sherlock Holmes）曾說過一句名言：「當你排除所有絕對不可能後的假設後，剩下的假設就算是可能性極低，也一定就是眞相。」我們在排除各種絕對不可能的情況後，知道哥貝克力石陣要指示的時間點並不是分日或夏至，就連夏至最佳的日落時也不可能。因此我們只能考慮冬至，當太陽來到人馬座，並對準本銀河系中心時。這是在一九六〇年到二〇四〇年特有的天文奇景，每隔兩萬六千年才會發生一次。雖然這似乎是不可能的事，但我們也不得不接

圖 56

公元前 9600 年，哥貝克力石陣夏至的日出。

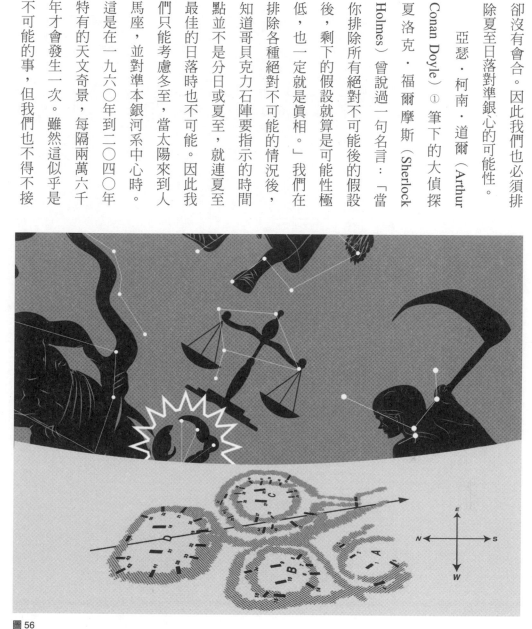

受這個可能性，那就是早在公元前九千六百年，哥貝克力石陣的建造者就掌握了很先進的知識，對複雜的歲差現象也有深入的了解，能準確計算出歲差作用會在幾萬年前和幾萬年後，太陽會在冬至來到人馬座，和銀心連成一線。

如果這個假設是正確的，我們就必須注意到一件事，那就是在史前時代還有兩項類似的科學成就，而且它們也都很完整地被保存至今。

其中之一就是馬雅曆法。根據馬雅曆法，宇宙生命的大週期會在一九六〇年到二〇四〇年之間結束。這套曆法也是使用相同的時間尺度，也就是太陽對準銀心的週期，來預測這場致命的天體會合時間。對古馬雅人而言，這也代表著舊時代的結束，和新時代的開始。

另一項類似的科學成就，就是埃及吉薩高原上巨大的天文圖案。這個圖案就是由位在尼羅河西岸的大金字塔和人面獅身像構成的。讀者應該還記得，這些不凡的巨型建築物，都是深奧的歲差知識的產物，目的就是要讓我們看到公元前一萬零八百年的星空。這就表示這些古文明想要對很久之後的人們傳達一個訊息，這個訊息的接收者就是身處於現代的我們。我在第十九章會詳細討論此事。

這些訊息的內容到底是什麼呢？哈蘭的拜星教徒是一群星辰崇拜者，他們的城市和哥貝克力石陣相距還不到二十五哩。他們是智慧之神的信徒，也會前往吉薩金字塔進行神祕的朝聖。也許他們能提供我們一些線索。

注釋

①一八五九～一九三〇年，英國作家、醫生。因塑造了成功的偵探人物福爾摩斯，而成為偵探小說歷史上最重要的作家之一。

第十六章

星斗之數

我在第八章到第十一章探討過賢者的神祕傳統，這種傳統在埃及已經延續了數千年，而它之所以能延續下來，靠的就是不斷地招募新血和傳承知識。我認爲這些「來自天上的傳授神祕知識的導師」、這些「荷魯斯的追隨者」和「諸神的魔法師」，可能多次地在埃及歷史的關鍵時刻扮演重要角色，讓無與倫比的埃及文化能不斷發展。

我在第十二章討論過神奇的巴爾貝克巨石遺址，和一群神祕移民的關係。這群移民來自古迦南，後來在埃及吉薩高原附近定居，並會定期對人面獅身像獻祭。他們稱人面獅身像爲豪隆或荷那，那是一位迦南鷹神的名字。

我在第十四章介紹過另一群人，他們就是著名的「星辰崇拜者」拜星教徒。拜星教徒會長途跋涉到吉薩金字塔朝聖。他們的故鄉哈蘭就位在哥貝克力石陣附近，也就是目前土耳其的東南方。拜星教徒的朝聖之旅是從何時開始的？這個問題已無從考證了。我們只知道哈蘭最早見諸歷史，是在公元前兩千年左右的一件銘文上。而在此之前的數千年，當地就一直有人居住。拜星教徒的吉薩朝聖之旅最值得一提之處，就是它持續了很久。直到公元一二二八年，阿拉伯地理學家雅谷特．阿爾．哈馬維，還在他的《地理詞典》提到這項傳統。我在第十四章曾引用埃及古物學家塞里姆．哈桑的觀點，他認為哈馬維的敘述，說明了拜星教徒「知道古夫金字塔和卡夫拉金字塔，都是星辰崇拜的紀念性建築。」

哈馬維的觀察似乎並不重要，研究拜星教徒的「專家」都沒提到此事。但這項觀察證明了一個不為人知的傳統仍在延續中。已知的最後一件神聖象形文字銘文，是在公元三九四年完成的。在公元一二二八年的數百年前，古埃及的宗教和文化就已經失傳了。而埃及古物學家也是直到一九〇〇年代初期，才發現金字塔崇拜和星辰崇拜的關係。拜星教徒之所以知道金字塔和星體的關係，而且還把金字塔當成朝聖目標，這一定是因為他們沿襲了外人無法一窺究竟的傳統。

哈蘭是傳說中的拜星教徒之城。但它現在卻變得雜亂不堪。那裡只剩下一些土磚蓋成的屋子，這些屋子像蜂巢般擠在一起，成了向遊客兜售小飾品的販賣中心。這個殘破的現代小鎮，就位在一個廣大又荒涼的平原中央。北方二十五哩（四十公里），就是藍色托魯斯山脈矇矓的身影。哥貝克力石陣就位在其中的一個山脊上。其實這兩個地點是位在彼此的通視範圍內。也就是說，如果你的眼力夠好，你就能從哥貝克力石陣看到哈蘭，

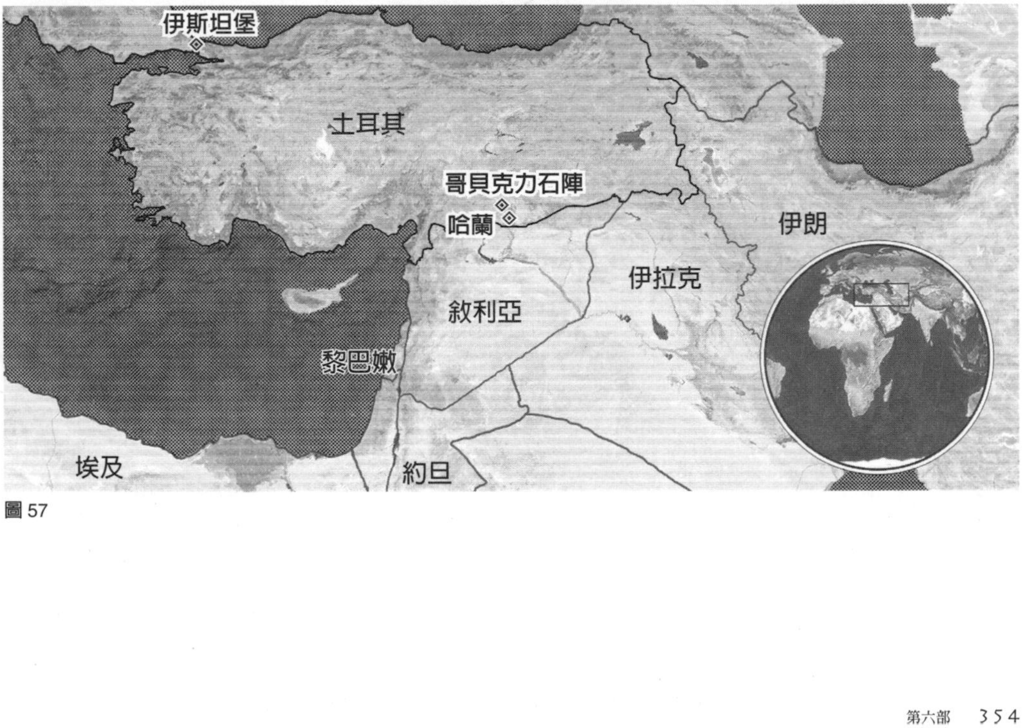

圖 57

也能從哈蘭遠眺哥貝克力石陣。

在古代的哈蘭，就能把哥貝克力石陣看得更清楚。因爲那裡曾有座神殿，神殿中還有座高塔。這座神殿供奉的是蘇安（Su-En），通常簡稱爲欣，祂就是拜星教徒的月神。根據希臘哲學家利巴涅斯（Libanius，公元三一四～三九四年）的敘述，神殿內不但有「氣勢非凡的神像」，還有一座高塔，「從高塔頂端，就能將整個哈蘭平原盡收眼底。」

從月神殿的銘文可以看出，早在公元前一千年，這座神殿就已經很古老了，而且曾經歷多次修復。舉例來說，亞述王沙爾瑪內塞爾三世（Shalmaneser III，公元前八五九～八二四年），和亞述巴尼拔（Ashurbanipal，公元前六八五～六二七年）都整修過月神殿。拿布尼度（Nabonidus）是公元前五五六年到六三九年新巴比倫王國的統治者，他後來重建過月神殿。我在第十章介紹過，埃及法老圖特摩斯四世曾修復吉薩的人面獅身像。和圖特摩斯四世一樣，拿布尼度也是在夢中得到啓示，才開始重建月神殿。

讓人有點訝異的是，哈蘭的「異教」居然在伊斯蘭時代還能存在好幾百年。這主要是因爲穆斯林將拜星教徒視爲「聖書的信徒」。就像我在第十四章介紹過的，拜星教徒將赫密士奉爲先知，並將「赫密士文集」視爲他們的聖書。公元七世紀，阿拉伯將軍伊本・迦南（Ibn Ghannam）征服哈蘭後，便徵用月神殿和著名塔樓所在的土地，建造一座大清眞寺。爲了建造清眞寺，月神殿似乎被摧毀了。但迦南在哈蘭城內提供另一片土地，讓拜星教徒建造新神殿。教徒在新神殿繼續「星辰崇拜」，一直沒受到嚴重干擾。但直到公元十一世紀，新一代的穆斯林統治者已容不下拜星教徒。他限制教徒的信仰，並摧毀他們最後的神殿。當時可能是一〇三二或一〇八一年，因爲衆說紛紜，我也無法確認正確的時間。

兩世紀後，蒙古開始入侵，哈蘭從此就戰禍不斷。在一二五九、一二六二和一二七一年的一連串衝突中，哈蘭的伊斯蘭宗教場所被摧毀了。大清眞寺至今只剩下斷垣殘壁。在月神殿時代那裡曾有座高聳的塔樓，而大清眞寺仍有個幾乎完好如初的結構，它有個正方形的地基，地基的每邊長四公尺（十三呎）。這個結構的高度超過五十公尺，和之前拜星教徒的塔樓一樣，能俯瞰整個哈蘭平原。它顯然是伊本．迦南的大清眞寺殘留的尖塔，因爲它具有伊斯蘭的建築風格。但值得玩味的是，當地人也許是爲了緬懷過去，至今仍稱它爲「天文塔」（Astronomical Tower）。想當年，這些拜星教徒的祖先，曾登上月神殿的高塔觀察天象，只是這座塔樓早就消失了。

從一九五〇年代起，哈蘭曾有過幾次考古行動。考古學家發現一些和月神有關的銘文，卻沒有找到任何前伊斯蘭時期的神殿蹤跡。一九八六年，芝加哥東方研究所的一個團隊，原本要在大清眞寺的遺址附近進行大規模挖掘。但由於土耳其當局的諸多限制，他們最後只能放棄這項計畫。目前哈蘭大學（Harran University）和尙勒烏爾法博物館理事會（The Sanliurfa Museum Directorate）也在進行挖掘，但他們對哈蘭前伊斯蘭時期的遺跡發掘，似乎並沒什麼興趣。

對哈蘭的考古研究至今仍少得可憐。從可鑑別年代的出土文物判斷，哈蘭的歷史可遠溯自公元前五千年。但在未來的挖掘行動中，很可能會發現更古老的遺跡。在哈蘭西北方幾公里，有一個名爲阿薩基．雅勒姆賈（Asagi Yarimca）的聚落。在那裡，有些具有哈拉夫（Halaf）①文化風格的單色陶器被發現了，年代可遠溯到公元前六千年。土耳其考古學家努里汀．亞爾德姆哲（Nurettin Yardimci），從二〇〇六年起就在哈蘭南方六公里處進行挖掘，出土文物證實了那裡有一個更古老的永久聚落，年代可遠溯到公元前八千年。

一萬年前的公元前八千年，大約也是哥貝克力石陣被棄置的年代。石陣中的最後一批巨石圈也是在當時被刻意掩埋的。除了這個年代上的巧合，我發現石陣和亞爾德姆哲挖掘的遺址還有另一個相關之處。自古以來，那個遺址就被稱爲泰爾・伊德里斯（Tell Idris），也就是「伊德里斯的聚落土丘」。有趣的是，《古蘭經》中的伊德里斯，指的就是《聖經》中的先知以諾（Enoch）。以諾是大洪水前的十位族長之一。更明白地說，以諾是雅列（Jared）的兒子，瑪土撒拉（Methuselah）的父親，拉麥（Lamech）的祖父，挪亞的曾祖父。此外，根據穆斯林的傳說，伊德里斯／以諾就是赫密士。以下是波斯的伊斯蘭哲學家阿布・馬謝爾（Abu Mashar，公元七八七～八八六年）的解釋：

> 赫密士這個名稱是個頭銜。第一代赫密士是大洪水之前的人。希伯來人稱他為以諾，以諾就是阿拉伯文的伊德里斯。哈蘭人相信他是先知。
>
> 這位大洪水之前的以諾／伊德里斯／赫密士精通各種科學，「尤其擅長天文學」。此外：
>
> 他寫了很多本書，並將書中的智識保存在埃及神殿的牆上，免得它會失傳。他也是金字塔的建造者。

阿布・馬謝爾的敘述，和艾德福建築文本頗有異曲同工之妙。那些文本的來源也是大洪水前的失傳書籍；此外，書上的知識也被銘刻在荷魯斯神殿的牆上，讓它能一直流傳下去。剛才談過赫密士是一位「天文學大師」，也是遠古金字塔的建造者。赫密士的傳說，和「托特聖殿密室數字」的傳說也有些雷同之處。我在第十一章也介紹過，法老古夫曾想了解這個數字，並應用在吉薩金字塔的建造上。

面對這麼多充滿巧合的資料，我們可以合理地懷疑，這些線索的背後其實暗藏著一個計畫。在一場全球大洪水後，生還者展開這項計畫，讓「消逝的諸神世界」能重現人間。每當這個計畫在某處發展時，已經知道內情的導師，就會將計畫內容傳授給下一代會員，讓這項祕密能代代相傳。一旦時機成熟，就能在任何地點或任何時間，將計畫付諸實現。

哈蘭的拜星教徒能融入各種環境，並存活下來。他們知道金字塔其實和天文學有關，而且把這個祕密一直傳承到十三世紀。就像塞里姆・哈桑說的，拜星教徒的名稱是源自「史巴」，也就是古埃及語的「星星」。這些跡象都證明了，拜星教徒就是神祕傳統的傳承者。

守望者之謎

在《聖經》正典中曾介紹過以諾的譜系，說明他是一脈相傳到挪亞的族長之一。此外，以諾還出現在一段令人費解的描述中。根據那段描述，以諾曾「與神同行」。而且以諾並沒有死亡，而是玄奇地「神將他取去」。除此之外，《聖經》正典對以諾就沒有其他介紹了。還好一些古老的非正典經卷提供了很多資料。所謂非正典經卷，就是聖經編纂者基於某些理由，並未收錄在正式認可的經卷中。《以諾書》（*The Book of Enoch*）就是最有名的非正典經卷之一。在十八世紀前，學者就認為它已經失傳了。

《以諾書》是在基督誕生前很久就完成了，也是公認的猶太神祕主義典籍中最重要作品之一。但過去人們對它的認識，就只限於它的殘篇斷簡，或其他作品對它的引述或評介。但來自金奈德（Kinnaird）的詹姆士・布魯斯（James Bruce）改變了這一切。布魯斯是一位博學多聞的探險家，曾在一七七〇到七二年造訪衣索匹亞。他在那裡得到豐碩的研究成果，而且還把好幾冊的《以諾書》帶回英國。這個版本的《以諾書》是以衣索匹亞的吉茲語（Ge'ez）翻譯的遠古譯本，這種語言目前只在宗教儀式中才會使用。這幾本《以諾書》就是首次在歐洲出現的完整版本。

順便一提，《以諾書》對共濟會一直具有非凡的意義。在共濟會的儀式和伊斯蘭傳統之間，似乎有些若有似無的淵源。在一些共濟會的儀式中，以諾被視爲埃及的智慧之神托特，和希臘的赫密士。在一八七七年首度發行的《皇家共濟會百科全書》（*Royal Masonic Cyclopedia*）中，有個詞目是這樣說的：以諾是文字的發明者，「他教導人類建築的方法」；在大洪水來臨前，「爲了讓最重要的祕密不致失傳，他就把這個『最高機密』隱藏起來，刻在一個白色的東方斑岩上，再把岩石藏在地底。」百科全書也隱晦地提到，共濟會有個代代相傳的祕密傳統，還說以諾也是共濟會會員，他在即將離開人世時，「將總導師的職位傳給拉麥」。

《以諾書》是一本奇書，全書的主旨之一，就是關於大洪水的預言，和這場洪水發生的原因。以諾在一連串的夢境中預見到，上帝警告他的孫子挪亞「全世界即將發生一場大洪水，地上的所有生物都會被摧毀。」大家對這段話一定很熟悉，因爲〈創世紀〉中就有相同的描述。此外，《以諾書》還說，以諾預見了挪亞度過劫難的方法，「讓他的血脈得以保存，生生不息。」

接下來的敘述就很有意思了。雖然上帝降下洪水表面上的目的，是爲了殺死除了挪亞和他的子孫之外的大多數人類。但上帝還有其他目的：

> 祂要治好被天使敗壞的世界……守望者傳授了他們的兒子一些祕密，讓人們不致滅亡。

這是《以諾書》第二次提到神祕的「守望者」。第一次提到是在幾頁前。但也沒說明他們是誰，只提到未來的災難會讓他們「驚恐不已」。直到目前爲止，我們仍不清楚這些守望者的身分，只知道他們因爲傳授「祕密」給人類而犯了天條，這些祕密顯然很危險。這些守望者因此受到重罰，大多數人類也在大洪水中嘗到苦果。

《以諾書》中提到一些守望者或守望者領袖的名字，如阿扎賽爾（Azazel）、撒姆嘉扎（Semjaza）、阿爾曼（Armen）、朗牟嘉爾（Rumjal）、圖瑞爾（Turel）、阿爾摩爾斯（Armaros）、丹嘉爾（Danjal）、寇卡拜爾（Kokabel），和其他十多位守望者。此外，《以諾書》也談到守望者傳授給人類的「祕密」：

> 阿扎賽爾教導人類製造刀、劍、盾和胸甲，讓他們知道地底藏著金屬。他教導人類如何冶煉金屬、如何製作手環和其他飾品。他教人類如何使用銻粉、眼影、各種寶石和顏料。很多人開始背棄上帝，犯下奸淫罪，他們被引上不義之路，開始做出敗壞的行為。撒姆嘉扎教人類施咒和使用草藥，阿爾摩爾斯教他們解除咒語的方法，巴拉琪爾（Baraquijal）教他們占星術，寇卡拜爾教他們認識星座，以西結（Ezequeel）教他們雲的知識，亞拉基爾（Araquiel）教他們觀察地上的徵兆，薩摩西爾（Shamsie）教他們觀察太陽的徵兆，撒里爾（Sariel）教他們觀察月亮的軌跡。

《以諾書》接著說，守望者分成兩個敵對集團。在以諾的夢境中，一個守望者集團的領袖召喚他，要他帶個訊息給另一個集團的領袖，這個集團被稱爲「天堂守望者」。天堂守望者有時也被稱爲天上的守望者，他們似乎「和人類女性發生關係，就像人類男女發生的關係一樣，因此把自己玷污了。他們還娶了人類女性爲妻子。」此外，他們「在地上造成極大的破壞。」這些守望者因此將受到各種痛苦和可怕的處罰。

以諾順從地爲守望者傳話，告訴另一群守望者他們即將遭到殺害或嚴重傷害。

到底發生了什麼事？

我們再仔細看看其他章節，就能看出背景故事：

> 後來人類開始大量繁衍，生了一些美麗的女兒。來自天堂的天使看到這些美女，便交頭接耳說：「我們一起去挑選人類的女兒為妻，和她們生兒育女。」天使的領袖撒姆嘉扎對他們說：「我擔心你們會不同意這個計畫，那就讓我自願接受處罰吧。」天使們便對撒姆嘉扎說：「我們就一起發誓和互相詛咒，有哪位天使不願參與計畫的，大家對他的詛咒就會成真。我們說做就做。」接著他們就一起發誓，向彼此保證違反誓言者必得報應。這些天使共有兩百位，他們在以諾的父親雅列仍在世時，降臨到黑門山（Mount Hermon）的山頂。

現在一切清楚多了。「守望者」就是天使的統稱。天使之中也有壞天使。壞天使想和人類的美女發生性關係，一起生兒育女。從之前節錄的片段就可知道，壞天使和人類廝混時，也教了人類一些事。例如，金屬的開採和冶煉、太陽和月亮的運行軌道，也就是當今天文學所謂的黃道。這些壞守望者計畫的第一步，就是降臨到黑門山。黑門山正好位在古迦南，也就是目前的黎巴嫩，和哥貝克力石陣相距只有四十五哩（七十三公里）。

天使之中也有好天使，他們就是「守護人類的聖潔天使」。這些天使包括烏列（Uriel）、拉斐爾（Raphael）、拉貴爾（Raquel）、米迦勒（Michael）、沙利葉（Saraqael）、加百列（Gabriel）和雷米勒（Remiel）。以諾在夢境中看到的，就是這些好守望天使。他們要以諾將訊息帶給黑門山上的壞守望天使，告訴他們死亡和毀滅即將來臨。以諾還說到他做夢的地方：

> 我來到黑門山西南方的但城（Dan），坐在水邊。我睡著了，並做了一個夢。在夢中，我看到懲罰的景象，並聽到一個聲音，要我把這些景象告訴天堂之子，並譴責他們。我醒來後便去找他們。

以上都是大洪水前的事，當時居住在黎巴嫩和土耳其的人類，仍過著狩獵採集的生活。我讀著這些段落時，慢慢發現以諾的身分。他其實是一位巫師。和古今中外所有的巫師一樣，他也很重視異象，而他看到的異象是來自夢境。有趣的是，他從夢境中醒來時，還能去到眞實世界中的黑門山，和聚集在那裡的壞守望者對話：

> 我告訴他們我在夢境中看到的異象，說出公義的話，並譴責這些來自天堂的守望者。

這是不是就強烈意味著，這些壞守望者也是有血有肉的生物？我不知道好守望者的本質爲何，因爲他們只出現在以諾的夢境中。但他們很可能也是血肉之軀。我的著作《超自然》（*Supernatural*）討論的就是薩滿教。我在書中談過，在夢境等其他層面的意識中，腦的「波長接收器」會改變接收頻率，讓我們能接觸到其他層面的眞實。但在以諾的故事中，壞守望者一定是眞實世界中的實體，因爲他醒來後，就登上黑門山斥責他們。

我們也不能排除一個可能性，那就是壞守望者可能並不壞，雖然我們不確定他們到底是誰。我們唯一能確定的，就是他們在以諾的夢境中，是以壞人的形象出現的。此外，我們也必須考慮一個可能性，那就是《以諾書》也許並不是古老的虛構故事。也許以諾眞的和壞守望者見過面。以諾很執著於族人的狩獵採集生活。他痛恨壞守望者，因爲他們打算改變這種生活方式。從這個角度看來，他對壞守望者的斥責，其實是出自他根深柢固的偏見。在夢境中，他潛意識中的偏見就化身爲好守望者。這些好守望者，其實就是一個墨守成規的老巫師的偏見，他覺得改變會對他構成威脅。但他後來和守望者接觸後，他的立場也改變了。

《以諾書》是一本玄之又玄，讓人莫測高深，又充滿暗示性的書。本書的篇幅有限，因此我無法在此詳細探討這本書的全部內容。我比較感興趣的，是書中的一個可能性，也就是說這兩百位「降臨」在黑門山的守望者，有沒有可能是血肉之軀，而不是幻象。我想深入探討他們到底是什麼，也很想了解以諾眼中的他們又是什麼。雖然以諾對他們充滿怨恨，因爲他們將技術和科學傳授給人類的祖先。但後來好守望者也傳授給他相同的技術和科學。以諾也是靠著這些科技，才會成爲一位傳奇人物。

拿非利人之謎

守望者的發展計畫在一開始規模並不大。他們只是教導人類「符咒、施咒和使用草藥」，並教他們「認識植物」。這些知識的危害似乎並不大，而且除了施咒之外，其他知識都只是狩獵採集生活的必備技能。但就像我稍早介紹的，不久後，我們的祖先就學到金屬的祕密，如何製作刀劍和如何研究天象。此外，他們也學會如何用眼影和珠寶讓自己更迷人。

據說在二次世界大戰時，美國大兵會以尼龍絲襪、香菸和口香糖等禮物，贏得英國婦女的芳心。和這些大兵一樣，守望者也不是一無所獲。他們得到一親芳澤的機會，而且還樂此不疲。這就是以諾對守望者最不滿的地方。他一再斥責守望者，說他們荒淫無度，貪慕和他們發生關係的美女的姿色，和女人們爲所欲爲，讓自己受到污染。

從以諾對守望者的訓斥中，我們可以合理地歸納出他們的一些特質，其中最重要的，就是他們的體型一定和人類很類似，而且他們一定也有性器官和性衝動，因此才會有和人類女性享受魚水之歡的能力和意願。在我看來，這些守望者顯然就是人類。就算他們不是人類，他們至少在基因和解剖學上和現代人類極爲類似，類似到能讓人類女性懷孕，並生下「淫亂中孕育出的孩子」。不同物種雜交時，後代會因爲染色體不匹配而有先天缺陷。但守望者和人類女性的後代並沒有任何這類缺陷。不但如此，這些後代還開始大量繁衍，因此以諾或透過以諾傳話的好天使，才會想要消滅壞守望者和「這些守望者的孩子」。

但根據以諾的說法，這些混種後代有些奇怪的特質。他說人類女性懷了守望者的孩子後，會生下巨人：

這些高達三千厄爾（ell）的巨人，把人類的食物都吃光了。人類沒有食物餵養他們時，他們就開始攻擊人類，並吃掉他們。

三千厄爾相當於四千五百呎，或一千三百七十一公尺。以諾的敘述也許並非完全不足採信。但這位滿腔怒火的老巫師爲了抹黑守望者，顯然在敘述中添加了不少天馬行空的想像。人類女性怎麼可能生出超過一公里高的孩子？這當然是一派胡言。但他的敘述卻和大家耳熟能詳的聖經故事有些雷同，那也是〈創世紀〉中最飽受爭議的段落之一：

當人在世上多起來，又生女兒的時候，神的兒子們看見人的女子美貌，就隨意挑選，娶來為妻。耶和華說：「人既屬乎血氣，我的靈就不永遠住在他裡面；然而他的日子還可到一百二十年。」**那時候有巨人（giants，和合本譯爲「偉人」）在地上，後來神的兒子們，和人的女子們交合生子，那就是上古英武有名的人。**

以上是欽定本②《聖經》的內容（中譯是採用和合本③）。我以粗體字標明最後四句，在其他譯本中，欽定本中的「巨人」被還原成原本的「拿非利人」，所以最後四句就成了：

那時候有拿非利人在地上，後來神的兒子們，和人的女子們交合生子，那就是上古英武有名的人。

現在故事愈來愈明朗了。那群壞天使原本是「天堂的守望者」，他們來到地面，「降臨」在黎巴嫩的黑門山。他們傳授人類一些科技，和人類女性交合生子。這些孩子被稱爲拿非利人，他們具有一些讓人類「仰之彌高」的特質。〈創世紀〉接著是這樣說的：

耶和華見人在地上罪惡很大，終日所思想的盡都是惡。耶和華就後悔造人在地上，心中憂傷。

> 耶和華說：「我要將所造的人，和走獸，並昆蟲，以及空中的飛鳥，都從地上除滅，因為我造他們後悔了。」惟有挪亞在耶和華眼前蒙恩。

近年來，網路上充斥著對上述經節的謬誤解讀。這些謬論的濫殤，主要就是已故的撒迦利亞・西琴的科幻小說，尤其是《地球編年史》系列。西琴很成功地將這個虛構的系列，包裝成有憑有據的研究，讓一般大衆都信以爲眞。我在第十三章已經討論過西琴對巴爾貝克巨石的錯誤解釋。我倒不是說他說的一切都是虛構的，因爲他的確也提出一些珍貴且值得探究的事實。但大體而言，他只是在信口開河，無中生有。因此讀者必須心存警覺，不要輕信他的說法。

他對拿非利人的解讀就是一個例子。他把「拿非利人」寫成「納菲力姆人」（Neflim），這倒也無傷大雅。他自稱是《聖經》語言的專家，並自問自答地說：

> 納菲力姆人的原義是什麼？這個詞是源自閃族語的字根NFL，也就是「被拋下」，而「納菲力姆人」就是一群被拋下的人，一群從天上被放逐到地上的人。

麥克・海澤（Michael S. Heiser）是一位具有眞才實學的《聖經》學者，也是古閃族語的專家。他就明白地指出了西琴的錯誤：

> 西琴以為「拿非利」是源自希伯來文的「拿否」（naphal），也就是「墜落」。接著他就把「降臨」的意思強加在「拿非利」一詞上，把「拿非利」解釋成「從天而降」。如果「拿非利」是源自希伯

來文的「拿否」，那麼在希伯來文聖經中，「拿非利」的寫法就不會是這樣。「拿非利人」並不是指「墮落的人」，因為在希伯來文中，「墮落的人」是「拿富利」（nephulim）。同樣的，「拿非利」指的也不是「墜落的人」或「消失的人」。如果「拿非利」的原義是「墜落的人」，這個詞在聖經中應該寫成「諾斐利」（nophelim）。如果「拿非利」的字源真的是「拿否」，那我們就必須假設在希伯來文中有個單數名詞「納非爾」（naphil），根據希伯來文的詞類變化規則，將「納非爾」變成複數名詞後，就成了「拿非利」。我之所以要說「假設」，是因為聖經的希伯來文中並沒有「納非爾」一詞，除非你硬要說〈創世紀〉第六章第四節和〈民數記〉（Numbers）第十三章第三十三節提到的「拿非利」，就是「納非爾」的複數。但這種說法只是強詞奪理，並不能證明「拿非利人」就是「從天而降的人」。但在閃族語系的阿拉姆語（Aramaic）中，確實有「納非爾」一詞。它的原義是「巨人」，這也難怪古希臘譯本的舊約全書會將「拿非利」翻譯成「巨人」。

海澤說的一點也沒錯，因爲在稍後的〈民數記〉第十三章，《舊約聖經》又提到了拿非利人。〈民數記〉敘述的是大洪水數千年後的世界，那個時代一定是在公元前一二〇〇年之後，當時以色列人才剛離開埃及進入迦南。探子向摩西回報說：

> 我們在那裡所看見的人民都身量高大。我們在那裡看見亞衲族人，就是巨人（和合本譯爲「偉人」）；他們是巨人（偉人）的後裔。據我們看自己就如蚱蜢一樣；據他們看我們也是如此。

從前後文看來，拿非利人顯然是一群「身量高大」的人，因此欽定本和其他版本的《聖經》，才會理所當然地將「拿非利」翻譯成「巨人」。西琴的「翻譯」顯然是張冠李戴。他知道在自己的著作中犯下這種離譜的錯誤嗎？也許他眞的不知道，因爲就像海澤說明過的，西琴對《聖經》的語言了解很有限，連阿拉姆語和希伯來語都分不出來。海澤認爲西琴之所以要將「拿非利」翻譯成「被驅逐出天堂的」或「從天堂落入凡間的」，只是爲了鋪展他的論點，讓他能「把拿非利人解釋成遠古的太空人」。

我必須很客觀公正地指出，西琴對「拿非利」一詞的誤譯已不是無心之過，而是爲了自我宣傳而捏造的謊言。舉例來說，他在《第十二個天體》中，不但宣稱拿非利人是「來到地球的天堂中的諸神」，還更離譜地稱他們爲「火箭飛船上的人」。無論他參考的是哪一份遠古文本，這種譯法都不可能成立。此外，西琴還編造出一些荒誕不經的謊言，例如「拿非利人的航空暨太空總署」。

西琴的著作，深深影響了一般人對遠古世界的觀感。因此我在評論他的著作時，覺得有必要釐清一個事實，那就是《聖經》中從沒有提過「守望者」一詞，只有《以諾書》曾提到他們。根據《以諾書》的描述，他們是從天堂來到地上的，但他們和拿非利人並不一樣。《以諾書》從未說過拿非利人是從天堂被驅逐或來自天堂的，只說過他們是守望者和人類女性交合後生出的後代。但其實問題還要更複雜一些。

詹姆士・布魯斯將衣索匹亞譯本的《以諾書》帶回英國後，羅勃・亨利・查爾斯（Robery Henry Charles）完成了正式英文譯本，並於一九一七年首度出版。這個譯本中並未提到拿非利人，只說守望者和人類生下的後代是「巨人」。在麥克・尼布（Michael A. Knibb）教授於一九七九年出版的英譯本中，也沒有提到拿非利人。但和衣索匹亞譯本一樣，尼布的英譯本也參考了最新發現的《死海經卷》（*Dead Sea Scrolls*）中的阿拉姆語片段。喬治・尼科爾斯伯格（George W.

Nickelsburg）和詹姆士・范德康（James C. Vanderkam）於二〇一二年出版的譯本，收錄了更多尼布譯本中沒有的片段。在他們的譯本的第七章第二節中，「拿非利」一詞出現了兩次：

> 人類女性和守望者交合後，懷孕生下大巨人。巨人生下拿非利人，拿非利人生下以里奧德人（Elioud）。以里奧德人也很巨大。

在尼科爾斯伯格和范德康的譯本中，後來就沒有再出現過拿非利人。但從上面節錄的經文中可以明顯地看出，拿非利人並不是「墜落」或「被放逐」到地上，而是守望者和人類女性交合生下的後代。拿非利人也不是第一代「大巨人」，而是第一代「大巨人」的孩子。拿非利人生的孩子則被稱爲以里奧德人。

「以里奧德」幾乎只存在猶太教的神祕學傳說中。但他們的存在至少證明了一件事，那就是守望者和人類的親緣關係一定很接近，接近到可以被視爲同一個物種。通常來說，當兩個不同物種的個體雜交繁殖時，就算他們的親緣關係近到可以生出後代，那些後代都不具繁殖能力。馬和驢就是這樣的例子。馬和驢雜交後，會生下沒有生殖能力的騾。但不同於騾，拿非利人顯然仍保有生孕能力，因爲他們仍能繁殖出後代，那些後代就是以里奧德人。

我之前已經隱約提過了，唯一合理的解釋，就是守望者一定是人類。他們具有先進的技術和科學，因此和平常人相比一定會顯得高人一等。但他們就和他們交合的人類女性一樣，都是不折不扣的人類。他們的後代當然也是人類。他們的體型很可能比一般人更巨大。他們之所以被稱爲「巨人」，也有可能是因爲他們的知識淵博，讓其他人高不可攀。但他們絕對就是人類。

關於拿非利人問題的說法很多，多到讓人無所適從。因此我必須重申，《聖經》中只在〈創世紀〉和〈民數記〉曾提到他們，但《聖經》從沒說過拿非利人曾「墜落」，或是在道德層面上是「墮落」的。《聖經》中的拿非利人不但沒有受到非難，反而被描述「上古英武有名的人」。從我之前引用的經節就可看到，〈創世紀〉已經說得很清楚了，上帝之所以要降下大洪水，是因爲「人在地上罪惡很大，終日所思想的盡都是惡。」而在這場大洪水中倖存下來的，不單只有挪亞的後代，拿非利人也存活下來了。就像〈民數記〉說的，在以色列人來到迦南，占領應許之地時，他們也遇到過「身量高大」的拿非利人。

密使

我們在討論過西琴對拿非利人的錯誤解讀，和拿非利人的來龍去脈後，現在就要繼續討論守望者到底是誰。

以諾斥責守望者，因爲他們和人類女性「淫亂」。在〈創世紀〉中也有類似的故事。雖然《聖經》並未說明主角是誰，但他們顯然是「神的兒子們」，他們「看見人的女子美貌，就隨意挑選，娶來爲妻。」《以諾書》完整保存了〈創世紀〉中一語帶過的故事，讓我們知道守望者的作爲：

> 他們將世上的各種邪惡教導給人類，讓人類知道天堂中永恆的祕密，人類也努力學習這些祕密。

我們現在來看看另一本非正典經卷，它就是《禧年書》（*The Book of Jubilees*），這部經卷據說是上帝對摩西默示的。《禧年書》再次提到守望者，並介紹了他們和拜星教徒與哈蘭的關係。根據伊斯蘭教歷史學家馬蘇迪（Al-Masudi）和基督教編年史家格列哥里・巴爾・赫布里烏斯（Gregory Bar Hebraeus）的研究，哈蘭最早是由挪亞的曾孫該南（Cainan）建立的。由此可見哈蘭是在大洪水後才建立的城市。該南是亞法撒（Arpachsad）的兒子：

> 亞法撒的兒子該南漸漸長大了，父親便開始教該南識字。該南後來去尋找一個地方，建立自己的城市。他在岩石上發現前人留下的文字。他讀了文字，並把它抄錄下來，因此犯了罪，因為文字中記載的是守望者傳授的知識。這些知識是用來解讀太陽、月亮和星星在天空各宮位時所代表的徵兆。

我們雖然不知道守望者的身分和底細，但從《禧年書》就可以看出，神祕的守望者就是拜星教徒星辰崇拜的源頭。守望者在大洪水前定居在近東，把禁忌的知識傳授給我們的祖先，並違反不得和人類女性交合的重要誡律，因此他們就被視為遭來全球大洪水的禍首。

這些守望者是否是來自冰河時期的某個失落文明的使者？和亞馬遜雨林中，仍未和外界接觸過的原始部落相比，我們的文明顯然先進得多了。在舊石器時代早期，世上的人類多半還是茹毛飲血的獵人採集者，當時會不會也有比他們更先進的文明？我所謂的「更先進」，指的並不是在道德或精神價值方面，而是就科技、技術和知識而言。既然在二十一世紀仍同時存在著極先進和極原始的文明，在公元前一萬零八百年到公元前九千六百年，大洪水來臨前的新仙女木時期，當然也可能存在著落差極大的文明。

如果在遠古時有個極先進的文明，這個文明是否可能曾在大災難來臨前，進行過某種擴展計畫。

他們也許曾精心策劃過一場擴展計畫，研究和觀察獵人採集者聚落。他們在執行計畫時，也許要嚴守一些戒律，和被觀察者保持一定的距離，不和他們發生性關係或產生家庭關係，也不把科技傳授給他們。

這就像目前的人類學研究一樣。如果現在有一群人類學家和科學家，被派去研究一個從未和外界接觸過的亞馬遜部落，他們可能也要遵守類似的規範。但如果有些研究人員不遵守規範呢？如果他們自願被原住民同化呢？據說在大英帝國時代，就有些殖民者逾越了分際，太過親近和他們接觸的原住民。

黑門山上的兩百位守望者，是否可能有相同的遭遇？他們是否在公元前一萬零九百年左右，違反了他們文化的戒律，被近東的獵人採集者同化了？在一世紀後的公元前一萬零八百年，有個巨大彗星的碎塊撞擊地球，為全球帶來毀滅性的災難。之所以會發生這場突如其來的災難，是否就是為了懲罰守望者的過錯？

我還要提出最後一個假設。守望者的文明也許倖存下來了，雖然它已經沒有新仙女木時期的盛況，但至少仍一息尚存。到了公元前九千六百年，彗星碎塊第二次撞擊地球。這場撞擊結束了新仙女木事件導致的漫長冰期。但艾德福銘文中提到的「遠古人的家鄉」，是否也因這場撞擊而沉沒和毀滅？

這個位於汪洋之中的島嶼，和柏拉圖描述的亞特蘭提斯頗為類似。

這個島嶼曾有盛極一時的先進文明。島上最後的倖存者，是否在島嶼沉沒前乘船在世界各地漂流，並展開一項大計畫，打算讓已經消失的諸神世界在數千年後重現人間？

也許這一群「諸神的魔法師」在大洪水前曾選中某些地區，擴展他們的文明，因此他們很了解這些地區的發展潛力，也知道當地居民的特質。而埃及、巴爾貝克和哥貝克力石陣，有沒有可能就是他們挑中的地區？

哈蘭可不可能就是這項計畫的後半部？當哥貝克力石陣的末代傳人已完成任務，把他們在那裡建造的時光膠囊埋在地底，等待後世將它重新發掘出來，他們等待的發掘者是不是就在哈蘭？

我稍早介紹過，根據共濟會的傳說，有塊刻著最高機密的白色斑岩被藏在地底。這塊斑岩是否也是深埋在地底的時光膠囊之一？

該南在岩石上發現一些文字，那些文字是守望者要傳授的知識。該南在建立哈蘭城後抄錄下那些文字，將文字帶回哈蘭城，讓城裡的居民學會解讀太陽、月亮和星星在天空各宮位時所代表的徵兆。這塊刻著文字的岩石是否也是時光膠囊？

諸如此類的知識，將在未來一千年中，在拜星教徒神祕的星辰崇拜中扮演極重要的角色。

天文學和測量地球

考古天文學家詹姆士・雅各布斯（James Q. Jacobs）注意到哈蘭有個奇特之處。它位在北緯三十六點八七度，而這個位置似乎是刻意挑選的，因爲三比四比五的直角三角形，恰好有一個銳角是三十六點八七度。所謂三比四比五的直角三角形，就是一個包括九十度角的三角形，且它的三邊長的比例是三比四比五。這種三角形是三角函數的基本圖形之一，因此在天文學和測地學中也非常重要。它的兩個銳角在四捨五入後，分別是五十三點一三度和三十六點八七度。

埃及大金字塔的國王墓室中，也有個三比四比五的直角三角形。這是巧合，還是另有原因？這個墓室是以紅花崗岩建造的，裡面一無長物，沒有銘刻，也沒有法老被葬在裡面。墓室的地板是邊長爲二比一的長方形，長二十埃及皇定腕尺，寬十皇定腕尺（長十點四六公尺，寬五點二三公尺）。這個直角三角形的最短邊（勾）爲十五腕尺，是從西牆的西南下角沿伸到西北上角的對角線。三角形的次長邊（股）爲二十腕尺，是沿伸過墓室南側地板兩端畫出的直線。最長邊（弦）爲二十五腕尺，是從墓室的西北上角沿伸到東南下角的直線。

長度爲十五腕尺、二十腕尺和二十五腕尺的三邊，正好符合三比四比五的比例。所有邊長比爲三比四比五的直角三角形，都是畢氏三元數三角形。畢氏就是公元前六世紀的希臘哲學家和數學家畢達哥拉斯（Pythagoras），據說他是第一個發現直角三角形特性的人。這個特性就是勾長的平方（三乘三等於九），加上股長的平方（四乘四等於十六），等於弦長的平方（五乘五等於二十五）。但冰島數學家埃納爾・帕爾松（Einar Palsson）指出，這種三角形真正的「神祕魔力」其實是在於三個數字的立方：

$$3\times3\times3=27$$
$$4\times4\times4=64$$
$$5\times5\times5=125$$

二十七加六十四加一百二十五等於兩百一十六。我在前幾章介紹過，根據科學歷史學家吉爾吉奧・德・桑提拉納和赫塔・馮・戴程德的研究，兩百一十六是某個數列中的一個數字，這個數列是經過精確觀察分點歲差而得出的。歲差是一種長期運動，每七十二年才有一度的變化。在世界各地的上古神話或紀念性建築，都隱含著歲差數列中的數字。桑提拉納和馮・戴程德在追蹤這些數字的起源後，認爲一定曾有某個「令人難以置信」的史前遠古文明，這個文明「史無前例地嘗試利用數字、重量和長度，來描述他們對這個世界的認識。」

七十二是歲差循環的關鍵數字，這是歲差運動移動一度要耗費的時間。從地球視角而言，一度位移要花上七十二年。這就相當於人的一生。但這樣的位移量很難以察覺，大約就是將手臂向前伸直，以食指指著地平線時看到的食指寬度。三十度的位移就相當於一個黃道帶星座的寬度，這要花上三十個七十二年，也就是兩千一百六十年。這樣的位移量就很明顯了。但必須靠好幾代的精確觀察和記錄。六十度的位移就相當於兩個黃道帶星座的寬度，這要花上兩個兩千一百六十年，也就是四千三百二十年。而三百六十度的位移則要花上兩萬五千九百二十年。這時至點已繞行黃道帶的十二星座一周，這段時間被稱爲「大年」或歲差年。

七十二是一度歲差移動要花費的年數。桑提拉納和馮・戴程德認定的「歲差密碼」，就是將「關鍵數字」七十二和某個整數乘除得到的結果。在世界各地的神話和紀念性建築中，都暗藏著這些密碼。例如我在第十二章介紹過的柬埔寨的吳哥窟，和即將在第十八章介紹的印尼的婆羅浮屠（Borobudur）。兩百一十六是三乘七十二，或兩千一百六十除十。大金字塔國王墓室有個三

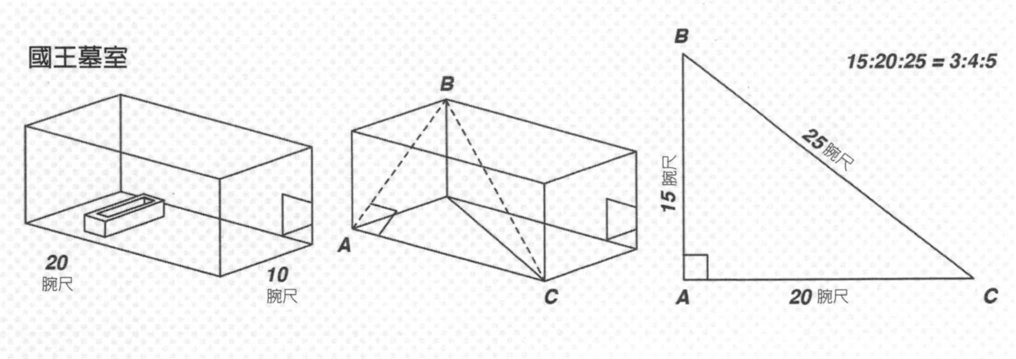

圖 58

大金字塔的國王墓室隱藏著 3：4：5 的直角三角形。

比四比五的三角形，而兩百一十六正好是三的立方加四的立方加五的立方。我認爲這絕不是個誤打誤撞的巧合；它顯然和天文學與測地學有關。大金字塔的外部尺寸也印證了它和天文學與測地學的關係。就像我在《上帝的指紋》中說過的，大金字塔的外部尺寸是地球外部尺寸的四萬三千兩百點八十六分之一，而四萬三千兩百也是歲差數列中的數目之一。

如果將大金字塔的高度乘上四萬三千兩百，那就是地球的極半徑。如果將大金字塔底部周長乘上四萬三千兩百，那就是地球的赤道周長。四萬三千兩百是桑提拉納和馮·戴程德認定的歲差數字之一，由此可見這個巧合絕非偶然。因此，我們必須認眞地考慮這個可能性，有沒有可能早在我們認知的歷史開始之前，就有一個文明有能力精確地測量地球和觀察天體的變化。而我們正在研究的對象，就是這個「令人難以置信」的史前遠古文明留下的知識遺產。

現在我們再回頭談談哈蘭，從詹姆士·雅各布斯的發現看來，哈蘭的建造者選擇在北緯三十六點八七度建城，顯然是基於測地學的考量。哈蘭和傳說中的美索不達米亞古城烏爾（Ur），在古代的關係一直很密切。雅各布斯發現從測地學的角度而言，這兩個城市其實也有緊密的關聯。這更證明了哈蘭的位置具有測地學的意義：

> 根據美索不達米亞的歷史或傳說，烏爾和哈蘭是蘇美人的兩個重要據點，而且都和月亮有關。我在查證後發現，烏爾是位於北緯三十點九六三度，也就是餘緯度約為五十九度。起初我還沒發現到，它的餘緯度恰好是三分之五的反正切值。所謂餘緯度，就是從地表某一點到地心，和最近極點到地心的兩條直線的夾角。極點是測地學上的一個參考點。緯度是以赤道面為基準。所謂赤道面，就是和地軸垂直，且通過地軸中點的平面。哈蘭當地的地平面和地軸的夾角是三分之四的反正切值，正好形成

一個三比四比五的正三角形。它的所在緯度點和赤道面與地球中心，正好也形成一個三比四比五的正三角形。簡單地說，哈蘭的餘緯度恰好是三分之四的反正切值，烏爾的緯度正好是三分之五的反正切值。這也就是說，哈蘭的緯度恰好是四分之三的反正切值，而烏爾的緯度恰好是五分之三的反正切值。這讓人不得不懷疑，這些「偶像崇拜者」是不是在進行天文學研究？

我認為哈蘭信奉拜星教的「星辰崇拜者」，毫無疑問地是在進行天文學研究。我在第十四章和十五章舉出一些例子，證明哥貝克力石陣的建造者能精確地計算出歲差，精確到能預測出一萬一千六百年後的今天的冬至天象，並用圖案記錄下來。從後來發現的證據看來，這個地區確實曾有極古老和極精確的天文學和測地學研究。我對這些發現一點也不意外。證據顯示，我也不會感到意外。這些證據的先進程度，遠超過我們一般認知的，有成文歷史記錄的美索不達米亞文明的水準。我們也因此窺見一個未知的領域，開始探索史前的遠古世界，尋找一個失落文明的若隱若現的蹤影。

雅各布斯也注意到這個可能存在的史前文明，而且深感困惑。以下是他最近的一項發現，是關於哥貝克力石陣和哈蘭在

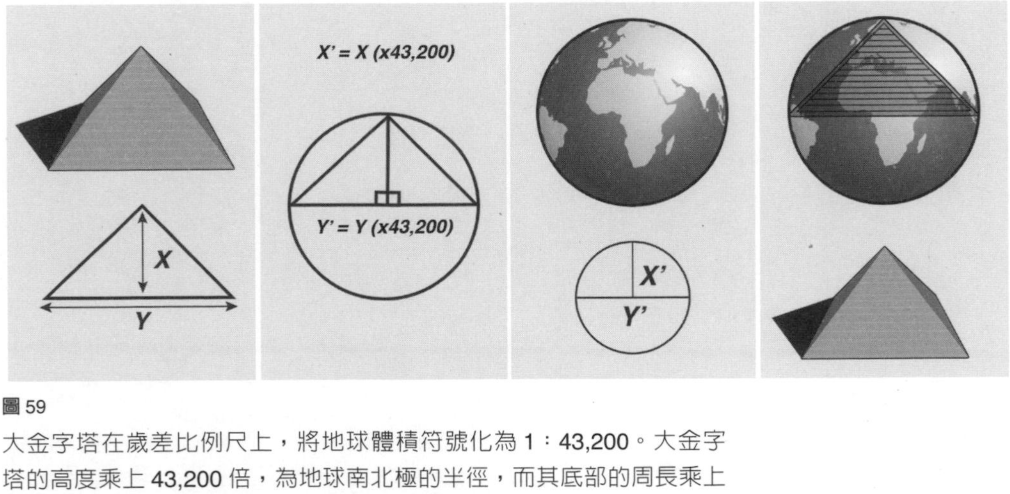

圖 59

大金字塔在歲差比例尺上，將地球體積符號化為 1：43,200。大金字塔的高度乘上 43,200 倍，為地球南北極的半徑，而其底部的周長乘上 43,200 倍，為赤道的圓周長度，兩者只有極小的誤差。

測地學上的關聯：

從這兩處遺址的任何一處，都可以看到另一處遺址。它們相距只有四十公里。哈蘭和哥貝克力石陣的緯度差異，正好是地球周長的千分之一。這裡就是遠古天文學的未知地帶。但與其稱它為「未知地帶」，倒不如稱它為「遠古天文學的發源地」。哥貝克力石陣是已知最古老的南北走向建築，這種走向就證明它是研究天文學的地點。

連非考古學家都懂得層理和沉積的基本原理，那就是位於愈深層位，年代就愈古老。哥貝克力的年代是一萬兩千年。哈蘭和蘇美古城烏爾，都被譽為「文明之地」和「文明的搖籃」。這個天文學的發源地，據說有四千到五千年的歷史，而不是一萬兩千年的歷史。哈蘭的緯度是四分之三的反正切值，這是一個固定參數；哥貝克力石陣則是位在更北方的不同緯度。照理說，固定參數一定是最先出現的。哈蘭和哥貝克力石陣的緯度距離正好是千分之一的地球周長，這是巧合嗎？還是意味著這個天文學的發源地，其實有一萬兩千年的歷史呢？

哈蘭的賢者

據我所知，雅各布斯並不是另類歷史的愛好者，他也曾大力批評目前在網路和媒體上流傳的，關於哥貝克力石陣的「荒誕不經的假科學」。他最讓我佩服的，就是既能在眞正的科學之路上探索，又有開闊的胸襟，接納一種可能性。那個可能性就是古代天文學和精確測地學的歷史，也許比正統考古學一直認定的要古老得多。

根據雅各布斯的說法，哈蘭從一開始就是「精確科學」的中心，直到拜星教徒在那裡進行「星辰崇拜」之間的幾千年，它也一直是個科學重鎮。公元九世紀的阿爾・巴塔尼（Al-Battani），在歐洲有個更廣爲人知的名字：**Albategnius**。他可說是中世紀最傑出的天文學家和數學家。他生於哈蘭，活到九十二歲，在一生中做出了很多出色的科學成就。

他最值得一提的成就，就是結合精確天文學和精確測地學，計算出月球和地球之間的最遠距離。因爲月球的公轉軌道是橢圓形的，因此在軌道上有個最接近地球的近地點，和距離地球最遠的遠地點。阿爾・巴塔尼估算出的月球在遠地點和地球的距離，和現代計算出的距離只差了不到百分之零點六。他另外一項爲人稱道的成就，就是計算出一個太陽年有三百六十五天五小時四十六分二十四秒。這和現代天文學家利用先進科技計算出的結果，只相差兩分二十二秒。阿爾・巴塔尼編錄了四百八十九顆恆星。他計算出的太陽軌道，比哥白尼（Copernicus）④在六百年後計算出的結果還精確。他也研究出一些重要的直角三角形三角函數公式。我之前已經介紹過，哈蘭的緯度和三比四比五的直角三角形的關係。阿爾・巴塔尼也許就是因爲占了地利之便，才會完成這項科學史中的重要成就。

阿爾・巴塔尼的全名是阿布・阿布達拉・阿爾・巴塔尼・伊本・賈比爾・伊本・希南・阿爾・拉基・阿爾・哈蘭尼・阿爾・薩比（Abu Abdallah al-Battani Ibn Jabir Ibn Sinan al-Raqqi al-Harrani al-Sabi），全名中包含一些和他的出身相關的別號。「阿爾・巴塔尼」這個別號的由來已不可考。但據推測，它指的是他的出生地哈蘭的一個街名或區名。「阿爾・哈蘭尼」的由來也是一樣。「阿爾・拉基」指的是拉卡市（al-Raqqa），它位在敘利亞的幼發拉底河岸，阿爾・巴塔尼的職業生涯多半在那裡度過。最值得探究的別名就是「阿爾・薩比」。根據官方版的《科學名人詞典》（*Dictionary of Scientific Biography*），這個別名指的是：

阿爾・巴塔尼的祖先，或是他本人，曾信奉哈蘭拜星教徒的信仰。拜星教包含大量古代美索不達米亞人的和星星相關的神學和傳說。這種神學和傳說在穆斯林統治者的包容下，一直被保存到十一世紀中葉。和阿爾・巴塔尼同時代，但年紀較長的大數學家和天文學家泰比特・伊本・奎拉（Thabit ibn Qurra），不但是阿爾・巴塔尼的同鄉，信奉的也是拜星教。這似乎意味著，美索不達米亞的星辰崇拜直到最後階段，仍充滿了天文學的色彩。

泰比特・伊本・奎拉（公元八三六～九〇一年，也是在哈蘭出生的），他對充滿貶抑意味的「星辰崇拜」一詞，一定很不以為然。以「星辰崇拜」描述拜星教，似乎貶低了這種「異教」的層次，讓它顯得比那些褊狹又不科學的一神教更低級，如基督教、猶太教和伊斯蘭教。雖然這些後起之秀的宗教，誤以為拜星教的古老傳統是「星辰崇拜」，泰比特卻很清楚，那些傳統其實是能造福人類的精確科學。因此他這樣寫道：

如果不是異教的貴族和國王，世界就不可能進入文明，城市也不會出現。他們最早建造了港口，治理了河流，將祕密的智慧傳授給世人。如果不是異教中的名人，諸神要向誰顯現，向誰傳達神諭，又要向誰傳達對未來的預言？這一切都是異教徒的功勞。他們發現治療靈魂的方法，並教導大家治療身體的方法。他們將世界治理得井然有序，並將最寶貴的智慧帶來人間。如果沒有異教，世界將會是一個荒涼悲慘的地方。

其實以上這段話的原譯文，也並未精確表達出泰比特的本意。泰比特在原文中用的敘利亞文的「漢普托」（hamputho）一詞，在譯文中被解釋爲「異教」。但它的本義其實是「純淨的宗教」。「漢普托」在阿拉伯語中的同源詞是「哈尼夫」（hanif）。在《古蘭經》中，「哈尼夫」指的是在伊斯蘭教之前的一些古代信仰，這些信仰在穆斯林眼中是純淨的，因此不會受到迫害。在伊斯蘭教剛出現的頭幾百年，很多主要思想家都把拜星教徒視爲典型的哈尼夫人。拜星教徒常自稱是「聖書的信徒」，這也是他們能自由地從事傳統信仰活動的原因之一。

我之前介紹過了，公元七世紀，阿拉伯將軍伊本・迦南在征服哈蘭後，允許拜星教徒建造一座新的月神殿，並讓他們繼續在那裡進行宗教儀式。將軍寬大爲懷的處理方式，在伊斯蘭軍隊中是極罕見的，因爲他們對付「異教徒」的一貫原則，向來就是歸信者生，不歸信者死。拜星教徒和阿拔斯・哈里發・阿布・賈法・阿卜杜拉・阿爾・馬蒙（Abbasid Caliph Abu Jafar Abdullah al-Ma'mun）⑤的遭遇就更有趣了。馬蒙於公元八三〇年經過他們的城市時，據說曾不厭其煩地向他們探詢拜星教的內容。

我曾提過拜星教徒會到吉薩朝聖。公元八二〇年，馬蒙在大金字塔挖掘坑道，發現過去一直不爲人知的通道和墓室。他在挖掘前十年造訪過哈蘭，這場挖掘和他的哈蘭之行或許有些關聯。「馬蒙穴」（Ma'mun's Hole）至今仍是遊客進入大金字塔的通道。愛德華・吉朋（Edward Gibbon）⑥稱馬蒙爲「博學多聞的王子」。馬蒙之所以會挖掘大金字塔，也許是因爲他得到相關資訊，尤其是以下的訊息：

大金字塔內藏著一個密室，密室中有天球和地球的圖表。據說它們是在很久之前製造的。但卻仍極為精確。

馬蒙的父親哈倫·拉希德（Harun al-Rashid）是《一千零一夜》中著名的明君。歷任的伊斯蘭領袖哈里發都很博學和開明，馬蒙和他父親也都是如此。到了十一世紀，哈蘭的最後一座月神殿被摧毀後，伊斯蘭的統治權落入一個傾向基本教義派和較沒有包容力的派系手中。信奉「純淨宗教」的拜星教徒開始受到大力打壓。他們到吉薩的朝聖之旅，直到十三世紀都沒有中斷。但後來他們就從歷史上消失了。雖然有些學者認爲拜星教的元素仍存在於伊拉克的曼達安教（Mandaeans）和雅茲迪教（Yazidis）等教派中（曼達安人和雅茲迪人都在現代曾飽受伊斯蘭教的迫害），但拜星教徒目前似乎已經消失無蹤了。

不過一個有趣的想法一直在我腦海中打轉。

拜星教徒的聖書就是現在被稱做《赫密士文集》的文集。科西莫·迪·梅迪奇（Cosimo de Medici）是佛羅倫斯政治世家梅迪奇家族的創始者。科西莫的代理人李奧納多·達·皮斯托雅（Leonardo de Pistoia），於一四六〇年在馬其頓旅遊時，因緣際會地獲得一本《赫密士文集》。他一拿到這本古代智慧的結晶，就立刻帶著它回到佛羅倫斯。科西莫一拿到這本書，也火速通知養子馬爾西利奧·費奇諾（Marsilio Ficino），要他將才剛著手翻譯的柏拉圖全集放在一邊，開始翻譯《赫密士文集》。已故的法蘭西絲·葉茲女爵士（Dame Frances Yates），是世界頂尖的文藝復興時期的專家之一。她認爲這是「一場別具意義的事件」。

這個事件確實具有極大的影響力，因爲各種跡象都指出，歐洲之所以會出現風起雲湧的文藝復興運動，都是因爲《赫密士文集》在十五世紀被引進歐洲；而現代世界之所以會誕生，都要歸功於文藝復興運動的影響。

也許文藝復興促成的並不是一個新世界的誕生，而是讓一個舊世界重現人間，也就是艾德福文本所說的「重生」。這個重生的世界，就是消逝的諸神世界。

手語

就像我之前說過的，艾德福文本中曾提到七賢者，他們爲人類帶來智慧，教導人類科學和魔法。美索不達米亞文本中也提到過七賢者——阿普卡魯，他們扮演的角色和埃及的賢者一樣。既然我在前幾章已經解釋得很清楚了，因此就不再贅述。我想談的是我之前沒注意到的一件事。我直到開始研究《以諾書》、《禧年書》和其他古籍中的守望者傳說時，才知道學者已經發現，在守望者和美索不達米亞的阿普卡魯之間，存在著緊密的關聯。

舉例而言，「考古學家在美索不達米亞建築基礎的沉積層中，發現被埋起的盒子，盒內就放著阿普卡魯的人像。這些人像是用來辟邪的。這些辟邪用的人像組被稱爲『瑪薩爾』（massare），而瑪薩爾指的就是守望者。」根據傳說，阿普卡魯曾將大洪水前的科學傳授給人類，守望者也做過相同的事。但就像一位學者說的：「猶太作者常會篡改美索不達米亞的傳說，藉著顚倒黑白，凸顯猶太文化的優越性。他們將大洪水前的賢者，美索不達米亞的阿普卡魯，妖魔化成『上帝的兒子』，也就是守望者。這些守望者傳授人類禁忌的知識，因此招來大洪水。」

從這些研究看來，守望者和阿普卡魯的相似度極高，甚至可說他們只是同出而異名的一群人。因爲本章篇幅有限，我就不再深入介紹這些研究和守望者與賢者的關聯。我想探討的是，哥貝克力石陣高大的巨石柱上的人像，是否就是這些守望者或賢者。

我在第一章曾提到，我觀察D圍場的四十三號石柱時，發現上排雕飾中有些袋狀物體。雖然巨石柱上的人像很類似美索不達米亞神祇的符號，我對這些袋狀物體仍感到很好奇。因爲很多古代的阿普卡魯人像也拿著類似的袋狀物體。

提著袋子的人像不只出現在近東。從拉文塔的奧爾梅克遺址，可以俯瞰整個墨西哥灣。奎查爾寇透是當地人信奉的一位羽蛇神。根據傳說，祂就是爲中美洲人帶來文明的神祇。在一個從奧爾梅克遺址出土的浮雕像上，奎查爾寇透也拿著一個相同的袋子。

我們於二〇一四年七月離開土耳其前，最後一次回到哥貝克力石陣。沉重醜陋的木製屋頂，像墳墓一樣包覆住四個主要圍場，讓我看了覺得很心痛。但我回來看D圍場最後一眼是有原因的。這次我要看的並不是四十三號石柱，而是中央的兩根石柱。T形人像石柱垂著彎曲的手臂，雙手纖長的手指幾乎在腹部上方碰在一起。

我們看夠了後，就請司機載我們回到尚勒烏爾法的大博物館，那裡正在展出一些哥貝克力石陣的文物。這些文物因爲非常珍貴，因此必須被保留在當地。我之前已經來過這所博物館參觀，這次來此是爲了復習一些細節。

我在一個人像前看得入神，因此駐足良久。這尊人像並不是在哥貝克力石陣發現的，它是於一九八〇年代，古城尚勒烏爾法的市中心正在進行停車場的地基挖掘工程時，意外被發現的。它的年代和哥貝克力石陣一樣，約爲公元前九千年。就像克勞斯．許密特說的，「這座人像很快就會變得舉世聞名，因爲它是保存最完整，年代最古老的眞人尺寸人像。」

哥貝克力石陣的巨石柱也粗具人的形狀，T形石柱頂端的橫樑就像是人的頭部。但巨石柱的「頭」是千篇一律的簡略樣式，這尊人像則有著栩栩如生的頭部。

它有以黑曜石製成的，閃閃發亮的眼睛。它的下巴是凸出的，顯然是留著鬍鬚。胸部是以浮雕雕刻成巨大雙V造形。手臂則和哥貝克力石陣的人像石柱一樣是彎曲的，雙手手指也是位在腹部前方，幾乎要互相碰觸。

我接著來到第二座雕像前察看，它就是俗稱的「圖騰柱」（Totem Pole）。這尊雕像比第一尊人像更詭異。雖然它的高度就和一般人一樣，它的外形卻和人類不盡相同，反而是混雜著各種不同動物的特徵。它的頭部已嚴重受損，但眼睛和身體都還完好，像是某種掠食動物的器官，可能是熊、獅子或花豹。由此可見這是一尊獸人雕像。腿的外側是盤旋而上的巨蛇，巨蛇的大頭從雕像鼠蹊部的高度向前伸出。

這尊雕像有兩雙手臂和手掌。上方的那對手臂就像哥貝克力石陣的石像般彎曲著，手掌互相靠攏，雙手手指幾乎在胸前接觸。第二對手臂似乎只有前臂和手掌，雙手手指也是位於腹部前方，幾乎要互相接觸。

在雕像生殖器的高度還有一個小頭，還有兩隻從腰部向外伸出的手臂。這雙手的手指也很纖細，也幾乎要互相碰觸到。但腰部的雙手正在打鼓。雙手的下方還有另一雙手臂和手掌的痕跡，只是受損得很嚴重。

我對這一切感到很熟悉。

眞是再熟悉不過了。

但我上次看到類似雕像的地方並不是在哥貝克力石陣，而是在地球的另一端。我在下一章會再詳細介紹。

注釋

①敘利亞東北部哈塞克省的一處考古遺址，靠近土耳其邊境。因在該遺址發現一種新石器時代文化，所以用地名「哈拉夫」命名。

②又稱詹姆士王譯本（King James Version），由英王詹姆士一世下令翻譯，於一六一一年出版，至今仍是英語世界中極受推崇的《聖經》譯本。

③Chinese Union Version，為今日華語基督新教教會最普遍使用的《聖經》譯本。

④一四七三～一五四三年，文藝復興時期波蘭的數學家、天文學家。提倡日心說，認為太陽為宇宙的中心。

⑤七八六～八三三年，伊斯蘭教第二十五代哈里發（伊斯蘭教的宗教及世俗的最高統治者稱號），阿拉伯帝國阿拔斯王朝的第七代哈里發。

⑥一七三七～一七九四年，英國歷史學家，《羅馬帝國衰亡史》（*The History of the Decline and Fall of the Roman Empire*）的作者。

第七部

距離

PART7 DISTANCE

第十七章

高山上的巨石遺址

現在是二〇一三年十月，我正位在庫斯科市上方的山坡上。我來到祕魯安地斯山脈的高山上，是為了探勘讓人歎為觀止的薩克塞華曼（Sacsayhuaman）巨石遺址。和我一起探勘的是印加後裔傑瑟斯・戈瑪拉（Jesus Gamarra）。戈瑪拉現年約七十五、六歲，比我還大上十歲。但他看起來比實際年齡年輕多了。他的身手就像山羊一樣敏捷，在海拔三千七百零一公尺（一萬兩千一百四十二呎）的環境中仍輕鬆自如。多年來，他一直在家鄉的山路和小徑上奔走，研究印加文化的起源，也練就了奧運選手般的體魄。

我第一次造訪薩克塞華曼是在一九九二年，後來又回來過很多次，每次都學到一些新事物。正統理論一直認為，安地斯山脈所有的紀念性建築都是出自印加人的手筆。我在一九九五年出版的《上帝的指紋》中，對這種理論提出質疑。畢竟在一五三一年，西班牙人開始征服祕魯時，印加帝國也只有不到一百年的歷史。我在《上帝的指紋》中這樣寫道：「印加人充分地利用了薩克塞華曼，這也難怪人們會認為那裡是他們建造的。但充分利用某處，未必就表示那裡是他們建造的。印加人也許只是發現了那裡有些現成的建築物，並搬進去居住。」我在一九九八年出版的《天之鏡》中進一步指出，安地斯山脈的巨石和石鑿建築物，不但存在於薩克塞華曼，也遍布在整個山區。這些建築的建造者並不是印加人，而是一群來自更早之前的失落文明先民：

> 這並不表示這個假想的「早期文化」和印加文化之間有斷層。我反而認為，印加文化繼承了早期文化的一些傳統和知識，而且還企圖仿製當年的巨石建築，只是規模要小得多了。

我寫上面這段話時還不認識戈瑪拉，也沒有讀過他的著作。現在他正帶著我參觀薩克塞華曼，不厭其煩地解說和導覽，帶我到遺址中我聞所未聞的隱祕之處。他讓我看到很多細節，讓我更堅信自己之前直覺的想法。除此之外，他還提出一個很合情合理的考古理論。這套理論的原創者是他父親阿爾弗雷德．戈瑪拉（Alfredo Gamarra），後來又經過他大幅改良和延伸。我認為主流學家都該好好參考這套理論。我很希望主流學者能跳脫既有的框架，不要冥頑不化地認為這些紀念性建築只有幾百年的歷史，而且都是印加人建造的。

圖 60

要確認建造者不詳，又沒有銘文的石造紀念建築物的年代，是一件難上加難的事。對有機物質進行的碳年代測定，只適用於受測有機物的沉積年代，和被鑑定石塊的切割安置時間是一致時。但對很多巨石建築物而言，我們根本無法確定有機物和石塊的年代是否一致。我在第十章介紹過表面螢光定年法，這種定年法在門卡拉金字塔和吉薩的人面獅身像與河谷神廟，都測定出一些異常結果。但各地的考古機構並沒有廣泛採用這種定年法，安地斯山脈的紀念性建築也都沒接受過這種鑑定。在沒有客觀又有效的年代鑑定方式的情況下，我們只能退而求其次，以建築物的風格和工法判定年代。我們常能依據某件陶器的風格，準確判定它是哪個文化和時期的產物，建築物的年代也可以這樣判定。基本原則是，就算兩個石製紀念性建築是緊緊相鄰的，如果它們的風格和建築工法差異極大，它們就是不同文化和不同時代的產物。

令人遺憾的是，風格定年法雖然很合理，但不太受研究安地斯山脈紀念性建築的考古學家青睞。這也許是因為他們已經在其他地方使用過這種方法，知道會有預料以外的結果。目前被廣為接受的理論是，安地斯山脈的所有建築都是印加人建造的。如果考古學家在這裡使用風格定年法，他們就會讓這個理論受到質疑。

考古學是一個很保守的領域。據我所知，考古學家無論在做什麼研究，都很怕挑戰前輩或同儕認定的眞理。挑戰既有的眞理可能會讓他們丟掉飯碗。因此他們常習慣性地研究一些無關痛癢的證據或理論。他們可以就枝節問題大做文章，也可以對正統觀點加油添醋，但就是不能做出會嚴重破壞成規的發現。

我和戈瑪拉在薩克塞華曼漫步時，他為我介紹幾座風格截然不同的建築。它們的風格相差極大，因此我很納悶，為何考古學家堅稱它們都是同一個印加文化的產物，而且都是在西班牙人入侵前一世紀左右建造的。我不想再一一複述我在其他著作中對這處遺址的描述。簡單地說，薩克塞華曼是位在一個小山坡上，俯瞰著庫斯科市。

遺址是由三道平行的石牆構成，每道石牆都約有六公尺（二十呎）高，建材全都是龐大的巨石，有些巨石的重量甚至超過三百六十噸。每道牆都是鋸齒狀的，石牆是傍著斜坡建造，像三層階梯般層層相疊。在最上方的一道石牆後方，山坡繼續往上爬升，山坡上散布著一些小得多的建築物廢墟。位於最上方的一個廢墟，是由三道同心圓石牆構成的。石牆的石塊切割得很整齊，但只有基礎殘存下來。這三道石牆在未被破壞時一定很壯觀。廢墟之後是一個山谷，山谷裡長滿茂密的樹木和灌木。山谷的陡坡一路往南延伸，直到谷底的庫斯科。

遺址的北方是一個寬約一百公尺的草原台地，這片草原就是三道石牆中最低一道的基座，石牆和台地全長約有四百公尺。台地北側有個閃長岩小丘，但小丘已經被切鑿成繁複的平台和階梯。我和戈瑪拉現在就站在小丘上，他也開始為我解說。

他指著我們腳邊，切割得很精美的閃長岩平台說：「這就是『哈南帕查』（Hanan Pacha）的遺跡。哈南帕查就是第一個世界，它是在印加時代之前數千年被創造的。他們都是為石頭塑形的高手。」他淘氣地露齒而笑。「他們可以隨心所欲地塑造石頭，這對他們來說是

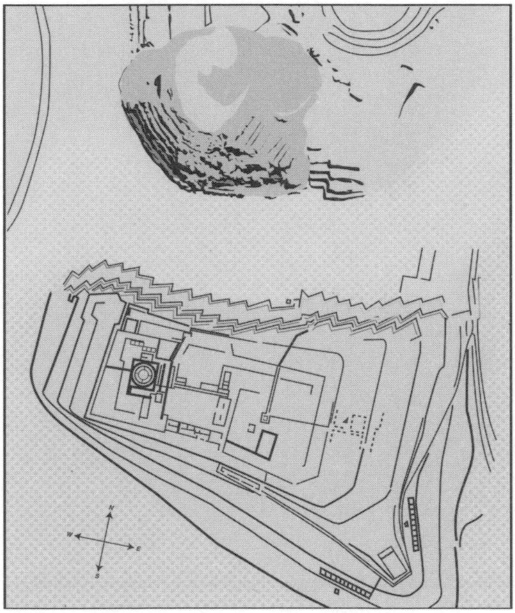

圖 61

薩克塞華曼的平面圖。南方是鋸齒狀的巨石牆，北方是切鑿過的小丘。

輕而易舉的事。」他彎下腰，招手要我仔細看看岩石表面。

「你看出其中的奧妙了嗎？」

我聳聳肩。我感到很困惑，不知道他要我看什麼。

「沒有工具痕跡。」他得意地指著這整個原本是小丘的巨型雕塑品。「上面沒有任何工具痕跡。」

「他們是怎麼做到的？是在切鑿完成後再打磨拋光嗎？」

戈瑪拉說：「不是。他們不需要工具，他們有另一種方法。第二個世界也是如此，我稱之爲『烏朗帕查』（Uran Pacha）。」他指著對面高聳的巨石牆。專家對巨石牆的材質和採石地點仍有些爭議。但他們都同意，石材中除了有一些綠閃長斑岩和一些安山岩，還包括一種硬度和密度極高的本土石灰石。石灰石來源的採石場已經被辨識出了，一處在十五公里外，另一處在三公里外。

我們爬下小丘的斜坡，穿過綠草如茵的廣場，來到高大的三道巨石牆下方，這三道石牆已經成了薩克塞華曼最具代表性的景點。我每到這裡都會驚歎不已。我覺得很渺小，這不只是因爲巨大的石牆和石塊，讓我感到自己的微不足道，更是因爲它們似乎有靈性，它們就像是沉睡的巨人。

這些石牆最讓人嘖嘖稱奇之處，倒不是它們巨大的體積，也不是其中共有超過一千個石塊，而是讓它們能堆砌得如此緊密的精湛工藝。我們不妨仔細想想，如果你要建造一道石牆，採用的石塊最小的也有一噸重，而大部分石塊都超過二十噸重，有些重達一百噸，有些重達兩百噸，有些甚至超過三百噸，姑且不談建造工程，單是後勤作業，就已經是一項極爲艱鉅的任務了。

如果你覺得這樣的挑戰性還不夠，打算增加難度，執意要把石牆堆砌成立體拼圖的樣子。每個石塊都必須是一個六到十二面的多面體，每個多面體都各不相同，而且要把它們堆砌得很緊密，緊密到接縫處甚至插不進一片刀片。

我也不清楚石塊背面堆砌的狀況，照理說，它們的背面應該也是多面體，但先不談石牆內部的堆砌狀況，光是石牆怪異又龐大的正面就已經很複雜了。要建造三道巨大又複雜，讓人歎爲觀止的石牆，顯然是一項難如登天的挑戰。薩克塞華曼巨石結構的建造者，一定是一群有多年經驗的專家，而且他們一定都學習過源遠流長的高深知識。設計和建築出這些石牆所需的背景知識，絕不可能在一、兩百年內就能發展出來。但印加人卻只有不到一百年的歷史。薩克塞華曼的巨石一定是出自爐火純青的大師級工匠的手筆。

此外，在安地斯山脈各地，都找不到新手的練習之作，也沒有任何不盡理想的初期原型作品。雖然其他建築的規模都無法和薩克塞華曼相提並論，但有不少結構已經很接近它的規模。這些位在皮薩克（Pisac）、歐南塔雅坦坡（Ollantaytambo）、馬丘比丘（Machu Picchu）或其他遺址的建築，複雜程度都不遜於薩克塞華曼，而且各有各的工程難題要解決。有些遺址位在離採石場很遠，難以到達的地區；薩克塞華曼則沒有這種問題。這些結構都是建築傑作，它們都很完美。就像戈瑪拉說的：「建造者似乎不費吹灰之力就打造出它們。」

我知道他有一套解釋的理論。他的理論是，在最初的兩個「世界」，也就是哈南帕查時代和烏朗帕查時代，地球的重力比較小，因此石塊比現在更輕、更好處理。他認爲當時地球的重力之所以較小，是因爲當時它距離太陽較近。在哈南帕查時代，地球繞太陽公轉一周只需兩百二十五天；在烏朗帕查時代只需兩百六十天，後來地球才進入公轉一周三百六十五天的軌道。他說的或許沒錯，根據科學界的新研究，行星的軌道並不是固定不變的，而是可能發生巨大變化。行星軌道發生變化，也會導致進入內太陽系的彗星增加。

但我對他的理論感興趣的並不是這個部分。他認爲安地斯山脈的紀念性建築有些違反常理之處，我覺得他的看法很正確。這是他父親經過六十年的實地調查，再加上他經過五十年的實地調查所得出的結論。戈瑪拉父子都認眞地做過研究，他們絕對有資格對這些遺址表示意見。他們要傳達的訊息很明確，雖然他們都是印加後裔，他們卻認爲很多被視爲是印加人建造的偉大建築，其實並不是印加人建造的。這些建築是一個失落文明的遺跡。如果戈瑪拉提出的時間架構是正確的，那就不只是一個失落文明，而是兩個。

他說：「薩克塞華曼的巨石都是烏朗帕查時代的遺物。」我們正站在一個由十多塊巨石接合而成的角落。戈瑪拉要我注意石塊的精準密合，就像現代機具處理過的接縫，和接縫構成的複雜圖案。接著他要我注意其他東西。在一些石塊上有些奇怪的圓洞，一些邊緣凸起的淺溝紋，和一些特別以及像是信手拈來的圖案。他又重覆地說：「沒有工具痕跡。沒有雕鑿或搥打的痕跡。」

「他們是怎麼做到的？」

戈瑪拉問道：「你不覺得他們是趁石塊還軟時砌牆的嗎？」他把手劃過一個多角形接縫的曲線和夾角。「是趁石塊像奶油一樣柔軟時，把它們堆砌在一起？」

這眞是一語驚醒夢中人。如果這些石塊的質地是像室溫下的奶油一樣軟，而不是像冰冷的石灰石那麼堅硬，那麼將這些奇形怪狀的石塊緊密堆砌在一起，就只是易如反掌的小事。將石塊像立體拼圖般堆砌好後，就能用餐刀尖端挖出扇貝形凹痕，再以湯匙挖出圓洞。

這個解釋蠻吸引人的。就算我不接受戈瑪拉的公轉和重力理論，也可以繼續探究這個理論。關於石牆的積木造型還有其他的解釋。舉例而言，某個失落文明可能擁有能讓岩石軟化的科技，把岩石變得像奶油一樣柔軟。也許岩石曾經被加熱過。俄羅斯科學院的大地構造和地球物理研究所，曾和祕魯文化部合作，進行一項有趣的研究。從他們找到的證據看來，薩克塞華曼的巨石曾經被加熱到攝氏九百度到一千一百度。

俄國研究人員來到他們認爲是石塊來源的採石場時，發現一些充滿微小有機化石的天然石灰石。這原本就是意料之中的事，因爲石灰石是一種在遠古海床上形成的沉積岩，主要是由小甲殼碎片和其他海洋生物的細小骨骼構成的。但詭異的是，研究人員檢測薩克塞華曼巨石樣本時，發現這些樣本其實是「高密度」的石灰石：

但其中並沒有明顯的化石或有機殘留物質，只有清晰可見的細粒狀結構。

他們的結論是，這些石塊在開採後和砌牆前曾被高溫加熱，熱度足以將其中的化石分解成成分不明的細粒狀結構：

當然了，我們必須做過更細的分析研究，才能評估這些石灰石為何要經過熱處理。但可以確定的是，石灰石的性質確實產生了變化。熱處理讓生物性矽質石灰石再結晶，成為微晶矽質石灰石。薩克塞華曼石牆的多邊形石塊，就是經過這種作用形成的。這種作用在正常的自然環境中絕不可能發生。

魔法建造的石牆

我和傑瑟斯．戈瑪拉繼續沿著巨石牆往山上爬，來到上方的山坡，眼前的山丘頂上散布著殘破的廢墟。戈瑪拉指著廢墟說：「它們就是『烏肯帕查』（Ukun Pacha）時代遺跡，也就是印加人的建築物。」他解釋說，他們有些精雕細琢的作品，三層同心圓石牆就是其中之一。印加人稱這個結構爲穆佑克馬卡（Muyuc Marca）。它原本是一座超過三十公尺高的塔樓，是皇帝的寢宮。「印加」原本指的是帝國的統治者，但後來整個帝國都被依樣畫葫蘆地誤稱爲印加帝國。

戈瑪拉認爲穆佑克馬卡之類的建築物，是印加人的登峰造極之作。但它們顯然比巨石建築遜色得多。巨石建築物和印加建築的差距極大，顯然是出自另一個文化的手筆。

有趣的是，雖然當今的考古學家把這種說法視爲無稽之談。但在十九世紀末，二十世紀初，科學界首次對安地斯山脈進行詳細調查時，他們並未排斥這種觀點。足跡遍布祕魯，又寫下經典專書《祕魯的印加人》（*The Incas of Peru*）的地理學大師克萊門茨・馬卡姆爵士（Sir Clements Markham）就是一個例子。他認爲印加人對薩克塞華曼的起源「一無所知」：

> 加爾西拉索談到印加人建造的塔樓、石牆和城門，甚至還提到建築師的名字。但那些結構是後來才在巨型要塞之內建築的防禦工事。外層的幾道石牆一定是源自巨石時代。它們是世上絕無僅有的建築。

馬卡姆提到的「加爾西拉索」，就是編年史家加爾西拉索・印加・德・拉・維加（Garcilaso Inca de la Vega）。加爾西拉索是一位西班牙征服者和印加公主的孩子，身爲異族婚姻的後代，讓他有機會接觸到眞正的印加傳說，更何況他是在庫斯科出生長大的，母語也是印加人的語言克丘亞語（Quechua）。如果薩克塞華曼的巨石建築，是在加爾西拉索出生前的一百年之內完工的，這項了不起的成就一定會在當地口耳相傳，甚至會有親眼目睹者的現身說法。但加爾西拉索並沒有提過這種事。雖然他稱這處遺址「比世界七大奇觀更不可思議」，他也不能解釋它是如何建造的，只能說靠的全是魔法。以下就是他在他的《印加皇朝述評》（*The Comentarios Reales de los Incas*）一書中，關於薩克塞華曼的敘述：

如果你沒看過這個遺址，你絕對想像不到它的規模有多大。當你仔細觀察這些巨石牆時，會覺得它們太特殊了，在建造過程中必定有魔法相助。它的建造者一定是妖魔，而不是人類。此外，這項偉大的工程並未使用任何機械設備。若說它比世界七大奇觀更不可思議，這也不算言過其實吧。這些巨石塊大得不像建築石材，反而像是山的一部分。讓我們百思不解的是，祕魯的印第安人為何能劈開和切割如此大的巨石，再把它們吊起和運送至工地，最後再把它們吊掛到定位？他們是如何不靠工具和機械完成這項壯舉的？如果不是魔法，我也很難想出其他解釋了。

薩克塞華曼的建造者，難道會是諸神的魔法師嗎？我之前介紹過，上埃及的艾德福神廟供奉的是荷魯斯。荷魯斯有時被描述成鷹，有時被描述成獅子。有趣的是，「薩克塞華曼」一詞指的就是鷹，尤其是指「心滿意足的鷹」。除此之外，薩克塞華曼長久以來一直被認爲是某個巨型地畫的一部分，過去只要登上附近的山頂就能看出這幅地畫。

在這幅巨型地畫中，庫斯科最古老的地區就是一隻巨型貓科動物，牠就是美洲所有動物中，和歐亞大陸的獅子最類似的美洲獅。目前已經被引流，從地底流過庫斯科的圖魯瑪幼河（Tullumayo），在過去就是這隻美洲獅的背脊。圖魯瑪幼河以東，和目前被引流到地底的瓦塔納河（Huatanay）以西的狹長地帶，就是美洲獅的軀幹。薩克塞華曼則是美洲獅的頭部，至今仍可看出獅頭的造型。傑瑟斯・戈瑪拉曾說那幾道鋸齒狀的石牆，是安地斯山脈的第二個時代，也就是烏朗帕查時代的遺跡。這幾道石牆就是美洲獅口鼻部的上緣。美洲獅的嘴是朝著正西方，也就是至日日落的方向。巧合的是，吉薩的大金字塔是面向正東方，也就是至日日出的方向。

有些傳說提到，在人面獅身像下方有個地道網，地道中藏著神祕的寶藏。一些現代挖掘行動也證實了傳說的眞實性。巧合的是，薩克塞華曼也有極類似的傳說，最近的挖掘行動證實了這個傳聞並非空穴來風。據說在薩克塞華曼的獅頭下方，有個迷宮般漫無止境的地道網，「有些人進入地道後，就永遠找不到出路。有些人帶著寶藏走出地道，卻失去理智，不斷胡言亂語。」

在我們離開薩克塞華曼前，傑瑟斯・戈瑪拉帶我到巨石牆東北方幾百公尺處的一個怪異的地方。那裡有塊二十呎高，二十呎寬的巨石，巨石上有一個狹窄的樓梯，樓梯上有十幾級台階。但這個樓梯似乎並不是被切鑿而成的，而是用模子印出的。這個樓梯在剛完成時，只有從正上方才能看到它。後來巨石裂成兩半，戈瑪拉認爲它是被地震震裂的。半塊巨石仍保持直立，另外半塊則以四十度角向外傾斜，因此我們從平地走近它時就能看到台階。戈瑪拉帶我看到一個入口，它是位在最低一階台階最初接觸地面的位置。入口似乎是通往一個深洞，但它現在已經被石板封住。他告訴我：「那就是地道。地道一直通往庫斯科，但政府把入口封死了，讓人們無法一探究竟。」

教化任務

在接下來幾天，傑瑟斯・戈瑪拉爲我介紹更多關於他的理論的證據。我了解他的理論後，便覺得例證多得俯拾皆是。

「庫斯科」一詞在印加人的克丘亞語中的原義是指「地球之臍」。我們來到庫斯科市區後，戈瑪拉帶我到古廟太陽神殿（Coricancha）。在西班牙征服印加帝國後，它就被改建成一座教堂。印加人曾使用過太陽神殿，並把它視爲信仰中心。但戈瑪拉不相信它是印加人建造的。他認爲印加人曾對神殿進行維修，並增加了一些小結構。但優雅、精確和銳角造型的灰花崗石神殿主體，卻是在烏朗帕查時代，也就是第二世界時代建造的。印加帝國是在幾千年後才出現的。他不願提出詳細的時間表，只說太陽神殿至少有兩萬年的歷史，是爲了紀念更早的哈南帕查，也就是第一世界的巨石遺址而建造的。這塊「肚臍石」就是庫斯科名稱的由來。

加爾西拉索曾說過一個傳說，一個在印加帝國流傳很久，關於庫斯科由來的傳說。據說世上曾發生過一場嚴重的大洪水，安地斯山脈的居民因此又回到蠻荒時代。加爾西

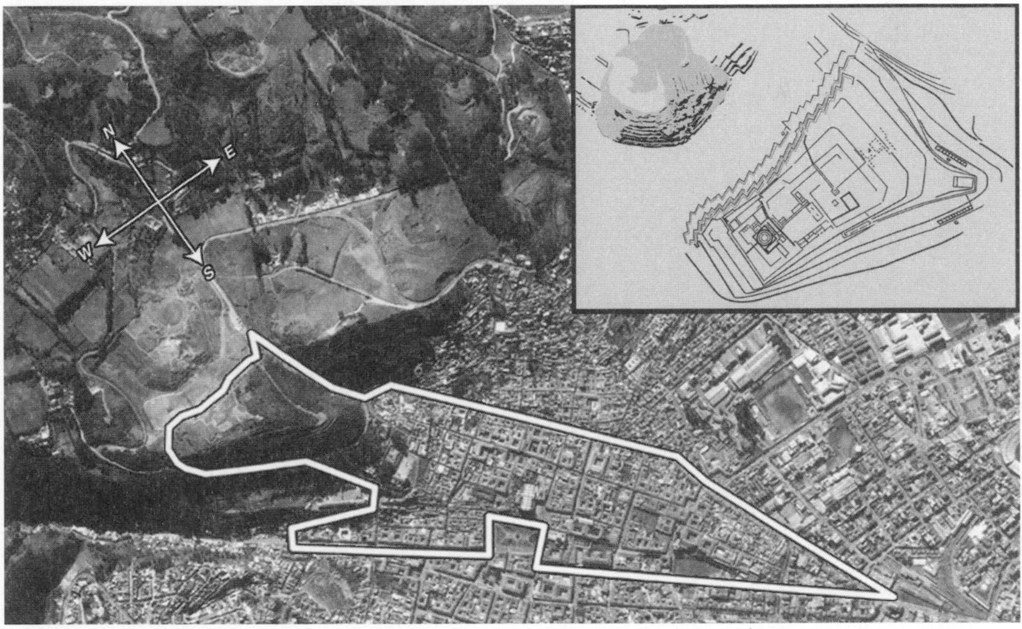

圖 62

庫斯科薩克塞華曼的美洲獅巨型地畫。

拉索的舅舅是一位印加貴族，他告訴加爾西拉索在那個遙遠的年代，「人們過著茹毛飲血的生活。他們沒有宗教、村落、房屋、田地或衣服，像野獸般住在洞穴中，吃的是草、根、野果，甚至人肉。人類的父親太陽神看到這種慘狀，對人類感到很羞恥。因此派一個兒子和女兒來到人間，以文明教化人類，教導人類遵從神的律法和戒條，以及如何建造房子，並聚集成村落。」

和埃及神話中的伊西斯和歐西里斯一樣，這對神的兒女既是手足，也是夫妻。他們帶著太陽神送的一支金杖到處奔走。太陽神要他們到各地把金杖插進土裡，直到找到一處能讓金杖沒入土中的地方，並在那裡建立王宮。「後來皇帝和新娘來到庫斯科山谷，一個名爲肚臍石的地方。他們試著把金杖插進土中，結果金杖不但插得很深，甚至完全沒入土中。這就是皇城的起源。」

我在第七章也介紹過一個如出一轍的故事，故事主角就是拜火教的創始者伊瑪。伊瑪得到一把神賜的黃金匕首，他把匕首插進土裡，一個文明也就此誕生。

後來安地斯山脈就出現了一個輝煌的文明。宏偉的太陽神殿稱得上是震古鑠今的非凡成就，而這項非凡成就必定是靠著非凡的工藝才得以實現。依照戈瑪拉的說法，巨大的花崗石塊是以模具塑造，而非切鑿而成的。它們被製造得極爲精準，因此高聳的內室看起來不像神殿，反而像是巨大又精密的機器零件。此外，有些石塊上有一連串複雜的溝槽、脈絡、孔洞和凹洞，看起來就像印刷的電路板，只是電路板上的電路已經被移除，只留下安裝電路的凹槽。

我們在太陽神殿內待了幾小時後，戈瑪拉便帶我走出神殿，來到附近的洛雷托街（Loreto Street）。他說這裡的街景可以證明他的理論。這是一條兩旁都是高牆的窄巷，牆上有些現代粉刷。從牆上可以看出四種截然不同的石匠工藝風格。戈瑪拉說，有兩種風格是來自印加時代，也就是烏肯帕查，一種是來自十七到十八世紀的殖民時期；一種是來自古老的烏朗帕查時代。

在街道一側的牆上有一大片花崗石塊，這些石塊就像太陽神殿內部的石塊一樣，堆砌得很緊密和美觀。其實這一段牆面就是太陽神殿某個大房間的外牆。照戈瑪拉的說法，它是來自烏朗帕查時代。石塊間的縫隙很小，但接縫形成的圖案很複雜，有些石塊甚至是互相扣合著，緊密地契合在一起。此外，就像他之前在薩克塞華曼向我介紹的，這裡的石塊接縫附近也有奇怪的玻璃光澤。戈瑪拉認為，這就是「高熱造成的玻璃化」的證據。戈瑪拉說的確實很有道理。雖然路人長久以來不斷摩擦和撫摸石牆，經過幾世紀也會造成類似的效果。但這種效果和牆上的光澤感顯然不同。戈瑪拉所謂的「玻璃化物質」在石塊上形成一層薄殼，在薄殼受損或破裂處看得尤其明顯。

在幾層烏朗帕查石塊旁還有些其他石塊，這些石塊堆砌得沒有烏朗帕查石塊高。乍看之下，這兩組石塊還有些相似。但仔細檢視後就會發現極大的差異。第二組石塊顯得很粗製濫造，上面有明顯的工具痕跡，沒有玻璃光澤，有些接縫處的空隙很大。戈瑪拉說：「它們是印加人製造的，在烏肯帕查時代算得上是極佳的製品。印加人已盡全力模仿烏朗帕查風格，只是仍力有未逮，後來的成品還愈來愈糟。」

他指著上方四層排列不規則的卵石，卵石間的巨大縫隙是用黏土填補的。他說：「那是殖民時代的作品。」

最後他帶我來到街的另一側，讓我看一道不靠灰泥固定的乾砌牆。這些卵石都曾經過一些切鑿，但卻是毫無章法地堆疊在一起。石縫中並沒有黏土。戈瑪拉說：「那是印加人建造的。」

我問他：「考古學家有何看法？」

他露齒而笑說：「他們分辨得出殖民時代的建築，但就是自欺欺人地認為，其他建築都是印加人建造的。他們堅信在印加文明之前，這裡並沒有更古老和更進步的文明。烏朗帕查的石塊和印加人的建築之間有著天壤之別，但他們對這種差異就是視而不見。」

「印加人有時會嘗試模仿烏朗帕查的風格，這段石牆就是一個例子。這種模仿是否會造成混淆呢？」

「是會造成混淆，但還不到讓考古學家無法分辨的程度。這兩個時期的工藝水準相差如此之大，在這個地區到處都可看出這種差異。他們原本就該看出它們是不同文化的產物。」

聖谷

太陽神殿附近最引人注目的，就是精美絕倫的巨石建築，也就是戈瑪拉所謂的烏朗帕查時代建築。但這裡還有很多他認爲是哈南帕查時代的結構。哈南帕查是最古老的安地斯文明，當時的建築特色就是單塊巨石結構。幾處大規模的岩床露頭（outcrop）①經過改造後，成了怪異的階梯、平台和凹室的集合體。在薩克塞華曼不遠處有一處這種岩床露頭，它被稱爲肯高（Qenko）。那裡有個神祕的圓頂，圓頂外側有一些像蛇般蜿蜒而下的凹槽和渠道，圓頂下有大批洞穴、岩架、通道和隱密的壁龕。圓頂最頂端有個雕刻或模鑄而成的橢圓形隆起，隆起的上方有個又粗又短的雙叉戟。圓頂上還有美洲獅、兀鷹和駱馬的輪廓，還有更多平台和沒有出路的台階。

我們繼續走到另一個被雕刻過的露頭。這個露頭有一百公尺高，當地人稱之爲月神殿。在石丘底部有個黑暗、神祕又曲折的狹縫入口，在狹縫邊緣，約肩高的部分，有條長著奇怪的圓頭，彎彎曲曲的石雕大蛇。這個入口右側的岩石是呈明顯的象頭造型，象頭上有長鼻、眼睛和耳朵。彎曲的形狀毫無疑問是蛇，但象的形狀則會不會是心理學上的「空想性錯覺」（pareidolia），也就是捕風捉影地幻想出其實並不存在的形狀或圖樣呢？或者是某位古代藝術家以別具巧思的手法，雕刻出大象從岩石中浮現的情景？如果是後者，那就涉及時空錯置的矛盾。因爲南美洲最晚滅絕，和象有親緣關係的動物就是居維象（Cuvieronius），而居維象早在六千年前就從南美洲絕跡了，而在不到一千年前，被認爲是月神殿建造者的印加人，才在南美洲出現。

我稍後會繼續談談大蛇和「大象」。我鑽進岩石中的縫隙進入神殿時，發現腳邊有另一個石雕動物，它是一個受損的美洲獅石雕。

我進入神殿後，就像來到山的子宮裡，置身於柔軟、光滑又幽暗的環境中。這個有五公尺寬，蜿延鋪展的洞穴就像有生命一樣。但我左邊的石壁上已經被鑿切出幾個深壁龕，前方二十公尺則有一束耀眼的金色光線。光線是由岩丘上方的孔洞射入，照亮一塊約一公尺半高的基石，基石上有兩級台階。我爬上基石坐著，背靠在像是有生命的石塊上，陷入沉思中。

戈瑪拉說這裡就是最古老的哈南帕查時代的遺跡。它並不是印加人建造的，甚至比建造薩克塞華曼巨石牆，和精確無比、巧奪天工的太陽神殿的烏朗帕查時代還古老得多。我環顧四周，感受過這裡的氣氛後，也愈來愈同意他的看法。這座岩洞神殿的建造者和太陽神殿的建造者一定不是同一批人。它們不只是屬於不同時代的建築風格，也散發著不同的倫理和宗教氣息。

我們從月神殿驅車直接前往皮薩克，沿著維爾卡諾塔河（Vilcanota River）的聖谷邊緣行駛十八公里。下方是閃爍的河水，壯麗的山區一片綠意盎然，這都是因爲印加人開闢了大量肥沃的梯田，爲帝國提供了豐富的農產。他們將安地斯山脈的每一寸可利用土地開闢成梯田。爲了打造梯田，他們規劃和建築無數層層相疊的乾砌牆。這項工程的規模大得令人難以置信，也是足以和建築奇蹟相提並論的成就。我之所以認爲在印加文明之前，一定有其他更早期的文化，並不是想貶低印加文明的價值。其實正好相反，我認爲印加文明在很多方面都成就非凡，而印加人之所以能締造出如此輝煌的成就，部分可能是因爲他們沿襲了古老的智慧和知識。

我們來到皮薩克調查，從這裡可以俯瞰聖谷，將山光水色盡收眼底。和西方七十公里的馬丘比丘相比，皮薩克是一個名氣較小的遺址，但卻有很多比馬丘比丘更壯觀的建築。

和馬丘比丘一樣，皮薩克最引人注目的結構，就是一塊衆星拱月般的拴日石（Intihuatana）。所謂拴日石，就是一塊巨大的岩床露頭。它是以手工雕刻成戈瑪拉所謂的哈南帕查風格，石塊頂端有個日晷。在拴日石的四周有些烏朗帕查風格，造形優美的多邊形石塊。有時這些石塊就位在拴日石的表面，和它融爲一體。它們就像在守護著拴日石。在這些石塊四周則是烏肯帕查的結構。這些石雕結構比較簡單粗糙，是出自印加人的手筆。

戈瑪拉解釋說：「這裡的每一種文化，對

圖 63

之前的文化都很尊崇。他們會模仿前人的遺跡，並在遺跡四周建造新結構，表達他們的崇敬之情。就像我在洛雷托街為你解說的，印加人不遺餘力地仿傚烏朗帕查風格。印加文化之所以無法和烏朗帕查文化媲美，可能是因為印加人沒有相關知識，或缺少適當的環境。」

戈瑪拉所說的「適當的環境」，指的是過去幾個時代的環境。根據他的假設，當時的重力較小，石頭的延展性較大。但就算我不相信這種說法，仍能接受他的觀察結果，同意這些建築物的風格差異極大，而且很可能是來自不同的文化。

我又觀察了很多出自三種不同風格的建築，有些建築是戈瑪拉為我介紹的，有些則不是。我在之前的著作中曾詳細討論過的馬丘比丘，代表的就是典型的哈南帕查風格。後來其他文化又在這處遺址上建造他們的建築。在一處遍遠的山谷上方還有一個神祕的小洞穴，從庫斯科通往馬丘比丘的鐵路就從谷底經過。我在山谷陡峭的山坡和一條小徑上攀爬了三百公尺，但一切的辛勞都是值得的。在洞穴前方（參見彩圖六十）有一塊黑色安山岩巨石，它被雕塑或模鑄成一座外形怪異的神龕，神龕上方雕刻著一個階梯金字塔的圖樣。

尋寶人曾找到這裡，並以炸藥破壞神龕。但從殘破的神龕仍能想見它完好時有多美麗。洞穴裡的一面牆也是依哈南帕查風格打造的，它平滑得就像被刨過。牆上有一個壁龕，它的邊緣非常筆直，就像是機器壓印出來的。但我朝洞口看去時，看到右側有道印加風格的牆，這道牆是以粗糙的石頭和黏土砌成的。這面牆上有六個粗製濫造的壁龕，它們顯然是模仿左邊精雕細琢的壁龕的東施效顰之作，兩者的工藝品質和風格截然不同。如果硬要說雕刻的壁龕和粗陋的石牆是出自同一個文化，那未免也太牽強了。戈瑪拉認為，這是印加人緬懷和模仿一個古老得多的紀念性建築，我認為他的說法合理多了。

似曾相識的風格

在從祕魯前往玻利維亞的途中，我們在的的喀喀湖（Titicaca）畔的普諾（Puno）過夜，當地位於海拔三千八百一十二公尺（一萬兩千五百零七呎）。次日我們向南行駛二十二公里，來到一座位於海拔四千零二十三公尺（一萬三千一百九十八呎）的壯麗方山。方山上方就是考古遺址庫廷博（Cutimbo）。庫廷博遺址的特色是有幾座或方或圓的高塔。這些從道路上就能看到的高塔，被統稱爲楚帕斯墓塔（chullpas）。人們一直認爲它們是某個當地印第安文化，也就是盧帕卡（Lupaka）文化的貴族墓塔。盧帕卡族於公元一四七〇年到一五三二年成爲印加帝國的附庸部落。在這段期間，確實有人在墓塔中下葬。但我們也不能排除一種可能性，那就是使用墓塔的那些人是外來者；這些以上等多邊形石塊建造，具備了傑瑟斯・戈瑪拉所謂的烏朗帕查風格的高塔，其實在被當成墓塔前很久，就建造完成了。

我現在已漸漸適應了安地斯山脈的稀薄空氣。但在早晨的烈日下穿越方山山坡大片黃色大草原，仍讓我感到很吃力。我們到達山頂後，我立刻變得活力十足。桑莎開始拍照，我也開始尋找墓塔側面和散落石塊上的高浮雕，研究浮雕上的一些有趣圖案。這些散落的石塊也是尋寶者的破壞造成的。

一年後，我在尚勒烏爾法博物館研究館藏的哥貝克力石陣浮雕時，突然想起在地球另一端的這些圖案，還有月神殿的石蛇。讀者可以參照第六十一到七十二的彩圖，看看它們的關聯。以下是我認爲的明顯關聯：

哥貝克力石陣中有高浮雕動物雕像。克勞斯・許密特認為它是一隻猛獸。這隻猛獸有強而有力的肩膀，它正張開利爪，把尾巴從左側捲到身體上方。在庫庭博也有類似的動物雕像，它也有強而有力的肩膀，也正張開利爪，但它的尾巴是彎向右側。

哥貝克力石陣和庫廷博都有蠑螈和蛇的浮雕，而且雕刻風格也都很類似。

在哥貝克力石陣的圖騰柱上，約在生殖器的高度位置，有一個小頭和兩隻手臂。頭的眉骨很凸出，表情也很堅毅，雙手纖長的手指幾乎要碰觸在一起。從它的姿勢看來，這個小雕像就像從石柱冒出，正要彎下身體打鼓一樣。庫廷博的兩個雕像也是採用相同的姿勢，就像正從圓塔巨大的凸形石塊中探出身體。它們都和圖騰柱上的雕像一樣，露出堅毅的表情，眉骨也都很凸出。

圖騰柱側面的兩條大蛇都長著很大的頭，看起來就像是兩個精蟲。在庫斯科上方的月神殿，也有一隻很類似的大蛇雕塑。它就位在黑暗狹窄的入口處。

此外，哥貝克力石陣浮雕上的獅子，和庫廷博浮雕上的美洲獅，兩者的表現風格也很相似。

我不知道該如何解釋這些相似之處。難道這一切是出於巧合嗎？也許是吧。但這兩處遺址還有很多其他相似之處，天底下會有這麼巧合的事嗎？

蓄鬍神祕客維拉柯查

穿越祕魯和玻利維亞間的國界，是一件很煩人的事，必須在長長的人龍中耐心等待，通過官僚體制的重重關卡。但有個夢幻般名稱的科帕卡瓦納（Copacabana）就在附近，從那裡一家舒適的旅館，還能俯瞰的的喀喀湖的美景。如果我們有充裕的時間，我們原本會乘船走訪日島和月島。但我們之前就常去那裡，而且它們並不是我們此行的主要目的地。我們要舊地重遊的目標，就是位在阿提普拉諾（Altiplano）高原上，的的喀喀湖東南岸附近，海拔一萬兩千八百公尺的蒂亞瓦納科（Tiahuanaco）。

根據正統考古學的研究，蒂亞瓦納科的年代約介於公元前一五八〇年到公元七二四年。但我在《上帝的指紋》和《天之鏡》中談到，也許以後就有證據證明，它比那個年代還要古老上好幾千年。直到現在，這個遺址被挖掘出的部分還不到百分之二，我想後續的挖掘工程將會改變考古學界的既定解釋。二〇一五年三月，玻利維亞的蒂亞瓦納科考古研究中心提出一份調查報告。從這個調查報告就可看出未來可能發掘出的成果。報告指出，他們在這處遺址未被挖掘的區域，用透地雷達發現一個完整的「被掩埋的金字塔」，和幾個像是單塊巨石的「地底異常物體」。他們已經展開一項五年挖掘計畫，以便更了解這些神祕的結構。

我在之前的著作中已經詳細介紹過蒂亞瓦納科

圖 64

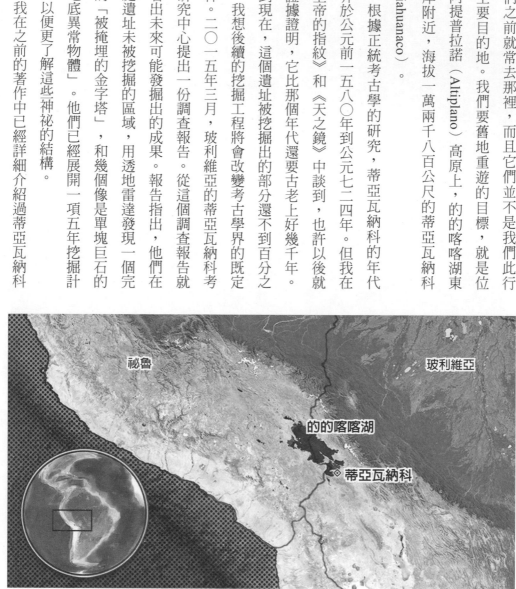

了，在此就不多做贅述。我在二〇一三年十月的蒂亞瓦納科之旅中，首次能很仔細地觀察散布在普瑪彭古（Puma Punku）廣闊平台上，像機械製造的精雕細琢的巨石，和它們被鑿切成的複雜形狀。我想傑瑟斯．戈瑪拉一定會說，它們不是鑿切而成，而是模鑄的。和在太陽神殿一樣，我在這裡也看到一些巨石，這些巨石也很像被移除電路的電路板。有些巨石上有十字凹痕，就像曾安裝過金屬軸或連桿。也許這些巨石都曾是某個裝置上的零件，但這些金屬軸或連桿或許早已鏽蝕剝落或被偷走了。

最讓我驚訝的發現，就是幾排巨大的安山岩塊。我之所以驚訝，是因爲之前來此時並沒注意到它們。這些巨石塊都是一模一樣的，就像是從同一個H形的模子鑄出來的。我很難不聯想到在哥貝克力石陣，石柱的腰部也有個H形浮雕，雖然這也不過是另一個巧合。

在蒂亞瓦納科有一座半地下神殿，神殿中有個石柱雕像。和哥貝克力石陣的圖騰柱一樣，這個石柱也是一個人形雕像；和哥貝克力石陣的圖騰柱一樣，這個石柱的側面也有向上爬行的大蛇；和哥貝克力石陣的圖騰柱一樣，石柱人像雙手纖長的手指幾乎在身體前方碰觸。石像的臉是人臉，而不是獸臉，但臉上長滿濃密的鬍鬚。在人頭側面有個動物雕像，這隻動物

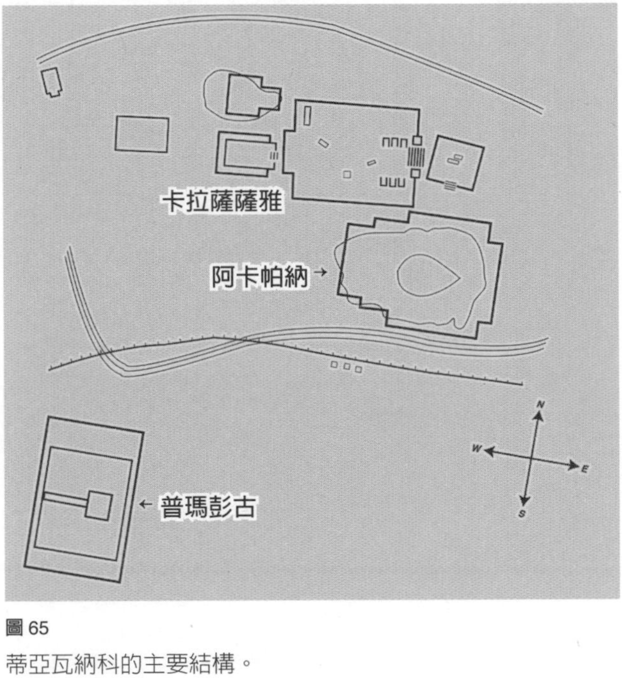

圖 65

蒂亞瓦納科的主要結構。

比較像弓齒獸（Toxodon），而不像其他已知物種（見圖六十六）。弓齒獸就相當於新大陸的犀牛，牠們在一萬兩千年前左右，冰河期末期的大災難中就滅絕了。我絕不是在捕風捉影，石柱上確實有個圖形。因此我們只要探討一個問題，一個挺難回答的問題：圖形中的動物是弓齒獸嗎？還是藝術家想像出來的動物？

接著我又來到「卡拉薩薩雅」（Kalasasaya），它是一個廣大開闊的長方形廣場，廣場四周被巨石環繞著。這裡應該是古代蒂亞瓦納科最重要的祭典區。在巨石結構太陽門（The Sun Gate）上有個大象雕像。和薩克塞華曼附近的月神殿岩床上的大象雕像一樣，這個雕像也有象牙和象鼻。批評者認爲，蒂亞瓦納科的大象雕像，其實只是兩隻並肩而立的兀鷹。如果眞是如此，那就很難解釋太陽門上對比側的圖形了。在插圖六十七左側確實有兩隻並肩而立的兀鷹，但兩隻兀鷹的圖案和右方的大象浮雕顯然不同。

如果這個浮雕是根據眞實動物雕刻的，也未必代表浮雕的年代很古老。就像我稍早提過的，南美洲直到六千年前仍有居維象的蹤跡。但弓齒獸雕像的意義就不同了。早在一萬兩千八百年前到一萬一千六百年前的新仙女木期，弓齒獸和牠親緣關係較近的物種就絕種了。

卡拉薩薩亞是一個廣大又空曠的露天廣場。我還想再去看看這裡的兩座雕像。第一座就是龐塞

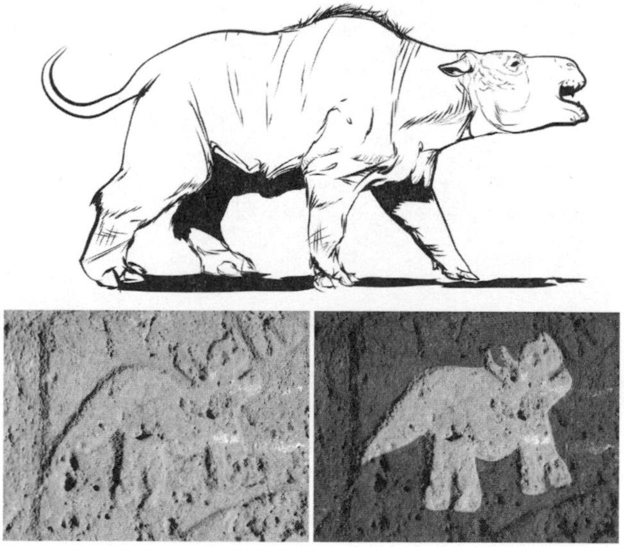

圖 66

上圖是畫家描繪的弓齒獸。下圖是蒂亞瓦納科半地下神殿石柱上的圖樣，左邊是照片，右邊是加強對比處理的影像。

巨石（Ponce Monolith）。它之所以被命名為龐塞巨石，是爲了紀念玻利維亞的考古學之父卡洛斯・龐塞・桑金內斯（Carlos Ponce Sangines）。第二座雕像是修道士石（El Fraile），它的體積較小，和龐塞巨石的風格相同，只是外形略有差異。

這兩座雕像最驚人之處，就是雙手都位在相同的位置，手指也幾乎在肚子前方接觸。哥貝克力石陣的石柱和圖騰柱，雙手也是位在相同的位置。但和美索不達米亞的阿普卡魯雕像一樣，蒂亞瓦納科雕像的手上也拿著東西。根據考古學家和民族植物學家康斯坦提諾・曼努埃爾・托雷斯（Constantino Manuel Torres）的研究，他們拿著的並不是錐狀物或水桶，而是一種鼻煙壺，用來吸食來自亞馬遜的迷幻藥粉ＤＭＴ[2]。

由此可見，雖然阿提普拉諾高原是個寒冷嚴酷的環境，但它也曾受到熱情奔放的亞馬遜文化影響。我們正在觀察的，是一個曾經席捲全球的失落文明的遺跡。這裡或許不太像尋找古文明的理想地點。但當地的很多遺跡都被茂密的叢林掩蓋著，最近叢

圖 67
太陽門上的浮雕是一頭大象，還是兩隻並肩站立的兀鷹？

林被清除後，我們在此發現了古代城市的廢墟、巨石、大型土方工程，和以神祕方式施肥的土壤。這些土壤經過了數千年仍然很肥沃。

此外我們也能看出，這裡的遠古居民曾掌握一種高科技技術。他們從某處學到這項技術，後來巫醫再將這項技術代代相傳。這項技術就是死藤水（Ayahuasca）的煉製。死藤水是一種含有DMT的迷幻藥水，它的原料是來自兩種叢林植物。這兩種植物的任何一種，在口服後都不具迷幻效力。在亞馬遜雨林中約有十五萬種植物，能從其中挑兩種植物並提煉出死藤水，是一項很不簡單的製藥成就。此外，亞馬遜的神經毒素箭毒（Curare），也是一項不可思議的發明。箭毒含有十一種不同成分，在製作過程中會產生有毒氣體。這麼複雜的毒液絕不是短時間內能研發出來的，它一定是一套發展完整的科學系統下的產物。

蒂亞瓦納科巨石還有另一項值得探究之處，那就是巨石雕像的衣服，從腰部以下都是魚鱗狀的。我們在前幾章探討過阿普卡魯也有類似的特徵。這些留著鬍子，「穿得像魚一樣的人」，為美索不達米亞帶來高度文明。蒂亞瓦納科也有一些蓄鬍神祕客的傳說，其中的兩項相關遺跡一直被保留至今，其中之一就位在半地下神殿的石柱上。自古以來，它就被認定是教化眾生之神康-提基．維拉柯查的雕像。我在之前的著作中，曾詳細介紹過這位神祇。在很多神話和傳說中，他都被描述成一位白皮膚和蓄鬍的神。在庫斯科長大的加爾西拉索，曾經歷過西班牙征服的最後幾年。以下是他對維拉柯查的描述：

> 他留著大鬍子，印第安人則把鬍鬚刮得乾乾淨淨。他的長袍一直垂到地面，印第安人的長袍只垂到膝蓋。就因為如此，玻利維亞人首度看到西班牙人時，才會稱他們為「維拉科查」。印第安人

自然而然地認為，這些西班牙人都是神的兒子。

這也就是說，白皮膚和蓄鬍的西班牙人，很類似印第安人世代相傳的古老傳說中的某個人物。根據他們的傳說，在很久以前的史前時代，一群教化眾生的英雄來到安地斯山脈，將農業、建築和工程的技術傳授給當地人。

康–提基．維拉柯查後來怎麼了？

根據加爾西拉索的描述，他完成教化美洲的任務後：

接著就前往曼塔（Manta，位於厄瓜多），從那裡啟程在水面上行走，一路走過太平洋。

我在之前的著作中談過很多維拉柯查的故事和傳說，因此就不在此重覆了。我要強調的是，他對安地斯山脈而言，就相當於埃及的歐西里斯，或中美洲的奎查爾寇透，他在大洪水之後來到這個蠻荒世界，爲人類帶來文明。

維拉柯查最後仍必須離開，但他離開的方式很不同凡響，也很高科技。他是「在水面上行走，一路走過太平洋」。我們就跟著他的腳步，看看他後來可能去了哪些地方。

注釋

①地球表面突出可見的岩床或表面沉積物。

②Dimethyltryptamine，又叫二甲基色胺，是一種自然產生的色胺和致幻成分。

第十八章

海洋上的文明

根據美索不達米亞最古老的傳說，人類是在「地球之臍」被創造出來的，是以「血肉」（uzu）和「泥土」（ki）「混合」（sar）製成的。根據印度最古老的經典《梨俱吠陀》（*Rig Veda*）①，宇宙是從「一個中心」誕生和開始發展的。耶路撒冷聖殿山上的「基石」，也就是聖石圓頂清眞寺的聖石，在基石上有些符號，它們很符合傑瑟斯．戈瑪拉的理論中，安地斯山脈最古老的哈南帕查風格。這個基石也被認定是「地球的中心」。在古老的宗教和神話中都有個共同的主題，那就是世界是從最原始的創世中心誕生和開始發展的。就像米爾恰．伊利亞德（Mircea Eliade）在《神聖與世俗》（*The Sacred and the Profane*）中說的：

> 「至聖者」創造出胚胎般的世界，這個胚胎從中心長出。神先創造出世界的中心，接著世界再朝四面八方擴展。

在希臘神話中，宙斯降下大洪水淹沒全世界，以懲罰人類的邪惡。在洪水中倖存的，只有丟卡利翁（Deucalion）和皮拉（Pyrrha）。他們的大船最後停在德爾斐（Delphi）的帕爾納索斯山（Mount

Parnassus）上，而德爾斐在古代一直被視爲是「地球之臍」。埃及的赫利奧波利斯保存著神聖的本本石；而我在第十一章介紹過，德爾斐也有一塊從天而降的聖石，它被命名爲「翁法洛斯石」或「臍石」。在希臘神話中，可怕的時間之神克洛諾斯（Kronos）會吞噬自己的孩子。襁褓中的宙斯之所以能逃過一劫，是因爲祂母親用布裹了一個石塊，假扮成宙斯讓克洛諾斯吞下，而這個石塊就是翁法洛斯石。

宙斯長大後對克洛諾斯展開報復，逼祂吐出這塊石頭，「再將祂從天上驅逐到宇宙的深淵」。克洛諾斯吐出的石頭，讓人不禁聯想到彗星由碎屑構成的彗尾。「最後這塊石頭落在世界的中心，那裡就是德爾斐的神殿。」

我在前一章也介紹過，位於祕魯安地斯山區的巨石之城庫斯科，它的名稱原本指的就是「地球之臍」。復活節島（Easter Island）就位在庫斯科西南方四千公里（兩千五百哩）外，太平洋的另一邊。復活節島的原名是特皮托奧特赫努阿（Te-Pito-O-Te-Henua），指的也是「地球之臍」。而蒂亞瓦納科的古名是塔皮卡拉（Taypicala），指的也是「中央之石」。在復活節島邊緣的拉彼魯茲灣（La Perouse Bay），有個經過仔細雕刻的神祕球狀石塊，這個石塊被稱爲特皮托庫拉（Te-Pito-Kura），原義爲「黃金中心石」，它也被視爲是復活節島的中心。

根據傳說，很久以前，偉大的魔法師藉著這塊石頭聚集他們的超自然力量，也就是魔法，召喚復活節島上的巨石雕像摩艾（Moai），讓它們從採石場走到要被安置的地點。玻利維亞的原住民愛瑪拉族（Aymara），自古以來就居住在蒂亞瓦納科附近，他們也有個極爲類似的傳說。根據他們的傳說，這個神祕的城市裡有些讓人驚歎的巨石雕像，這些雕像是以魔法在一夜之間打造完成的。「石頭一聽到號角聲，就自動自發地從山上的採石場走下，來到它們被安置的地方。」

雷同之處還不只這些。從一九四〇年代末期開始，索爾．海爾達（Thor Heyerdahl）展開康–提基考察計畫。這項計畫的名稱，是源自爲蒂亞瓦納科帶來文明的神祇維拉柯查，我在上一章的結尾曾介紹過他。海爾達在考察中發現，蒂亞瓦納科的雕像和復活節島的摩艾石像有些相似之處。舉例來說，就像我之前介紹過的，蒂亞瓦納科的維拉柯查雕像有明顯而突出的鬍鬚，這和安地斯山脈的原住民恰巧形成明顯對比，因爲那些原住民只有稀疏的鬍子。復活節島摩艾石像突出的下巴，顯然也是代表鬍鬚（參見彩圖七十八和七十九）。海爾達的看法是：

> 復活節島石像之所以有尖而突出的下巴，是因為它們的雕刻者也留著大鬍子。

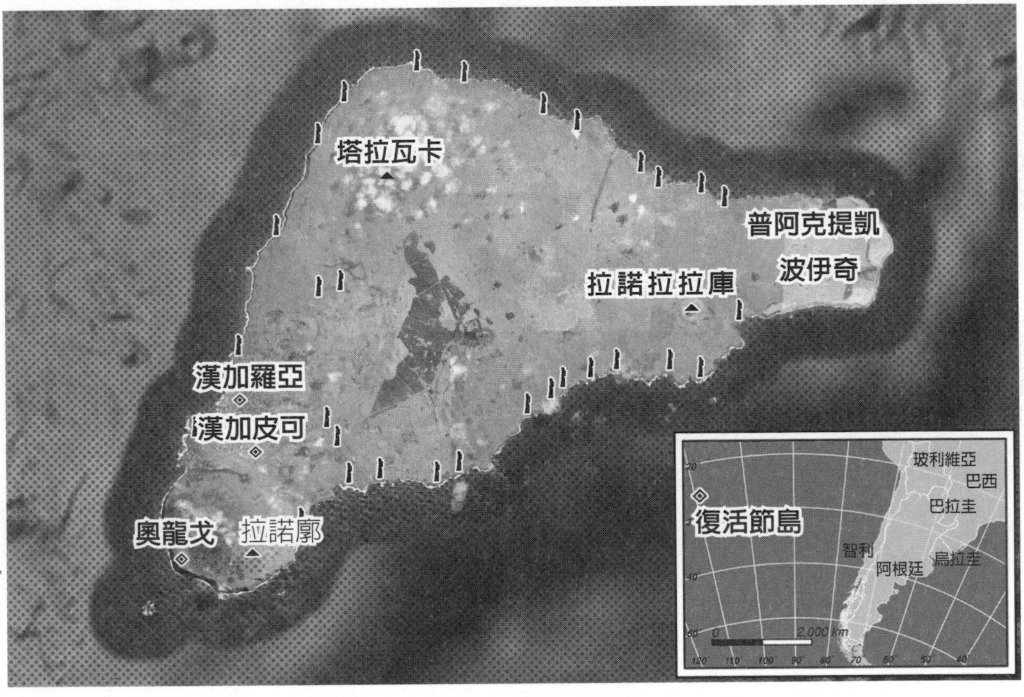

圖 68

復活節島各區的地圖。（來源是維基百科，Eric Gaba 編寫的條目）

這位挪威探險家還發現另一個驚人的相似之處。復活節島石像和蒂亞瓦納科雕像「都把手掌放在腹部」。兩處的雕像都穿戴著明顯的寬腰帶。海爾達是這樣描述的：

> 復活節島石像上唯一的裝飾，就是圍繞著肚子的腰帶。在的的喀喀湖畔，康提基遠古廢墟的每一個雕像上，也都有相同的象徵性腰帶。

我和海爾達是舊識，他也非常支持失落文明的假說。他於二〇〇二年過世，在生前並未走訪過哥貝克力石陣。如果他去過那裡，他一定會覺得很驚訝，因爲哥貝克力石陣的「圖騰柱」人像手掌的位置，和蒂亞瓦納科的維拉柯查石柱雕像、龐塞巨石與修道士石的手掌位置都很相似。我在上一章曾指出這些相似之處。但它們的相似之處還不只這些。

舉例而言，在體積較大的哥貝克力石陣人形石柱上，有條雕刻而成的寬腰帶。在蒂亞瓦納科和復活節島上的雕像也有這樣的腰帶。另一項値得注意的地方是，較大的哥貝克力石陣的石柱都有纖長的手指，而且雙手手指位在腹部前方，幾乎要互相碰觸。復活節島的摩艾石像，雙手的位置也是如此。最後一個重要的相似之處是，復活節島、蒂亞瓦納科和庫斯科指的都是「地球之臍」，哥貝克力石陣也是如此。它的土耳其名稱指的是「肚臍之丘」，它在亞美尼亞語的名稱是Portasar，指的也是「肚臍之丘」。

會出現這麼多巧合，眞是讓人匪夷所思。唯一合理的解釋就是，建造哥貝克力石陣，又在一萬一千六百年前的新仙女木期，將這個時間膠囊掩埋起來的諸神魔法師們，也曾在復活節島上大興土木。這也就是說，復活節島摩艾石像的年代，要比考古學家認定的還古老得多。

殘存的大洪水前的陸地

考古學家認為復活節島最古老的摩艾石像，是在公元六九〇年左右製造的，最新的是在約一千年後的一六五〇年左右製造的。這個年代順序是根據放射性碳年代測定法的結果。根據這種鑑定法，復活節島最早的人類聚落出現在公元三一八年。但就像我之前討論過的，碳年代測定法無法直接對石製紀念性結構做鑑定，它只能根據石頭上的有機物質推算石頭的年代。這樣的推算有時會得到很離譜的結果。

舉例來說，如果把安納凱納灣（Anakena Bay）的瑙瑙祭壇（Ahu Nau Nau），認定為和灣內的七座摩艾石像一樣古老，那就大錯特錯了。這座祭壇顯然是後來的文化建造的。這個文化還將傾倒的石像重新立起，讓這些石像成為祭壇結構的一部分。建造祭壇所用的一個石塊，就是來自一座年代久遠、飽受侵蝕的摩艾石像的頭部。

同樣的，新仙女木期的海平面要比目前的低得多，當時這裡也許已經有人居住了。在大洪水來臨前，也許曾有一長串陡峭又狹長的群島，綿延得和安地斯山脈一樣長，而復活節島只是這串群島中的一座島。如果真是如此，當時的居民必定在巨石上留下大量有機物質，因此考古學家進行碳年代測定時必定會發生誤判。在當時，復活節島還是東太平洋隆起的最高峰。它在當時也許並不是一個居住區，而是宗教祭典專用區；也許巨石雕像是祭典的一部分，也許群島的居民都會聚集在這裡參加祭典，之後再回到居住的島嶼，而這些島嶼現在都已經沉沒了。

這當然只是一種假設。但復活節島的一個傳說卻頗能呼應這個假設，傳說中的主角是遠古時代的巨靈烏歐克（Uoke）：

> 烏歐克拿著一支巨大的橇棍，在太平洋各處遊走。他用橇棍橇起島嶼，再把島嶼丟到海裡，讓它們沉沒在波浪中。他摧毀了很多島嶼，最後來到特皮托奧特赫努阿的岸邊。當時的特皮托奧特赫努阿比現在大得多。烏歐克把這座大島一塊塊地橇起，將碎塊丟進海裡。最後他來到漢加荷努（Hanga Hoonu），也就是「黃金臍石」所在的拉彼魯茲灣，附近的普古皮希普希（Puko Pihipuhi）。這裡的岩石太堅硬了，害得烏歐克把他的橇棍都橇斷了。他無法把這座島的最後一塊橇起，這一片殘存的土地就是這座島嶼的現存部分。因為烏歐克的橇棍斷了，特皮托奧特赫努阿才能倖存至今。

有些傳說也提到位在遠古太平洋中的「希瓦」（Hiva），也就是復活節島第一批居民的故鄉。他們的故鄉遭到「烏歐克橇棍的破壞」，後來都「沉沒在大海中」。這些傳說的有趣之處，就在於它們和七賢者與阿普卡魯之間的很多傳說都有很多雷同之處。阿普卡魯是美索不達米亞傳說中大洪水時代前的賢者。艾德福建築文本也提到七位賢者，這七位賢者到各地尋找新家園，重建已經沉沒毀壞的諸神的世界。這七位賢者都是「國王之子和受到啓蒙的人」，據說復活節島最早的聚落，就是在七賢者的幫助下建立的。傳說中的阿普卡魯也是如此，他們奠定美索不達米亞所有神殿的基礎。艾德福銘文中的賢者走遍埃及各地建造聖丘，後來的金字塔和神殿都是建造在聖丘之上。而希瓦七賢者來到復活節島的第一項工作，就是「建造石丘」。

這些巧合之處是否有什麼含意？難道復活節島的摩艾石像，會是一萬兩千年前的冰期，或更早之前的某個失落文明的生還者建造的嗎？

羅勃特・J・孟席斯（Robert J. Menzies）博士是北卡羅萊納州波福（Beaufort）的杜克大學海洋實驗室海洋研究所的所長。他的一項發現帶來一個可能的線索。一九六六年，孟席斯在太平洋進行爲期六週的海洋學調查，調查地點就位在祕魯和厄瓜多外海的米爾內－愛德華深淵（Milne-Edwards Deep），這道海溝部分地區的深度達到一萬九千呎（五千七百九十一公尺）。孟席斯博士的研究船安東布魯恩號，在祕魯首都利馬（Lima）的卡亞俄港（Callao）西方約五十五哩，使用當時最先進的水下攝影機，在深達六千呎的水域探測。他們在那片有大量沉積物的海床上，拍攝到「經過雕刻的怪異石柱」：

有兩個石柱是直立著，它們的直徑約在兩呎以上，露出淤泥的部分有五呎。另外有兩個石柱是倒下的，而且部分被掩埋著。此外，我們還看到另一塊方形石塊。

孟席斯博士在接受《科學新聞》（*Science News*）訪問時說：「我們從未在其他地方發現過這樣的結構，我還是頭一次看到這種東西。」後來在研究船的正式巡航報告中他還提到，石柱上有些看似「銘文」的記號。

我認爲孟席斯博士的發現，可能就是沉沒陸地「希瓦」的線索。但我並沒有收到他們更進一步的調查結果。我們再談談復活節島，傳說中，有一群在大洪水中倖存的人，他們在復活節島定居，計畫在那裡重建他們失去的世界。這些人後來到哪去了？也許我們可以從地質學研究找到一些線索。

地下埋了什麼？

波士頓大學的羅伯特．夏克博士，曾以地質定年法重新界定吉薩大金字塔的年代，因此聲名大噪。在鑑定紀念性建築的年代時，夏克從不輕易推翻主流考古學的看法，把年定認定得更古老。他通常會認同一般認定的年代，有時他也有不同的看法，例如他對人面獅身像，和第二章提到的印尼帕當山，就有不同的年代認定。但這全是因爲他找到一些有力的地質學證據，而考古學界對這些證據卻不屑一顧。

他對復活節島摩艾石像的分析就是一個例子。以下就是他在復活節島調查後，經過仔細推敲得到的結果：

讓我印象最深的，就是在不同的摩艾石像上，有不同的風化和侵蝕痕跡。這也是摩艾石像年代認定常出現爭議的主要原因。我也特別注意到，在不同的摩艾石像四周也有不同程度的沉積。有些摩艾石像四周有深達六公尺以上的沉積物。因此雖然石像是直立的，卻只有下巴和頭露出地表。這麼厚的沉積也可能是在短期內造成的，大規模山崩、土石流或島嶼受到海嘯侵襲，都可能造成這種結果，只是我找不到相關證據。更何況山崩或海嘯常會讓這麼高的石像位移或傾倒。在我看來，摩艾石像四周的大量沉積，正意味著它們的年代很久遠，比大多數傳統考古學家和歷史學家認定的還久遠得多，甚至超過他們的想像。

夏克後來又說，他已經在蒐集復活節島有記錄以來，在當代正常的風化和侵蝕速度資料。「就目前的資料看來，過去一世紀的沉積速度大致很緩慢。」

夏克的這番話說得很保守。但這就是他一貫的風格。而沉積速度緩慢的最佳證明，就位在拉諾拉拉庫火山口（Rano Raraku crater）。這個死火山的火山口，是復活節島摩艾石像的主要採石場。火山口內側的斜坡，會通往一個邊緣布滿珊瑚的小湖，湖畔排列著約兩百七十座雕像，這些雕像的完成程度各不相同。有些是躺著，有些側倒著，很多是直立的，有些則以各種角度斜立著。現場的氣氛詭異得像是一場超現實藝術展，就像藝術家在準備展出時突然決定放棄，將它們棄置在那裡。

你或許會以為摩艾石像被埋在地底的部分只有一公尺左右，因為這樣就足以讓石像不會倒下了。但索爾・海爾達是一位喜歡追根究柢的探險家，他在一九五六年和一九八七年，對拉諾拉拉庫火山口的幾個摩艾石像進行挖掘。結果他發現這些石像就像冰山一樣，在地底的部分要比地表的部分大上許多。從他在挖掘現場拍攝的照片可看出，這些石像在地底的部分有九公尺以上，它們就被深埋在一層厚厚的黃泥土沉積層裡。我看過這些照片後，立刻了解到夏克的說法很有道理。我在稍早談過，考古學家堅信直到一六五〇年還有剛完工的摩艾石像。但就像夏克說的，在短短幾百年內是不可能累積出這麼厚的沉積物。

從這些沉積物看來，復活節島可能曾是某個大而連續的陸塊的一部分。正因為如此，風和水才會將某處的土壤帶到另一處淤積。復活節島雖然是世上的一大謎團，但在地圖上，它只是世界最大和最深的海洋中的一個小點。它和南美洲的海岸相距兩千哩以上，和離它最近的群島大溪地也有超過兩千哩的距離。復活節島的面積只有六十三點二平方哩（一百六十三點六平方公里），在拉諾拉拉庫火山口的摩艾石像四周有厚達三十呎的沉積物，這些沉積物絕不可能是復活節島獨自累積出來的。要累積如此厚的沉積物，很可能需要一萬兩千年以上的時間。也許當時的海平面比目前的還低，而復活節島也是某個大群島中的一個島嶼。

夏克曾提出關於復活節島的另一項疑問，也就是島上並沒有玄武岩礦，卻有一小部分用玄武岩雕刻的摩艾石像。如果復活節島曾是某個連續大陸的一部分，這個疑問就可以得到解答。以下是夏克的猜測：

「失落的玄武岩採石場」，也許就在海平面以下。這些採石場的年代非常久遠，因此以這些採石場的石材雕刻的玄武岩石像，年代必定也很久遠。在一萬年以前，上一次冰期結束後，海平面曾大幅上升。如果在海平面上升前，復活節島的海岸曾有玄武岩礦，而玄武岩石像的石材是來自這些目前已經被海水淹沒的採石場，這樣我們就能推估出玄武岩石像的年代，而且立刻就能確認，它們要比我們過去認定的年代還古老幾千年。

如果復活節島曾是一個更大陸塊的一部分，另一個令人費解的謎團也可以得到解釋，那就是所謂的朗格朗格銘文（Rongo Rongo script）。一個孤島的小聚落能發展出複雜而完整的文字系統，這還是人類史上聞所未聞的事。但復活節島卻有自成一格的文字，這些文字多半被刻在木板上。雖然原版的文字都失傳了，但仍有大量複本流傳下來，並在十九世紀時被收藏到世界各地的一些博物館。這些複本被蒐集時，復活節島上已經沒有原版的木刻文字了，而且當時的復活節島居民也都無法解讀這些文字。直到今天，這些文字仍未被解讀出來。原本就充滿謎團的復活節島，因此又多了一件無頭公案。

巴達山谷的賢者

二〇一四年五月二十八日，我來到和復活節島相距數千哩，位於印尼的蘇拉威西島（Sulawesi）的巴達山谷（Bada Valley）深處。我站在一座類似摩艾石像的巨大雕像前，這座以實心玄武岩雕刻成的石像，被深深地埋在青草地上。這座石像向左傾斜得很厲害，露出地面的部分有四公尺（十三呎）。它的體積大得嚇人。但最讓我驚訝的地方，就是它的手臂和手掌的姿勢。和復活節島上的摩艾石像，與哥貝克力石陣的石柱雕像一樣，它的手臂也是彎曲在身體兩側，手掌向腹部前方靠攏，雙手手指幾乎要碰在一起。當地人稱它爲瓦圖帕林多（Watu Palindo），也就是「賢者」。它最與衆不同之處，就是在張開的手指間有一根勃起的陰莖和一對睪丸。

這位「賢者」多大年紀？

「誰知道呢？」伊克山．凱利（Iksam Kailey）是中蘇拉威西省博物館的館長。我在印尼進行長途研究旅行時，他很熱心地在其中一段旅程陪伴我。「本島的考古學還在草創階段。」凱利比較支持的看法是，這座石像和巴達山谷的其他類似石像，至少都有四千年的歷史。其他學者各有不同的看法，他們推估的年代都介於數百年前到五千年前之間。但這些推估都沒什麼參考價值，因爲這些石像從未接受過明確的考古學年代鑑定，更何況要確認它們的年代也是不可能的。數千年來，這座山谷曾經歷過很多文化，因此也受到很多有機物質污染。在某些文化的不同時期，人們曾爲了尋寶，把瓦圖帕林多挖出，因此我們永遠無法查出它的眞實年代。在不遠處的貝索亞山谷（Besoa Valley），有些文物經過碳年代測定後，被確認爲兩千八百九十年前的物品。但這又如何？這個結果和賢者的年代完全沒有關聯。

要到達巴達山谷必須先走很長一段路。和我同行的有桑莎與丹尼・希爾曼・納塔維德亞亞，納塔維德亞亞是一位地質學家，位在爪哇西部帕當山上的神祕金字塔，就是因爲他才受到世人矚目。丹尼的朋友和同事韋斯努・阿瑞斯提卡也加入我們，熱心地爲我們打理旅途中的後勤事宜。我們在五月二十六日啓程，從雅加達搭機飛往中蘇拉威西省的省會帕盧（Palu）。五月二十七日早晨，伊克山・凱利在帕盧和我們會合。接著我們又在一條路況極差的道路上行駛一整天，穿過壯麗的山區鄉野，在傍晚抵達位在巨大的婆娑湖（Lake Poso）畔的天塔

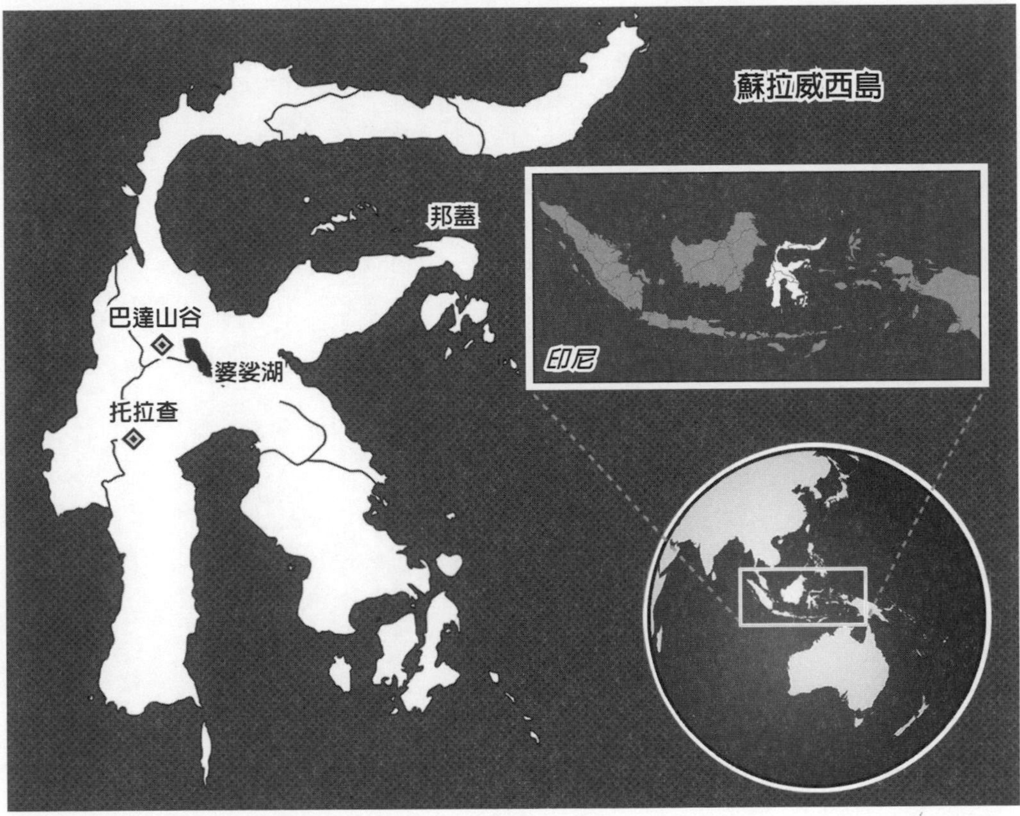

圖 69

蘇拉威西島和鄰近地區。

納鎭（Tentana）。在次日五月二十八日，我們又行駛五十公里，來到位在巴達山谷中心的邦巴村（Bomba）。它就和印尼的很多地方一樣，美得讓人歎爲觀止。那裡有一大片平坦的台地，水稻田裡倒映著環繞的青山和山上的白雲。我們到達邦巴村時已是日上三竿了。我們住進一家樸素卻不失舒適的民宿，接著就直接去尋找巨石。

山谷的巨石結構大致可分爲兩種，第一種是極大的石製水槽，它被稱爲卡蘭巴（Kalamba）。卡蘭巴就是經過精準切割和鑿空的巨石，有些重達一噸以上。第二種是類似瓦圖帕林多的雕像，重量可達到二十噸。我們在水稻田邊和崎嶇的林間小路走了兩天。後來我們在森林中的一片空地，發現一個仰望天空的倒臥雕像。不久我們又發現另一個仰臥在河中央的雕像。這兩個雕像的手掌和手臂的位置，都和瓦圖帕林多的賢者雕像相同。第三個雕像的樣貌很奇怪，長得和魚一樣，脖子以下都被埋在深深的水稻田中。第四個雕像則是孤零零地站在山脊上，遙望著遠山。

讓我感到無奈的是，我對這些巨石一無所知。它們的建造者是誰？是在何時建造的？建造的目的爲何？這些問題都讓我百思不得其解。

哈比人、龍和大洪水

我們從巴達山谷風塵僕僕地趕到南蘇拉威西的托拉查（Toraja）。在蘇拉威西島，到哪裡都免不了要長途跋涉，畢竟它是世界第十一大的島嶼。我們在托拉查待了幾天，當地有一種怪異的葬禮習俗，人們每年都會將死者挖出，爲死者穿上新衣，把腐爛的頭髮梳理整齊，把棺木清理乾淨，再把死者放回棺木。當地人也會在峭壁高處鑿出壁龕，將眞人大小的死者雕像放在壁龕內。此外，當地也有些遍布著骸骨的洞穴。

我們來這裡並不是爲了看死人，而是尋找巨石。但在托拉查，巨石總是和亡者有關。不同於世上的其他地方，甚至不同於印尼的其他地區，托拉查的亡者並不是活在被遺忘的遙遠過去，他們仍要參與一場熱鬧又繁複的儀式。我們來到波里．帕林丁（Bori Parinding），這裡有大批高聳的針狀豎石紀念碑。在歐洲有不下十多處年代超過五千年的巨石陣遺址。如果將波里．帕林丁的豎石碑搬移到歐洲的石陣中，它們也不會顯得突兀。但波里．帕林丁只有兩百年的歷史。

這裡最古老的巨石是在一八一七年被立起的。每一座石碑都是在紀念一位過世的托拉查名人，而且每年人們仍不斷從採石場採石，製造和立起新的豎石紀念碑。安山岩石碑的石材是來自附近的一座石礦場。一位當地的老先生介紹石碑的製作，他們是以鎚子和金屬鑿刀雕塑石碑的。石灰石碑可重達十五噸，石材是來自五公里外的石礦場，由數百人輪流藉著木製滾輪拖拉，要花上一週以上的時間，才能將石碑運送到指定位置。

我開始了解到，印尼仍保存著迷人的古老傳統，遙遠的過去在印尼仍歷久彌新。

我到達下一個目的地弗羅勒斯島（Flores）時，更強烈地感受到印尼歷久不衰的傳統。我們從托拉查出發，開了一整天的車到達望加錫（Makassar），接著搭機飛往峇里島（Bali），再經過以大型掠食蜥蜴「科摩多龍」著稱的科摩多島（Komodo），最後到達恩德（Ende）。恩德是弗羅勒斯島的主要「城市」，但它的人口只有六萬人。最近，弗羅勒斯因爲島上發現弗羅勒斯人的骸骨而聲名大噪。這種已經滅絕人種的直立高度只有一點一公尺（三點五呎），這也難怪他會被暱稱爲「哈比人」②，我稍後會繼續談這個人種。但我經過科摩多島，最後到達恩德後，不禁要感嘆印尼眞是個名副其實的神祕國度。世界各地都不乏龍和哈比人的傳說。但只有在這個國家，龍和哈比人不只是傳說，還是科學研究的對象。

弗羅勒斯島是個迷人的地方。這座與世隔絕的純樸島嶼並沒有太多現代化便利設施，卻瀰漫著一股溫馨祥和的氣氛。我們以巴加瓦鎮（Bajawa）為基地，在那裡待了幾天，走訪了幾個村落。這些村落有大批巨石紀念建築，而整潔的茅草頂竹屋就蓋在巨石四周和巨石上。

班納村（Bena）就位在巴加瓦鎮十六公里外，從村子就能遠眺薩武海（Savu Sea）和伊內里火山（Mount Inerie）。八十八歲的約瑟夫（Joseph）是一位年高德紹的長者，也是我們在當地的嚮導。班納村裡有兩排房子，房子有很高的茅草屋頂，屋頂的剖面是三角形的，這種結構是當地的一大特色。在兩排房子之間有一片又長又寬的公共空間，公共空間裡充斥著各種豎石紀念碑和墓石牌坊。和托拉查的豎石紀念碑一樣，這裡的石碑或墓石，也很像歐洲的新石器時代遺址的出土文物。約瑟夫告訴我們，不同於歐洲的墓石，這裡的墓石牌坊其實並不是墳墓，而是村內各氏族使用的祭壇。這裡的祭壇常舉行水牛獻祭，以紀念過世的名人。這些巨石的功用是聯結陰陽兩界，讓活人能和死者溝通。

和冥界交流的傳統，並不太符合基督教教義。其實基督教也是當地生活的一部分，在村子的一端就有個聖母瑪利亞的祭壇。約瑟夫說，他小時候還看過人們在建造豎石紀念碑和墓石牌坊，但現在已經不再有人建造，這項傳統已逐漸沒落了。我向他詢問巨石結構的由來時，他告訴我一個精采的故事。

他說：「我們的祖先是在一萬兩千年前的大洪水時，乘船來到這裡的。」這個村子似乎是為了紀念這艘船而建造的，因此格局很像船身。據說這艘船的動力並非來自風帆，而是來自一具「引擎」。約瑟夫帶我參觀一個大約位在村子中央的巨石石室，它代表的就是那艘船上的「機房」。我問他這些巨石是從哪來的，他說它們是來自二十公里外，伊內里火山的山坡。他們的祖先是用魔力運送巨石的。他還說，有位來自美國的史密斯教授證實過這個說法。

我後來也沒查出這位史密斯教授的身分或眞假。因此約瑟夫提到外國學者這件事，讓我不禁有點懷疑，這個故事也許並不是當地的傳說，而是外來的虛構故事，約瑟夫卻以爲眞有其事。我們在弗羅勒斯的其他巨石村落，聽到的故事都不一樣。瓦哥村（Wogo）的耆老說，有個被稱爲達科（Dhake）的「巨人」，這個巨人非常高大，他只靠一己之力，就把巨石從伊內里火山上搬運到山下。

這些傳說雖然不盡相同，卻有個共同之處，那就是其中都少不了怪力亂神。

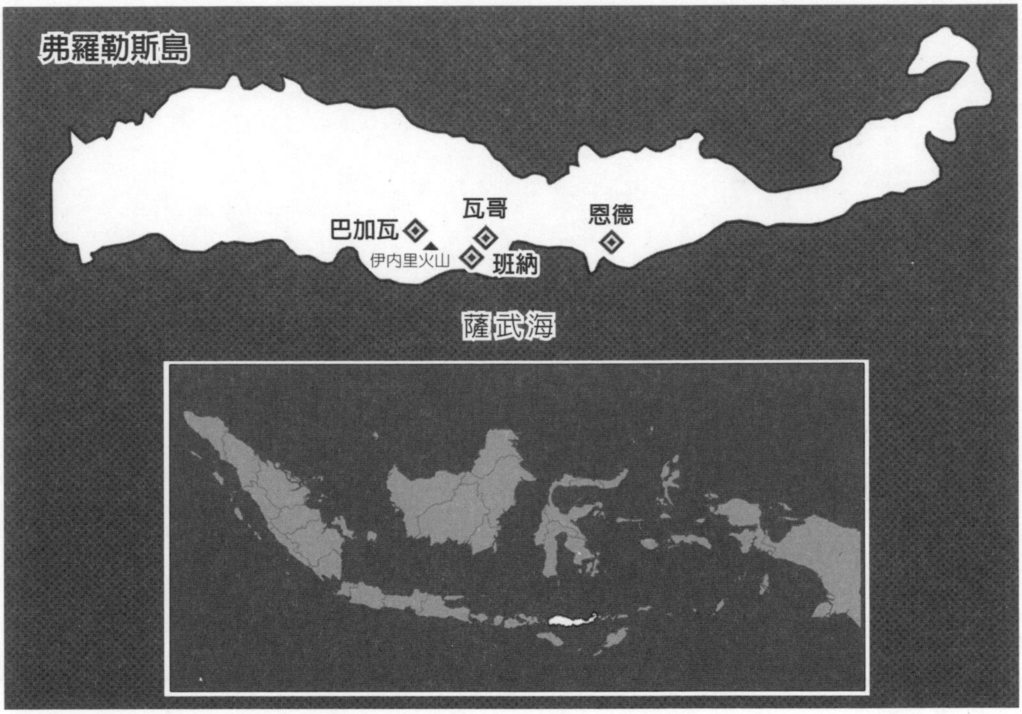

圖 70

弗羅勒斯島和鄰近地區。

南海女王

我們離開弗羅勒斯時，是從恩德搭機經由峇里島的登帕薩（Denpasar）前往蘇門答臘的巨港（Palembang），接著展開兩天的陸路旅程，從東往西越過南蘇門答臘省。我們這次的目標仍是巨石。但我們找到的巨石多半是大型人像或人形神像。這些雕像顯然是受到印度和佛教文化影響的產物，因此絕不可能是史前文物。直到我們來到帕加拉蘭市（Pagar Alam）附近的一處山區咖啡農場，才看到一些值得一看的事物，也就是一連串巨大的巨石地底洞穴（參見彩圖八十一）。在一些洞穴中畫著旋渦狀的圖案，圖案是以紅赭石和木炭繪製的，色彩很鮮豔。圖案中也能看出動物的形狀。

這些洞穴都沒接受過年代鑑定。但在英格蘭的西肯尼特長塚（West Kennet Long Barrow），或法國布列塔尼區（Brittany）卡納克村（Carnac）的加夫里尼斯（Gavrinis），都有類似的洞穴。那些洞穴都有五千年以上的歷史。法國和西班牙的洞穴壁畫遺址就更古老了。就以法國的肖維岩洞（Chauvet）爲例，它的年代就可追溯到三萬三千年前。蘇門答臘的壁畫和歐洲南部的壁畫有很多相似之處，它們的畫風都很夢幻，而且充斥著典型的「內視性」（entoptic）圖案。這就意味著作畫者是巫師，這些巫師可能是吃了致幻植物或蘑菇，陷入深層超常意識狀態，他們描繪的就是他們看到的幻象。

我們接著繼續驅車前往明古魯（Bengkulu），從那裡搭機前往雅加達。位於爪哇島的印尼首都雅加達，是個龐大又不規則擴散的城市。雅加達就像一隻大章魚，一旦陷入道路的擁擠車陣中時，就像是被大章魚的觸手牢牢纏住，想要脫身就很困難了。我們終於在當天傍晚到達下一個目的地，它就是位在爪哇西南岸，面對著印度洋的皮拉布安拉圖（Pelabuhan Ratu）。我們只會在此過夜，次日早晨就要前往內陸的另一處巨石遺址。但我發現原義爲「女王之港」的皮拉布安拉圖，其實也是個很有故事的地方。在我們下榻的蘇門答臘海灘旅館，有間無法預訂的房間——三〇八號房，因爲它是永久保留給南海女王的房間。南海女王是統治一座沉沒城市的女神，有時會在岸上現身，和凡人互動。

我對沉沒的城市原本就很感興趣，對印尼群島附近的沉沒城市就更有興趣了。印尼群島原本是一個超級大陸的一部分，地質學家稱這個大陸爲巽他古陸。印尼群島原本都在水面以上，和東

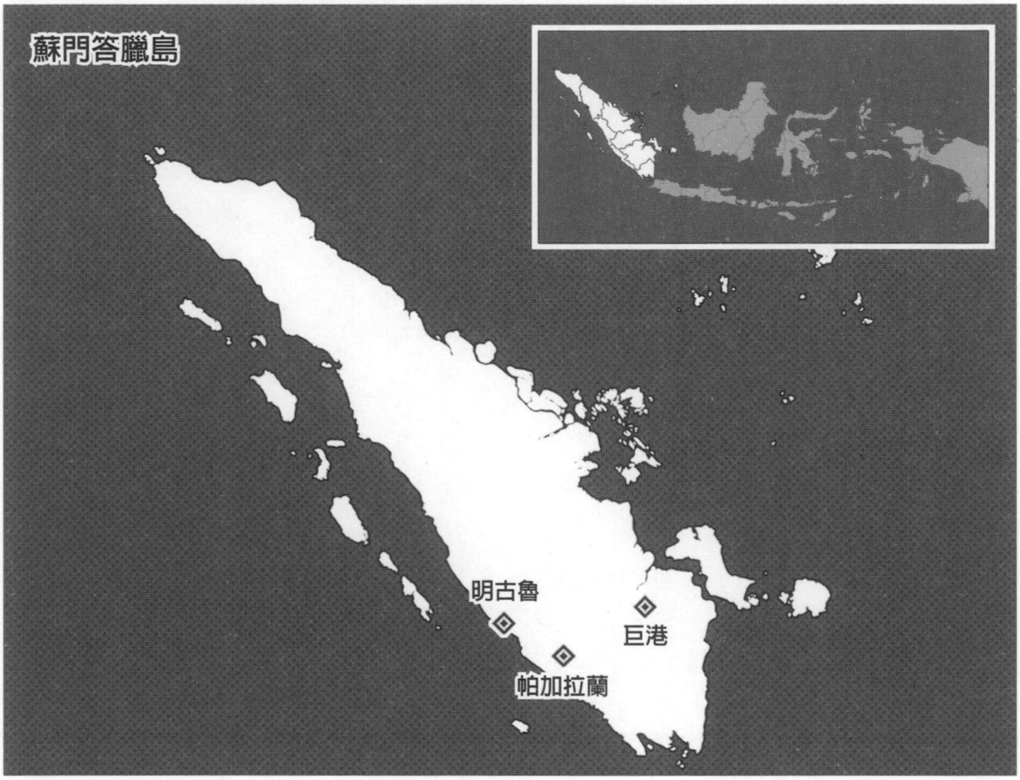

圖 71

蘇門答臘島和鄰近地區。

南亞其他地區連成一氣，直到約一萬一千六百年前才成爲群島。在新仙女木期末期，海平面大幅上升，這個地區失去的可居住陸地，在世界各地幾乎可算是最多的；它失去的陸地中還包括一大片低平原區。雖然現在已經快半夜了，我仍堅持要去三〇八號房參觀。這個房間布置得就像是女王的閨房，掛了各種憑空想像出的南海女王琪杜爾（Nyi Roro Kidul）的繪畫。

印尼沉沒的故事很浪漫，也許其中也隱藏著一些重要線索。當然了，任何想解開人類文明起源之謎的人，都不該不去研究在短期內沉沒的巽他古陸。那裡在沉沒前，曾有大片肥沃的土地，和四個主要河流系統。巽他古陸的條件極爲優越，再加上它的沉沒主要是發生於一萬一千六百年前，也就是柏拉圖所說的亞特蘭提斯的沉沒年代。正因爲如此，和我們同行的地質學家丹尼・希爾曼・納塔維德亞亞，才會認定印尼就是亞特蘭提斯，而且他也花費不少精力，調查帕當山奇特的巨石金字塔。

就像我在第二章說的，我第一次造訪帕當山是在二〇一三年十二月。現在它就位在我們北方一百二十公里，我們在這趟旅程的最後會再到那裡去。在舊地重遊之前，我們還要先去走訪另一個遺址。它被稱作圖古各得（Tugu Gede），就位在皮拉布安拉圖北方二十公里山區中的先庫村（Cengkuk）附近。

印尼有很多陡峭又有點可怕的道路，我們早晨出發後，就行駛在這樣的道路上。但這趟旅程再次讓我覺得不虛此行。我們行駛到汽車能到達的極限，接著再走上好長一段路，先穿過香蕉園中的一個村落，接著進入茂密的森林，最後來到一個神祕的林間空地。空地上有一個巨大的主要巨石紀念碑，它的兩側被鑿切過，整體變得像是方尖石碑。它露出地表的部分只有三公尺高。在主石碑四周有一圈較小的巨石紀念碑，有些傾倒了，有些仍直立著。小石碑附近有大量經過加工的石頭，很多石頭上都雕刻著由杯狀凹陷構成的圖案，和土耳其哥貝克力石陣的杯狀凹陷很類似。

在圖古各得曾進行過一些粗略的挖掘研究，但人們對它的年代爲何仍沒有共識。專家都同意這些巨石是史前遺物，「有數千年的歷史」。只是誰也無法確認它們到底有幾千年。這處遺址有些年代較近的居住層位，層位中的出土陶器和文物只有幾百年的歷史。這也難怪了，因爲這處遺址直到今天都很接近人類聚落，當然也會受到影響。這裡的出土文物中，最怪異的就是一個小雕像。考古學家一廂情願地認爲它是印度教的濕婆神。但這個雕像和我看過的任何濕婆神神像都不相同。從它交叉的雙手和風格獨特的頭飾看來，我認爲它倒像是雕工樸實的古埃及雕像。

主流考古學界不相信古埃及人曾到過印尼，因此他們從沒考慮過我提出的可能

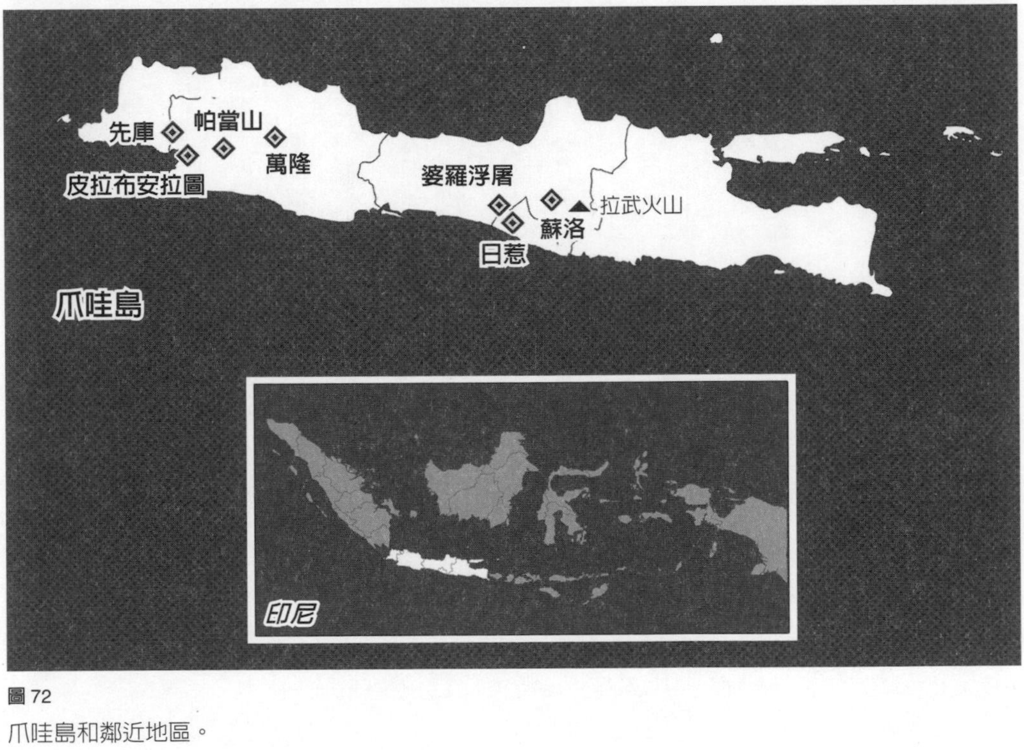

圖 72
爪哇島和鄰近地區。

性。但一些有力的證據指出，埃及在法老時代就能從事長程的海上航行。舉例而言，在九具年代介於公元前一〇七〇到公元三九五年的木乃伊中，被發現有古柯鹼和菸草。但古柯葉和菸草都是美洲的原生植物。過去人們一直認爲，它們是在哥倫布之後，才被引進舊大陸的。

這些由史微拉娜・巴拉班諾娃（Svetlana Balabanova）、F・巴希（F. Parsche）和W・波西格（W. Pirsig）做出的發現，一直飽受其他學者質疑。這些學者先入爲主地認爲，古埃及人根本沒有能力進行長程海上航行。質疑者之一的埃及古物學家約翰・班恩斯（John Baines）說：「古埃及人能航行到美洲的說法，簡直是荒謬至極。就我所知，並沒有任何人在從事這類研究，因爲這種研究是沒有意義的。」在我看來，班恩斯的批評確實反映出一個問題。但這個問題並不在來自巴拉班諾娃的發現，而是來自埃及古物學；甚至可以說這是存在於整個考古學界的一個根深柢固的問題。考古學界會墨守成規地認定什麼是可能的，什麼是不可能的。他們遇到一些可能顛覆成規的證據時，不是視而不見，就是刻意迴避或嗤之以鼻。他們在處理冰期的失落文明時，就是採取這種態度。他們之所以反對這種說法，並不是因爲掌握了什麼確切的證據，而是因爲他們先入爲主地認爲那是不可能的事。

巴拉班諾娃的發現後來被證實是眞實的。既然古埃及人曾航行到美洲，我們也沒有理由否認他們可能也曾航行到別處，如向東航行到印尼或更遠的地方。在澳洲東部雪梨北方的哥斯福（Gosford）附近的一處荒野遺址，有些古埃及的象形文字銘文被發現了，只是學者對這項發現仍有些爭議。主流考古學家認爲，這些銘文很可能是二十世紀的惡作劇。但我親自看過這些銘文後，卻認爲它們是眞的。象形文字專家穆罕默德・易卜拉欣（Mohamed Ibrahim）和約瑟夫・阿卜德・哈基姆・奧楊（Yousef Abd'el Hakim Awyan），在二〇一四年十月解讀這些象形文字後，做出以下的結論：

哥斯福象形文字確實是真的。除此之外，抄寫者還使用了幾個遠古的象形文字和語法變異。最重要的是，直到二〇一二年，這些遠古文字和語法變異才被收錄在埃及象形文字文本中。長久以來的各種「惡作劇」理論立刻不攻自破了。從哥斯福象形文字的特殊風格，也能推算出它的年代。由此可知早在兩千五百年前，埃及人就到過澳洲。此外，我們也可以從翻譯得很仔細的譯文中，看到古代抄寫者的姓名和職業。

我並不是說這件事已經水落石出了。哥斯福象形文字有可能是惡作劇，也有可能不是。我們必須再做更多研究，才能判定它的眞僞。我想強調的是，正統考古學家會堅持自己對過去先入爲主的認知，因此不願進行全面研究，調查過去到底發生了什麼事。這種研究態度就是食古不化。我認爲我們不該否定任何可能性，一口咬定古埃及人不可能到過美洲、印尼和澳洲。我們應該接受古埃及人曾到過這些地方的可能性，並研究他們遠航的目的爲何，和他們是在何時展開航行的。此外，我還要提出一個値得探究的問題。艾德福建築文本曾多次提到一個傳說，那就是在東方曾有個沉沒的諸神故鄉。這個傳說是否和哥斯福象形文字之謎有關呢？

我就以更明白的方式重覆一次我的問題。印尼曾是東南亞大陸的一部分，到了上個冰期末期，印尼才因爲海平面急劇上升，成爲超過一萬三千個島嶼。而印尼群島中，擁有四十五個活火山的爪哇島，是否就是古埃及人所謂的「火之島」，也就是R・T・倫德・克拉克所說的，「位在地平線之外的神祕發源地」呢？

我在第十一章曾介紹過「火之島」，和重要的神奇元素「海克」。據說鳳凰曾將海克從火之島帶往赫利奧波利斯，也就是地球在象徵和實體意義上的中心。這裡所說的「火之島」，是否就是爪哇島呢？

艾德福文本中提到的諸神故鄉的島嶼，顯然就是火之島。而智慧之神托特曾在火之島上「建造神壇祭拜諸神」，這座由數個火山構成的島嶼，和「火之島」似乎也有些淵源。這些傳說中提到的島嶼，是否就是爪哇島？

正統考古學的魔掌

我們在二〇一四年印尼之旅的最後一程，回到神祕的帕當山金字塔。長久以來，它一直被認爲是一座天然山丘。丹尼．希爾曼．納塔維德亞亞在鍥而不捨的調查後，終於讓它成爲世界注目的焦點。我在第二章已經介紹過它了，所以在此不再多做贅述。

我曾介紹過，在帕當山最上層的階地上，有個清晰可見的圓柱狀玄武岩巨石遺址。這處遺址是丹尼和他的團隊在長期研究中的最新發現。他們利用地震斷層掃描攝影術、透地雷達和其他遙測科技，發現地底數十公尺的人造結構。他們對這些地底結構進行岩芯鑽探，取得可靠的有機物質樣本。根據碳年代測定的結果，這些樣本有超過兩萬兩千年的歷史，遠比上一個冰期的末期還要古老。但根據正統考古學的說法，在上一個冰期末期，人類的祖先仍只是原始的狩獵採集者，沒有能力建造大型結構，或完成讓人驚歎的工程。有趣的是，就像我在第二章談過的，遙測儀器發現在這座金字塔深處，似乎有三個隱藏的穴室。這些穴室具有直稜角分明的結構，因此不太可能是天然形成的。

最大穴室的深度在二十一點三到二十七點四公尺之間（七十到九十呎之間），高約五點五公尺（十八呎），長十三點七公尺（四十五呎），寬九點一公尺（三十呎）。

我們在二〇一四年六月初造訪帕當山時，挖掘行動仍因考古學家的反對而陷入停頓狀態。但在八月時，當時的印尼總統蘇西洛・班邦・尤多約諾（Susilo Bambang Yudhoyono）果斷地介入後，丹尼和他的團隊終於能繼續挖掘一段時間。令人遺憾的是，在二〇一四年十月，尤多約諾總統做滿第二屆任期下台後，挖掘工程不久也停止了。繼任總統佐科・維多多（Joko Widodo），對這項計畫並不像尤多約諾總統那麼熱中。維多多的冷漠，也許是因爲受到萬隆考古中心的主任德西利爾・香緹（Desril Shanti）的影響。香緹曾在二〇一四年九月末，對帕當山挖掘計畫提出公開批評，指責他們並沒有採用考古學界常沿用的標準方法。她說：「我雖然沒去過遺址現場，但我根據照片就能做出判斷。考古挖掘計畫不該是以這種方式進行的。」她也反對對這項計畫提供資金，她認爲這筆資金原本應該由她的部門獲得。

就像我在第二章曾提到的，在二〇一四年十月初，丹尼興高采烈地寫給我一封信：

> 研究進展得很順利。在過去幾週，我們已經在巨石遺址正上方進行三處開挖，發現更多地底結構的證據和細部資料。我們已經挖掘出更多石製工藝品。在巨石遺址下方顯然有個類金字塔狀的結構。只要能到現場看看，就算非專業人士也能看出這裡有個金字塔般的結構。我們發現在地底五到七公尺有個開放式的大廳。但我們還沒有進入主室。透地探測結果指出主室就在巨石遺址中央，我們目前正針對疑似主室的位置鑽探。

幾天後，丹尼寫信通知我，在印尼總統換人後，鑽探和挖掘工作也被迫中斷。雖然如此，他們在短暫又被迫中斷的第一季就頗有斬獲。丹尼在來信中和我確認，雖然他們只有時間挖掘年代較近的堆積層，但碳年代測定的結果顯示，這個堆積層的年代就可追溯到公元前五二〇〇年，也就是七千兩百年前，比公認的埃及吉薩金字塔的年代還要古老上近三千年。他們在巨石遺址挖掘時，已經可以清楚看到下方還有第二層人造圓柱狀岩石層。而最初的岩芯鑽探和遙測結果，也確認下方有年代古老得多的堆積層。簡單地說，目前我們已經能確認帕當山非常古老。數十年來，考古學家一直認定帕當山只有三千年的歷史。但帕當山的年代要比三千年還古老的多。就連態度最強硬的考古學家，現在也開始重新評估這處遺址的年代，並稱它為「一個巨大的階地墓塚，和印尼群島最大的巨石文化的一部分」。

我在寫這本書時，仍和丹尼保持聯絡。二〇一五年一月十四日，他以電子郵件告訴我一個壞消息，他們後續的現場作業仍未獲批准。他寫道：「我們仍在等待新政府回應，讓國家研究團隊能繼續對帕當山的研究。」他接著寫道，他對於在研究中斷期間，帕當山上正在進行的各項工程感到很憂心。「這些公共工程是由觀光局等單位執行的。他們在施工前並沒有擬定好完善的計畫，也沒有和我們商量。他們正在破壞這處遺址。」丹尼仍抱著很大的希望，認為他和他的團隊在短期內就能獲准繼續挖掘行動。他說只要取得許可，「我希望在二〇一五年結束前，對第二堆積層，也就是那些有七千年歷史的結構，有更深入的認識，並開始探索有一萬年歷史的第三堆積層。」

二〇一五年三月十日，我又收到丹尼的來信。令人遺憾的是，他在信中只說，自從他在一月十四日來信後，調查工作一直沒有進展：

> 新上任的文化部長仍未批准國家研究團隊的計畫。我們仍在等待中，希望新部長能重視帕當山的研究計畫。

我們只能靜觀其變，但情況似乎不太樂觀。在《諸神的魔法師》付印時，正統考古學也許會再次伸出魔掌，處心積慮地讓我們無法知道人類歷史的眞相。在帕當山年代介於七千年前到一萬年前的堆積層下，還有更古老的人造結構堆積層。這些堆積層是由岩芯鑽探和遙測儀器發現的，但它們至今仍未被挖掘或探勘過。它們的年代比一萬兩千八百年前到一萬一千六百年前的新仙女木期大災難還古老，甚至可以遠溯上一個冰期。當時某個失落的文明還在蓬勃發展中。我們只在神話、傳說，或這個文明倖存者的作品中聽說過它。這些倖存者之所以要留下線索，就是爲了重建「已經消逝的諸神世界」。

如果要在世上挑出能孕育出這個文明，並讓它順利發展的最佳地區，印尼必定會名列前茅。丹尼・希爾曼・納塔維德亞亞、阿利希歐・桑托斯（Arysio Santos）教授，和一些認眞的研究人員，都看出印尼具有得天獨厚的條件。因此他們提出一些證據，證明柏拉圖所說的亞特蘭提斯，其實並不是位在大西洋。他們認爲種種跡象都顯示出，這個失落的文明是位在東方，也就是印度洋和太平洋之間。準確地說，它就位在被冰期洪水淹沒的巽他古陸。而印尼群島就是亞特蘭提斯仍殘存至今的地區。主流考古學界仍堅決反對失落文明的說法，不管這個文明的名稱爲何，也不管它是位在東方或西方。但我認爲印尼有太多來自遠古的「難以解釋的現象」，讓我們不得不質疑主流考古學的觀點。以下就是一些例子：

• 我稍早介紹過，被暱稱為「哈比人」的弗羅勒斯人，很可能是和人類完全不同的一個人種。在同為人屬物種的尼安德塔人（Neanderthals）和丹尼索瓦人（Denisovans）從地球上消失後，他們仍繼續存活了幾萬年。巧合的是，弗羅勒斯人約在一萬兩千年前滅絕，那時正好是多災多難的新仙女木期。

• 頗富盛名的學術期刊《自然》，在二〇一四年十月八日出版的期刊中，以驚歎的口吻提到，在印尼蘇拉威西島發現的繁複又精細的岩洞畫，年代至少在三萬九千九百年前。過去人們一直以為，只有歐洲才有遠古的高度象徵藝術。但和在歐洲發現的同類藝術相比，蘇拉威西島岩洞畫的年代不是一樣古老，就是更加古老。

• 在二〇一五年二月十二日出版的《自然》期刊中，有則報導指出，在爪哇發現了一些幾何圖形雕刻。幾何圖形的繪製「通常被視為現代認知和行為能力的表現」。但爪哇幾何雕刻的年代測定結果為五十萬年前，也就是智人首度在地球出現之前三十萬年。

直到最近，我們才在印尼發現這些能改寫人類史的證據，也許其他類似證據也會陸續出現。如果未來的考古挖掘能找到一個仍不爲人知的文明，那也不足爲奇。在冰期末期，印尼地區的海平面上升了超過一百公尺，造成大片土地被淹沒，因此，這裡極可能埋藏著不少未知的事物。這也是帕當山之所以重要的原因。帕當山最重要的部分，也許就是透地雷達和遙測儀器標示出的巨大穴室。它就位在金字塔深處，金字塔頂端下方七十呎到九十呎的地方。

它會是某個失落文明的「記錄廳」嗎？

我們只能拭目以待了。

火之山和灰之山

帕當山並不是我們二〇一四年六月研究之旅的終點。我們再次探勘過那處令人驚歎的遺址，感受它那古色古香、醇厚，又有點撲朔迷離的氣氛，也更深入了解到，當地人爲何會稱它爲光明之山，而且如此敬愛它。接著，桑莎和我就回到西爪哇省的首府萬隆。第二天早上，我們從萬隆搭了七小時的火車，來到中爪哇省的日惹市（Yogyakarta），我們將在那兒著名的婆羅浮屠佛塔附近待上幾天。

這趟火車之旅眞是令人心曠神怡，映入眼簾的盡是生氣蓬勃的稻田、青草和綠樹。和善又忙碌的人們也讓我們備感親切。我們在晚上抵達日惹，但在次日清晨四點就起床了，接著驅車前往龐薩賽圖姆布（Punthuk Setumbu）。龐薩賽圖姆布是山坡上的一個景點，從那裡就能俯瞰婆羅浮屠所在的山谷。天氣並不算冷，這裡的天氣從不會很冷，只是很涼爽。下方是黑壓壓的一片，只是這種場面不會持續太久，因爲一片漆黑的婆羅浮屠不久就會被陽光照亮。

太陽慢慢升起，天空漸漸變亮了。不久，樹林茂密的山坡和下方的山谷也被照亮了，我們看到遠方高聳的雙火山山坡，它們就是默拉皮火山（Mount Merapi）和默巴布火山（Mount Merbabu）。默拉皮火山是一座活火山，名稱的原義是「火之山」。默巴布火山是一座休火山，名稱的原義是「灰之山」。約在早晨五點左右，我們就能看到山谷中茂密的樹木，只是樹木仍被低空的雲層籠罩著。不久，一陣微風吹開雲霧，讓我們首次看到波羅浮屠巨大階梯金字塔狀的佛塔，在佛塔的頂端有個高聳入雲的舍利塔，這座舍利塔就像貫穿地球中心，上達天界，下通冥府的宇宙之軸。太陽愈爬愈高，霧氣不斷盤旋擴散，在樹林間環繞不去，最後集中在山谷深處。但婆羅浮屠從霧氣中現身，變得清晰可見，就像遠古的神話之島。

這幅美景讓我們迫不及待地想去走訪婆羅浮屠，但我們今天還有別的計畫。我們驅車往東離開日惹，先朝被當地人稱為蘇洛（Solo）的蘇拉加達（Surakata）前進，接著繼續往東前往拉武火山（Mount Lawu）。拉武火山也是一座巨大的休火山。整個爪哇島似乎都被這些沉睡的巨人盤據著。在過去，這些火山的噴發物為爪哇島提供充足的養分，讓這裡的土壤變得肥沃又多產。

我們沿著拉武火山陡坡上的道路蜿蜒前進，穿過綠油油的茶園，來到九百一十公尺（兩千九百九十呎）的高度，這時火山頂和我們仍有兩千公尺以上的差距。接著我們來到一個小村莊，丹尼．希爾曼．納塔維德亞亞曾推薦我們看看這裡的蘇庫寺（Candi Sukuh），它是一座奇怪又神祕的小寺廟。他是這樣說的：「這座廟和印尼很不搭調，它看起來倒像是一座馬雅的階梯式金字塔。」

丹尼說的一點也沒錯。蘇庫寺除了規模較小，還眞是像極了猶加敦半島（Yucatan）的奇琴伊察（Chichen Itza）中，又名奎查爾寇透的庫庫爾坎階梯式金字塔。蘇庫寺是在十五世紀建造的，當時印尼正要從以印度教和佛教為主的社會，轉變成以伊斯蘭教為主的社會。蘇庫寺為何會被建造？它為何要採用這種在印尼絕無僅有的風格？學者仍無法解答這些問題。在庫庫爾坎金字塔中，其實還有個更古老的結構，目前的庫庫爾坎是在九到十二世紀之間建造的。蘇庫寺和庫庫爾坎在空間上有數千哩的距離，在年代上也相差了數百年，因此蘇庫寺不太可能曾受到庫庫爾坎的直接影響。我在探索蘇庫寺時，山上正籠罩在下午的霧氣中，蘇庫寺也因此多了幾分神祕氣氛。我不禁想到，蘇庫寺和庫庫爾坎會如此相似，難道只是出於巧合嗎？有沒有可能這兩個相隔千里的結構，都是受到相同的遠古文化的影響呢？

來自遠古的訊號

在婆羅浮屠就可看出這種影響，它是一座金字塔狀的浮屠③，由一百六十萬個火成岩安山石石塊構成，從公元七七五年開始動工，公元八二五年完工，建造時間長達五十年。它不但沒有塔銘，也沒有其他的銘文。這裡有大量精美絕倫的浮雕，描述的多半是佛的生平故事。由此就可看出，這座浮屠顯然是一座佛教紀念性建築。這座浮屠在佛教中代表的意義是：

它就是象徵宇宙的須彌山，能帶領信眾達到三菩提明心見性的境界，這就是菩薩修煉成佛的過程，也是佛教的最終目的。信徒一直讓右肩對準浮屠，沿著一條路徑走到山頂。他在途中會穿過很多迴廊，看到很多石刻浮雕，了解古代佛教經典中描述的佛陀精神。

你沿著浮屠中的迴廊順時鐘前進，從凡塵俗世慢慢走到天上時，會經過五百零四尊眞人大小的佛像，其中有四百三十二座位在方形的階地上，另外七十二尊則位在浮屠頂端的三層環狀階地上，這三層環狀階地圍繞著中央的大舍利塔。此外，穿過四個迴廊的參拜路線也經過精心設計：

迴廊一側的淺浮雕上都標明了參拜的行進方向，和該通過每個迴廊的次數。如果信徒要依照正確次序觀看完所有浮雕，他就必須沿著環狀迴廊順時針繞行十圈。在通過佛像兩千一百六十次後，就能到達頂端的入口。

我在婆羅浮屠繞行參拜，參拜的相關數字讓我又想起在前幾章提過的，那些在世界各地不斷重覆出現的神祕數字密碼。我想大家一定能體會我的想法。這個密碼是根據實際觀測分點的歲差位移得到的。每七十二年，分點會出現一度的位移，七十二因此是歲差數列中的頭一個數目。每兩千一百六十年，分日時的太陽會移動到黃道帶上的另一個星座中；而兩千一百六十也是歲差數列中的一個數目。吉薩金字塔的高度，是地球極半徑的四萬三千兩百分之一，而四萬三千兩百也是一個歲差數目。

這個密碼不只出現在巴爾貝克、哥貝克力石陣和婆羅浮屠，也存在於世界各地的神話和傳說中。從這個無所不在的密碼，就可推論出這些建築和傳說一定有個來自遠古的共同起源。根據吉爾吉奧・德・桑提拉納和赫塔・馮・戴程德的研究，這個源頭就是某個「令人難以置信的」始祖文明，這個文明「史無前例地嘗試利用數字、重量和長度，來描述他們對這個世界的認識」。

我在本書中反覆說過很多次了，我直覺地認爲曾有個失落的文明，而且它曾嘗試對未來傳送一個訊號。這個訊號的接收者就是處於二十一世紀的我們，而它的載波就是歲差密碼。

這個失落的文明採用兩種方法，確保訊號能千秋萬代地永世流傳。

第一個方法是，他們將密碼融入神話和傳說中，或隱藏在數學和建築規則裡。繼承了這些神話和傳說，或數學和建築規則的不同文化，也會將它們傳承或重現出來。如此一來，這個訊號就能完整地流傳上數千或數萬年。就算那些傳承訊號的人不了解訊號的意義，但古老的傳說自有其神聖不可侵犯的地位，因此能以完整面貌被流傳下來。

第二個方法是，他們將訊號封存在一些巨石遺址中。有些遺址雖然就位在眾目睽睽的地方，人們卻也不知道其中的奧祕，吉薩建築群就是一個例子。幾千年來，陸續有不同的文化遵循著「神聖的」規則，在未完工的遺址上繼續進行工程。有些巨石遺址則像時光膠囊一樣被埋在地底，哥貝克力石陣就是一個例子，帕當山內部的密室也許也是其中之一。只要時機一到，這些遺址就會重現人間。

《赫密士文集》的〈神聖布道〉（The Sacred Sermon）章提到：「他們將在地球上建造巨大的建念性建築，讓他們的事蹟能在時代更迭中保存下來。」

喬治・羅勃・史托・密德（George Robert Stowe Mead）是最早開始研究諾替斯主義（Gnosticism）和赫密士主義（Hermeticism）的學者。根據他的說法，〈神聖布道〉是要我們去追溯歷史：

> 追溯一個遠古時代，當時地球上有個致力推廣知識的偉大民族，他們建造了宏偉的紀念性建築，將他們的智慧保存在裡面。在時代更迭時，人們將能找到他們留下的蛛絲馬跡。

密德認爲赫密士的訊息，正好呼應著一個古老的觀點。這個觀點就是「世界會有週期性地毀滅，毀於水火之中，接著又有週期性的重生」：

> 在埃及流傳最廣的說法是，上一次的世界毀滅是大洪水造成的。在大洪水前曾有個優秀的埃及民族，他們是第一批赫密士。這個熱愛智慧的文明留下很多偉大的成就，我們至今仍看得到這些成就的殘跡。

不同於其他唯唯諾諾的現代學者，密德直言不諱地說：

我認為這個傳說很可能是真的。有時我也會納悶，在金字塔的下方，會不會有些大洪水之前的史前建築物的遺跡。

在《赫密士文集》中也常提到這個主題。此外，《托特之書》也提到，這些建築物的建造者是托特，也就是希臘神話中的赫密士。祂建造這些建築物的目的是：

祂把祂的智識刻在石頭上。但祂把大多數刻好的石頭都埋了起來，就像不讓它們發出聲音。如此一來，以後的世代也許就會尋找它們。

智慧之神收藏好祂的書後，就說了下面這段話，在話中承認自己也終會滅亡。由此可見托特也許並不是神，而是一個凡人：

我是終將一死的人。但我寫的聖書卻能永垂不朽……這片土地上的人看不到你，也找不到你。直到很久之後，才會出現有資格看到你的生物（organisms）。

密德並沒有解釋所謂的「生物」是什麼意思，有時這個詞也被翻譯成「工具」（instruments）。

但沃爾特・史考特爵士（Sir Walter Scott）在他編注的《赫密士文集》中是這樣解釋的：「很久之後，會出現一些有資格去閱讀赫密士著作的人。」

那個時候到了嗎？

我們有資格去閱讀隱藏著大洪水前智慧的「著作」嗎？

如果我們有資格，我們會發現什麼？

注釋

①「吠陀」是以古梵文創作的頌神詩歌和宗教詩歌，是印度最古老的宗教文學。共有四部，分別是：《梨俱吠陀》（*Rig-Veda*，又稱詩篇吠陀）、《夜柔吠陀》（*Yajur-Veda*，又稱祭祀吠陀）、《娑摩吠陀》（*Sama-Veda*，又稱詠歌吠陀）、《阿闥婆吠陀》（*Atharva-Veda*，又稱咒文吠陀）；其中最古老的是《梨俱吠陀》，其義為「頌歌」或「聖詩之智體」。

②托爾金的奇幻小說《魔戒》（*The Lord of The Rings*）中出現的一種虛構民族，體型矮小為其特色。

③梵文 **Buddnastupa** 的音譯，意思是佛塔。

第八部

終曲

PART8

CLOSURE

第十九章

下一個消失的文明

流傳至今的大洪水神話有兩千個以上，這些神話有很多詭異的共同點，而其中最關鍵的一點就是，大洪水並不是一場偶發災難，而是人類的惡行所引起的。

人類因狂妄自大，殘酷地對待同類，互相怨恨鬥爭，心中充滿邪念而惹惱諸神。我們已經不再注重精神修養，不再愛護地球，對宇宙也失去崇敬之心。我們被自己的成就沖昏了頭，忘了持盈保泰的重要。

就像柏拉圖說的，亞特蘭提斯的居民原本都很慷慨善良，「原本都有崇高的心靈，和圓融堅忍的待人處世態度」。後來他們因自己的成就變得驕傲自大，開始追求物質上的滿足和崇尚暴力：

> 那些沒有隨波逐流的人，很清楚地看出世道已經敗壞了。但對那些盲目追求物質享樂，以滿足權力慾望為目標的人而言，當時正是最輝煌的時代。

如果有某個社會正好符合神話中失落文明的標準，即將步入它的後塵，那個社會顯然就是我們的社會。我們製造大量污染，糟蹋美麗的地球花園。我們破壞海洋和雨林。我們因地域和派系衝突，變得互相害怕、仇視和猜疑。我們看到無數人過著水深火熱的生活，卻一而再、再而三地選擇袖手旁觀。我們自以為是地相信自己的民族是最優秀的，自己的信仰才是眞正的信仰。我們喪失了四海之內皆兄弟的胸懷，在愛國主義的驅使下不惜大動干戈。我們藉著國家、信仰或利益的名義殘害異己。我們貪得無厭，爭先恐後地生產和購買消費品，以滿足自己的虛榮心。在唯物科學大行其道的現在，愈來愈多人以為物質就是一切。他們不再相信精神世界的存在，認為人就是化學作用和物競天擇的產物。從神話的觀點而言，以上種種都是我們將走上滅亡的原因。

此外，我們的日常生活中，充斥著魔法般的先進科技，如電腦、網際網路、航空、電視、無線通訊、太空探索、基因工程、核武、奈米科技、器官移植，和族繁不及備載的其他科技。但只有少數人懂得這些科技的一鱗半爪。科技愈普及，人類的精神生活也愈空虛，「從此變得膽大妄為，肆無忌憚地投入戰爭、搶劫、欺騙等會傷害靈性的事。」

如果世界突然發生一場大災難，我們複雜又高度專業化的網路型文明可能會因此徹底崩潰，沒有東山再起的可能。這種大難一旦發生，能逃過一劫，在災難過後繼續傳述人類故事的人，極可能就是目前世界上最弱，最被邊緣化的民族，如亞馬遜叢林和喀拉哈里沙漠中的獵人採集者。他們之所以能存活下來，是因為他們對生存的要求很低，又具有絕佳的求生技能。

在一千年或一萬年後，這些倖存者的後代，會怎樣描述當年的人類？他們也許會在神話和傳說中，記錄下一些被我們視為理所當然的事物，例如全天候的新聞，或接收來自世界各地和外太空影音訊息的能力。在古奎查馬雅的聖書《波波爾．烏》中，曾提到「令人驚歎的祖先」，或許我們也會成為這些倖存者口中的「令人驚歎的祖先」：

他們具有超高的智力，無遠弗屆的視力，能即時掌握全世界的動態。他們不但能眼觀四面，還能看到整個天空，甚至球形的地球表面。他們不必移動，就能看到遠方的事物，也能待在原處看到全世界。他們不但充滿智慧，還能將森林、湖泊、海洋、群山和山谷盡收眼底。

這個失落的先進史前文明和現代社會有很多共同之處。這些「祖先們」變得驕傲自大，踰越了凡人應遵守的分際。因此諸神不禁自問：「他們是我們創造的，卻變得很我們一樣偉大？我們就挫挫人類的銳氣，因為他們惹惱我們了。」懲罰很快就降臨了：

天堂之心將霧吹進他們的眼睛，讓他們看不清楚，就像蒙上霧氣的鏡子。他們的眼睛蒙上霧氣後，只看得清楚近在眼前的事物。祖先的智慧和知識也就這樣被摧毀了。

《波波爾．烏》有段耐人尋味的描述，說到諸神是如何把我們的祖先困住的：

天堂之心降下一場洪水，有一大塊樹脂從天上落下。地面變得一片漆黑，日夜不停下著黑雨。太陽和月亮都被遮蔽了。大量冰雹、黑雨、霧出現了，天氣變得很寒冷。

上述的各種現象，正好反映出一萬兩千八百年前，地球在寒冷的新仙女木期剛開始時的慘況。我在第二部已經提供大量證據，證明當時有一個巨大的彗星解體，其中有幾個大碎塊撞擊上地球。很多科學家現在也確認了真有其事。

我之所以要寫這本書，就是要讓大家注意這些傳說，和傳說中的一些共同之處。不論這些傳說是來自墨西哥、祕魯、復活節島、美索不達米亞、古埃及、古迦南或土耳其，它們都有些值得探究的共同點。舉例而言，《波波爾・烏》提到，在大洪水時代曾出現一種「魚人」，這些魚人就相當於美索不達米亞文化中的阿普卡魯七賢者，「他具有魚的身體和頭。但在魚頭下方還多了一個人頭，在魚尾也多出一對人的腳掌。」和阿普卡魯一樣，這些古馬雅傳說中的魚人也擁有神奇的力量，「並展現過很多奇蹟」。

看過上述的巧合，你應該會覺得接下來的巧合也不足為奇了。阿茲特克文化中的羽蛇神奎查爾寇透，也就是《波波爾・烏》中為人類帶來文明的古庫瑪茲。我在第一章介紹過，在墨西哥拉文塔的遺址中有個古老的浮雕，浮雕中的古庫瑪茲拿著一個袋子或水桶狀的物體，而美索不達米亞浮雕中的阿普卡魯、土耳其哥貝克力石陣第四十三號石柱上的人像，也拿著一模一樣的袋子。拉文塔是神祕的奧爾梅克古文明的重鎮之一，在這個文明的遺址中，有些蓄鬍男人的雕像。

這些人像長得和美洲原住民截然不同，卻很類似美索不達米亞的阿普卡魯雕像，以及玻利維亞蒂亞瓦納科的康─提基・維拉柯查的雕像。這就意味著世界各地是採用相同的象徵手法，來描述那群將文明散播到全世界的人。此外，馬雅人最讓人津津樂道的傑出天文科學，也被公認為是一套範圍更廣的先進知識的一部分。這個知識系統是來自奧爾梅克文明，而馬雅曆法極可能是他們繼承的奧爾梅克文化遺產的一部分。

我在第十五章介紹過，馬雅曆法的大週期是在二〇一二年十二月二十六日結束。這個大週期指的是，冬至點和銀心會合的兩萬六千年的週期。由於太陽的直徑很長，再加上裸視天文學的種種限制，因此無法推算出確切的會合時刻，只能估算出會合是發生於一九六〇到二〇四〇年的八十年間。

哥貝克力石陣的第四十三號石柱，也是以太陽和星座的圖案來描述這個會合期間。我們可以利用任何天文軟體證實，目前冬至日仍是位在會合期間之中。

我直覺地認爲，馬雅曆法和哥貝克力石陣的石柱，都是利用歲差密碼，對未來傳送一個訊息的方法。我在由吉薩的金字塔和人面獅身像構成的巨型天文地畫中，也隱約看到這個訊息。這些巨型紀念性建築藉由對映獵戶座和獅子座，標示出一萬兩千八百年前到一萬一千六百年前的新仙女木期，再藉由鳳凰回歸的意象，標示出半個歲差週期後的時代，也就是我們的時代（參見第十一章）。

吉薩天文地畫標示出的時間，並不像哥貝克力石陣的石柱，或馬雅曆法標示出的那麼精確。但我們以科學方法估算出的新仙女木事件的時間，也有不小的誤差。現代科學家是以碳年代測定法估算彗星碎塊撞擊的時間，這種測定法會有正負一百五十年的誤差。爲了方便起見，我們就把引發新仙女木事件的彗星稱爲「鳳凰彗星」吧。因爲碳年代測定有一百五十年的誤差，因此鳳凰彗星撞擊地球的時間，最晚可能發生於一萬兩千六百五十年前（也就是公元前一萬零六百三十五年，因爲我寫書時是二〇一五年），最早可能發生於一萬兩千九百五十年（公元前一萬零九百三十五年）。

半個歲差週期是一萬兩千九百六十年。如果依照索利努斯獨特的精確算法，半個鳳凰回歸的週期是一萬兩千九百五十四年。從這個週期看來，鳳凰彗星再次撞擊地球的可能期間，就在從現在起的十年後左右，也就是公元二〇二五年開始。到公元二三二五年，也就是上次鳳凰彗星撞擊地球的最晚可能時間後的一萬兩千九百六十年，危機才算解除。馬雅曆法和哥貝克力石陣的四十三號石柱，提供了更精確的可能撞擊期間。如果我的理解沒錯，我們現在就處於可能撞擊的期間內，直到二〇四〇年危機才算解除。這讓我不禁聯想到在第三章節錄過的奧吉布瓦傳說：

這個帶著又長又寬的尾巴的星星，有天將再度接近，毀滅世界。它就是被稱為「長尾登天星」的彗星。它在幾千年前就曾從天而降。它的尾巴就和太陽一樣，散發出強光和高熱。彗星把地面燒得寸草不留。在彗星來臨前，這片土地上曾住著一群印第安人。後來世風日下，很多人都不再注重靈性的修養。在彗星來臨前很久，聖靈就警告過他們，巫師很早之前就要大家做好準備。自然受到破壞，接著彗星通過這裡。它拖著一條又長又寬的尾巴，燒毀一切。它飛得很低，長尾把大地燒焦，讓世界面目全非。它離開後，生活變得很困難。天氣變得更冷了。

如果我說來自世界各地的彗星神話和傳說，都意味著彗星即將重現人間，你會覺得這是危言聳聽嗎？根據我對古代紀念性建築和古代曆法研究，在世界各地的文化中，彗星都是讓人避之唯恐不及的不祥之物，因爲它會毀滅一切。是我的解讀有誤，或眞的是這樣呢？

我也不知道正確的答案是什麼。我是個有兒有孫的人，也很關心他們的未來，因此我很希望這只是虛驚一場。但如果危險眞的存在，我們卻自欺欺人地認爲不必擔心或採取行動，那就無異於坐以待斃。因此我覺得有必要提醒大家，從最新的科學研究結果看來，古老的傳說絕不是空穴來風。危機確實存在。

歷史的高樓建在沙子之上

我們對人類文明演進的解釋，正面臨重大的轉折。正如我在第五章談過的，考古學家常習慣性地認爲，天體撞擊是好幾百萬年才會發生一次的事件。既然現代人的出現也只不過是近二十萬年的事，因此天體撞擊絕不可能影響人類歷史。我們一直以爲上一場重大撞擊，是六千五百萬年前造成恐龍滅絕的事件，這些數千萬年才會遇上一次的重大撞擊，和只有數十萬年歷史的人類絕不可能有關聯。但自從一群科學家提出新仙女木撞擊假設，天體撞擊已成爲近在眼前的夢魘。我在第二部分介紹過的很多有力證據，證明這項假設確實成立——一次規模龐大、驚天動地、滅絕等級的事件，正好發生在一萬兩千八百年前，就在我們歷史的後院，它改變了一切。

新仙女木事件帶來的最大衝擊，就是它顚覆了我們在學校和高等教育機構中學到的歷史觀。我們一直認爲人類的文明發展得很緩慢，從舊石器時代演進到新時器時代，接著發展出農業，第一批城市也接著出現。但考古學對文明起源做出的種種結論，其實只是捕風捉影的推測。用「捕風捉影」形容既有的歷史觀，其實是再恰當不過了。因此這套歷史觀中並沒有提及恐龍滅絕後，地球上最嚴重的一場大災難。這場災難是發生在一萬兩千八百年前到一萬一千六百年前的新仙女木期。這場大災難才剛結束，土耳其的哥貝克力石陣就出現文明的跡象。不久後，文明也開始在世界各地的很多地方萌芽。

考古學家現在都接受這個事實，認爲這些早期文明都是在新仙女木期後開始的。但如果只知道新仙女木期的存在，卻不去探討造成新仙女木期的天體撞擊，和這場撞擊引發的全球大災難，這樣的研究態度就不夠嚴謹。更糟的是，大部分學者甚至不願花一點時間，去考慮一些可能性。也許這場撞擊帶來的大洪水、瀝青般的黑雨、不見天日的漫長歲月，和冷到極點的酷寒，將人類歷史中最重要的幾個環節抹滅了，有個偉大的遠古史前文明，可能也因此從歷史記錄上消失了。

如果我們的文明也遇上這一連串巨大撞擊，我們能存活下來嗎？

從種種跡象看來，人類都不可能存活下來。正因爲考古學家已愈來愈確定新仙女木彗星的存在，他們就不該再排斥亞特蘭提斯和失落冰期文明的傳說。他們不該再嘲笑和忽視關於某個失落的偉大文明的神話、無法解釋的紀念性建築，和這個文明遺留下的驚人線索。既然我們已經確認在一萬兩千八百年前，曾發生一場彗星撞擊事件，我們就有責任進行一項前無古人的嘗試，利用所有的科學資源，徹底地探究這些難解之謎。

別有居心？

要展開這些探索，必須先克服一些巨大的阻力。詹姆士・肯尼特、亞倫・韋斯特、理查・費爾斯通，和其他新仙女木撞擊事件的頂尖研究者，在研究過程中就遇到其他「均變論」學者的大力阻撓。就像肯尼特說的，新仙女木撞擊假設，可能會顛覆很多學科的既有觀點，例如考古學、古生物學、古海洋學、古氣候學和撞擊動力學。

當某人提出可能會顛覆很多主流觀點的證據時，難免會遇上強烈反對。學術界的門戶之爭倒還情有可原。但如果學者明知道人類即將遇上一個重大危機，卻只是爲了抱殘守缺，而刻意隱瞞事實，那就是不可原諒的錯誤了。

肯尼特、韋斯特和費爾斯通等人的研究，就曾受到這樣的批評。那些食古不化的學者，在評論時還擺出一副客觀公正的樣子。就像我在第二部介紹過的，他們就是堅決反對新仙女木撞擊假設。新仙女木彗星的證據會帶來不安。但最新的證據顯示，它的存在幾乎已是不爭的事實。如果科學界仍不願捐棄門戶之見，就不可能客觀公正地評論這些新證據。

這一切似乎並不是學術上的門戶之爭那麼簡單，我覺得其中似乎有個粉飾太平的陰謀。我在爲撰寫《諸神的魔法師》進行研究時，曾和亞倫・韋斯特透過電子郵件通信好幾次，因爲他是很多關於新仙女木撞擊論文的共同作者，我必須向他查證一些資料。後來我們在信中，常會天南地北地閒聊。有次他在來信中說：

我相信你的新書將能讓更多人知道彗星假設，這對地球是件好事，因為撞擊議題並不只是有趣的歷史。新仙女木撞擊是一場全球大浩劫，如果現在發生規模小得多的撞擊，它也足以摧毀一個城市、地區或國家，而且這種撞擊的發生機率很高，比美國航太總署NASA和歐洲航太總署ESA宣稱的機率高出很多，但他們似乎也開始了解到過去低估了這種威脅。

我也針對官方刻意隱瞞撞擊的資訊，尤其是關於新仙女木撞擊的問題，向韋斯特寫了一封信：

這幾年來，我對災變論遭到惡意批評也司空見慣了。批評者會編造謊言惡意攻擊你，我也覺得是意料中事。他們不斷叫囂，說要終結彗星撞擊理論，結果不但沒有終結彗星撞擊理論，反而大幅提升了它的知名度。雖然如此，我還是覺得其中有些蹊蹺。你的批評者似乎刻意忽視你提出的重要證據，以便製造一些假消息，如「研究指出毀滅性巨大撞擊的疑點」，或未經深入調查就宣稱「敘利亞的遺址被證實和撞擊理論無關」。

他們在論文中捏造事實，只是為了粉飾太平嗎？或者還有其他目的？

韋斯特的回答很有趣：

他們當然有可能是在粉飾太平。有位批評者就曾向我抱怨：「如果你的理論是正確的，我們就必須改寫教科書了。」其實改寫教科書也未必是壞事。但對我們批評最激烈的人，都和航太總署或政府有些淵源，這就讓人不得不懷疑其中是否另有玄機。有位航太總署的員工告訴我，航太總署對撞擊理論向來都抱著反對的態度，這種情況最近才在慢慢改變。幾十年前，航太總署終於了解到小行星和彗星會造成嚴重威脅時，政府高層卻命令航太總署的工作人員，必須輕描淡寫它的危險性。政府擔心民眾會因太空隕石而感到恐慌，並要求政府提出對策。但航太總署對隕石也束手無策，他們也不願承認此事。此外，航太總署之所以要刻意低估撞擊的危險，就是因為因應撞擊難免會用掉一些資金，而他們早已規劃好這些資金的用途。

黑暗的漫遊者

早在一九九〇年，在人們尚未發現任何新仙女木彗星撞擊的地質學證據前，天文物理學家維克多．克魯伯和天文學家比爾．納皮爾就提出警告：

學術界長久以來一直宣揚的觀點就是，地球和它所在的宇宙永遠都會相安無事。宗教界和政府對這種觀點也非常支持。

克魯伯和納皮爾在一九九〇年就很有先見之明地指出，這種觀點其實很危險，因為它會讓人類「像鴕鳥般地自欺欺人，接著就步上恐龍的後塵。」

克魯伯和納皮爾稱這種觀點爲「祥和宇宙的假象」。從一些學院派人士對新仙女木撞擊假設的反應就可看出，這個假象在當今的世界仍極具影響力。這個假象掩蓋了事實，讓我們無法了解人類的過去。但更嚴重的問題還在後面。克魯伯和納皮爾的研究，與肯尼特、韋斯特和費爾斯通的研究，不約而同地指出，新仙女木彗星即將對人類構成重大威脅。而祥和宇宙的假象卻掩蓋了這個威脅的眞相。

要了解這些學者研究出的共同結論，就必須先知道克魯伯、納皮爾等人在一九八〇年代和一九九〇年代做出的發現。值得注意的是，肯尼特、韋斯特與費爾斯通，後來也對新仙女木撞擊進行研究，但他們的研究和克魯伯等人的研究並沒有任何關連。簡單地說，就像我在第十一章提過的，這兩組人馬都發現一個令人不安的可能性，那就是在一萬兩千八百年前到一萬一千六百年前，曾有個彗星改變了地球面貌，而我們很可能至今仍未脫離這個彗星的陰影。

已故的福瑞德．霍義爾爵士和數學家兼天文學家的錢德拉．維克拉馬辛（Chandra Wickramasinghe），在克魯伯和納皮爾的研究中都有重要的貢獻。這項研究發現一個可怕的可能性，那就是新仙女木彗星只是個比它大得多的巨大彗星的碎塊。這個直徑可能曾達到一百公里的大彗星，約在三萬年前進入內太陽系，接著它就被太陽捕獲，並被拋進一個和地球軌道交會的軌道上。它在之後的一萬年中大致仍很完整。但約在兩萬年前，它在軌道上發生嚴重分裂，從一個足以毀滅地球的致命天體，分裂成多個直徑從五公里到一公里以下的小彗星，但每個小彗星仍足以引起一場全球大災難。

證據顯示，在一萬兩千八百年前，有幾個這樣大小的彗星碎塊撞擊地球，造成新仙女木事件。一萬一千六百年前，地球再度穿過這個彗星的碎塊流，也再次發生規模相當大的災難，新仙女木期也就此結束。未來地球將再次遇上剩下的碎塊。克魯伯和納皮爾寫道：「這個獨特的碎塊流，是地球目前面對的最大的撞擊威脅。」

金牛座流星雨之所以被稱為金牛座流星雨，是因為從地面看來，如雨點般落下的流星就像是來自金牛座。這場流星雨就是最早的新仙女木彗星，在持續分裂中所造成的最廣為人知的現象。這個碎塊流散布在地球軌道上，分布範圍長達三億公里，和地球軌道有兩個交會處，因此地球每年會穿過碎塊流兩次。一次是在六月末到七月初，因為這次交會是發生在白天，所以我們看不到流星。在十月末到十一月初的那次交會，則會上演一場絢爛的萬聖節煙火秀。地球每天在公轉軌道上運行兩百五十萬公里以上，而每次交會約有十二天，由此可知，碎塊流的厚度至少有三千萬公里。地球在這兩個交會期遇上的碎塊流，其實是一群管狀分布的碎塊，形狀就像是一個巨大的甜甜圈，也就是幾何學上說的「環面」。

流星並不會造成破壞，因為它們只是一些小隕石，在穿越大氣時就會燃燒殆盡。那麼，我們又何必為了這個流星群而大驚小怪呢？目前天文學家已發現了約五十個流星群，其中包括獅子座流星群、英仙座流星群和仙女座流星群等。大多數流星群都不足為患，因為它們包含的粒子多半很小，並不會對地球構成威脅。

但金牛座流星群就不同了。正如克魯伯、納皮爾、霍義爾和維克拉馬辛所說的，金牛座流星群中充滿了很多巨大碎塊，這些碎塊有時可以被看見，有時則被塵團包裹著。它們以高速在太空中移動，每年和地球軌道交會兩次，年復一年地準時報到。直徑約為五公里的恩克彗星，就是金牛座流星群中的一個巨大又致命的碎塊。但恩克彗星並不是流星群中唯一極具威脅性的碎塊。根據克魯伯和納皮爾的研究：

有一百到兩百個直徑超過一公里的小行星，在金牛座流星群中運行。這個流星群顯然是由一個極大的天體分裂而成的碎塊。這個大天體的分裂過程一定長達兩萬到三萬年。如果沒有經過那麼久的分裂，這些小行星就不會在內太陽系出現，那個巨大的天體也不會變成碎塊流。

除了恩克彗星，碎塊流中至少還有其他兩個彗星，一個是直徑也約爲五公里的魯德尼茨基彗星（Rudnicki），另一個是神祕的奧加托彗星（Oljiato），它的直徑約爲一點五公里。奧加托彗星是個穿越地球軌道的黑暗天體，從望遠鏡就可觀察到，它有時會出現揮發和噴氣現象。它起初被認爲是一個小行星，現在大多數天文學家都認爲，它是一個正要甦醒的休眠彗星。恩克彗星也曾經歷很長的休眠期，後來它突然活躍起來，於一八七六年首度被天文學家發現。現在天文學家已經了解到，恩克彗星會週期性地從休眠狀態進入活躍狀態，再從活躍進入休眠。

克魯伯和納皮爾在研究後確認，在恩克彗星附近還有個尚未被發現的彗星，正在金牛座流星群的中央運行。他們認爲這個天體是個體積極大的彗星，它也和恩克彗星與奧加托彗星一樣，經歷了很長的休眠期。這個彗星在釋氣時，會從內部不斷冒出瀝青狀的物質，瀝青狀物質不斷在表面累積，最後成了一個硬化的厚殼，把彗核包裹在裡面，從此彗星就進入可能長達數千年的休眠期。在熾熱的彗髮和彗尾消失後，這個彗星顯得一片死寂。但這個看似休眠的天體，以每秒數十公里的速度劃過太空時，彗核中心的活動仍在繼續進行，壓力也不斷累積。就像一個加熱過度，又沒有釋壓閥的鍋爐，這個彗星最後就從內部爆炸，分裂成更小的彗星，每個小彗星都可能對地球構成威脅。

從計算結果看來，這個位在金牛座流星群中央，目前仍無法被看見的彗星，直徑可能高達三十公里。更糟的是，這個巨大彗星附近很可能有其他大型碎塊。義大利貝爾加默大學（University of

Bergamo）的埃米利奧・史佩迪卡托（Emilio Spedicato）教授說：

我們已經估算出它可能的運行軌道，以便搜尋到它。根據預測，在不久的將來，也就是二〇三〇年左右，地球將運行到環面中含有碎塊的位置。過去地球和環面交會時，曾發生對人類造成重大影響的災難。

重生

二〇三〇年，正好位在馬雅曆法和哥貝克力石陣的四十三號石柱標示出的危險期中。六千五百萬年前，有個小行星撞擊地球，導致恐龍滅絕。這個小行星的直徑只有十公里，但它就足以造成席捲全球的風暴性大火，讓世界變得面目全非。如果有個直徑高達三十公里的天體撞擊地球，文明絕對會因此結束，也許人類都會因此滅絕。就像我在第十一章說過的，這場撞擊的後果，會比一萬兩千八百年前的新仙女木撞擊嚴重得多。就算把地球現存的核子武器同時引爆，威力也只有它的千分之一。就算有人能在這場浩劫中存活下來，他們也會失去對過去的所有記憶，像失憶的孩子一樣，必須從蠻荒時代重頭開始。

但這種情況未必會發生。因爲也許我們未必會遇上這場宇宙浩劫。越過金牛座流星群環面，有點像是戴上眼罩，以步行橫越六線道高速公路。值得慶幸的是，公路上的車流量並不大，就算每年要越過高速公路兩次，被車撞上的機率通常並不太高。但有時要越過這條流星高速公路卻非常危險，因爲大貨車和密集的車潮常會聚在一起。克魯伯和納皮爾藉著回溯法，計算出金牛座高速公路上已知天體的軌道。根據他們的計算結果，地球在從現在起的幾十年間，都正在穿越這條公路。這段時間公路上的「車流量」可能很大，發生連續撞擊的可能也大幅升高。

種種證據都指出，在一萬兩千八百年前到一萬一千六百年前，曾發生一連串的撞擊。這些撞擊的原因，就是有個巨大的彗星分裂成金牛座碎塊流。這些證據讓我們不得不正視當前的問題。天體撞擊並不是數百萬年才會發生一次的事件。從有歷史以來，就曾發生過災難性的撞擊事件，而且這種事件仍會持續發生。

雖然如此，我們也不必放棄希望，不必在悲觀絕望中度過寶貴的一生。我相信在冰期曾有個文明存在，這個文明具有極先進的科技，對其他原始文化而言，這些科技就像魔法一樣神奇。但從目前的科技發展方向看來，我並不認爲我們會步上這個失落文明的後塵。我們的科技發展曾帶來很多不良後果，但我們也因此具備一些這個失落文明所沒有的能力。在這些能力中，最重要的就是能在地球附近採取行動，改變威脅人類生存的彗星或小行星的軌道，甚至摧毀它們。

要達成這個目的，我們就必須先具備四海一家的胸懷，不要再因爲宗教、國家、意識形態或私利而大動干戈。我們必須拋開害怕和鬥爭，創造一個充滿愛與和平的世界。如此一來，我們才能保障人類的未來。要創造這樣的世界，就必須放棄自尊自大的心態，開始探索宇宙，放下仇恨和猜忌，投入所有的資源和才智，拯救人類的未來。

身爲萬物之靈的我們，必須徹底地探究並充分發揮我們的靈性，不要再繼續糟蹋它。就像馬雅曆法說的，人類目前正要進入一個靈性的新時代。如果我們能順利創造出這個時代，預防新仙女木彗星的碎塊撞擊，就只是易如反掌的事。在過去一萬兩千年中，人類一直看不清自己的本來面貌。但在研究如何對付彗星碎塊的過程中，我們也會了解到自己的本質爲何。

決定權就在我們手中。
我們一直有選擇的權力。
只是我們一直被自己蒙蔽了。

獵戶座對應理論並沒有顚倒

在現代天文學家眼中，天空就像高懸在空中的一個穹頂。圖例的畫家是看著南方的獵戶座。根據獵戶座對應理論，地面上的三座金字塔，對應的就是獵戶座腰帶的三顆星星。最低的星星對應的是大金字塔；中間的星星對應的是卡夫拉金字塔，也就是第二座金字塔；最高的星星對應的是門卡拉金字塔，也就是第三座金字塔，它是三座金字塔中最小的，而最高的星星正好也是三顆星星中亮度最低的。

就地表的位置而言，大金字塔是三座金字塔中最北的一座，第二座金字塔位在中間，第三座金字塔位於最南邊。有些天文學家並不同意獵戶座對應論，洛杉磯格里菲斯天文台的艾德・克魯普就是其中之一。這些天文學家之所以反對，是因爲他們採用的是現代觀點，認爲天空是一個穹頂。從這種角度看來，門卡拉金字塔對應的星星，也就是獵戶座中位置最高的星星，其實是三顆星星中位置最北的一個。因爲我們看到圖例是面向南方的，而天空是一個穹頂，穹頂愈高處愈接近天球北極，這個北極點並不在圖例中，因爲它是位在畫家的後方。大金字塔對應的是最低的星星，但它其實是最南方的星星。但就地理位置而言，大金字塔是最北的金字塔，門卡拉金字塔是最南的金字塔。因此克魯普博士認爲獵戶座對應論的對應關係是「顚倒的」。

從圖例看來，克魯普的說法並沒有錯，因爲他採用的是天文學的傳統觀點，把天空當成一個密閉的球體，地球和所有天體都在球體之內。

但如果我們像藝術家一樣觀察，面對天空中獵戶座腰帶的三顆星星描繪，再將作品很自然地平鋪在地上，就會發現星星確實是對應著地面三座金字塔的位置。

圖 73

獵戶座的對應關係並非「顚倒的」。假如我們像藝術家一樣觀察，並描繪獵戶座腰帶的 3 顆星（或做成模型），然後將此作品（或模型）自然地擺放在我們面前，將會發現它正確地與地面上三大金字塔的位置相符。

致謝

首先感謝我所愛的攝影師桑莎・法伊亞（Santha Faiia），二十年前很榮幸地，她能成爲我的內人。在邂逅我之前，她早已事業有成，卻很體貼的與我並肩工作。本書和許多之前出版的作品一樣，大部分的照片均爲桑莎所拍攝，從《上帝的指紋》到本書，她亦步亦趨陪伴我展開長途的旅程。感謝妳！亦感謝我們的子女尙恩（Sean）、香提（Shanti）、拉維（Ravi）、萊拉（Leila）、路加（Luke）和加百列（Gabrielle）。當我撰寫本書時，我們的長孫女妮拉（Nyla）誕生，十分開心並歡迎她來到我們這龐大而亂糟糟的家庭。也感謝我的母親穆麗爾・漢卡克（Muriel Hancock）和我的叔叔詹姆斯・麥考利（James Macaulay）。在我心中充滿愛意，懷念我的父親唐納德・漢卡克（Donald Hancock），他教誨我不倦，多年來無條件支持我的工作之際，於二〇〇三年過世。

我傑出的出版商蘇妮亞・蘭德（Sonia Land），工作卓越，是最佳的經紀人。我英國的編輯馬克・布斯（Mark Booth）和我美國的編輯彼得・渥維頓（Peter Wolverton），在編輯《諸神的魔法師》時，投入龐大的心血，即時順利向閱聽大衆推出此書。

製圖團隊爲此書繪製地圖、一覽表、素描及圖表。成員有坎姆隆・韋爾特雪爾（Camron Wiltshire）和阿福阿・理查森（Afua Richardson），尙有麥可・毛德林（Michael Maudlin）與撒母耳・帕克（Samuel Parker）的資源。我的兒子路加也提供許多素描。針對每位藝術家在製圖上的辛勞，謹致上個人的謝意。我願對他們的貢獻、天分、才華與辛勤的投入，致上整體的感謝。

德國考古研究所已故的克勞斯・許密特教授，二〇一三年在土耳其的哥貝克力石陣，向我提供職務範圍以外的資訊。做爲發現者和挖掘者，克勞斯擁有此一非常特殊遺址的獨特知識，在三天現場探訪的晤談中，他很慷慨地與我分享。我對他的過世感到惋惜，深信他將留名青史。

二〇一四年我去黎巴嫩進行研究訪問。我的朋友拉姆齊．納甲爾（Ramzi Najar）、薩米爾（Samir）和珊卓拉．賈麥卡尼（Sandra Jarmakani），非常友善、熱心地提供後勤支援，使我的工作享有極大的便利。隨後的旅程，與考古學家和建築師丹尼爾．洛荷曼關於巴爾貝克廣泛的魚雁往返，使我獲益良多。他很有耐心和說服力，他不懈的努力說服我接受主流分析的優點。

在印尼要特別感謝丹尼．希爾曼．納塔維德亞亞，他是帕當山古代雄偉金字塔遺址的發掘者。亦感謝他的同事韋斯努．阿瑞斯提卡（Wisnu Ariestika）和班邦．韋多寇．蘇瓦加迪（Bambang Widoyko Suwargadi），參與我們赴爪哇、蘇門答臘、弗羅勒斯與蘇拉威西遼闊的旅程。

在美國我要特別感謝藍達爾．卡爾森，他對激變地質學有極深的洞察力，在從俄勒岡州波特蘭（Portland）去明尼蘇達州明尼亞波里斯（Minneapolis）的旅途中，與我分享相關的知識，探討冰河時代末期整個區域被大洪水折磨的結果。也感謝布萊德雷．楊（Bradley Young），他駕車全程陪伴，眞是英勇的努力！

我要感謝亞倫．韋斯特，他是調查新仙女木期彗星撞擊的龐大科學家團隊的通信作者。從第三章到第六章，我提到他工作的故事，亞倫確保我獲得正確的事實，並提供我關於大洪水內涵更深的洞察。

亦感謝理查．塔寇烏（Richard Takkou）和瑞蒙．威里（Raymond Wiley），做爲我的研究助理，在計畫的不同階段提供有價值的努力。

衷心感謝我親密的朋友克里斯（Chris）和凱西．福勒（Cathy Foyle），他們意見一致，並提供了睿智的建議。

最後但並非最少，感謝全球忠實的和支持我的讀者們，他們成為我的粉絲已有二十餘年，如同我探索消失文明的問題一樣長。《諸神的魔法師》是旅程的終點，但我無法逃避新的工作，在《上帝的指紋》中首度探索之地還需要重新探訪，在我其他的著作中會提出新證據，我將在適當的行文中言及。

葛瑞姆・漢卡克
英格蘭，巴斯（Bath）

Fantastic 14

諸神的魔法師 失落文明的智慧

原著書名／Magicians of the Gods
原出版社／Hodder & Stoughton Ltd
作　　者／葛瑞姆・漢卡克 Graham Hancock
譯　　者／周健（致謝、序言、圖說、第一部～第四部）
潘恩典（第五部～第八部、附錄）
企劃選書／劉枚瑛
責任編輯／劉枚瑛

版　　權／吳亭儀、江欣瑜、林易萱
行銷業務／黃崇華、賴正祐、周佑潔、張媖茜
總 編 輯／何宜珍
總 經 理／彭之琬
發 行 人／何飛鵬
法律顧問／元禾法律事務所 王子文律師
出　　版／商周出版
台北市104中山區民生東路二段141號9樓
電話：(02) 2500-7008　傳真：(02) 2500-7759
E-mail：bwp.service@cite.com.tw
Blog：http://bwp25007008.pixnet.net./blog
發　　行／英屬蓋曼群島商家庭傳媒股份有限公司城邦分公司
台北市104中山區民生東路二段141號2樓
書虫客服專線：(02)2500-7718、(02) 2500-7719
服務時間：週一至週五上午09:30-12:00；下午13:30-17:00
24小時傳真專線：(02) 2500-1990；(02) 2500-1991
劃撥帳號：19863813　戶名：書虫股份有限公司
讀者服務信箱：service@readingclub.com.tw
城邦讀書花園：www.cite.com.tw
香港發行所／城邦(香港)出版集團有限公司
香港灣仔駱克道193號超商業中心1樓
電話：(852) 25086231傳真：(852) 25789337
E-mailL：hkcite@biznetvigator.com
馬新發行所／城邦(馬新)出版集團【Cité (M) Sdn. Bhd】
41, Jalan Radin Anum, Bandar Baru Sri Petaling,
57000 Kuala Lumpur, Malaysia.
電話：(603)90578822　傳真：(603)90576622
E-mail：cite@cite.com.my

國家圖書館出版品預行編目(CIP)資料

諸神的魔法師：失落文明的智慧／葛瑞姆.漢卡克(Graham Hancock)著；周健，潘恩典譯. -- 初版. -- 臺北市：商周出版：家庭傳媒城邦分公司發行，民107.06
512面；17*23公分. -- (Fantastic；14)
譯自：Magicians of the gods：the forgotten wisdom of earth's lost civilization
ISBN 978-986-477-460-9(平裝)
1.文明史 2.古代史
713.1　　107006775

封面設計／COPY
版型設計及排版／林家琪
印　　刷／卡樂彩色製版印刷有限公司
總 經 銷／聯合發行股份有限公司　電話：(02)2917-8022　傳真：(02)2915-6275

■2018年（民107）6月5日初版
■2022年（民111）5月19日初版4刷
定價／620元

ISBN 978-986-477-460-9

Printed in Taiwan

城邦讀書花園
www.cite.com.tw

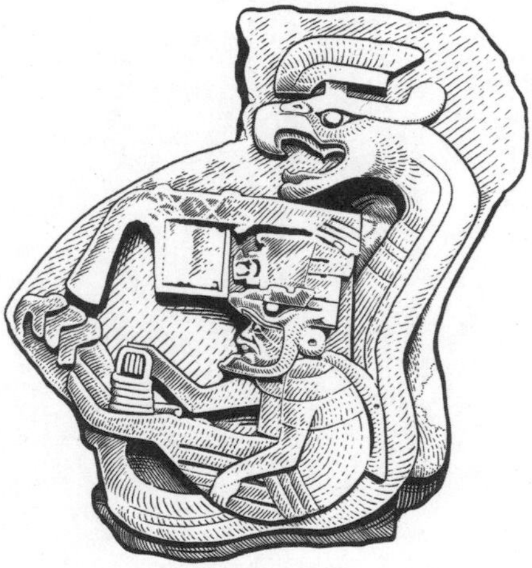